新时代营销学系列新形态教材
中国高等院校市场学研究会推荐教材

U0369224

珠宝营销管理

郭　锐◎主　编
陈莲芳　熊　艳　张鹏飞◎副主编
中国高等院校市场学研究会组织编写

清华大学出版社
北京

内 容 简 介

本教材沿着理论基础—消费者洞察—营销规划—营销实践—企业基业长青构筑全部内容，共 5 篇 17 章。从珠宝营销现实及创新理论的初衷出发，结合珠宝特征，提出 4H 理论并融入传统理论 STP 和 4P 中；通过探讨珠宝用户画像及购买模式，洞察珠宝消费特征；进而，探讨珠宝营销战略与策略规划，包括基于 4H 理论的珠宝品牌建设（大众珠宝品牌和珠宝奢侈品品牌）、珠宝文化营销、珠宝店面零售、珠宝拍卖及珠宝新零售；鉴于不同品类珠宝营销的差异性，分类阐述黄金、钻石、彩色宝石、翡翠及和田玉五类珠宝的营销；最后，探讨珠宝企业社会责任与营销道德问题及防范措施。

本教材力求在创新理论基础上，把握珠宝的内在基本特征，兼顾当今营销新潮流，嵌入思政元素，从而使珠宝营销规划及营销实践与时俱进，确保教材的实用价值。本教材适用于普通高等院校市场营销专业、珠宝商贸方向的学生，也可作为珠宝经营者、珠宝营销爱好者的参考书。

图书在版编目（CIP）数据

珠宝营销管理/郭锐主编. ——北京：清华大学出版社，2024.2
新时代营销学系列新形态教材
ISBN 978-7-302-64571-9

Ⅰ. ①珠…　Ⅱ. ①郭…　Ⅲ. ①宝石－市场营销学－教材　Ⅳ. ①F724.787

中国国家版本馆 CIP 数据核字(2023)第 180126 号

责任编辑：刘志彬
封面设计：汉风唐韵
责任校对：王荣静
责任印制：曹婉颖

出版发行：清华大学出版社
　　网　　　址：https://www.tup.com.cn，https://www.wqxuetang.com
　　地　　　址：北京清华大学学研大厦 A 座　　　　　　邮　　编：100084
　　社　总　机：010-83470000　　　　　　　　　　　邮　　购：010-62786544
　　投稿与读者服务：010-62776969，c-service@tup.tsinghua.edu.cn
　　质　量　反　馈：010-62772015，zhiliang@tup.tsinghua.edu.cn
　　课　件　下　载：https://www.tup.com.cn，010-83470332
印　装　者：北京同文印刷有限责任公司
经　　　销：全国新华书店
开　　　本：185mm×260mm　　　印　张：25　　　字　　数：517 千字
版　　　次：2024 年 2 月第 1 版　　　印　　次：2024 年 2 月第 1 次印刷
定　　　价：69.00 元

产品编号：099723-01

丛书编委会

主　任：符国群（北京大学）
副主任：景奉杰（华东理工大学）
　　　　龚艳萍（中南大学）
　　　　刘志彬（清华大学出版社）
委　员（按姓氏笔画排序）：

马宝龙（北京理工大学）　　　　王　毅（中央财经大学）
王永贵（浙江工商大学）　　　　王建明（浙江财经大学）
王海忠（中山大学）　　　　　　牛全保（河南财经政法大学）
孔　锐［中国地质大学（北京）］白长虹（南开大学）
吕　亮（北京邮电大学）　　　　朱翊敏（中山大学）
孙国辉（中央财经大学）　　　　李　季（中央财经大学）
李东进（南开大学）　　　　　　李先国（中国人民大学）
连　漪（桂林理工大学）　　　　肖　艳（宿迁学院）
肖淑红（北京体育大学）　　　　何佳讯（华东师范大学）
汪　涛（武汉大学）　　　　　　沈俏蔚（北京大学）
张　闯（大连理工大学）　　　　金晓彤（吉林大学）
官翠玲（湖北中医药大学）　　　胡左浩（清华大学）
柯　丹（武汉大学）　　　　　　侯丽敏（华东理工大学）
费显政（中南财经政法大学）　　费鸿萍（华东理工大学）
姚　凯（中央财经大学）　　　　贺和平（深圳大学）
袁胜军（桂林电子科技大学）　　聂元昆（云南财经大学）
郭　锐［中国地质大学（武汉）］黄　静（武汉大学）
彭泗清（北京大学）　　　　　　蒋青云（复旦大学）
舒成利（西安交通大学）　　　　曾伏娥（武汉大学）
滕乐法（江南大学）　　　　　　戴　鑫（华中科技大学）

丛书编辑部

主　任：景奉杰（中国高等院校市场学研究会）
副主任：刘志彬（清华大学出版社）
成　员（按姓氏笔画排序）：

朱晓瑞（清华大学出版社）
严曼一（清华大学出版社）
张希贤（中国高等院校市场学研究会）
郑　敏（中国高等院校市场学研究会）
徐远洋（清华大学出版社）

丛　书　序

早在 20 世纪 30 年代，市场营销作为一门课程被引进我国，但受制于当时商品经济不发达，以及后来我国长期处于"短缺经济"状态，作为市场经济产物的市场营销并没有在中国"开枝散叶"。改革开放以后，伴随着我国社会主义市场经济的发展，经济学和管理学逐渐成为"显学"，作为管理学科重要组成部分的市场营销，不仅作为一门课程，还作为一个专业被众多大学开设。据不完全统计，目前我国有 700 余所高校开设了市场营销本科专业，每年招收的本科学生数以万计。不仅如此，作为商科知识的重要部分，几乎所有经济与管理类专业的学生都需要了解和学习市场营销知识，因此，社会对市场营销相关的教材和书籍有着巨大的需求。

有需求，就会有供给。早期的市场营销教材几乎是原封不动地对美国同类教材的翻译和"引进"，以至菲利普·科特勒的教材长时期成为我国学生接触、了解市场营销的启蒙读物。时至今日，我国绝大部分营销专业相关教材，都是以西方尤其是美国教材为基础加以改编或删减，真正立足于本土营销实践和具有中国理论特色的教材可谓凤毛麟角。这固然与中国营销学术总体上仍处于追赶阶段有关，也与我国一段时间营销学术界过于追求发表学术论文，对编写教材不甚重视有莫大关系。可喜的是，最近几年伴随国家对高校考核政策的调整，教材编写工作日益受到重视，一些优秀学者开始把更多的精力投入到教材建设中。

鉴于目前营销专业教材良莠不齐，众多高校教师在选用教材时面临难以抉择的窘境，中国高等院校市场学研究会（以下简称"学会"）决定组织全国营销领域知名学者编写一套具有本土特色、适应市场营销本科专业教学的高水平教材，以此推动营销学科建设和营销人才培养。本套教材力图博采众长，汇聚营销领域的最新研究成果及中国企业最新营销实践，以体现当前我国营销学术界在教材编写上的最高水准。为此，学会成立了专门的领导机构和编委会，负责每本教材主编、副主编遴选，同时要求主要撰稿者具有重要的学术影响和长期的一线教学经验。为确保教材内容的深度、广度和系统性，编委会还组织专家对教材编写大纲做了深入、细致的讨论与审核，并给出建设性修改意见。可以说，本套教材的编撰、出版，凝聚了我国市场营销学术界的集体智慧。

目前规划出版的教材共计 33 本，不仅涵盖营销专业核心课程教材，而且包括很多特色教材如《网络营销》《大数据营销》《营销工程》等，行业性教材如《旅游市场营销》《农产品市场营销》《医药市场营销学》《体育市场营销学》《珠宝营销管理》等。由于各高校在专业选修课甚至一些专业核心课程的开设上存在差异，本套教材为不同类型高校的教材选用提供了广泛的选择。随着社会、科技和教育的发展，学会还会对丛书书目进行动态更新和调整。

我们鼓励主编们在教材编写中博采众长，突出中国特色。本套教材在撰写之初，就提出尽量采用中国案例，尽可能多地选用本土材料和中国学者的研究成果。然而，我们也深知，市场营销这门学科毕竟发端于美国，总体上我国尚处于追赶者的地位。市场营销是一门实践性和情境性很强的学科，也是一门仍在不断发展、成长的学科，远未达到"成熟"的地步。更何况，发展中国本土营销学，既需要中国学者长期的研究积淀，也需要以开放的心态，吸收国外一切有益的优秀成果。在教材编写过程中，一味地排斥外来材料和成果，牵强附会地引用所谓"本土"材料，不仅是狭隘的，也是应当予以摈弃的。当然，在选用外来成果和材料时，需要有所甄别，有所批判和借鉴，而不是囫囵吞枣式地对所谓"权威材料"全盘接受。

本套教材的编写，在学会的发展史上也是一个里程碑式的事件。为了保证教材的编写质量，除了邀请在各领域的资深学者担任编委会成员和各教材的主编，还要求尽量吸收各领域的知名学者参与撰稿。此外，为方便教材的使用，每本教材配备了丰富的教辅材料，包括课程讲义、案例、题库和延伸阅读材料等。本套教材出版方清华大学出版社具有多年新形态教材建设经验，协助编者们制作了大量内容丰富的线上融媒体资源，包括文本、音视频、动漫、在线习题、实训平台等，使丛书更好地适应新时代线上线下结合的教学模式。

教材编写组织和出版过程中，众多学者做出了努力，由于篇幅所限，在此不一一致谢。特别要感谢学会副会长、华东理工大学景奉杰教授，从本套教材的策划、组织出版到后期推广规划，他尽心尽力，做出了非凡的贡献。清华大学出版社经管与人文社科分社社长刘志彬也是本套教材的主要策划者和推动者。从 2019 年 9 月清华大学出版社和学会达成初步合作意向，到 2020 年 12 月学会教学年会期间双方正式签署战略合作协议，再到 2021 年 4 月在北京召开第一次编委会，整个沟通过程愉快而顺畅，双方展现出充分的专业性和诚意，这是我们长期合作的坚实保障。在此，我代表学会，向所有参与本系列教材撰写、评审和出版的专家学者及编辑表示感谢！

教材建设是一项长期的工作，是一项需要付出智慧和汗水的工作，教材质量高低最终需要接受读者和市场的检验。虽然本套教材的撰写团队中名师云集，各位主编、副主编和编者在接受编写任务后，精心组织、竭忠尽智，但是由于营销专业各领域在研究积累上并不平衡，要使每本教材达到某种公认的"高水准"并非易事。好在教材编写是一个不断改进、不断完善的过程，相信在各位作者的共同努力下，经过精心打磨，本套教材一定会在众多同类教材中脱颖而出，成为公认的精品教材！

北京大学光华管理学院教授、博士生导师
中国高等院校市场学研究会会长

与市面上市场营销类教材十分丰富和多元不同，珠宝营销类教材十分稀缺，目前市场上能用作教材的仅《珠宝市场营销学》（2005年首版，2013年再版）、《珠宝首饰营销学》《珠宝首饰营销策略》《珠宝网络营销实操》等，尽管其中一些教材探讨了电子商务、网络营销等新营销环境对珠宝营销的影响，但对新营销技术和营销实践（如直播、区块链、新零售及智能营销等）渗透并不多；同时，已有教材一般从传统成熟的营销学理论框架来构筑内容体系。然而，当今环境发生了显著变化，对各领域的营销产生了深刻的影响，珠宝营销当不例外。因而，需要结合环境的变化对传统营销理论作相应的发展；同时，将环境变化与珠宝消费特征相结合，创新珠宝营销模式。为此，我们基于多项项目研究的契机，着手编撰本教材。经过近两年的努力，终于迎来了本教材的诞生。

本教材围绕以上初衷，首先，提出4H（享乐hedonism、高价值high-value、历史history、传承heritage）理论，并将其与传统营销理论STP和4P相融合，发展成4H-STP、4H-4P理论，指导珠宝营销，贯穿于本教材始终；其次，充分结合珠宝及珠宝消费特征、珠宝行业发展现状以及营销环境变化，探讨珠宝品牌建设、珠宝文化营销、珠宝新零售和珠宝区块链等；最后，强调珠宝营销策略的针对性，结合不同品类珠宝及需求差异性，分五大类探讨各品类珠宝的营销。

本教材由5篇共17章构成。第1篇：珠宝营销基础（第1~3章：珠宝与美好生活、珠宝营销新现实、珠宝营销4H理论）。第2篇：珠宝消费者洞察（第4~6章：珠宝营销调研、珠宝消费者行为和用户画像、珠宝消费者的购买模式）。第3篇：珠宝营销战略与策略规划（第7~11章：珠宝品牌建设、珠宝文化营销、珠宝连锁经营和拍卖、珠宝店面零售、珠宝新零售）。第4篇：珠宝营销策略应用——品类营销（第12~16章：黄金营销、钻石营销、彩色宝石营销、翡翠营销、和田玉营销）。第5篇：珠宝企业可持续发展（第17章：珠宝企业社会责任与营销道德）。

首先，从珠宝营销现实出发，揭示珠宝对人类实现美好生活的重要价值，阐明珠宝营销研究的必要性；同时从珠宝本身特征及创新理论的愿望出发，提出4H理论。其次，介绍珠宝营销调研、消费者行为和用户画像及购买模式，刻画珠宝消费特征，为珠宝营销战略和策略设计及实施提供依据。再次，探讨珠宝营销战略与策略规划，包括：基于4H理论探讨大众珠宝品牌和珠宝奢侈品品牌的创建流程；鉴于珠宝消费的文化特征，探讨珠宝文化营销；探讨珠宝连锁和拍卖、店面零售以及新零售等场景下珠宝营销策略规划。从次，结合不同品类珠宝营销的差异性，分类阐述黄金、钻石、彩色宝石、翡翠以及和田玉五类珠宝的营销。最后，探讨珠宝企业社会责任与营销道德问题及防范措施。

基于以上内容框架，本教材具有以下主要特色。

（1）多学科交叉融合。本教材跨学科交叉融合了市场营销学、宝石学及奢侈品等知识要点，为突出珠宝蕴含的强烈人文色彩和十分珍稀等独特性，编排了珠宝文化营销内容，体现珠宝深厚的文化底蕴；同时，提出 4H 理论，并贯穿全书。

（2）整体结构完整。从理论基础、消费者洞察、营销规划、营销实践，到成就珠宝企业基业长青，呈现了在理论基础上，珠宝营销规划和营销实践的展开：为适应新营销环境，规划珠宝新零售；鉴于不同品类珠宝的异质性，分门别类进行探讨，增强珠宝营销的实操性；从企业社会公民角度出发，从珠宝企业社会责任切入，指导珠宝企业可持续发展。整体结构完整、逻辑性强。

（3）与时俱进。鉴于当今营销环境变化和新技术的出现，探讨了珠宝新零售、跨界营销、直播营销以及区块链技术在珠宝营销中的运用。

（4）教辅资料多元、丰富。编撰了系统的教辅资料，包括大纲、知识点体系、PPT、即测即练题、章末思考题及答案、案例讨论及分析思路、模拟试卷及答案，供学习者系统地自学和自我检测。

（5）嵌入思政元素。除了最后一章"珠宝企业社会责任与营销道德"作为思政的重要部分，其他章节从各自相应内容出发，激发学习者的民族自豪、爱国情怀、文化自信、使命感、诚信及价值塑造等良好品德与良好行为。

（6）表现形式上，为了尽可能展现珠宝之美，本教材配置了丰富的代表性插图，带给读者视觉享受；为激发读者学习兴趣，引导思考，每章前设置了"学习目标""关键术语""引导案例"，文中设置了"扩展阅读""即测即练"，章末设置了思考题，其中"扩展阅读""即测即练"以扫描二维码形式加以实现。从而，既把握了本教材研究对象——珠宝的绚丽特征，又符合当今学生的认知偏好。

本教材是团队成员集体智慧的结晶。中国地质大学（武汉）经济管理学院郭锐、陈莲芳和熊艳三位老师共同拟定本教材框架，郭锐老师负责第 1～3 章及第 7～8 章的编写，熊艳老师负责第 4～6 章及第 17 章的编写，陈莲芳老师负责第 9～10 章及第 12～13 章的编写，中国地质大学（武汉）珠宝学院张鹏飞老师负责第 11 章和第 14～16 章的编写。全书由陈莲芳老师和郭锐老师总纂，中国地质大学（武汉）经济管理学院学生周菲、王威、李治萍、王茋怡、李政辉、王铭铭、许月迪、牛吉彬等参与案例、图片等资料的收集和整理等工作。对以上老师和学生的努力付出一并表示诚挚的感谢！同时，特别感谢清华大学出版社给予本教材入编"新时代营销学系列新形态教材"的机会，感谢清华大学出版社编辑刘志彬对本教材提供的无私支持和帮助。

本教材也得到了多项目的支持，是多项目研究成果的融合，这些项目包括国家自然科学基金项目"品牌自信视角下中国民族品牌的品牌国际化战略和影响机制研究"（项目编号：71772168）、中国地质大学（武汉）中央高校教改基金教材项目"《珠宝营销管理》教材建设"、湖北省高等学校人文社会科学重点研究基地珠宝首饰传承与创新发展研究中心"开放基金重大项目"、中国地质大学（武汉）本科教学工程重点项目"'市场营销学'一流课程建设"。

本教材参阅了前人的成果，我们在书末列出了参考文献，在此向文献作者们表示衷心的感谢！同时对书中图片的提供者也送上我们诚挚的感谢！列示中难免有所遗漏，希望对我们未能一一列出你们的名字给予谅解。

由于时间仓促，水平有限，尽管我们做了最大的努力，但书中仍不免存在疏漏和不足，敬请读者不吝指正，我们将在再版时认真修正，走向更好！

编　者

2023 年 5 月 22 日于武汉

目　录

第1篇　珠宝营销基础

第 2 篇　珠宝消费者洞察

第 3 篇　珠宝营销战略与策略规划

第4篇　珠宝营销策略应用——品类营销

第 5 篇　珠宝企业可持续发展

第1篇

珠宝营销基础

第 1 章

珠宝与美好生活

1. 理解珠宝与美好生活之间的联系。
2. 清楚珠宝价值的构成及其含义。
3. 了解珠宝在美好生活中扮演角色的重要性。

关键术语：

珠宝价值（jewelry value）；美好生活（beautiful life）；收藏价值（collection value）；社会价值（social value）

引导案例：

节节攀升的珠宝市场

根据欧睿信息咨询公司（Euromonitor）数据显示，2010—2018 年我国珠宝行业的市场规模逐年增长，2018 年，我国珠宝行业市场规模为 6965 亿元人民币，同比增长 6.72%。未来随着人均可支配收入的增加和经济实力的提升，人们对钻石、铂金、黄金、红蓝宝石等高端珠宝的需求有望继续提升，从而推动珠宝行业总销售规模继续提升，预计至 2022 年有望达到 8742 亿元人民币，在 2018—2022 年期间的复合年均增长率（compound annual growth rate，CAGR）预计约为 5.85%。此外，更有意义的是，长期来看，我国珠宝行业正由数量型增长转向质量效益型增长，品牌效应逐渐增强，行业集中度也将渐趋提高，以珠宝配饰为代表的个性化消费品类有望持续快速增长。我国正处于黄金珠宝首饰消费崛起时间点，成长空间大。

资料来源：前瞻产业研究院 https://bg.qianzhan.com/.

闪闪发光的钻石、温润细腻的玉佩、金光灿烂的黄金、高贵典雅的珍珠……看到"珠宝"两个字，你的脑海中是否已经浮现上述物品？作为大自然的珍稀精华和人类的精心雕琢的结合体，珠宝早已在人们心中被贴上"精致""珍贵""雍容华贵"等形容美好的标签。

珠宝又称为珠宝玉石或宝玉石，具体包括各种宝石、玉石和有机宝石。珠宝市场上或珠宝行业中对珠宝的概念有三种不同的观点：第一种观点是将珠宝理解为美丽、稀少、耐久、可加工成精美装饰品的天然物质。按照这种观点，珠宝实际上指自然界产出的、具有美丽的颜色或外观、硬度较大、非常稀少的天然物质。第二种观点是将珠宝理解为具有美观、耐久、稀有等特征，以及具有一定的工艺价值，可加工成精美装饰品的物质。这一观点与第一种观点最大的不同是将人工合成宝石和可加工成装饰品的其他物质也纳入了珠宝的范畴。第三种观点是将宝玉石与贵金属加工而成的装饰品理解为珠宝，它与前两种观点的区别在于将珠宝首饰等同于珠宝。由于现代科技的发展，珠宝材料也有了很大的变化，现在可以将珠宝的概念定义为具有美观、耐久、稀有等特征，以及具有一定的工艺价值，可加工成精美装饰品的天然产出的、人工合成的或培育的有机物质和无机物质。

正因珠宝的美丽稀有，珠宝自然而然受到人们的喜爱和追捧，同时随着群众消费实力的增强，珠宝市场的规模也在像引导案例中所示不断扩大。人民的生活在变好，在向高品质生活迈进，珠宝消费额在增加，可以预见，珠宝与人民的美好生活是息息相关、难以分割的。

1.1 美好生活的珠宝参与

相信你一定有过这样的经历：每当在观看精心制作的古代电视剧时，不禁感叹里面人物的精致装饰；每当看到一些博物馆的古代珠宝（图 1-1 和图 1-2）时，不禁佩服古人的心灵手巧；每当观赏一些天然宝石时，不由惊叹造物主的神奇多变；见证婚礼中新人交换戒指时的庄严神圣……尽管各种经历不尽相似，但是它们却具有一个共性：我们在这些场景中都能感受到美好的存在，心灵被这些精致的珠宝触动，对它们产生向往和期待，希望自己生活更加美好。

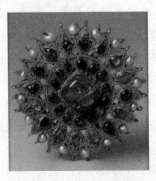

图 1-1　金嵌珠宝圆花　　　　图 1-2　清乾隆　金瓯永固杯
（图源：故宫博物院）　　　　　（图源：故宫博物院）

不仅在人民心中会对美好生活产生向往，党和国家也在一直为我们的美好生活日思夜想、殚精竭虑。党的十九大报告指出"中国特色社会主义进入新时代，我国社会矛盾已经转化为人民日益增长的美好生活需要和不平衡不充分的发展之间的矛盾"，并提出要"不断满足人民日益增长的美好生活需要"。习近平总书记在庆祝中国共产党成立100周年大会上也指出："以史为鉴、开创未来，必须团结带领中国人民不断为美好生活而奋斗。"

改革开放40余年来，我国社会生产力水平明显提高，稳定解决了十几亿人的温饱问题，人民生活水平显著改善。随着中国特色社会主义进入新时代，人们的物质性需要不断得到满足，开始更多追求社会性需要和心理性需要。例如，人们开始期盼更好的教育、更可靠的社会保障、更高水平的医疗卫生服务、更舒适的居住条件、更优美的环境、更丰富的精神文化生活等。这既是我国社会生产力水平显著提高的必然结果，又对我国未来经济社会发展提出了更高要求。

珠宝是可以满足人类社会性需要和心理性需要的一类物质，珠宝自身所蕴含与承载的各项价值在人们展现出对更高层次的需求时起到了重要作用。

扩展阅读：四条九金

自古以来，珠宝玉石就深受大众喜爱。我国的玉文化首先出现在大家的生活中，原始时期就已初见端倪。到了商代，伴随着冶炼技术的发展，金银等饰品也开始逐渐走入人们的视野。在唐代，国富民强，各类技术也不断进步，珠宝首饰文化迎来鼎盛时期，不仅有金器、银器等传统首饰，就连珍珠等珠宝也登上了舞台，同时发展的还有宝石搭配等工艺。明清时期，我国的珠宝首饰制作工艺再次到达了新的高峰，皇室对珠宝的喜爱进一步推动了珠宝文化和制造技术的发展，乾隆、慈禧等历史人物和珠宝之间的故事现在仍被大家津津乐道。进入现代，西方珠宝的影响力在群众中不断增强，钻戒等西式婚姻珠宝也不断出现在大家的婚礼中。西方和东方的珠宝文化相互交融，为珠宝行业的繁荣昌盛注入新的血液，使珠宝行业更加充满生机活力。

从上述珠宝的简单发展历史中，我们不难看出，珠宝产业的繁荣往往出现在一个国家或地区自身的经济水平发达时期。经济实力强劲，群众消费实力强，对美好生活的向往促使他们购买珠宝来满足自己，珠宝和美好生活自始至终就息息相关。

众所周知，在珠宝消费市场形成和发展的过程中，消费者的购买力水平在其中发挥着根本性的作用。正因为消费者不断购买，才能给予珠宝消费市场源源不断的资金，各珠宝企业与商家亦会不断在珠宝营销方向上进行创新，政府也会制定相关政策来对珠宝市场实施监督和规范。当某一国家或地区的经济水平越发达时，人们消费水平越高，当地的珠宝市场也会更加火爆，对于一些新兴的珠宝首饰或者营销方式接受程度也会更高，反过来又促进了商家和企业的创新，实现珠宝销售的正循环，珠宝市场随之不断发展壮大。美国与日本作为发达国家，其珠宝消费市场的高度繁荣与其国民经济的强大是息息相关的。近些年来，日本经济状态较为低迷，不少日本民众将之前购买的珠宝进行典当，这也是日本中古珠宝市场目前较为火热的原因之一。改革开放以来，我国珠宝消费市场也是从沿海发达城市与传统大城市逐步发展起来的，而随着我国经济实力的不断增强，我国的珠宝市场可以说是多点开花，各地的珠宝消费市场逐渐崛起，家家户户都可以见到黄金、钻石、玉石等传统珠宝的身影。人民群众生活水平不断提升，已经不再仅仅满足于基本的物质需求，对于美好生活的向往加大了人们在珠宝方面的消费支出。

2014—2019 年，我国珠宝首饰行业的零售收入呈稳定增长态势，2018 年，我国珠宝行业市场规模就已经达到了 6965 亿元人民币。2019 年我国珠宝首饰行业的销售收入为 1044.8 亿元人民币，同比上升 6.09%。2020 年受新冠肺炎疫情影响，我国珠宝首饰行业的销售收入为 968.2 亿元人民币，同比下降 7.33%。由此可见，我国目前的珠宝市场规模巨大，且整体呈现欣欣向荣、不断上升的局面，如图 1-3 所示。

图 1-3　2014—2020 年我国珠宝首饰行业零售收入及其增长情况
（图源：前瞻产业研究院）

贝恩咨询公司与意大利奢侈品行业协会（Fondazione Altagamma）联合发布的《2019 年全球奢侈品行业研究报告（秋季版）》显示，在全球地缘政治不确定性增加和经济衰退担忧加剧的环境下，奢侈品行业依然保持增长。2019 年全球奢侈品市场整体销售额（包含奢侈品及奢侈体验）增长 4%（按恒定汇率计算），达 1.3 万亿欧元。其中，作为核心部分的个人奢侈品市场也增长 4%（按恒定汇率计算），达 2810 亿欧元。

从贡献来看，中国籍消费者对全球个人奢侈品市场持续性增长的贡献率达到 90%，占全球个人奢侈品消费总额的 35%。有利的政策加上国内外价差缩小，进一步刺激了我国奢侈品市场本土消费的增长。而在个人奢侈品品类中，鞋履和珠宝是 2019 年增长最快的两个品类，均实现了 9%的增长（按恒定汇率计算），国民对于珠宝的消费实力可见一斑。

根据恩格尔定律，可以看出国民在食物方面的支出消费占总消费支出的比例越来越小，而珠宝等精神文化需求消费逐渐上升。一般情况下，恩格尔系数越小表明居民家庭收入和生活水平越高。我国的恩格尔系数不断下降，正是人民群众距离美好生活越来越近的表现之一，而人民群众对于珠宝的消费水平不断上升则表明珠宝在人民群众的美好生活中扮演着不可或缺的角色。

1.2　美好生活的珠宝价值

作为一种不可再生资源，珠宝与生俱来便具有稀有属性，此项属性在较大程度上决定了珠宝的高价值。珠宝的美丽、装饰、精致等特点同样给珠宝价值锦上添花。珠宝所蕴含的各项价值引得人们的青睐有加，为大家的美好生活添砖加瓦。

本节主要介绍珠宝的四项价值：珠宝的艺术价值、珠宝的情感价值、珠宝的收藏价值、珠宝的社会价值。

1.2.1　珠宝的艺术价值

作为大自然精心养育之作，大多数珠宝生来即具有独一无二且耀眼夺目的色彩光泽，如众所周知的红宝石的鸽子血、蓝宝石的皇家蓝、祖母绿的木佐绿等。这些宝石的天然颜色所承载的美给予人们极高的艺术享受。除此之外，珍珠的晕彩效应和欧泊的变色效应以及一些其他宝石所独有的光学效应在给宝石增彩的同时，亦让人感慨造物主的神奇。这些珠宝的自然美为其所蕴含的艺术价值增色非凡。

通过下面这些图片（图1-4、图1-5、图1-6），我们可以很直观地看到珠宝宝石本身所具有的美丽的颜色，与此同时，我们也不难观察到这些耀眼夺目的宝石都是经过打磨雕琢并与一些其他的宝石搭配最后构成完整的首饰成品，这些雕琢与搭配正是珠宝艺术价值中的另一种美——设计美。正所谓"玉不琢，不成器"，天然宝石的美丽大多需要设计、雕琢、加工等步骤才能被更好地展现出来。

图1-4　格拉夫粉钻　　　　图1-5　香奈儿蓝宝石戒指　　　图1-6　梵克雅宝祖母绿耳坠
（图源：iDaily Jewelry）　　（图源：iDaily Jewelry）　　　（图源：iDaily Jewelry）

珠宝的自然美和人工的设计美让珠宝的美丽无与伦比，古往今来成为人们装饰不可或缺的一部分，其艺术价值不言而喻。

1.2.2 珠宝的情感价值

"钻石恒久远，一颗永流传。"戴比尔斯钻石公司的一句经典广告语开启了我国钻石消费的时代。一颗钻石恰如其分地替消费者表达了对爱情与永恒的向往。戴比尔斯钻石公司成功的秘诀在于营销钻石的同时也营销了消费者对情感需求的渴望。

"爱她，就送她卡地亚珠宝！"现在，卡地亚珠宝已成为全世界众多有情人的梦想，其经典的红盒子早已成为奢华与真爱的象征。历经170多年风雨，卡地亚珠宝创作了无数光彩夺目的优秀作品。

图 1-7　卡地亚"猎豹"胸针

1936 年 12 月，即位不到一年的英国国王爱德华八世为了跟离异两次的美国平民女子辛普森夫人结婚，毅然宣布退位。为了表达自己的爱情，成为温莎公爵的他请卡地亚公司为公爵夫人设计首饰。这个重大任务落到设计师珍妮（Jenny）身上，珍妮为了获得灵感，申请前往美洲丛林考察，并鼓动卡地亚家族继承人约瑟夫（Joseph）也随他们的考察队一起去。珍妮和约瑟夫迅速坠入爱河，她将自己全部的感情融入设计中，设计出"猎豹"胸针、"BIB"项链、"老虎"长柄眼镜和"鸭子头"胸针等一系列珠宝饰品。最终，一个装有57 件卡地亚首饰的珠宝盒被送到温莎公爵夫人手中，她被丈夫的爱感动得泪流满面。其中一件胸针更让她爱不释手——镶满亮钻的白金小猎豹（图 1-7），双眼闪着柔和又警觉的光。此后，温莎公爵夫人随丈夫出行，"猎豹"胸针经常随之亮相。

卡地亚珠宝，因一段传奇的爱情故事成就了一个品牌佳话。国外顶级珠宝品牌之所以能经典不衰，是因为它们在岁月长河中随着时间的流逝演绎着厚重的历史，用心灵和情感体验着人生的酸甜苦辣。即便是在金融危机来临时，它们熠熠闪光的品牌也未曾黯然失色。这些品牌文化底蕴浓郁深厚，情感深入人心，此外，围绕它们的品牌理念和多元价值属性往往还具备了一段传奇故事。

在新人婚礼上，那小小的一颗钻戒并不仅仅是装饰之用，更多的是新人们对于这段感情的期盼，盼望婚姻可以像钻石一样长长久久、永远如新。我们常用"金婚"来形容一段婚姻长久，金婚代表着夫妻二人已经携手并进 50 周年，共同走过了人生的大半辈子。而将结婚 50 周年称为金婚，正是因为人们认为这样的婚姻像黄金一样珍贵坚硬，千金亦难换。

除了爱情，珠宝同样承载着人们的期盼和祝福等情感。在古代，无论中外，人们都会选择珠宝来作为神和人的中介物，通过珠宝来向神祈祷。"男戴观音女佩佛"这种人们希望通过佩戴珠宝首饰来保平安顺利的行为，同样也表明了广大群众赋予珠宝的情感价值。

维多利亚女王对于珠宝的态度与众不同，她认为珠宝所拥有的情感价值甚至远超其外在的货币价值！即使是一件平平无奇的珠宝首饰，如果经过精心挑选并且蕴含着爱意，那么这件珠宝首饰就会像最耀眼的钻石和高贵的珍珠一样，在她心中占有重要地位。

"钻石恒久远，一颗永流传""情比金坚""君子翩翩，温润如玉"……这些耳熟能详的词句全部都寄托着我们对于珠宝所期盼的情感价值。

1.2.3　珠宝的收藏价值

珠宝作为高端非必需消费品，其收藏价值不言而喻。首先单纯从珠宝首饰的材料出发，一般而言珠宝首饰由黄金、铂金等贵金属以及一些稀有宝石、玉石等材料制作，这些不可再生材料即具有收藏价值。

珠宝自身的价值离不开其自身的材质，组成珠宝材质价值的高低在很大程度上决定着整个珠宝的价值。譬如一枚钻戒，它的材质组成是金属材质与钻石，金属材质种类繁多，有硬金、铂金及 K 金等。另外，钻石的价值决定因素又有很多，钻石的重量越大，它的价值也会越高。由此，可以总结，不同的材质会有不同的价值，也会赋予钻戒不同的价值。因此，在珠宝收藏过程中，珠宝的材质是一项重要的价值考量因素。

我们经常可以看到这样的现象：有一些珠宝从最初开采时的本身价值，到上市售卖的价值有很大的差异，因为一个珠宝品牌的设计与工艺往往能够赋予珠宝配饰一些附加值。在珠宝品牌的发展过程中，设计与工艺是不可或缺的推动力，因为只有独特的设计加上精湛的工艺的完美配合，才能够设计出巧夺天工的作品，以独特之美吸引消费者的关注，以珍贵之美赢得消费者的青睐。独特新颖是珠宝市场上推崇的魅力，而市场上的广泛认可也会在一定程度上提升珠宝的价值，在供给无法满足需求时，设计与工艺便为珠宝赋予了更高的价值。

很多时候，我们都能够听到关于一些珠宝拍卖的消息，有一些看似平淡无奇的珠宝却能够拍卖出比本身价值高出十倍、百倍，甚至更多倍的价格，很多人觉得这是拍卖者之间盲目的攀比。但事实并非如此，因为有一些珠宝产品被赋予了历史名人的光环。例如，拿破仑订婚钻戒拍卖（图 1-8），虽然只有简单的金属材质与两颗异色宝石的搭配，但在拍卖会上，这枚钻戒成交的价格却比最初购买的价格高出了 50 多倍。此时，这枚钻戒的收藏价值便不在于它本身的价值，而是在于与它绑定的"拿破仑"三个字的价值。拿破仑是鼎鼎有名的法兰西第一帝国的国王，他在法国乃至整个世界都有着一定的知名度，对于敬佩拿破仑的人来说，他的名号便为这枚钻戒赋予了很高的收藏价值，这便是历史名人效应。

如果珠宝本身具有历史甚至是具有故事，那么这件珠宝的收藏价值更是毋庸置疑的，此时珠宝的收藏价值不仅仅停留在它本身，更多是在于它背后的文化历史沉淀。珠宝不再只是珠宝，而是十分珍稀的古董，它背后的故事可能使得这件珠宝世上仅此一件，收藏价值自然水涨船高。

当珠宝本身材料足够优秀时，其相应的雕刻、设计、镶嵌等技术使珠宝具有收藏价值，设计师和工匠通过超群技艺将珠宝材料本身的质感和珍贵表现得淋漓尽致。此外，

图 1-8　拿破仑婚戒
（图源：GUILD 宝石实验室）

珠宝还会因其历史、文化内涵而值得被人们收藏。

1.2.4　珠宝的社会价值

目前，国民经济实力不断上升，大家的精神文化需求也在不断上涨，而人类作为社会性动物，对于社会关系和社会行为也会有更高层次的追求。珠宝作为一种珍贵稀有且便于佩戴展示的物品，自然而然成为人们在社会关系和社会行为交流表达中的上好媒介，其社会价值也就此体现，珠宝可以彰显佩戴者的身份和社会地位及财富实力。

自古以来，珠宝就一直被人们认为是一种地位的象征、一种信符。

传说黄帝在平定蚩尤之乱后，在分封诸侯时就曾以玉作为他们享有权力的标志。此后的历代帝王也无不拥有令人称羡的珠宝。今天，珠宝虽然已不是统治者的专属，但它的信用价值并没有降低。商人们佩戴首饰，尤其是贵重首饰，用以显示自己的财富信誉及社会地位。

图 1-9　佩戴卡地亚高级珠宝的演员

佩戴者除用珠宝装饰自己以外，也常常用它来显示自己的高贵富足。如图 1-9 所示，明星们经常在红毯上用价值上百万元甚至上千万元的珠宝来包装自己，借此证明自己的成功。

随着社会发展，大家的个性也越来越鲜明，人们对于个性的表达方式十分在意，佩戴不同的珠宝同样是在向外界传递自己的信息和个性，起到社会交流作用。由此可知，珠宝的社会价值难以忽视，同样值得我们关注。

本章小结

本章主要阐述了珠宝和美好生活之间的联系，随着我们国家经济实力和综合国力的不断增强，国民消费水平逐步稳定上升，大家对于美好生活的向往也随之不断增强。珠宝作为"美好""珍贵"的代名词，自然而然受到了人们的喜爱，给人们带来美的感受和心灵的满足，进一步实现美好生活。除此之外，珠宝的各项价值同样造就了它不菲的身价，艺术价值、情感价值、收藏价值、社会价值等都在珠宝身上有相应体现。自古以来，经济发达、人民富裕之时，珠宝产业也会相应得到高速发展和繁荣，这说明我们的美好生活和珠宝息息相关，紧密相连。

即测即练

自学自测　　扫描此码

思考题

1. 为什么珠宝可以让人民群众的生活更加美好？
2. 人民群众的美好生活如何由珠宝体现？
3. 珠宝的高价值体现在哪些方面？

案例讨论

人生的珠宝盒——"梅好"系列首饰

2019年1月17日，"中国珠宝"品牌广告短片《人生的珠宝盒》在央视开播，完整版于各大视频平台同步上线。这部短片通过"中国珠宝"品牌形象大使的倾情演绎，跨越不同时代，在短短4分钟的时间里，为大众讲述了一个关于时间、珠宝、记忆的动人故事。

短片在优雅、感性的现代钢琴弦乐背景中，伴着女主角的感性念白，从轻轻开启母亲的珠宝盒开始娓娓道来：母亲的珠宝盒里藏着许多故事，里面盛放着她的记忆和我对美丽的想象。

短片以"珠宝盒"这一概念串联起主人公真实生活中的几个重要人生片段，随着她翻看珠宝盒、试戴珠宝的过程一一展开。母亲摇着摇篮轻轻哼唱着童谣《太湖船》，宝宝从摇篮里，到扎着蝴蝶结的小女孩、辛勤练舞的少女时代，直到恋爱和舞台上的高光时刻，珠宝盒里珍藏的人生片段串联起了三代人的情感，珠宝首饰广告语体现了珠宝的传承。

两个珠宝盒中的珠宝是珍贵记忆的物化存在，有关女性气质之美、女性自我身份的认同，是锦上添花，是陪伴，是永恒，也是见证，珠宝折射出长大了的女孩，经过不断磨砺展现出的自信与美丽。

光影中的意蕴梅枝，合影中古典花瓶中的梅景，佩戴的"中国珠宝"品牌"梅好"系列（图1-10）首饰，短片中这些特别设计的梅花镜头与意象贯穿全篇。视频最后的点睛：我们珍藏珠宝，其实是在珍藏人生的印记。它们从不褪色，陪我们穿过漫长的时光。而"中国珠宝"就是人生美好印记的珍藏者。

图1-10 中国珠宝"梅好"系列

该微电影的场景和画面会触动很多人柔软的内心，借由"五福花"——梅花传递出对美好生活的祝福和希冀，所有情感的表达既含蓄又动人。

据悉，截至2019年年底，"中国珠宝"品牌连锁店总数已超过2000家，品牌处于快速发展阶段，其影响力和市场占有率均迅速提升。

讨论题:

1. 在该案例中,哪些地方体现了珠宝与美好生活的关联?

2. 该企业的做法体现了珠宝的哪些价值?

案例分析思路

第 2 章

珠宝营销新现实

本章学习目标：

1. 明确珠宝新型营销策略产生背景。
2. 了解并体会各种新型营销策略。
3. 学习各种新型营销手段新颖之处。

关键术语：

新型策略（the new strategy）；跨界联合营销（cross-boundary marketing）；概念情感营销（conceptual emotional marketing）；平台直播营销（platform live marketing）；互联网新技术营销（internet-new technology marketing）；合成宝石营销（synthetic gem marketing）

引导案例：

周大生跨界梵高

2017 年 7 月，周大生携手艺术类 IP——"梵高"，大胆跨界、推陈出新，重磅打造极具特色的艺术珠宝，用珠宝致敬梵高，用珠宝倡导"生来狂热，尽兴而活"的积极生活态度。

周大生珠宝发布会现场热度不断，演画大师黄凤荣现场作画，将活动气氛引向高潮；DIY 手绘区人潮爆满，男女老少均上场一展身手；现场另设杂志拍照区、拟梵高博物馆和新品展区等，吸引了整个商场 90% 以上的人流量；还有数名美女网红现场直播，与消费者互动，带领观众感知珠宝与艺术结合的美妙。此次新品发布，同样在热门平台上引爆了热度。活动期间，微博关于梵高珠宝的热门话题传播量上亿次，再观直播平台数百万次的播放量，可见周大生梵高新品颇受人们的喜爱。跨界艺术珠宝，将珠宝与艺术结合，是周大生立足于人群的产物，也是周大生在推出的"情景风格珠宝"的基调下，更注重产品深层内涵的表现。

周大生的跨界营销、情景风格珠宝、创新零售新模式、线上线下整合营销，都在致力于为消费者带来更有趣的营销、更优质的服务、更便捷的服务。

资料来源：www.china.com.cn/news/2017-07-28/content_41304400.htm.

市场营销词源自英文单词 marketing，marketing 有两层基本含义：一是作为一种经济活动时，译为"市场营销"，指企业如何依据消费者需求，生产适销对路的产品、扩大市场销售所进行的一种经济活动；二是作为一门学科名称时，译为"市场营销学"，指建立在社会学、广告学、经济学、行为科学、现代管理理论基础上的应用性、综合性的管理学科。美国的营销学家菲利普·科特勒（Philip Kotler）认为营销是："个人和集体通过创造，提供出售，并同别人交换产品和价值，以获得其所需所欲之物的一种社会和管理过程。"

珠宝市场营销指个人或企业通过对珠宝产品和服务在构思、定价、促销和渠道等方面的计划和实施，达到个人或企业预期目标的交换过程。它包括两方面的内容：一方面是寻找和发现消费者需要的产品或服务；另一方面是用恰当的方式，以消费者乐意接受的价格，向其提供这种产品或服务。

市场营销包括以下六个方面的内涵。

（1）营销的主体既包含营利性的企业，也包含非营利性的组织与个人。

（2）企业或组织为了实现自己的经营目标，就要通过营销调研、营销计划、营销策略执行和控制等一系列营销管理活动来完成企业或组织的经营任务。企业或组织也必须进行市场开发、产品设计、价格制定、分销渠道的选择、信息沟通和销售促进等各项决策。

（3）营销的对象不仅是市场需要的产品或服务，而且包括思想观念。

（4）营销活动受买卖双方微观因素以及政治、法律、社会、经济和技术等宏观因素的影响，因此，营销是一个复杂、动态的过程。

（5）营销是企业或组织的一种管理职能。

（6）营销是把满足消费者的需求放在经营活动的首位，是一切活动的出发点。

时至今日，珠宝的营销手段绝不再局限于简单的线下门店营销，也不再是开个网店、打打广告就草草了事，更多是借助互联网流量思维，充分利用当今迅速发展的社会化媒体平台，营造出更多新颖营销方式。本章主要介绍五种营销方式，包括跨界联合营销、概念情感营销、平台直播营销、互联网新技术营销、合成宝石营销。

2.1　跨界联合营销

近年来，跨界联合营销已经出现在各行各业的营销战略中，珠宝、手机、衣饰及时尚等，更多的产品和品牌以联合甚至融合形式出现在消费者的选择中。

"跨界"的英文为 crossover，原为交叉、融合、跨越之意，也用于篮球术语，指代"胯下交叉运球"。跨界在艺术领域使用较多，而营销必然包含设计和艺术元素，因此跨界很快就被引申到市场营销领域，学者霍特（Hult）也赞同营销本身就是一个关键的跨界合作角色。1999 年，德国的运动服饰品牌彪马（Puma）的首席执行官（chief executive officer，CEO）首次提出"跨界合作"的概念，并与高档服饰品牌吉尔·桑达（Jil Sander）合作推出高端休闲鞋。"跨界营销"多用于描述异业品牌间的相互合作营销，又被称为 crossover marketing、cross-border、co-marketing。关于 crossover，《中国广告》杂志早在 2009 年做过一个跨界合辑，收集了来自服装设计师、室内设计师、流行乐天后、不同流派的艺术家和营销人员对跨界的理解。其中，易为公关的创始人 CEO 白石桦表示：crossover 营销可以丰富跟消费者沟通的方法。品牌是你看到一个商标所想到的所有东西，只要两个品牌的联想是互补的，有互相提高的作用，就有潜在的 crossover 的可能。

跨界联合营销源于合作营销的理论。1966 年，美国学者阿德勒（Lee Alder）提出"合作营销"的概念，它是指两个或两个以上的企业或品牌可以建立诸如渠道、销售、研发、生产、财务等方面的资源或行动联盟，达到降低成本、提高效率、增强市场竞争力、共同开发和利用市场机会等目的的一种营销策略。跨界联合营销一般分为三种形式：一是水平合作营销，指企业在某一特定营销活动内容上的平行合作，如合作开发新产品或互相为对方产品提供销售渠道；二是垂直合作营销，指企业在不同营销活动内容上的合作；三是交叉合作营销，指不同行业企业间的合作。跨界营销属于水平合作营销，合作营销又延伸出共生营销（symbiotic marketing）、协同营销（joint marketing）、品牌联盟（brand alliances）等概念，含义大致相同，学者萨利米（Salimi）等人认为联合营销就是合作营销，是不同企业或品牌联合推广的合作方式。营销联盟则被界定为两个或两个以上组织之间在下游价值链活动的正式合作协议，其中包括品牌、销售、分销、顾客服务等方面。

看似毫无关系的产品通过跨界联合营销，将各自已经确立的市场人气和品牌内蕴相互转移到对方品牌身上，实现双赢，产生品牌叠加效应，跨界联合营销优点可见一斑。

"跨界"代表着一种新锐的生活态度和审美情趣的交融，目前不同行业市场竞争都在逐渐加剧，消费者对于单一传统的产品或者品牌出现审美疲劳，而跨界联合营销可以使得消费者眼前一亮，给他们带来更多新颖的美的感受。珠宝行业也紧随潮流，为珠宝行业营销注入新鲜血液。

除了本章引例中周大生和梵高博物馆的跨界联合营销，近年来不断引起网友热议的故宫文创自然不甘落后，2017 年，故宫文化珠宝首席设计顾问钟华便与国民老品牌百雀羚跨界合作（图 2-1），联手推出注满中华传统文化和国际珠宝设计工艺的"发簪"和"燕来百宝奁"限量礼盒。此款一经发布，迅速秒空，双方知名度都得到提升，实现合作双赢。

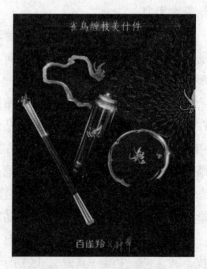

图 2-1 百雀羚钟华联名款

《蒂凡尼的早餐》这一部电影成就一个品牌。电影与珠宝的跨界联合营销由来已久，通过电影故事将品牌的定位及内涵完美融合，也早已成为 I Do 品牌营销的长期策略。从2011 年的《将爱情进行到底》，到 2012 年的《我愿意》，再到每一部热播电影，如《我的早更女友》《咱们结婚吧》等，I Do 与植入的每一部电影联合将品牌的情感核心与电影情节深度整合，通过不同的爱情故事向目标群体传递相同的情感主张，让品牌理念因情感共鸣在目标群体中徐徐渗透，激发大众的兴趣点和关注度，最终让所有人相信爱、勇敢爱、守护爱、坚定爱。I Do 将每一次的品牌展露与电影情节完美结合，以"润物细无声"的情感共鸣，传递"我愿意"的情感理念。

要将品牌理念和价值传递至消费者心中，建立起品牌认知，让消费者产生心理共鸣，跨界联合营销可谓一步好棋。现代企业竞争呈现出全球化、个性化、多元化等特点，传统的营销思维不足以完全应对市场日新月异以及消费者的需求，跨界联合营销作为新型营销战略应运而生。我国珠宝市场不断发展壮大，企业和消费者的水平也不断提高，趋向国际化。珠宝消费结构多元化、珠宝文化多元化这些都为珠宝企业实施跨界联合营销提供了有利条件。

2.2　概念情感营销

概念情感营销，指企业在将市场需求趋势转化为产品项目开发的同时，利用说服与促销，提供近期的消费走向及其相应的产品信息，引起消费者关注与认同，并唤起消费者对新产品期待的一种营销观念或策略。其着眼于消费者的理性认知与积极情感的结合，通过导入消费新观念来进行产品促销，目的是使消费者形成新产品及企业的深刻印象，建立起鲜明的功用概念、特色概念、品牌概念、形象概念、服务概念等，以增强企业的竞争性实力。

在珠宝市场同质化的今天，越来越多的珠宝商为珠宝赋予了情感附加值，准确的市场定位为珠宝市场营销指明了方向。珠宝首饰是情感的消费，需要时间的磨炼，需要不断地与消费者进行沟通和交流。

近年来，国内珠宝品牌也开始围绕品牌文化卓越创新，纷纷打出概念情感营销牌。在品牌微电影和概念情感营销的充分融合上，知名珠宝品牌 I Do 发挥了自己在品牌名称和理念上独有的优势。I Do 这一品牌名称源于西方结婚典礼上的一句经典誓言，与爱情、婚姻等情感元素紧密关联。I Do 通过《我愿意》微电影，借助故事巧妙地表达了品牌理念，对爱情进行了全新诠释，微电影《我愿意》8 天内达到了 1500 多万次点击量。微电影以情动人，激起情感共鸣，让品牌"润物细无声"。

DR 钻戒在品牌创立之初便创下全球统一浪漫规定：男士凭身份证一生仅能定制一枚，寓意"一生唯一真爱"。区别于其他的珠宝钻石品牌，每个男士凭身份证仅能定制一枚，DR 用双方签订真爱协议且终生无法更改的特殊仪式，向外界传播品牌精神、引领真爱文化，愿世间所有的爱情都能"一生唯一"。DR 严苛的购买条件还不止于此，除了求婚钻戒外的其他珠宝饰品只对已经购买过求婚钻戒的会员开放定制权限，且绑定信息必须与求婚钻戒的受赠人相同，倡导"一生只送一人"。

珠宝品牌周生生的电商部门也在做这样的尝试，利用节日契机进行概念情感营销，提升品牌影响力。针对母亲节，周生生在线上推出了营销推广活动，主题定为"妈妈的谎言"，引发受众回想在自身成长过程中母亲说的那些"特别的谎言"——"妈妈不爱吃鱼""妈妈已经尝过了""妈妈不热，风扇对着你吹就行了"……这些善意的谎言代代相传，就像母亲对孩子的爱那样周而复始，生生不息。

戴梦得珠宝则打出了以文化引导消费的王牌，为其产品注入丰富的人文情感。戴梦得珠宝潜心研究翡翠文化，利用翡翠浑然天成的独特与灵秀塑造出东方人特有的美韵：以传统的十二生肖为素材演绎的"丝丝牵挂"，成为父母对儿女、情侣、友人之间最具意义的纪念珍品；利用精美的手镯、戒指等翡翠首饰，结合现代化的镶嵌工艺，组合成的适合当代女性的"白领丽人"系列使古典与时尚完美融合，蕴含了灵秀和清雅的内涵。

如今市场竞争激烈，但是珠宝品牌靠着准确细分市场、明确品牌理念、创建差异化的概念情感营销模式走向成功。比如：老凤祥就是充分发掘其百年老店积淀的首饰文化，成为国内首饰行业的翘楚；情饰专家润金店则针对不同的节日和人群，先后推出甜心、听花、倾城色、见证、生如夏花、丝路·楼兰等系列，靠独特设计牢牢抓住顾客的心；通灵珠宝的"为自己，更为下一代珍藏"这一品牌定位则与众不同，更准确地把握住了我国消费者重视传承的情感需求。

目前珠宝市场处在"块状化"日益清晰的格局下，大多数珠宝产品在材质选择方面较为统一。而产品的附加值则可以为产品本身乃至品牌造就独特性、扩大知名度，概念情感营销正是为产品增加附加价值，它可以从产品本身、概念包装、活动推广多方面实行操作。

珠宝首饰从设计师、工艺师手中诞生的时候，它就寄托了大师们的思想情感，这种情感在珠宝首饰的造型设计中得以传递和再现，让珠宝不再是冰冷的物质材料，而是逐渐灵动、温暖起来。翻开首饰设计的历史，会发现激发人们灵感的有崇敬、恐惧、欣赏、欢笑和悲伤等情绪。例如，对蜘蛛的恐惧感，在面对一个大蜘蛛时，很多人都会觉得不自在，这种让人觉得不安的情绪，正是设计师可以用来吸引注意的方式。

扩展阅读：钻石小鸟

一件饰品绝大部分的最初视觉冲击力都是由其造型带来的，造型能够以微妙而显著的方式去改变一件首饰作品的语言，不同的首饰造型寄托着设计者的愿望，千余年来逐渐形成了自己固有的习俗和不成文的规定。例如：祖母绿形，表现出方正、刚直，象征着规矩和秩序，虽保守但不死板；鸡心形，曲线生动活泼，对称性好，一向用于男女之间的爱情；椭圆形，具有圆滑的曲线美，线条丰富流畅，富有进取感；圆形，其隐义是

"无限"，表示了万物的无始无终、包罗万象的概念。

将情感因素融入珠宝设计中，有助于给设计师提供更多的灵感，设计出更多与消费者有共鸣的作品。诸多品牌都在向消费者传递自己的品牌或者产品理念，以此寻求消费者情感认同。

2.3 平台直播营销

互联网行业近年来蓬勃发展，特别是移动智能终端和信息技术的发展，随着 5G 时代的到来，移动智能终端将进一步发展。在此环境下，每个消费者都在互联网思维下潜移默化地树立起新的消费模式，网络直播就是应时而生的一种全新消费模式。如今平台直播营销已经是服装、化妆品等行业的热门营销方式，直播属性从娱乐打赏到带货营销的转变，拥有着重要的变革意义。一方面，以网络红人为核心，网红经济模式不断发展完善使低成本的流量变现成为可能；另一方面，在传统电商流量成本日益高昂且商品成交总额（gross merchandise volume，GMV）转化率普遍不高的情况下，低成本、低门槛的直播营销模式却拥有着超高的 GMV 转化率。

2020 年新年前后，新冠肺炎疫情暴发，导致全国线下珠宝店铺不同时长的关闭，我国传统珠宝行业不得不在困境中寻找出路。在一些珠宝集散地，不少货商已经开始尝试珠宝直播营销，一波珠宝直播营销的浪潮正在愈演愈烈。

早期的直播内容以娱乐内容为主，随着市场经济发展，2015 年开始有平台新增或更新直播功能，加入营销属性。直播营销真正成规模的布局开始于 2016 年，我国直播营销市场规模不断扩大。截至 2021 年 12 月，我国智能手机活跃用户已达到 9 亿人，电商渠道已下沉至偏远的乡镇。在互联网普及的环境下，媒体的传播模式也发生了深刻的变化，传统的主流杂志、报刊、电视、广播对大众的吸引力减弱，品牌营销能力也相应削弱，电商营销突飞猛进并不断迭代。从最初的易趣到淘宝，再到微商、拼多多，电商形式不断变化，珠宝首饰作为高价值商品在电商模式中也不断寻求适合自身的发展方式。目前，电商最新而且有效的珠宝首饰营销方式是通过新媒体直播的方式进行营销，可量产的货品（如黄金、钻石首饰）和每件都具有差异性的货品（如翡翠、红蓝宝石），都有不同的营销模式。例如，每件都具有差异性的货品，由于非常容易营造紧张感，更加适合直播营销。

2021 年，我国在线直播平台近 200 家，日活人数超过 2400 万，11 月在线直播平台使用人次达到 662.9 亿，网络购物达 606.2 亿次。随着智能手机普及和直播平台的涌现，直播不再限于重大题材或突发事件报道时使用，而是成为一种基础性、常态化的传播途径，发布主体、生产方式和呈现形态也完全不同于传统直播，平台直播营销顺势而生，规模越来越大。

电商直播具有多样化的特点，现已衍生出了多种模式，其中主流模式有秒杀模式、达人模式、店铺直播等，这三种模式贡献了大量的 GMV。目前以淘宝直播为代表的平台更注重特卖的方式，价格是王道，更依赖供应链驱动；而其他平台则注重多元化直播。

（1）秒杀模式。指大流量主播凭借流量优势从供货商处获取低价产品，以回馈客户的方式进行批量销售的直播模式。例如，某明星曾在"6·18"活动期间的一场直播中卖出 1 万件珠宝，成交额超过 300 万元。秒杀模式下商家不面对顾客进行营销，但是除了售前提供低利润率的商品外，还需要正常承担售中的货品整理、邮寄、统计等工作，以及售后的退换货、保养等服务。这种模式下客单价普遍偏低，要求货品可以批量生产，目前通过秒杀模式售卖的珠宝，则以珍珠、水晶、银饰等品类为主。

（2）达人模式。主播帮客户代购，达人主播目前不需要注册公司，不需要有实体店铺，甚至不需要有珠宝存货，达人主播通常明示以代购费的形式进行盈利，直播的场所多在各珠宝集散地及珠宝展会，在直播的过程中不断地更换商铺，一旦有消费者感兴趣的珠宝，则负责代替消费者进行讨价还价并介绍珠宝的品质，成交后由带货主播个人承担售后。现在各个集散地已经逐渐形成了一系列供应链构建的直播基地，一定程度地弥补了个人主播带货的风险。达人模式要求主播不仅要有为消费者推荐商品的能力，还要设计买货的剧本情节，从而引导成交，最关键的是要有珠宝鉴定能力和对市场价格把控的能力，才能长久地运营一个良好口碑的直播账号，降低货品退换和售后频次。达人主播通过对珠宝商品成本的把控，不仅可以赚取一定的代购费，还可以赚取商品批发到零售的差价。

（3）店铺直播。指拥有自己的珠宝公司，在经营着线下实体店铺的同时，由公司内员工承担主播身份，进行珠宝直播营销的直播模式。由于受到工商部门和质量技术监督部门监管，产品质量和售后服务会有相应的保障。主播根据公司定价对店铺在售的产品进行推荐，不需要拥有对市场价格把控的能力，更专注于介绍所销售珠宝产品的品牌价值，满足顾客的情感需求。店铺直播的场所多位于公司内部。

在平台直播营销中，省去了从厂家到消费者中间的诸多流通环节，大大降低了流通成本，消费者和主播卖家之间的即时沟通性强、响应速度快。而且主播商家备货成本也会降低，尤其是流动主播，在摊点挑选合适货品就可就地直播。直播还可以向进入直播间的全部观众实时展示产品，并且在全网发布，大大提升浏览量。

2.4 互联网新技术营销

21 世纪作为互联网的时代，各种互联网技术层出不穷，这也给珠宝营销领域带来了新的挑战和机遇。珠宝的高价值、体积小、易携带等特点使其受到了走私犯的偏爱，也使珠宝市场变得不透明，市场混乱程度加大，侵犯了消费者和正规经营商家的权益。

区块链是分布式数据存储、点对点传输、共识机制、加密算法等计算机技术的新型应用模式。它本质上是一个去中心化的数据库，从科技层面来看，区块链涉及数学、密码学、互联网和计算机编程等很多科学技术问题。从应用视角来看，区块链是一个分布式的共享账本和数据库，具有去中心化、不可篡改、全程留痕、可追溯、集体维护、公开透明等特点。这些特点保证了区块链的"诚实"与"透明"，为区块链创造信任奠定基础。而区块链丰富的应用场景，基本上都基于区块链能够解决信息不对称问题，实现多个主体之间的协作信任与一致行动。

在探讨区块链技术落地珠宝行业之前，我们需要思考一个问题，那就是珠宝行业的痛点，只有这样，才能找到区块链技术应用于珠宝行业真正需要解决的问题。

（1）黄金珠宝市场行业中上游集中在深圳水贝国际珠宝交易中心，但是品牌分散，我国前十大珠宝品牌所占市场份额加起来仅有20%，更多的是区域性品牌及加盟店，品牌集中度不够。

（2）即使是大品牌，也是以品牌加盟店形式为主，因为开设一家珠宝店的成本高达七八百万元，如果一次性开设覆盖全国的门店则无法承担高昂的净资产，因此国内还未出现一家较为集中的大品牌。

如果能给中小企业或者品牌提供资金服务，便能够增强竞争实力，以此带动贸易流通、进销存、物流服务、数据沉淀、仓储加工、设计定制等方式的变革，从而推动行业升级。

作为一个重资产行业，资金问题一直困扰着我国的珠宝产业的发展。因为保值溯源、权属认证等问题，传统银行类的金融机构为了规避风险，将珠宝行业看作鸡肋，不愿意为珠宝行业融资，这种情况令其在发展中步履维艰，也成了我国珠宝行业中出现的重大难题。

而区块链技术正好帮助珠宝行业解决了珠宝证券化、类证券化交易的问题，帮助珠宝实现价值变现。珠宝行业能够利用区块链技术进行分布式记账、时间戳以及参与各方的共识机制，真正实现优势的区块链效益，成为我国经济下一个增长点。

相信不少人都知道，珠宝消费者最关心的问题是珠宝的真伪鉴定和估价。而估价是以真伪鉴定为前提的，因此可以说真伪鉴定是珠宝消费者的第一需求。当区块链技术应用于珠宝行业时，区块链的不可篡改性为每一件珠宝都建立了独一无二的电子身份。运用区块链的公开透明、可追溯性，将珠宝从毛坯开采、切割加工、机构鉴定、物流、销售等各个环节链接到一起，实现全过程公开透明，解决行业信任度低的问题。而珠宝所具有的独特的电子身份，也能有效遏制弄虚作假和走私市场的行为，为宝石的进口提供了更加方便快捷的服务。

顾客购买珠宝后，只需扫描珠宝鉴定证书上的二维码，就可以看到采矿场、加工场、生产厂家、珠宝成色等一系列信息（本书"10.4.3 基于新技术的零售策略"简要介绍了区块链在珠宝门店零售中的运用，其中"扩展阅读：基于区块链的珠宝溯源的流程"呈现了基于区块链，消费者可查询从钻石采矿到最后购买的整个过程，即钻石全程溯源的过程），有助于珠宝产品的生命周期管理。首饰销售者还可以以此树立品牌形象，赢得顾客信赖。利用区块链溯源和交易平台，买卖双方可以直接进行交易，减少了中间环节的交易成本和风险，满足了买卖双方对珠宝质量和安全性的要求。

相比以往的防伪技术，区块链在防伪方面具备天然的优势：去中心化、可信任、能够贯穿商品整个生命周期、链接整条供应链信息。区块链技术的应用，使所有流通中的信息被公开地记录在这个"公共账本"上，所有参与的人员都可以随时查看，整个交易流通过程清晰透明，并且一切过程都可溯源，无论是消费者购买，还是商家回收，区块链技术的应用在很大程度上能够解决因为流通环节信息不透明而产生的交易信任问题。

目前国内外珠宝企业已经对区块链技术实施了探索与运用。

1. 周大福使用区块链技术向消费者提供安全的数码钻石鉴定证书

2018 年 5 月 23 日，周大福宣布与独立钻石鉴定机构美国宝石研究院（Gemological Institute of America，GIA）合作，将首次使用区块链技术向消费者提供安全的数码钻石鉴定证书。此后，周大福 TMARK 钻石品牌的顾客将获取关于所购买钻石产品的 GIA 鉴定讯息的永久、不可改变的区块链记录。

作为将 IBM 加密锚点验证者与 GIA 报告联系起来的一部分，周大福 TMARK 钻石的区块链记录项目是由区块链解决方案提供商易葳录（Everledger）开发，并受 IBM Blockchain 平台保护。周大福董事总经理黄绍基表示，周大福将利用区块链来吸引"千禧一代"。

周大福的先行尝试，也是基于 GIA 对于区块链资源的高度整合。根据 GIA 首席实验室研究员汤姆·摩西（Tom Moses）的说法，验证人员将扫描钻石，并将其克拉重量、颜色等级、净度等级和切割等级转换为易于测量和观察的数据。再使用 IBM 创建的定制软件，这些数据将在运输过程中的各个点进行编译、分析和再确认，保障数据与宝石完全一致。

2. 戴比尔斯推出首个覆盖全价值链的区块链平台

此前，全球最大钻石生产商英美资源公司（Anglo American）旗下的戴比尔斯（De Beers）表示，将推出钻石行业首个区块链平台，以便追踪登记在册的钻石"从出土到消费者购买的每一次易手活动"。戴比尔斯的钻石区块链平台将面向整个行业开放，为每颗钻石提供追踪监控的可能，这还是迄今首个覆盖行业全价值链的区块链平台。

戴比尔斯集团 CEO 布鲁斯·克里弗（Bruce Cleaver）指出，区块链能帮助银行打消融资疑虑，提高开采供应链的效率和透明度。此外，区块链还能用于确认其他矿物资源的来源是否符合道德规范。旨在利用新兴技术消灭欺骗以及其他企业风险的初创公司易葳录表示，早在 2015 年，公司就开始使用区块链追踪钻石的产地。

3. 钻石现代化交易将在以色列实现

以色列是世界上最大的钻石中心之一，负责全球约 12% 的钻石贸易，约有 3 万人受雇于该行业。长期以来，以色列的钻石交易都是基于钻石交易所的传统交易方式，市场由大房间组成，交易员和买家相对而坐，面对面地进行业务——这是一个迄今为止在很大程度上抵制数字化的市场。

而 Carats.io 的出现，让传统的钻石交易方式逐渐有了改变。Carats.io 是一家试图通过区块链技术实现钻石行业现代化的公司，该公司希望通过一种以"钻石+区块链技术"的方式向市场引入流动性。该公司联合创始人 Dor Eligula 表示："我们利用区块链技术，其唯一目的就是创造这个行业的流动性阶段。每克拉都有钻石支撑。"

Carats.io 的目标是向外界开放这个令人生畏的世界。它开发了一种名为 GDX 的钻石指数，该指数已经成为以色列钻石交易所的官方指数。企业产品 CARAT 的主要卖点是，持有 CARAT 的人将能够兑换成认证的钻石，或者仅仅是链接到一个稳定的 beta 0 产品，真正实现钻石交易从实体到虚拟交易的转变。

4. 粤港澳大湾区珠宝区块链产业联盟正式成立

2018 年 4 月，基于珠宝行业对产品溯源和提高信息透明度等方面的需求，爱迪尔珠宝股份有限公司联合北京蓝石环球区块链科技有限公司，以"追宝溯源，让消费者明明白白买珠宝"为宗旨，正式成立"粤港澳大湾区珠宝区块链产业联盟"。

爱迪尔珠宝副董事长朱新武表示，区块链落实到行业，必须跟行业专家、技术专家相结合才能使其得到很好的推广和应用。联盟的成立，就是提供了一个解决珠宝行业痛点、推动行业健康发展的平台。北京蓝石环球区块链科技有限公司和深圳爱迪尔珠宝股份有限公司还签署了合作协议，双方将重点搭建珠宝行业区块链基础应用平台，完善珠宝行业区块链信息安全机制，建立珠宝行业人才链、生产链、供应链等区块链系统，优化珠宝信息的自动化采集、智能化数据分析平台等，进而提升产业链整体效率，构建珠宝领域的创新生产组织及消费形态。

5. 中金国礼文化金联合明丰珠宝搭建 SAC 公链平台

智能应用链（smart application chain，SAC）是联通各类社群的易用性公链平台，便于各类型的应用高效发布智能合约，把区块链的技术优势带给不同行业的应用者。通过 SAC，不同黄金珠宝加盟商可将用户数据打通并上传至 SAC 的数据链，通过统一的积分体系，切入 SAC 生态，降低用户转化门槛，并为用户提供更多附加值。

另外，通过 SAC 公链可从原产地到零售店追踪和验证珠宝的供应链流程，降低实际资金的转移需求，从而提高资金利用效率。通过资产记录，不同参与者的信用度可以得到有效衡量，为未来进一步提高全产业链效率做准备。

对于黄金珠宝消费者，可通过 SAC 提供的数字验证、实体产品、工艺验证及第三方监督服务，确保自己购买的首饰符合行业标准。

对于产业加盟商，SAC 可以帮助实现供应链流程数字化，并且在区块链网络中建立一个共享的、不可变的记录，并支持实时访问可信数据。

SAC 平台的去中心化、开源性、自治性、易用性等一系列特征，使其有能力承载以区块链技术驱动珠宝行业模式创新，助力产业升级和全球化发展。

6. 宝仪昭元发布全球首家珠宝区块链白皮书

2018 年 4 月，宝仪昭元携手国家珠宝玉石质量监督检验中心（National Gemstone Testing Centre，NGTC）在北京发布全球首份"珠宝区块链白皮书"。提倡以 App 为载体，通过区块链上的验证节点与各鉴定机构验证真伪，生成珠宝数字证书，完全实现珠宝交易信息公开化，保证其真实且无法被更改，使消费者有机会接触到一个公平、公开的珠宝消费及自由贸易平台，共享对称信息。

国家珠宝玉石质量监督检验中心宣传部主任孟晓珺表示，珠宝行业与社会消费之间存在严重的信息不对称问题，珠宝行业评估机制不健全、珠宝行业服务产业链的不完整，影响了珠宝产品定价的公允性，阻碍了产品的多次流通估值的准确性，进而影响了产品多次交易需求与供给匹配的高效性。可以考虑应用区块链技术来推广可定价的分级标准，从而建立珠宝的价值体系。通过总结每一个珠宝细分品类的定价区间，最终实现珠宝金融化。

7. 汉江网络与迅雷链合作推出区块链应用"绿松石溯源系统"

2018 年 12 月 25 日，在国内绿松石行业分级国家标准宣贯之际，绿松石产品溯源认证技术平台汉江网络宣布，与国内知名区块链平台迅雷链正式展开合作，汉江网络旗下的区块链应用"绿松石溯源系统"已完成在迅雷链上的全部开发和部署工作，即将正式上线，开始向行业和用户提供基于区块链技术的绿松石产品溯源服务。

通过绿松石溯源系统，可将绿松石产品从开采到终端销售全程的所有信息——上链保存，这些信息数据全都存储在迅雷链上，因此无法被人为篡改，确保了溯源信息的客观性，使产品验证的可信度大大提高。同时，结合区块链的开放性，绿松石溯源系统可以做到人人可查、人人可记，降低了普通消费者的溯源成本；且任何人都可以审计和校验这些信息的真伪，保证了系统的可信度和权威性。另外，绿松石溯源系统还能通过区块链，对产品附加信息进行永久存储，如经手的收藏家名录、产品经历过的某些历史事件，由此增加了产品的文化沉淀，提高了产品附加值。

除此以外，大数据技术也能为消费者提供更适合、更迎合消费者偏好的珠宝首饰，从而促进珠宝交易。还有人将互联网技术直接应用到珠宝本身，智能珠宝即诞生于此。智能珠宝是将珠宝和人工智能芯片结合的穿戴式智能产品，相比传统珠宝首饰而言，智能珠宝具有科技增值以及独特有效的智能服务。在"互联网+"以及智能穿戴设备市场快速增长的背景下，穿戴式智能产品（图 2-2）的形态日趋多样化，作为时尚珠宝和可穿戴设备的融合与创新，智能珠宝成为近年来穿戴式智能产品的热点，有望成为珠宝行业一个新的增长点。

图 2-2　TOTWOO 智能拍照吊坠

2.5　合成宝石营销

宝石作为大自然的珍宝，美丽生辉，价格高昂，产量却非常稀少。作为高端消费品，珠宝对消费者的购买实力提出了一定的要求，尤其奢侈品级的珠宝，只有少部分人士才有资格拥有。如今，随着科学技术的发展，出现了合成宝石（图 2-3、图 2-4、图 2-5），合成宝石的出现让更多人能够以较为低廉的价格拥有与奢侈品级珠宝同样流光溢彩的宝石，享受宝石所带来的极致之美。

图 2-3　合成蓝钻挂坠　　　图 2-4　合成粉钻手链　　　图 2-5　合成钻石耳钉
（图源：Lightbox）　　　　（图源：Lightbox）　　　　（图源：Lightbox）

目前，在地球上发现的近 2500 种矿物中，大约有 70 种矿物可以用作宝石饰品的加工材料，其中较重要的矿物则不到 20 种。随着经济与科学技术的进步，在天然宝石供不应求的情况下，人造宝石技术和宝石优化技术应运而生，且日益发展，人造宝石不仅在数量上、价格上占优势，甚至在质量上可与天然宝石相抗争、媲美，以至于两者达到难以分辨的地步。其中，合成刚玉即合成红蓝宝石作为一种重要的人造宝石，引起了人们的广泛关注。

刚玉是最早合成并进行商业化生产的一类宝石，它的发展也带动了其他宝石的发展。早在 1837 年高丁（Gandin）就合成了红宝石，但因粒度小未得到真正的发展，直至 1902 年法国人维尔纳叶（Verneuil）合成了红宝石，1909 年合成了无色蓝宝石，其硬度、比重、光性等都与天然宝石相同，肉眼很难区分。除无色的蓝宝石外，通过添加致色离子还可以获得黄、蓝、粉、红、紫、绿等颜色刚玉宝石。到 20 世纪初维尔纳叶炉诞生后，合成红蓝宝石的技术才真正成功。合成的红蓝宝石是从熔体中结晶而来的，其主要成分均为 Al_2O_3，在合成时加入微量的 Cr 离子，则呈现红色，即合成红宝石；如果加入微量的 Ti 离子，则就成为合成蓝宝石。

据记载，世界上第一批合成红宝石是于 1885 年进入宝石市场的。有趣的是，当时并没有人知道合成红宝石的存在，它被说成是产自日内瓦附近一个矿区的天然红宝石，被命名为"日内瓦红宝石",当然这个矿区是被虚构出来的。后来这批红宝石才被证实为合成红宝石,但无人得知这第一批合成红宝石的生产商到底是谁。

1959年,经过多年的实验,卡罗·查塔姆(Carroll Chatham)成功研制出助熔剂法合成红宝石的工艺。如今,以Chatham的名字命名的公司已经成为合成宝石领域的先驱,该公司的业务范围还包括合成蓝宝石、亚历山大石、帕帕拉恰及钻石等。除Chatham以外,市场上还有很多使用助熔剂法合成红宝石的公司,如Kashan、Ramaura等。

苏联是合成宝石生产大国,生产的刚玉主要采用水热法合成工艺和设备,20世纪50年代末,我国为了发展精密仪器仪表工业,从苏联引进了焰熔法合成刚玉(红宝石、蓝宝石)的设备和技术,有20多家合成宝石工厂,生产出十几种颜色的刚玉系列宝石和星光刚玉宝石。

20世纪末,我国合成红宝石的年产规模已达到了100吨左右,主要用于我国的钟表和珠宝行业。此时俄罗斯也已经开始在曼谷销售蓝紫色蓝宝石,合成宝石的市场不断扩大。近10年左右,合成红蓝宝石的发展有了一个新的飞跃,我国科技实力的增强,以及对合成宝石技术的投入逐年增加,促进了合成红蓝宝石的发展。

合成钻石在我国发展的历史较短,正在经历规范成长期,但其发展势头不断向好。2020年,合成钻石线上销售火爆,在天猫和京东上开设的合成钻石零售品牌店铺数量逐渐增加,且这些品牌都在考虑布局线下,在一些城市开启了实体零售店。比如,Diamond Foundry在上海的VARI零售店,凯丽希(CARAXY)在南京的专营店,造钻坊(Diamond Maker)在深圳水贝的零售店,独立品牌爱时意(ASTEE)在上海的门店,还有小白光(LIGHT MARK)在上海的门店,熹钻(X Diamond)在武汉和重庆等地的门店,都已步入轨道。线下零售店的出现和行业巨头的涉足,将真正推动合成钻石行业的发展。

上游合成钻石市场的发展也非常迅猛。2020年5月,东莞博朗珠宝有限公司和豫金刚石签约,在合成钻石领域开展深度合作,布局全球合成钻石产业;2020年8月,云南省曲靖市科技局与爱莎米亚(北京)金刚石技术有限公司签订投资合作协议,年产50万克拉合成钻石产业化生产项目和爱莎米亚珠宝钻石鉴定中心(实验室)项目落户曲靖;2020年10月,传统黄金珠宝首饰制造龙头——德诚珠宝集团有限公司(以下简称"德诚集团")正式投入培育钻石的生产线,代表了德诚集团在新材料高科技制造上的追求。传统珠宝行业资本对培育钻石的关注,给很多非珠宝行业投资人更多的信心。2020年11月,第三届中国国际进口博览会在上海举行。首次参展的美国珠宝企业卓缔梦(Z DIAMOND)带来了一颗重达12.75克拉名为Shining Love的CVD培育钻石,这颗F色、VVS2净度、3EX切工的钻石,由我国培育钻石生产商——上海征世科技有限公司生产,经过了国际宝石学院(International Gemological Institute,IGI)官方认证,是目前全球最大的高品质CVD钻石。Shining Love的诞生进一步标志着高品质、大克拉CVD培育钻石技术的逐渐成熟。2020年12月,河南省科技厅公布2020年度拟新建省工程技术研究中心名单,合成钻石巨头河南黄河旋风股份有限公司入围。

一年之内，我国合成钻石产量迅速增长，质量大幅提升，彩钻、异形钻开放供应，而且资本和政府对于合成钻石产业的青睐和扶持，为这个行业带来了高速发展的动力，显示了我国合成钻石市场未来发展的潜力。

从国际上看，美国是当前最大的培育钻石消费市场，约占全球消费市场的 80%。从 2020 年美国培育钻石行业的标志性发展事件上，可以一窥国际合成钻石行业的走向与趋势。

首先是 2020 年 8 月，GIA 宣布将从第四季度起推出数字化全新实验室培育钻石分级报告，对颜色和净度进行具体分级，取代了之前使用的描述性术语和等级范围进行评级的方法。新的分级报告有利于获取消费者的信任，更有利于整个钻石首饰行业的发展。深圳市正元基业珠宝有限公司总裁张栋在接受记者采访时表示，全新培育钻石分级证书的推出，说明了以下两点：第一，美国消费市场对培育钻石的认可加上美国联邦贸易委员会（Federal Trade Commission，FTC）早在 2018 年修订了钻石的定义，去掉了天然的限定，已经倒逼 GIA 必须做出表态和改变；第二，天然钻石利益的守护者 GIA 已经在利益的驱动下，要和 IGI 夺取培育钻石分级证书市场的第一把交椅，必须做出符合市场需求的证书。

其次是 2020 年 9 月，美国的实验室培育钻石品牌 Diamond Foundry 在上海虹口开设了全球首家 VRAI 线下旗舰店。VRAI 的大中华区总经理李杨认为，线下门店的体验是大克拉钻石市场未来的必经之路，他表示："中国市场是全球第二大钻石市场。我们希望能够把握时机，在中国市场树立行业标杆。"据了解，Diamond Foundry 在今年也提高了加盟标准，并且在北美市场拥有了超过 100 家合作门店。作为美国培育钻石零售的第一品牌，Diamond Foundry 已经完成了线上线下直营加盟体系的打造，培育钻石行业也已经有一个成熟的零售企业形成。

再次是 2020 年 11 月，全球最大钻石供应商戴比尔斯投资 9400 万美元建设的培育钻石工厂在美国正式投产，将其人造钻石的生产能力提高了大约 10 倍。其旗下培育钻石子品牌 Lightbox 切进世界最大在线钻石珠宝销售平台 Bluenile，在 40 多个国家和地区销售。这是 Bluenile 成立 21 年来首次销售培育钻石制作的产品。"作为美国老牌钻石电商，Bluenile 是国内钻石电商品牌钻石小鸟和珂兰的鼻祖。该渠道销售培育钻石对天然钻石的冲击力是很大的，标志着美国天然钻石零售渠道对培育钻石未来趋势的认可。"珠宝行业人员——深圳市正元基业珠宝有限公司总裁张栋解释道，"美国方面从培育钻石生产商戴比尔斯，标准制定者 GIA，到零售商 Diamond Foundry 和 Lightbox，全产业链已经形成，我们可以静等美国零售市场需求的爆发。"

除了少量杂质元素的含量不同，合成宝石与天然宝石的化学成分、物理特征和光学特性都相同。因此除了具有装饰性，合成宝石还具有广泛的实用性。例如，合成红宝石是手表、指南针和电表等设备中金属轴的绝佳轴承材料，也是激光器的加工材料之一。

合成宝石是全部或部分由人工生产的无机产物，且它们的化学成分、物理性质和晶体结构与所对应的天然宝石基本相同。也就是说，合成宝石与天然宝石的差异不大，只是人工模拟宝石的形成环境从而生产宝石。合成宝石在颜色和净度等方面是可控的，这也意味着合成宝石在某些性质上可以比天然宝石更加接近大众的审美。比如，天然的祖母绿（图2-6）经常带有杂质和裂纹，而人工合成的祖母绿（图2-7）则可以规避掉这些影响宝石品相的瑕疵。

图2-6 天然祖母绿

戴比尔斯推出合成钻石首饰的举措在2018年绝对算得上是珠宝界的爆炸新闻。钻石是市场上知名度和认可度都非常高的宝石品种，占据了珠宝市场很大一部分的份额，而戴比尔斯作为全球最大的钻石开采公司，肩负着全球大部分钻石分类、评级、估值及销售工作。作为行业巨头，戴比尔斯此项举措是否意味着合成钻石首饰的崛起，甚至意味着合成宝石会成为一种趋势？

图2-7 合成祖母绿

本章小结

随着信息传播技术的发展，消费群众审美、经济等水平的提升，珠宝企业数量的不断上升，原有的珠宝营销策略已不足以应对当今市场上消费者的选择。为了赢得更多消费者的青睐，新型营销策略应运而生。在本章，分别介绍了跨界联合营销、概念情感营销、平台直播营销、互联网新技术营销、合成宝石营销五种营销新手段。跨界联合营销中商家目光不再局限于珠宝行业，而是寻求更多新奇形象和珠宝结合；概念情感营销中，商家为珠宝赋予更多情怀，给商品增添更多附加值，同时也避免同质化；平台直播营销中，可以看出在如今直播盛行的环境下，珠宝商家亦紧随潮流，各平台都可以见到其身影；互联网新技术营销中，区块链技术为消费者解除了珠宝真假溯源忧虑，互联网新技术和珠宝营销融合；合成宝石营销中，可以看出合成宝石因品质好、性价比高等优点逐渐为更多消费者所青睐。

即测即练

自
学
自
测

扫
描
此
码

思考题

1. 珠宝新型营销策略和传统营销策略的异同点分别有哪些？
2. 不同新型营销策略共同点有哪些？

3. 不同策略内容之间如何产生交融联系？

案例讨论

梦金园——品牌先行引导品质消费

梦金园是珠宝行业内第一家做央视综艺节目冠名和第一家做春晚特约的企业，开创了行业先河。

在 2012 年以奖品赞助、中插广告的形式试水央视投放后，梦金园于 2013 年开始发力央视综艺冠名。为提升知名度，梦金园和《黄金 100 秒》《星光大道》《青年歌手电视大赛》合作，打开了品牌传播的新局面。图 2-8 为梦金园的黄金婚嫁系列。

梦金园于 2014 年继续通过大量冠名的方式维护品牌高地，这一年，梦金园创新尝试、优化投放组合，冠名《黄金 100 秒》，奖品赞助《直通春晚》，投放《星光大道》，投放 CCTV-1、CCTV-2、CCTV-3、CCTV-8、CCTV-10 等频道。更广范围、更高频率传播自己产品，从而抓住了消费者关注高品质产品的心，带来了企业利润增长。

2015 年，梦金园始终维持央视投放力度，提升影响力。借力羊年春晚特约，梦金园加盟信息搜索量同比上升 528%；上升最快检索词前五均与本品牌相关，无形之中影响品牌加盟。2016—2019 年，梦金园连续冠名《黄金 100 秒》。亮眼的收视

图 2-8　梦金园黄金婚嫁系列
（图源：梦金园）

率给品牌带来的传播效果不言而喻，此时梦金园已是拥有 2600+加盟销售及服务网点的全国大型品牌之一。2019 年，我国金店 100 强榜单中梦金园有 4 家门店上榜。

讨论题：

1. 梦金园采用了哪些营销手段？
2. 梦金园的营销手段有什么特别之处？

案例分析思路

第 3 章

珠宝营销 4H 理论

本章学习目标:

1. 了解并掌握经典营销理论 4H 理论、STP 理论和 4P 理论内涵。
2. 明晰三种理论在现实营销中的应用。
3. 探讨三种理论内涵关联。

关键术语:

4H 理论 (4H theory); STP 理论 (STP theory); 4P 理论 (4P theory); 传承 (heritage)、历史 (history); 享乐 (hedonism); 高价值 (high-value); 珠宝营销 (jewelry marketing)

引导案例:

珠宝承情

至今都令世人津津乐道的温莎公爵夫妇就是现实版的王子与灰姑娘。不爱江山爱美人的温莎公爵温驯的外表下有着一颗火热而坚定的心,1936 年 10 月,当温莎公爵充满深情地将刻有 "We are ours now 27×36" 字样的 19.77 克拉卡地亚戒指轻轻套在爱人的手指上时,他向世人昭示着要将爱情进行到底的决心。

想要卖出一件珠宝产品,珠宝商家需要从哪些方面进行考虑? 经典的 4P 理论早已给出答案。而一件珍贵的珠宝又会具有哪些特性,就像引导案例中温莎公爵的戒指,4H 理论会解决这个问题。

3.1 4H 理 论

珠宝作为一种带有强烈人文色彩且十分珍稀的产品,于其他商品而言,具有其所独有的特点。前人在营销方面已经提出诸多理论,但是相比而言,其并没有凸显出珠宝本身独有的特色。因此，本书提出了珠宝营销 4H 理论来进一步阐述珠宝产品的魅力，其包括珠宝的享乐（hedonism）、高价值（high-value）、历史（history）、传承（heritage）四个属性。

3.1.1 享乐

作为一种非必需品，珠宝与强调功能性的必需品不同，它更关注社会属性（象征性）。从某种角度上来说，珠宝是一种凝聚着人们对美好生活向往的奢侈品。

据此，强调象征性与相对忽略功能性就成了分析珠宝奢侈品消费特性的主要理论依据，而炫耀性及个性展示等动机也在此探索中被发掘出来。学者杜波依斯（Dubois）和劳伦特（Laurent）指出，在奢侈品消费中，除社会性动机外，还应考虑"享乐主义"与"完美主义"等因素。他们认为，享乐主义涉及自我实现与情感上的愉悦，完美主义涉及获得高品质保证与质量价值。应该看到，"享乐主义"与"完美主义"不仅考虑了个人导向动机，而且高度关注了奢侈品的完美功能。此后，学者维涅龙（Vigneron）和约翰逊（Johnson）将个人与社会导向动机整合在一起，提出了"炫耀性、独特性、从众性、享乐性与完美主义"五种动机，并着重指出，这些动机都同时存在于奢侈品的消费中。

享乐性是奢侈品消费过程中出现的愉悦与舒适感。事实上，任何一种物品要成为为人所欲的奢侈品，就必须让人相信拥有它是一种享受。朱晓辉指出，享乐价值在于个人对产品的享乐和体验。大量研究显示，奢侈品消费的享乐性是混合性的，包括对功能价值和社会价值的双重体验。

第一，产品功能价值带来的享受，指身体和感官上的舒适与快乐，与奢侈品艺术化和文化品位有关。奢侈品通常是品质优异、工艺精美的商品，除具有一般商品的功能属性外，在设计和服务上更是精益求精，非常注重消费者的情感感受。学者布龙（Brun）指出，时尚奢侈品不仅要有良好的质量，还必须能将品牌所包含的情感传递给顾客。因此，制造奢侈品必须借助一流的产品设计和美学研究，创造产品的独特性，打动消费者并引起情感共鸣。而对企业来说，与核心竞争力保持最相关的，就是奢侈品设计阶段的相关事务，它规定了材料、美学和产品款式等各方面的要求，为此奢侈品的艺术品位具有独特的吸引力。研究发现，珠宝奢侈品的购买者更关心产品的物理外形及时尚元素。

第二，产品及品牌社会价值带来的享受，主要指心理上的满足与愉悦，与自我展示和社会比较有关。在很大程度上，功能价值导致的享乐性对每个人来说都是一致的。而社会价值导致的心理满足则不同，心理满足会因消费者身份与所在圈子的差异而变化。学者韩（Han）等认为，珠宝奢侈品消费者可分成贵族、新贵、装模作样者和无产者四类。其中，贵族喜欢低调的产品，新贵喜欢高调的产品。心理享受还应包括群际享乐、社会认同与群内优越感、尊重所带来的快乐。从个人角度来看，心理享受则包含对自我、个性及品位肯定、展示所带来的快感。

乾隆年间，民间爱玉成风，玉器种类极为丰富，从大型山子到小型佩件无所不包。

乾隆皇帝对玉器的嗜爱超越我国历史上任何一个皇帝，对我国玉文化的贡献极大，故宫藏玉 3 万多件，其中一半为乾隆年间制造，精美的藏品全为此时制作。

慈禧太后对翡翠的热爱达到了几近疯狂的程度。相传慈禧太后在颐和园里有一个珠宝房，金银、宝石、珍珠、玛瑙、翡翠，数也数不清，在这成千上万件宝物里，她最喜欢的是一对翡翠西瓜。慈禧对它可谓爱若至宝，就是放在最坚实的柜橱里也还是觉得不放心，后来，又加上一把机械锁。如果要想打开这把锁，就必须把钥匙插入锁心左转五次才行，如果方向转错了，或者多转少转了一圈儿半圈儿的，就根本打不开。

法国时尚界泰斗安东丽·德阿里奥夫人（Antoine Dariaux），在名为《优雅》的书中，郑重地提醒那些希望永远出色得体的女人们："最理想的项链，世间所有首饰中与各种服装最相配的、每个女人衣橱中不可缺少的配饰就是一串珍珠。每个女人都应该拥有一串珍珠项链。"

这些古今中外的名人们与珠宝的故事令人痴迷，毋庸置疑的是珠宝给他们带去了极大的欢乐与享受。正因为珠宝给消费者带来美的感受和快乐，所以古往今来，无人不爱珠宝。

3.1.2 高价值

说起珠宝，我们脑海中浮现的第一印象经常是"昂贵、稀少"等词汇，这也意味着在大多数人的心中，珠宝价值不菲，其高价值的特性早已深入人心。正因如此，高价值这一特点被纳入 4H 理论中。

就像在第 1 章"珠宝与美好生活"中所讲述的，珠宝的稀有属性及其背后的艺术等因素共同造就了珠宝高价值的特点。各大拍卖会上，高级珠宝屡屡拍出天价，高昂的价格正是珠宝高价值的象征。

图 3-1 德·格里索戈诺之艺术

在 2017 年 11 月 14 日的佳士得拍卖会上，德·格里索戈诺之艺术（图 3-1）是同类拍品中最大的一件，成交价高达 3370 万美元。这颗 163 克拉的钻石由瑞士珠宝制造商德·格里索戈诺（de Grisogono）设计，火柴盒大小的白色钻石悬挂在祖母绿钻石项链上。这颗钻石于 2016 年在安哥拉的露露矿被发现。

Orange（图 3-2）是世界上最大的最生动的橙色钻石。这颗珍贵的宝石于 2013 年在佳士得拍卖行拍卖，以 3550 万美元的价格成交。它是目前世界上每克拉最贵的宝石，每克拉价值 240 万美元。

2021 年 5 月 11 日，苏富比拍卖行在日内瓦举行的 Magnificent Jewels and Noble Jewels 珠宝春拍上，一顶珍珠王冠（图 3-3）以 147.2 万瑞郎（约 1026 万元人民币）成为古董珠宝方面落锤价最高的拍品。这是 1867 年意大利奥斯塔公爵夫人（Maria Vittoria）获赠的结婚礼物，由意大利都灵宫廷珠宝商 Musy 制作，王冠主体由大小渐次的涡卷花纹衔接而成，共镶嵌 11 颗水滴形巴洛克珍珠，超过一个半世纪以来一直由意大利王室收藏。

图 3-2　Orange

图 3-3　珍珠王冠
（图源：iDaily Jewelry）

同场拍卖中，双主石克什米尔蓝宝石胸针（图 3-4）拍品中两颗主石分别重 55.19 克拉和 25.97 克拉，拥有天鹅绒般的深蓝色，其中 55.19 克拉主石为迄今公开拍卖最大的克什米尔蓝宝石。这两颗蓝宝石于 19 世纪末开采自喜马拉雅山脉西北部的赞斯卡地区，20 世纪 30 年代由卡地亚镶嵌为胸针作品，本场拍卖最终以 352.9 万瑞郎（约 2460 万元人民币）成交。

2017 年 10 月 16 日，有色宝石奢侈品牌 Gemfields 在赞比亚卢萨卡举行了一场赞比亚祖母绿原石拍卖，所有祖母绿均产自赞比亚中北部的卡根（Kagem）矿区。全场一共成交 32 万克拉原石，成交率 100%，总成交额为 2150 万美元，平均单克拉价格达到 66.21 美元，是 Gemfields 迄今祖母绿拍卖的第二高均价纪录。此场拍卖的最引人瞩目的拍品是一颗巨大的祖母绿原石——Insofu（图 3-5），重达 6100 克拉，这颗祖母绿最终由印度珠宝商 DiaColor 购得，成交价未公开。Insofu 祖母绿原石开采于 2010 年 2 月，这颗六面柱晶体原石具有浓郁的颜色，并可切磨获得宝石级产出。由于这颗巨大的祖母绿原石如同一只象的轮廓，Gemfields 将其命名为 Insofu，在本巴语（赞比亚东北部使用）中意为小象。

图 3-4　蓝宝石胸针
（图源：iDaily Jewelry）

图 3-5　祖母绿原石
（图源：iDaily Jewelry）

珠宝的高价值不仅在拍卖中有所展现，从我们日常生活中常见的钻石类珠宝也可以感受到其高价值所在。从图 3-6 可以看出，我国近年来钻石进口交易额巨大，除了因为受到新冠肺炎疫情的影响，2019 年和 2020 年交易额较为低迷，其他年份交易额均在 20 亿美元之上，而且在 2021 年上半年呈现出强劲的反弹势头。仅在 2021 年 1—6 月上海钻石交易所钻石交易总额达到 38.21 亿美元，相比 2019 年同期增长 86.39%。其中成品钻进口额达到 15.76 亿美元，已经超过 2020 年全年进口额，相比 2019 年同期增长 49.24%。

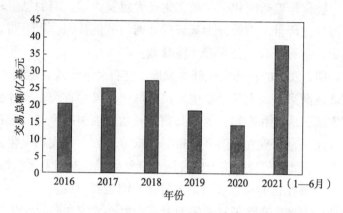

图 3-6　2016—2021 年中国钻石进口交易额走势图
（图源：中商情报网）

珠宝天然的美以及设计师的心血奠定了其艺术价值；人们也将一些美好的祝愿和期盼赋予珠宝，情感价值应运而生；无论是珠宝的稀有美丽属性，还是其背后的历史人文故事，它的收藏价值和投资价值都很难被忽略；人们常常佩戴珠宝，并不仅仅因其装饰作用，很多时候也是身份财富的象征，珠宝的社会价值也由此表现……上述种种价值及一些其他价值共同造就了珠宝的高价值。

3.1.3　历史

珠宝在人类对美的意识的觉醒之前便已经存在，具有非常悠久的历史。在这历史长河中，珠宝随着人类文化和审美等因素的变化也在不断发展，在这个过程中产生了无数令人着迷的珠宝首饰和珠宝故事。

大约在 1600 年前，英国王室崛起，为现存最古老的王族。在加冕仪式上，国王或者女王头戴的王冠和手持的权杖都成为全球瞩目焦点。

1905 年，南非发现了重达 3106 克拉的钻石原矿，是迄今为止最大的钻石原矿，随后被命名为库里南。其中最大一颗重 530.2 克拉的钻石"非洲之星"被镶在英王的权杖上，这颗钻石呈水滴形，有 74 个刻面，除此以外，权杖上还有 2444 颗钻石。遍寻人类历史，唯有"非洲之星"，牢牢镶嵌于英王权杖之上，代代传承，统领一个王国开创新的奇迹。

纵观整个欧洲珠宝历史文化的发展，珠宝文化及其被赋予的寓意与人类的价值取向和日常生活息息相关。如果说远古时代的首饰只是为了满足祖先自我美化的愿望，那么欧洲中世纪的珠宝首饰便多了一层精神的升华，意味着权力；文艺复兴时期的珠宝首饰，则意味着财富；18 世纪、19 世纪的珠宝首饰，则是富裕和优雅的体现；20 世纪以来，随着巨大的社会变革，珠宝已从有限的意义中脱离出来，个性化日益凸显，成为当代人不可或缺的时尚表达。

欧洲的中世纪被称作黑暗时代，宗教文化极大地制约了人们的思想和审美。中世纪时期的首饰、服饰分化严重，首饰分为基督教首饰与世俗首饰，用不同的材质体现相应的地位等级。例如，钻石只有王公贵族才能佩戴。

到了中世纪后期，欧洲的首饰文化开始发展，宝石大量出现在服装及腰带上，发饰、胸针、扣饰等配饰逐渐兴盛，上层社会中常出现珠宝扇贝等首饰，胸针也是精致华丽，甚至连鞋子上都饰满了珠宝和金箔，人们又重新开始追求美的风尚。宝石不仅应用于各种首饰的制作中，还大量出现在服装及腰带的装饰上。妇女的发饰变化繁多，用于发饰上的首饰也很丰富。例如，覆盖在头上的发网由金丝编成，发网上还缀饰有美丽的宝石，显得非常奢侈豪华。胸针和饰扣也多用金银材料加饰宝石而成。

文艺复兴时期，珠宝首饰除了具有宗教意义及社会意义外，同时又是服饰的组成部分，是荣誉和特权在服饰上的表现。统治者及新兴中产阶级通过珠宝大肆炫耀自己的地位和富有。该时期女性服装多见低领露肩款式，最适合项链的佩戴，而项坠则是必不可少的点缀，项坠的设计主题包括宗教、神话、寓言及奇异动物等。这一时期，金银在女士首饰中的应用更为普遍，贵妇佩戴的首饰华丽典雅。例如，用镶有珍珠的金链缠在发髻上，金制的圆珠项链前垂吊着镶宝石的项坠。上层妇女中形成了以珠宝首饰显示财富、相互攀比的风气，人们竞相在珠宝首饰上投资。到了文艺复兴鼎盛时期，项链、耳环等首饰的造型愈加宽大厚重，款式也愈加复杂，贵妇人几乎将自己淹没在金银珠宝饰品当中。

不爱江山爱美人的英王爱德华八世，不顾皇室以王位要挟的反对，于 1936 年主动放弃王位，与离过两次婚的沃利斯·辛普森（Wallis Simpson）结婚。温莎公爵夫人沃利斯·辛普森是第一位佩戴动物造型珠宝的社会名流。其中一款豹形钻石手镯深受温莎公爵夫人喜爱，豹形钻石手镯想象力丰富，猎豹蓄势待发又极尽妩媚，被公爵起名为"my wallis"，恩爱之意，溢于言表。

不止珠宝产品，珠宝品牌的故事同样精彩。宝格丽集团自 1884 年创立于罗马至今，已经成为当今世界上五大珠宝商之一。该品牌起源于希腊的爱彼罗斯区，家族的建立者索帝里欧·宝格丽（Sotirio Bvlgari）以珍贵的银制雕刻饰品起家。移民到意大利后，他只是在平斯欧的法兰西学院（Pincio French Academy）门前贩卖自制的银器。幸运的是，索帝里欧受到一位商人赏识，商人将位于西斯提那（via Sistina）大街上的店面橱窗一角借给索帝里欧展示，索帝里欧就此走向成功。20 世纪 70 年代是宝格丽国际化里程的起始点，在此期间，宝格丽分别在纽约、巴黎、日内瓦和蒙地卡罗等地开设精品店。至今，宝格丽在全球已有 150 多家精品店。

综上所述,我们可以将珠宝的历史属性分为材质历史、产品历史、品牌历史等。

金、银、玉、钻石、红蓝宝石、珍珠、琥珀……这些我们耳熟能详的珠宝玉石种类,经常作为主要材质出现在成品珠宝之中。这些珠宝材质并不是突然就出现在大众视野之中,而是具有源远流长的历史。它们的美丽与稀少早就为前人所关注到,同样也被一代又一代人认可。

卡地亚的豹子系列珠宝便可以很好地诠释珠宝的产品历史。不止如此,还有我国的和氏璧、翡翠白菜、乾隆田黄印章等,这些珠宝作为个体存在,它们身上已经发生或伴随着太多历史故事,见证了多少年的风雨,它们本身就是一种历史的象征。

当我们把目光投射在奢侈品珠宝范围时,很容易就能发现,那些高端优雅的珠宝品牌往往不是初出茅庐,而是具有数十年甚至上百年历史的品牌。它们的品牌风格、设计理念、产品系列等都在品牌发展和壮大的历史中一次又一次地沉淀升华,让我们感受到品牌的历史积累的厚重。

从本小节所讲的关于珠宝本身及珠宝品牌的故事,我们不难看到珠宝的珍贵绝不仅仅停留在它的稀有材质上,其背后承载的历史所蕴含的文化和艺术更加令人感叹。

3.1.4 传承

传承泛指对前人的经验进行传授和继承并发扬、发展的过程。珠宝作为一种耐久商品,在无意外损伤的情况下可以保存很久,这也是很多家庭把珠宝首饰当作传家宝的原因之一。不只是产品,很多珠宝品牌也因其经营理念和销售产品等传承百年。

知名珠宝卡地亚作为传承百年的珠宝品牌,是世界珠宝界中最优秀的代表之一,图 3-7 为卡地亚经典手镯,英王爱德华七世曾赞誉卡地亚为"皇帝的珠宝商,珠宝商的皇帝"(the jeweler of kings, and king of jeweler)。卡地亚代表了阶级、品位、财富、高贵、坚贞和永恒。历经了 170 多年的市场洗练后,卡地亚仍然始终如一地坚持追求至真、至善、至美的经营理念和服务理念,这种精神,也使卡地亚永葆崇隆的声誉。

珠宝品牌多年积淀下来的设计理念、优良的品牌传统等,代表了奢侈品的价值,有着重要的历史地位,这些都是品牌血液里所流淌着的艺术气息以及品牌家族代代传承的浪漫历史。

拥有超过百年品牌历史的香奈儿,一直在黑色元素中寻求艺术灵感,推出以黑色为主题的系列作品,这些堪称艺术的作品,经历岁月百般洗涤,成为时尚界膜拜的经典。20 世纪的时尚圈,正是一片缤纷,当时流行的颜色都是奢华的金色、红色等鲜艳的颜色,

图 3-7　卡地亚经典手镯

着装风格也是长裙拖地，比较烦琐。香奈儿女士以她独特的时尚触觉，开创了之后黑色的流行趋势，引来很多品牌竞相模仿。而黑色小礼服，也成为之后香奈儿品牌创作的重要灵感来源之一。香奈儿女士曾说："黑与白，凝聚了所有色彩的精髓，代表着绝对的美感。"香奈儿的黑色，深邃而神秘，超越了时代、性别与年龄，它曾开创了一个属于女性的自由时代，曾颠覆了一切所谓的时尚规则。时光流转数十载，香奈儿历久不变，依然引领时尚之潮。

不仅品牌如此，珠宝本身的传承同样让人如痴如醉。例如，英国皇室的传承珠宝每每亮相都赢得众人瞩目。

1983 年，英国女王伊丽莎白二世佩戴珍珠项链出访孟加拉国。

1982 年，戴安娜王妃佩戴珍珠项链出席伦敦汉普敦宫举行的国宴。

2017 年，凯特王妃佩戴同一珍珠项链出席女王与菲利普亲王的 70 周年结婚庆典。

一条珍珠项链在三代英国皇室成员身上都绽放光彩，耀眼夺目。当这条珍珠项链出现在人们视野中时，人们并不会认为它已经陈旧过时，相反会被其历久弥新的美丽以及背后的王室成员故事吸引。一代又一代人情感和经历的传承，为本就珍贵的珠宝添加了独一无二的人文气息。

《迪奥传》作者波希娜对记者说过："所有希望在世界立足的品牌都需要有传统文化根基。"作为珠宝品牌尤其是奢侈品珠宝品牌，其品牌和产品背后的文化显得尤为重要。珠宝的背后经常与文化联系在一起，而文化的形成、发展和壮大并非一朝一夕之功，需要岁月的沉淀和人类的传承。珠宝的传承绝非仅仅单纯地体现在某一件作品之中或停留在某一个设计风格上，而是融入品牌血液内，成为品牌的 DNA，能够让消费者通过珠宝体会到品牌背后的文化魅力。

珠宝的传承并非单薄片面的，而是具有丰富多元的层次，包括但不限于文化传承、情感传承、价值传承、技艺传承等。

珠宝在古代经常被赋予神圣的意义。例如，"佛教七宝"——金、银、琥珀、珊瑚、砗磲、琉璃、玛瑙玉髓（七宝种类在不同佛经有不同版本，本书选择其中一种），这七种珠宝在岁月的流传中，已经不再是简单的矿物玉石等，更多是佛教文化的传承载体。众人认为"佛教七宝"蕴含着佛家净土的光明与智慧，内含灵性。不仅如此，消费者愿意以昂贵的价格给诸多奢侈品珠宝品牌买单，在很大程度上就是对品牌传承的理念文化的认同。

面对世间珍宝，人们选择把最美好的祝愿寄托在上面，传给子孙后代，这份情感传承里包含着亲情、爱情、友情等美好情愫。当后代看到传承的珠宝或者珠宝品牌时，不禁睹物思人，想起这份珠宝里前人的倾注。

作为不可再生资源，好的珠宝可遇不可求，如果不幸损坏，更是碎一件少一件。珠宝的高价值也注定了它经常被大家作为压箱底的传家宝，随着资源的减少，好珠宝的价值越来越高。

古法黄金近几年十分火爆，梵克雅宝的宝石无边镶嵌技术早已成为经典，我国的花丝镶嵌技术同样惹得大家惊叹连连……这些珠宝工艺技术为本就美丽的珠宝原料增光添彩，使其价值更上一层楼。值得注意的是，这些技术并非一朝一夕之功，而是由优秀的珠宝匠人们一代又一代的传承与精进而造就。

在鲍德里亚（Baudrillard）的符号消费理论研究中，他认为对物的本质研究必须把物从其功能性中解放出来，从日常的物进入"人的行为及关系系统"。消费已不是单纯的需要的满足，消费的前提是物必须成为符号。消费是一个系统，它维护着符号和组织完整，因此它既是一种道德（一种理想价值体系），也是一种沟通体系、一种交换结构。符号消费其实是消费者的一种"自我实现"，或是为了体现"自我价值"的消费，也包括"炫耀"因素在内。在珠宝的传承中，其反映的就是一种符号消费，体现了人与人之间的社会关系，同时也借用珠宝这个符号向外界传递信息。

在对珠宝营销 4H 理论的四个属性分别阐述后，并根据其在消费者中的消费层次将其排列成金字塔图（图 3-8）。首先，我们可以看到处在金字塔底层的是享乐，无论是珠宝的珍稀昂贵，还是它的美丽精致，抑或是其历史传承和美好期盼等，对于绝大多数人来说，珠宝的这些属性中总有戳中心怀的地方，带给消费者快乐和满足。其次，在享乐的上一层是高价值，随着人们生活水平和消费实力的不断上升以

扩展阅读：翡翠传说

及人们审美视野的多元化导致的珠宝材质范围扩大等因素的产生，珠宝已经不再是高不可攀的专属商品，而是逐渐走进千家万户。但是，大部分珠宝仍然具有高价值的属性和意义。再次，相比昂贵的材质和工艺，历史属性的增加会使珠宝的吸引力更上一层楼。在一件珍贵的珠宝背后，我们往往能看到其承载的文化和故事，这就是这件珠宝的历史，珠宝因其承载的历史而更加珍稀，历史也因珠宝的插入而愈发精彩。最后，在金字塔的顶端，我们可以看到传承。当一件珠宝或者珠宝品牌所蕴含的情感和价值等因素令人为之着迷时，其拥有者不禁会想让这一份美好流传下去，让自己的子孙后代也都能感受到，为他们留下意义巨大的礼物。珠宝或珠宝品牌也因这一代又一代的传承，凝结出更多情

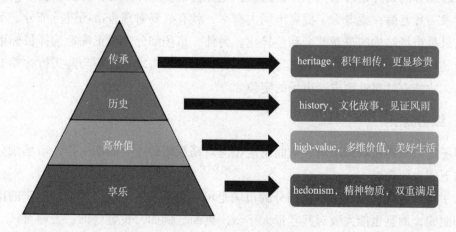

图 3-8　4H 理论金字塔图

感和文化的结晶，其珍贵程度不言而喻。与 4H 理论金字塔的分布相对应的是消费者的需求层次：消费者起初购买珠宝时可能更在乎珠宝外观所带给自己的精神"享乐"；随着经济实力或者审美眼光等的提升，消费者开始希望自己所购买的珠宝具有"高价值"的属性；再往上走的消费者更在乎珠宝背后的隐形价值，此时珠宝的"历史"属性得到重视；当消费者对珠宝的要求非常高时，顶端的"传承"才能契合其需求。

3.2 基于 4H 理论的 STP 理论

市场细分（market segmentation）的概念是美国营销学家温德尔·史密斯（Wendell Smith）在 1956 年最早提出的，此后，美国营销学家菲利普·科特勒进一步发展和完善了温德尔·史密斯的理论并最终形成了成熟的 STP 理论：市场细分、目标市场选择（market targeting）和市场定位（market positioning）。传统的 STP 理论适用范围广泛，基于此，我们将从 4H 理论的角度出发进一步阐释 STP 理论，彰显其在珠宝领域的独到特色。

3.2.1 市场细分

市场细分是把一个总体市场按消费者需求与购买行为等划分成若干个具有共同特征的子市场，分属于同一细分市场的消费者对同一产品的需求与购买行为极为相似。

市场细分是 STP 营销战略分析的第一步。营销大师科特勒说："现代战略营销中心，可定义为 STP 市场营销——就是市场细分，目标市场选择和市场定位。"市场细分是企业战略营销的起点。市场细分目的是在竞争异常激烈的同质化市场中，寻求并细分出需求和欲望相似的某一群体，发掘新的市场机会、避开同质化竞争，从而制定和调整市场营销组合策略，构建企业竞争优势，提高企业的经济效益。

市场细分的条件是市场竞争异常激烈，企业营销发生困难时，想要在竞争惨烈的红海中寻求一片蓝海；或者为了提高市场占有率，就有必要对现有市场进行细分。市场细分的结果是市场结构的重新整合和差异化。另外，市场细分也是正确地选择目标市场和进行市场定位的前提条件，只有进行市场细分，选择了需求、欲望与购买行为相似的目标市场，才能有针对性地进行市场的定位。

1. 细分原则

市场细分是确定目标市场，从而制定相应营销策略的重要前期工作，市场细分必须遵循以下四大原则。

（1）可衡量性。可衡量性指细分的市场是可以识别和衡量的，即细分出来的市场不仅范围明确，而且也能大致对其容量大小做出判断。例如，黄金首饰、玉器首饰、钻石首饰、彩宝首饰等珠宝种类市场，能较清晰地明确各类市场的范围，同时根据往年销售情况，也能大体预估各类市场的容量。

（2）可实现性。可实现性指细分出来的市场应是企业营销活动能够抵达的，即是企业通过努力能够使产品进入并对顾客施加影响的市场。一方面，有关产品的信息能够通过一定媒体顺利传递给该市场的大多数消费者；另一方面，企业在一定时期内有可能将产品通过一定的分销渠道运送到该市场。随着社会化媒体发展，产品信息传达不会存在问题，而且传达质量、便捷性和传达方式的娱乐性大幅提高，大大地方便、吸引了广大消费者关注各类珠宝品牌信息；同时，电子商务的高度发展驱动物流的迅速发展，使得当今珠宝产品运送十分便捷和安全，甚至还可满足个性化的送达需求。

（3）可营利性。可营利性指细分出来的市场，其容量或规模要大到足以使企业获利。进行市场细分时，企业必须考虑细分市场上顾客的数量以及他们的购买能力和购买产品的潜在频率。如果细分市场的规模过小，市场容量太小，细分工作烦琐，成本耗费大，获利小，暂时就不值得去细分。从4H理论角度看，从"享乐""高价值"到"历史""传承"，稀有程度依次上升，即偏好"历史""传承"的细分群体，其规模会受到限制，但这类细分市场中蕴涵"历史""传承"的珠宝产品，通常偏向高端、独特，价格往往不菲，再加上"珠宝消费实质为文化消费"理念的形成以及当今人群对文化自信的强调，偏向"历史""传承"的细分群体不仅具有延续性，而且规模不断扩大，因此，尽管偏好"历史""传承"珠宝的消费群体规模有限，但其营利性和可持续性依然存在。

（4）可区分性。可区分性指各细分市场的消费者对同一市场营销组合方案会有差异性反应；或者说对营销组合方案的变动，不同细分市场会有不同的反应。如果不同细分市场顾客对产品需求差异不大，行为上的同质性远大于其异质性，此时，企业就不必费力对市场进行细分。

2. 细分方法

根据市场细分的标准和客观依据制定正确的市场细分的方法，市场细分方法一般有以下三种。

（1）单一因素细分法。单一因素细分法是针对某些通用性比较大、挑选性不太强的产品制定的，按一个购买者需求影响最大的因素进行市场细分方法。例如：珠宝企业按产品种类可分为黄金首饰、玉器首饰、钻石首饰、彩宝首饰等；按年龄细分市场，可分为儿童珠宝、青年珠宝、中年珠宝、老年珠宝等。从4H理论角度来看，这一种细分方法往往集中在4H理论金字塔中较为基层的属性。例如，在"高价值"属性中，可以根据艺术价值、情感价值、收藏价值、社会价值来进行单一因素划分；艺术价值更多体现在珠宝的整体设计和雕刻技术及珠宝的自然美上；情感价值则将焦点投放在珠宝背后所承载的美好中，这个时候商家大力宣传珠宝给消费者所带来的精神享受，以及消费者购买后在人际交往和心灵期盼等方面的情感满足；收藏价值的重点在于珠宝的稀少及不可复制性上，此时珠宝贵精不贵多；社会价值用来展现珠宝佩戴者的社会地位，能够让他人感受到佩戴者的经济实力及阶层地位等。但是在 4H 的高层次属性中，则不太能够采用单一因素细分法，因为高层次属性往往蕴含着多种复杂的消费者心理感受，很难依据一种因素加以较清晰地划分。

（2）主导因素排列法。主导因素排列法是从消费者特征中寻找和确定某一主导因素，然后与其他因素有机结合来细分市场。例如，很多时候珠宝商家将珠宝产品的价格作为主导因素。在 4H 属性中，商家可以主打一种属性来当作珠宝售卖中的主要卖点。如果仅仅是让消费者买个乐子，此时可以将售价降低，突出珠宝的"享乐"属性，从而提高消费者的购买率；当珠宝价格往上走的时候，珠宝的"高价值"属性便可以成为商家的宣传关键，以此突出珠宝产品的高端与奢华，显现拥有者的财富及其对高品质、高雅生活的追求；当珠宝被冠上"历史"或"传承"属性时，卖家此时应该着重强调所售珠宝蕴涵的独特故事，强调珠宝对文化、历史、难以忘怀的时光记忆等代表意义，向消费者宣传珠宝的珍藏价值。

（3）综合因素细分法。这种方法是选用影响消费者需求的两个或两个以上的因素，同时从多个角度对市场进行细分。珠宝的 4H 属性并不是完全独立，而是层层递进、逐步上升的，所以在进行市场细分时，可以根据其中两个或两个以上的属性进行细分。例如："高价值"属性的珠宝可以从艺术价值、情感价值、收藏价值、社会价值中选择不同价值因素结合对市场进行细分，同时也可以结合"享乐"属性来进行细分；当珠宝的属性到达"历史"或"传承"层次时，可以综合考虑并选择的因素则更多，4H 理论金字塔中偏向基层的属性都可以成为细分的标准。本书第 12 章和第 13 章所讲述的黄金饰品营销和钻石饰品营销中，将采用 4H 中的多个属性，综合起来对市场进行细分。

根据本小节所述，可以依据 4H 理论金字塔模式将市场一步一步细分。首先，基本上所有珠宝都符合消费者对"享乐"的要求，这也就是珠宝市场的基本盘，然后随着"高价值""历史""传承"属性的稀有程度依次上升，某些珠宝类别如玉石、钻石等还可结合 4H 属性中的高层次属性进行更细致、深入的细分。

3.2.2 目标市场选择

由于每个生产企业都在资金、设备、技术等方面有一定限制，不可能满足全部顾客的不同需求。所以，企业要在市场细分基础上，根据自身的优势条件，从事某方面的生产与营销活动，选择适合自身发展的、力所能及的细分市场，将与自身实力相匹配的市场作为企业经营的主要市场，即目标市场。目标市场是企业长期经营并且持之以恒发展的市场，一旦确定了目标市场，轻易不会改变，因此目标市场的确定是企业业务战略的重要部分，是企业的长期发展方向。

目标市场选择的基础是市场细分。市场细分以后，要对各个子市场进行预测与评估，从而为企业提供选择目标市场的可行方案。比如，开拓与占领目标市场，需要多少费用，可能销售多少产品，将要获得多少利润，市场占有率可能达到多少，投资收益率如何，盈利率（销售额盈利率、资金盈利率、成本盈利率、工资盈利率）如何等。只有对占领某个细分市场可能带来的经济效益做出了正确的预测，才能评价这个细分市场是否值得去开拓，并决策采取什么策略和方法去占领。尤其是决定采取差异性营销策略或集中性营销策略的企业，更要仔细评估、比较重点开拓哪个细分市场更为有利。

1. 选择原则

在目标市场中，企业要集中资源，围绕着目标市场发挥其相对优势，来获取更高的经济效益。因此，目标市场选择对企业的生存和发展具有重要的现实意义。目标市场的选择遵循以下几点原则。

（1）有一定的规模和发展潜力。黄金珠宝企业在选择目标市场时，首先应考虑市场的规模大小、盈利能力与发展潜力。如果市场规模过小，发展前景不良，企业应谨慎考虑是否进入该细分市场。

（2）细分市场结构的吸引力。细分市场可能具备理想的规模和发展特征，然而从盈利的观点来看，它未必有吸引力。波特（Porter）认为有五种力量决定整个市场或其中任何一个细分市场的长期的内在吸引力，分别是同行业竞争者、潜在的新参加的竞争者、替代产品、购买者和供应商。细分市场结构应具有一个或多个此类结构上的吸引力。

（3）符合企业目标和能力。选择的目标市场应符合企业的目标或能力。有些细分市场虽然具有一定的规模和发展潜力，同时具备结构的吸引力，但超出企业的能力范围，会造成能力与实际情况不相符，会浪费企业的资源。企业应审慎地选择有条件进入、能充分发挥其资源优势的市场作为目标市场，才能在竞争中立于不败之地。

2. 选择策略

按选择原则评估不同的细分市场后，企业要决定选择其中一个或几个细分市场进入，即确定目标市场。一般目标市场选择策略有以下三类。

（1）无差异营销。企业不考虑市场的差异性，而考虑基本的共同需求，在所有市场上只提供一种产品，采用一套营销方案，这时企业通常采用大规模分销渠道和大众化广告。无差异营销能够节省设计、生产、物流和经营方面的成本。早期的可口可乐、福特汽车等都曾采用过无差异营销策略，以单一的产品满足市场各类顾客的需求。就珠宝市场而言，当消费者对于珠宝产品的要求并没有很高，或者说仅停留在珠宝4H属性的"享乐"至"高价值"层次时，消费者更多在意产品本身的材质及其价格，并不考虑更高层次的"历史"和"传承"的要求。此时产品的差异并不是很大，这也是我们经常在首饰店看到的黄金或者钻石首饰大同小异的原因。

（2）差异性营销。企业选择几个细分市场，根据每个细分市场的不同特征来制定独立的营销方案、设计不同产品。企业通过针对各细分市场的营销来获得整体的理想销售业绩。差异性营销策略能较好地促进销售，通过提供小批量、多品种的产品，更好地迎合了消费者的需求。差异性营销显然会增加设计、生产、物流和经营方面的成本。此时消费者可能不仅仅满足于珠宝的"享乐"属性，而是对其有了更高的要求，"高价值""历史"乃至"传承"层次的珠宝更能获得此类消费者的青睐。千篇一律的大众化珠宝对于他们而言，太过平庸，具有特色甚至独一无二的珠宝更适合他们的差异化需求。这类珠宝通常具有"高价值""历史"乃至"传承"偏高层次的属性。

（3）集中性营销。企业集中资源选择一个细分市场，针对该细分市场设计一套营销组合策略。高端珠宝经常采用这种方式进行营销，为小型顾客群体甚至仅有的几位客人精心制作甚至量身定制适合他们的营销策略。高端珠宝不再停留在"享乐"和"高价值"的属性，而是往往具有"历史"故事和痕迹，顾客购买它拟作"传承"珠宝。这类珠宝价格昂贵，数量稀少，只有少数消费者才能购买，企业也仅针对这类小的细分市场进行集中性营销。

上述三种目标市场选择的营销策略都可以与 4H 理论紧密贴切地结合在一起，从而进一步选择利于企业发展的目标消费顾客群。

3.2.3　市场定位

根据阿尔·里斯（Al Ries）和杰克·特劳特（Jack Trout）的观点，所谓定位，指在对某产品和其竞争产品进行深入分析，对消费者的需求进行准确判断的基础上，确定产品与众不同的优势以及与此相联系的在消费者心中的独特地位，并将它们传达给目标消费者的动态过程。美国市场营销大师菲利普·科特勒认为：市场定位是对企业的产品进行设计，从而使其能在目标顾客心目中占有一个独特的、有价值的位置的行动。

定位不是对产品要做的事，而是对预期客户要做的事，要在预期客户的头脑里给产品打造一把交椅，找到一个位置，让企业或者产品在顾客的头脑中根深蒂固地"坐"下来。也就是说，定位的关键不是对一件产品本身做些什么，而是在消费者心目中做些什么。定位旨在确保产品在预期客户头脑里占据一个真正有价值的位置，在预期客户的头脑里独树一帜。定位的基本方法不是创造新的、不同的东西，而是整合人们头脑里早已存在的东西，并将早已存在的联系重新连接到一起。

定位的本质是占有预期客户的心智资源，就是让品牌或某一产品在预期客户的心智阶梯中占据最有利位置，使品牌或产品成为某种特性或类别的代表，当顾客产生相关需求时，便会将该品牌或产品作为首选，也就是品牌或产品占据了这个定位。各个企业经营的产品不同，面对的顾客不同，所处的竞争环境也不同，因而市场定位的方法也不同。事实上，许多企业进行市场定位的方法往往不止一种，而是多种方法同时使用，因为要体现企业及其产品的形象特色，市场定位必须是多维度、多方面的。一般来说，市场定位的方法有以下几种。

1. 产品特色定位

产品特色定位是根据产品本身特征，确定其在市场上的位置。构成产品内在特色的许多因素都可以作为市场定位所依据的原则，如产品构成成分、原材料、质量、档次、价格、工艺等。产品特色定位有产品的类别定位、UPS 定位等。当与 4H 属性结合在一起时，要关注珠宝产品上最为突出的属性。当珠宝产品更多是给消费者带来简单的情感快乐时，"享乐"属性应该成为产品的特色定位；珠宝的价值需要得到彰显时，"高价值"属性的标签应该贴向珠宝产品；"历史"和"传承"属性的增加会使珠宝具有更加与众不同的故事，这就是产品的特色所在。本书中第 14 章所述的彩色宝石，特别是一些较为小众的彩色宝石，本身具有产品特色，与 4H 属性结合后，则更具独特魅力，商家借此特色进行营销，能更有效地博得消费者的欢心。

2. 功能性定位

功能性定位是根据产品提供的利益和解决问题的方法定位，该方法由产品本身的属性和功能决定。此项定位可以很好地与 4H 理论中的"高价值"属性结合在一起，珠宝应该被定位于艺术价值、情感价值、收藏价值、社会价值中一项或者几项功能属性。当珠宝具有很明显的高价值时，其拥有的 4H 属性甚至会达到"传承"层次，此时也为珠宝产品增加了传承功能，高端的钻石或者彩色宝石等宝石均具有此项功能。

3. 消费者类型定位

消费者类型定位是根据消费者的心理与行为特征，以某类消费群体为诉求对象，突出产品专为该类消费群体服务，来获得目标消费群的认同。它是把品牌与消费者结合起来，使消费者易于识别品牌，并有利于增进消费者的归属感和优越感。对于大众消费者而言，珠宝属性大多停留在"享乐"层次，但是对于一些购买力十分强劲的顾客来说，他们可能会更青睐 4H 属性中的"高价值""历史"和"传承"。

4. 文化定位

文化定位是将某种文化内涵注入品牌或产品之中，形成文化上的品牌差异。这种文化定位不仅可以大大提高品牌的品位，而且可以使品牌的形象更具特色。文化定位与 4H 理论中的"历史"和"传承"属性更加贴切，这两个属性相对于其他属性能够更好地凸显出珠宝背后所承载的文化，也能更好地向顾客传达出珠宝品牌或者产品的故事和精神内涵沉淀。

5. 价值定位

通过对社会各阶层自我表现和识别需要的分析，品牌成为某一阶层或者某一群体的识别标志物，依据品牌在消费者心目中的价值高低区分出不同的档次，这是价值定位的方法。这一定位方法经常用于高端品牌的定位，用于吸引成功人士和富贵阶层。当珠宝品牌或"产品"采用价值定位时，就应该让顾客看到品牌或产品的第一时间便能感受到

4H 属性中的"高价值"属性；当珠宝具有更高层次的"历史"甚至"传承"属性时，应该让消费者进一步巩固加强其"高价值"属性。

6. 情感定位

情感定位即通过渲染某种特殊的情感，与公众进行心灵沟通引起共鸣，达到宣传品牌获得消费者偏好度的定位方法。情感定位是超越物质因素进行的"情感消费定位"。这种定位方法在 4H 理论各个层次的属性中都能得到体现，基础的"享乐"属性本身就是一种情感，"高价值"中同样包含"情感价值"，而"历史"和"传承"属性可以根据珠宝产品独有的特性来向消费者传达情感，引起其共鸣。"钻石恒久远，一颗永流传"、红宝石代表着高贵和爱情……这些情感定位方式都在群众心中留下了深刻印象。

企业使用不同的市场定位方法时，均可将珠宝不同的 4H 属性加以结合和体现，从而强化珠宝产品的差异化特性。当珠宝企业仅仅针对产品的材质、特色或者功能性等定位时，则可能更多地向消费者传递出珠宝的基本"享乐"属性；当企业开始使用价值或者针对消费者的情感和行为进行定位时，珠宝的"高价值"属性便得到了体现，同时也可以看到"历史"和"传承"属性的身影；当企业开始大打"文化牌"的时候，这一点我们经常可以在奢侈品珠宝品牌上看到，珠宝的"历史"和"传承"属性开始占据消费者的视野。上述定位方法均可以凭借珠宝的 4H 属性来实现差异化，从而在顾客心中成为购买首选。

3.3 基于 4H 理论的 4P 理论

4P 营销理论（the marketing theory of 4Ps）产生于 20 世纪 60 年代的美国，是随着营销组合理论的提出而出现的。1953 年，尼尔·博登（Neil Borden）在美国市场营销学会的就职演说中创造了"市场营销组合"（marketing mix）这一术语，其意指市场需求或多或少地在某种程度上受到所谓"营销变量"或"营销要素"的影响。

1960 年，美国密歇根州立大学的杰罗姆·麦卡锡（Jerome McCathy）教授在其《基础营销》一书中将这些要素一般的概括为四类，即产品（product）、价格（price）、渠道（place）、促销（promotion）。4P 营销理论被归结为四个基本策略的组合，由于这四个词的英文字头都是 P，再加上策略（strategy），所以简称为 4Ps。

3.3.1 产品

在 4P 理论中，产品主要是包含了企业的所有能够进行价值界定且存在于市场活动中的商品，具体包括产品的实体、针对产品企业所提供的服务、产品的生产流程（包括产品的包装、设计）。总体来看，所有关于产品的活动和内容构成了一个产品的整体，这个整体是企业分析市场供给、制定目标市场并进行产品推广和供给的主要分析基础。4P理论指出，一个完善的产品还应当包括产品的外观设计、质量保证、包装设计、售后服务等一系列因素。

珠宝产品的质量是公司品牌竞争力的保障，一般情况下可以通过在产品组合、产品品质和产品品牌形象三个方面制定产品策略，从而较好地实现企业提升品牌影响力的目标。

1. 产品组合

产品组合包括尺寸组合和款式组合，通过制定相应策略扩展产品组合，可以为消费者提供更多的消费选择。将不同材料搭配起来生产新的产品，通过研究潮流的发展趋势，丰富产品的设计，使款式更符合时代的潮流；同时，设计较个性化的包装，可以赋予产品更多的内涵和情感延伸，这些都可以为消费者提供更多的选择。

图3-9为周大福花月佳期的系列产品组合中的一款。目前各大珠宝公司都有自己主打的珠宝系列，如周大福的春雪系列、花月佳期系列、1961系列等，周大生的百姿女戒系列、百魅吊坠系列、"LOVE 100"星座极光系列等，还有我们熟知的卡地亚的"猎豹"（图3-10）、梵克雅宝的四叶草等。

图3-9　周大福"花月佳期"系列产品

图3-10　卡地亚"猎豹"珠宝

在产品组合上，因为大众消费者对于珠宝产品的消费层次大多与4H理论中的"享乐"和"高价值"相符合，所以为了满足大众的不同需求，珠宝企业可以通过不断创新产品组合来吸引消费者的目光。大众消费者对于"享乐"和"高价值"层次的珠宝产品，更多是在乎其美观与装饰性能，所以产品组合应紧跟时尚，这种更新迭代更加符合顾客期待。当消费者需求上升至"历史"甚至"传承"层次，这时产品组合讲究的可能不再是样式的五花八门，更多是投其所好，所以"私人定制"也受到了越来越多的高端珠宝消费者的青睐。

2. 产品品质

任何行业的营销都要以产品的质量做基础，产品质量是企业赖以生存的基础。因此，企业应将产品质量把控放在生产的首要位置，在质量得到保证的基础上，再进行进一步的产品研发设计等活动。

无论是 4H 理论中的哪一个属性，珠宝产品的质量都应该得到保证，作为日常生活中相对而言的耐久品，珠宝企业应把好珠宝产品的品质大关，这样才能给予产品更为长久的生命力。当消费者出于"享乐"或者"高价值"需求来购买珠宝时，他们更注重珠宝产品的装饰性，所以作为企业而言，更加需要注重其外表及包装的美观性。针对"历史"或者"传承"层次的珠宝，年限的积累更是对珠宝品质的考验，所以无论是原材料的选择，还是珠宝打造工艺，都需要精益求精，以此达到消费者对于高端珠宝产品的要求。

3. 产品品牌形象

良好的产品品牌形象是提高企业品牌影响力的必经之路。为此，企业可以通过设计有新意的品牌代表形象，赋予品牌形象较深入人心的宣传语，加深消费者对品牌含义的理解和对企业文化的认知来完成产品品牌形象的打造。对珠宝公司来说，品牌效应对于其产品的营销十分重要，因为珠宝产品在形成品牌之后，往往会让消费者对这个品牌产生一定的偏好，而在这个偏好的影响下则有可能会激发消费者对该品牌的购买欲。

就 4H 理论中的 4 个属性层次而言，"享乐"和"高价值"更多针对广大人民消费群众。此时，产品的品牌形象更应该亲民、接地气，并且要让老百姓觉得这一品牌知名且可靠，这样大家才能买得放心、安心。而针对高端珠宝产品，珠宝品牌应该树立其精品且能彰显价值和地位的品牌形象，以此来满足消费者对于"历史"乃至"传承"的珠宝消费需求。

珠宝产品还有其特殊的产地属性。一方水土养一方人，珠宝亦是如此，不同产地产出的宝石，即使在品质上相差无几，但是有时候在价格上会相距甚远。我们经常会感叹红宝石的美丽，但是当一颗红宝石贴上了缅甸抹谷矿区出产的标签时，其身价就会随之上涨。缅甸著名的抹谷矿区在开采以来的 800 多年里，始终都在供应着世界上最优质的红宝石——鸽血红。所以大家在选购的时候，下意识就会认为，"抹谷"便是顶级红宝石的代名词。能够让人们形成这种认知的主要原因还是抹谷红宝石品质的确好，抹谷红宝石不仅颜色浓郁明艳，特殊的地域条件还使其成分中含有较高的铬元素，于是拥有强荧光，更加光彩炫目。除此之外，还有克什米尔的蓝宝石，特殊的天鹅绒质感让"矢车菊"名扬世界；哥伦比亚的祖母绿中，铬、钒两种元素拥有近乎完美的比例，让其拥有最纯正浓郁的绿色。这些产地的专有属性给了宝石非同寻常的品质，品质优势也会让这些产地的宝石更有知名度。

就像谚语所说，"世界上没有两片完全相同的雪花"，世界上也几乎找不到两颗一模一样的宝石。作为大自然孕育之作，即使是相同品类、同一区域出产的宝石，其成分含量、生长环境等因素也不会完全相同，这也使得宝石大同小异，每一块宝石都有属于自己的特征。在翡翠行业，经常可以听到商家说买翡翠讲究一个缘分，主人想买翡翠，翡翠也在寻找自己的有缘人。造成这个说法的原因就在于每一块翡翠都不尽相同，颜色种类与分布、质地、水头等因素都会造就翡翠的独一无二，合不合买家的眼缘也就在于此。这也是珠宝产品的一大特点，特别是天然宝石类的珠宝首饰，独一无二的特性也成全了其绝无仅有的魅力。

我们很容易从珠宝产品上观察到其 4H 属性，一般情况下，我们日常生活中所购买佩戴的珠宝具有"享乐"和"高价值"属性，但是当我们的消费需求更上一层时，产品的"历史"和"传承"属性便显得尤为重要了。所以在设计、制造以及售卖珠宝等过程中，珠宝企业和卖家应该根据消费者不同层次的需求，而对珠宝产品及其配套服务进行匹配。例如，对于"享乐"和"高价值"层次的珠宝产品，消费者更加在意其外观审美属性，卖家更应该考虑到消费者的佩戴美观性；而"历史"和"传承"层次需求的消费者则在上述基础上对珠宝的投资升值甚至传承等特点更加关注，珠宝企业也应据此特点对售卖策略做出相应调整。

3.3.2　价格

根据不同的市场定位，制定不同的价格策略，产品的定价依据是企业的品牌战略。

定价对于一个企业来说，是占据市场的重要环节，价格的高低会直接导致消费者对其进行购买或不购买的选择，符合消费者心理的价格范围是企业制定价格时主要考虑的因素，也是产品能够在市场中得到消费者青睐及购买的关键因素。4P 理论中指出，定价的组合不仅包括企业对自身产品的基本价格即俗称的出厂价格，也包括在市场推广的过程中产品可进行打折的范围及其降价范围。简单来说，定价所反映出的是企业在产品的销售过程中能够获取多少经济收益、经济回报的重要依据。

在珠宝品牌的经营营销之中，价格也是影响消费者购买行为的一个主要的因素。因为从消费者对于珠宝品牌的偏好来讲，很多的消费者只是根据自己的实际情况及社会地位等方面对某个品牌形成偏好，并进行持续性的购买，建立对此珠宝品牌的忠诚度。

珠宝的价格在 4H 理论金字塔模型中顺着基层属性到塔尖属性依次上升。当珠宝仅仅给消费者带来"享乐"时，这个时候珠宝产品的价格一般会在较低区间徘徊；当珠宝属性上升至"高价值"层次时，其价格自然也会水涨船高；"历史"属性会使得珠宝的稀有性大大上升，历史价值大大显现，使得珠宝的价格急剧升高；作为可"传承"的珠宝，因其独特性，一般市面上较难找到对应的定价标准，有些甚至在代代相传之后，才会流入市场，若交易，一般采用拍卖的方式决定其不菲的价格。

在珠宝品牌刚开始建立的时候，企业需要对珠宝品牌的价格形成准确的定位，如果是客户经常性购买，并且需要在生活中例行使用的产品，那么则需要以低价的方式进入市场，让消费者在需求联想的基础上产生消费的欲望，通过不断尝试而形成对此品牌的偏好。

后续则需要根据产品的性质和特点等进行不断调整，让珠宝产品的价格与消费者的需求及品牌特点等有效结合起来。对于消费者经常购买的珠宝产品,应以低价位的营销策略为主,并不断地开发一些新样品,来促使消费者少量地购买,让他们对珠宝品牌保持忠诚。而对于那些中高档次品牌来说,则需要让其知名度与价格成正比,在信息一致性的情况下让客户依旧对此品牌保持忠诚,并不断回购。

珠宝产品的价格是价值的表现形式,珠宝及首饰的价值与宝玉石的勘察、开采、选矿、切磨、成型、销售以及艺术设计和工艺这一系列程序有关,世界各国的宝玉石资源分布差异大,又受生产力、货币、汇率等影响,其销售的价格与价值一般是不等的。珠宝产品价值构成包括宝石开采加工中生产资料的转移价值、劳动者为自己劳动创造和为社会创造的价值。

同时,珠宝拍卖也是确定珠宝价格的一种独特方式,珠宝拍卖请见第 10.4 节。

珠宝产品的价格受宏观因素影响较大,对珠宝产品的需求变化,同样会直接影响产品的价格。如果是古董类珠宝,由于其唯一性,价格因需求增加,价格涨幅极大,会远远超出其实际价值。

3.3.3 渠道

大多数企业并不直接面对消费者,而是注重经销商的培育和销售网络的建立,企业与消费者的联系是通过经销商来进行的。就目前而言,珠宝销售渠道主要有以下几种。

(1)百货商场的珠宝品牌专柜,如周大福、蒂芙尼、卡地亚等。

(2)私人定制/珠宝城。设计是当下消费者更加关注的因素,私人定制不仅可以体验到专属定制服务,也可以获得更为合理的消费价格。

(3)珠宝展会。北京、上海、深圳等地每年都会举办大型的珠宝展和婚博会,这也成为人们购买珠宝的渠道之一。

(4)淘宝店。近年来大型珠宝品牌开始进军淘宝旗舰店,主要以黄金和钻石等婚饰珠宝为主。此外,带有权威证书的名贵彩色宝石(红宝石、蓝宝石和祖母绿等)也开始在淘宝售卖。微博、知乎、小红书等分享平台最终导向淘宝店的运作模式也日渐普遍。

(5)微信平台。主要包括朋友圈、小程序、公众号、社群等。关于消费者在此类平台被骗的报道较多,需要消费者有一定的甄别能力。

(6)各类直播平台。这类直播平台主要包括抖音、对庄翡翠、斗鱼、淘宝直播等,带货方式多为拍卖竞价、逛珠宝市场、知识科普等,但通常珠宝的价格比较低。

对于具有不同 4H 属性的珠宝来说,其购买和销售渠道也不尽相同。在通常场景中,具有"享乐"和"高价值"属性的珠宝,一般宜选如百货商场、电商、珠宝市场等销售渠道,这些渠道分布广泛,大部分消费者都能接触到,为此大多数商家选择将产品投入这些渠道。对于"历史"乃至"传承"属性的珠宝产品,由于其稀有程度快速上升,目标群体也比较有限,因而,一般不采用"享乐"和"高价值"属性珠宝的销售渠道,而是更多采用圈内、滚雪球、民间协会、拍卖以及借助现在社会化媒体迅速发展起来的虚拟社区等途径来宣传和实现交易。

3.3.4 促销

Promotion 并不应该单纯地被理解为"促销"，更应将其解释包括品牌宣传（广告）、公关、促销等营销行为。

在 4P 理论中，对于促销的定义是企业通过运用自身的媒体关系、营销手法，达到了产品信息传播、产品推广的目的，同时对产品品牌进行宣传。无论是企业通过互联网传播、依靠人员进行线下推广，还是借助大众传媒的力量对其产品和品牌进行推广，这都构成了促销的组合。

1. 互联网推广

现阶段互联网用户的数量在不断地上升，越来越多的人习惯用手机来进行信息的获取以及发生购物的行为。除此之外，互联网营销的成本低、回报快，对于一般的企业而言，互联网传播是其首要选择的传播方式。互联网因其独特的特性和特点，也使得越来越多的企业在进行市场推广和营销的过程中，将其纳入策划的范围。

几乎各类珠宝公司都在使用互联网推广，无论是对于"享乐"和"高价值"有较大需求的消费者，还是更加看重珠宝产品的"历史"和"传承"属性的消费者，珠宝企业都可以利用互联网推广来针对 4H 不同属性层次需求的消费者进行宣传。但珠宝企业应注意产品和品牌形象与宣传平台本身的定位及其用户属性是否相匹配。例如：针对"享乐"和"高价值"层次需求消费者的珠宝产品，更应该注重产品的外观和平台用户的审美是否相吻合；针对"历史"乃至"传承"层次需求消费者的珠宝产品，对消费者的购买实力具有一定的要求，企业在选择宣传平台时需要甄别。

2. 营业推广

在产品销售方面，企业的产品销售策略主要有给予差异化折扣、根据购买额差异化赠送礼品、一口价销售、购物金额累计积分兑换礼品及无门槛抵扣券这四种方式。对产品给予差异化折扣可以有效迎合不同消费层次的消费者，满足客户差异化的消费需求，是一种较好的促销方式，但可能导致高折扣产品需求过旺、低折扣产品需求持续低迷的情况；根据购买额差异化赠送礼品，可以提高消费者的购买欲，有效提高销售额；与前两种销售方式相比，一口价销售方式的效果较差，在折扣价和一口价金额相同的情况下，折扣价会给消费者一种占便宜的心理感觉，因而一口价对产品销量的提高效果较为有限；购物金额累计积分兑换礼品及无门槛抵扣券是一种常见的促销方式，但积分往往需要累积到一定程度才可以兑换，人们对及时优惠的反应要强于对延后可享受优惠的反应，因此积分兑换的促销方式效果同样较为有限。

珠宝品牌的促销包括但不限于线下门店的抽奖、满减、送礼品以及一些现场互动游戏、线上网店优惠券等方式。同时也可以在传统媒体如电视等投放明星代言广告，现在随着网络技术的不断发展以及网民数量的逐渐增多，线上新媒体也越来越受到商家的重视，许多商家也选择加大在线上新媒体上的投入力度。

对拥有"享乐"及"高价值"属性的珠宝而言，打折、满赠等营业推广经常出现，可以有效刺激广大消费者的购买欲望；而"历史"至"传承"属性的珠宝产品及其相应的品牌更多选择在高端的消费场所进行大屏广告宣传等方式来吸引顾客的注意。

3. 公关策略

在公关策略方面，国内一些珠宝公司（周大福、银之梦等）都有在高校中设立奖学金来奖励资助优秀大学生，此项举措在造福学生的同时，也给公司带来了正面积极的社会形象。

一些大牌珠宝公司经常采用此种方式来对自己的品牌形象进行升华，也进一步维护品牌在其客户群体心中的地位。4H 理论中"享乐"和"高价值"属性层次的珠宝产品针对较多的消费者，适合采用这种公关策略，同时也能提升该企业的知名度，为企业塑造正面形象，博取消费者好感；"历史"和"传承"属性层次的珠宝产品或品牌进行公关策略宣传时，更应该注重产品和品牌形象与其消费群体社会地位和形象的匹配，此类珠宝的消费者大多经济实力较强、社会地位较高，对于所佩戴的珠宝和自身的身份吻合程度更为在意。

在促销形式选择方面，我们经常看到普通珠宝产品进行打折、送礼物等形式的促销活动，同时也经常听到高端珠宝市场价格依然坚挺强劲，上好的珠宝价格一路高歌甚至有价无市，并没有进行促销活动。这一现象在很大程度上是珠宝的稀缺性所导致的。当珠宝仅仅具有"享乐""高价值"较为基础层次的属性时，珠宝产品在很大程度上可以被"复制"，于是商家通过促销来增加销量；而"历史"甚至"传承"属性的增加却会使得珠宝产品的独特性直线上升，对这类珠宝有需求的消费者数量较少，这小部分的消费者大多经济购买实力强，对价格并不十分敏感，他们更看重珠宝产品的特殊内涵、象征意义而带来的情感或精神上的满足，商家很少选择打折的方式对这类产品进行促销。

本章小结

作为珠宝营销的理论支撑，本章介绍了珠宝营销 4H 理论、基于 4H 理论的 STP 理论以及基于 4H 的 4P 理论三种理论。4H 理论包括享乐、高价值、历史、传承四个珠宝基本属性。"享乐"属性从名人喜爱珠宝故事中可窥一斑；珠宝的高价值不言而喻；珠宝本身及珠宝品牌背后都不乏精彩的历史故事，为珠宝增光添彩；在"传承"部分，探讨了珠宝产品及品牌的传承内涵。在基于 4H 理论的 STP 理论中，阐述了市场细分、目标市场选择、市场定位在 4H 理论下的进一步发展。在基于 4H 理论的 4P 理论中，无论是产品、价格，还是渠道和促销，都呈现更新一层的含义。

即测即练

自学自测　　扫描此码

思考题

1. 章节中提到的三个理论中不同部分之间有什么样的联系？
2. 4P 理论和 STP 理论在 4H 理论的基础上，发生了哪些变化？
3. 如何理解 4H 理论的金字塔特性？

案例讨论

"中华老字号"企业——菜百公司

菜百公司是商务部第一批命名的"中华老字号"企业，前身是菜市口百货商场，成立于 1956 年，现有 30 余家直营连锁分店，并有深圳分公司和电商公司，实现多渠道经营。

菜百公司参与制定、修订黄金珠宝相关的国家和行业标准，是我国金币特许零售商，并拥有上海黄金交易所综合类会员资格。菜百公司拥有高于国家和行业标准的"菜百首饰"标准，并以此为依据向生产厂家下达质量订单。菜百首饰有 33 项服务承诺，公司自主品牌"菜百首饰"被评为"中国行业最具影响力品牌"。

菜百公司总店是全国最大的黄金珠宝专营店铺，自开业以来积极向大众传播、普及首饰文化知识，邀请领域专家举办沙龙、讲座，邀请抖音等平台网红到店内直播，是"北京十大文化消费地标"之一。"菜百首饰"拥有全国首家永恒印记概念店，截至 2019 年，菜百总店连续 30 年蝉联全国单独门店销量第一。

菜百公司在北京已有 10 多家店，此外，在河北、天津和海南也分布有菜百旗下品牌。

讨论题：

1. 菜百公司采用了哪些渠道经营方式？
2. 从案例中，我们可以看到菜百公司的优势有哪些？

案例分析思路

第 2 篇

珠宝消费者洞察

第 4 章

珠宝营销调研

本章学习目标：

1. 了解珠宝营销调研的定义和作用。
2. 理解珠宝企业营销调研的内容。
3. 掌握营销调研工具的使用方法及具体调研步骤。

关键术语：

营销调研（marketing research）；调研工具（research tool）；调研步骤（research procedure）；调研报告（research report）

引导案例：

这场黄金珠宝零售调研正当其时

受新冠肺炎疫情冲击，黄金珠宝市场经历了一段低迷时期。为了解疫情背景下我国黄金珠宝零售市场发展现状，世界黄金协会、中国黄金报社、北京黄金经济发展研究中心三方联手发起了"2020 黄金珠宝零售市场调研"活动。

据悉，为获取最真实、最全面的门店销售情况，此次调研中选取的对象均为黄金珠宝店的店长，预计至少有 600 名来自全国各级城市的店长接受采访。并且，本次活动在线上和线下同步开展。为保证调查的真实性和可信度，问卷需要实名填写，以便后续的回访和抽查。此外，线下调研除发放问卷之外，还派出了调查组与品牌商户进行面对面访谈，从而进行更深入的交流和调查。

此次大范围的调研，目的是从数据中寻找黄金珠宝产品销售的破局之道。一方面，调研聚焦于疫情对黄金珠宝行业产生的多重影响，如门店产品、营销渠道的变化，线上板块和电商的布局，直播卖货兴盛等行业关注焦点。另一方面，调研人员会与各地主要黄金珠宝零售商、行业机构及专家等开展一对一访谈，借助其丰富的实战经历、独到的市场见解，从而收集第一手行业发展信息。

根据中国黄金网整理、改编。资料来源：http://www.gold.org.cn/zb1227/sd/202007/t20200714_188893.html.

在引导案例中，市场环境变化给珠宝产品销售造成的冲击有多大、品牌零售商迫切需要解决的问题是什么、行业下一步的突破口在哪，明确这些问题，需要经过严密的调查和专业的分析研判，才能做出行之有效的决策。珠宝商常常需要在复杂的市场环境中开展调研，才能更好地实施战略、进行科学决策。

4.1 珠宝营销调研的作用与内容

4.1.1 珠宝营销调研的概念

美国市场营销协会（American Marketing Association，AMA）认为，市场调查是一种通过信息将消费者、顾客和公众与营销者联系起来的职能。这些信息用于识别和确定市场营销机会与问题，产生、提炼和评估营销活动，监督营销绩效，改进人们对营销过程的理解。而珠宝营销调研指黄金珠宝首饰企业或珠宝协会机构等主体，借助科学的方法和工具，对行业或企业营销现状及发展前景进行客观的、系统的调查研究。企业通过收集、分析珠宝市场营销活动的各方面信息，以满足市场预测和科学决策的需要。

4.1.2 珠宝营销调研的作用

没有调查，就没有发言权。在竞争加剧、需求多元化的市场环境下，成功的经营需要科学决策，决策来自准确的珠宝市场营销信息，而信息源于系统、有效的调查研究。具体而言，开展珠宝营销调研的作用体现在以下几个方面。

1. 利用市场机会

（1）把握国内外珠宝金饰行业发展规律及未来增长点，了解营销环境，预测珠宝市场发展动向。

（2）挖掘消费者对珠宝产品的潜在需求，把握市场机遇，适时制定或更新营销组合策略。

（3）明确本企业的市场定位，打造差异化的珠宝品牌发展路径。

（4）掌握竞品动态，如采用的新原料、新工艺或营销推广方案，及时调整本企业经营结构，增强竞争力。

2. 规避风险

（1）通过收集和分析珠宝产业信息，减少本企业因信息不对称而导致的决策失误及财产损失。

（2）监测珠宝首饰行业环境变化，及时掌握市场上可能出现的威胁和风险，从而规避不利的趋势与变化，保障本企业的正常运营和健康成长。

（3）把握珠宝材料及制成品的市场发展趋势，增强本企业产品的适应能力；使企业跟上市场的步伐，避免由于市场需求变化给企业带来的机会损失与经济损失。

4.1.3 珠宝营销调研的内容

在营销调研领域的相关研究中，多位学者均对调研的内容有所界定和阐述，营销调研的内容通常涉及五个方面，主要反映在宏观环境调研、行业市场调研、消费者调研、竞争者调研和营销组合调研。

1. 宏观环境调研

无论在哪个行业中，宏观环境对于从业者开展市场营销活动都具有举足轻重的影响。将目光投向珠宝市场，我们可以看到，国家政策法律环境、经济发展状况、地区消费者的受教育程度、亚文化圈等诸多外部因素与珠宝业有着紧密的联系，这些因素会引起珠宝企业营销活动不同的结果。

（1）政策法律环境

从政策法律环境来看，各珠宝企业的经营活动必须符合国家的政策法律要求，这关乎企业的生存和持续发展。因此，珠宝企业在开展市场营销活动之前，要开展但不限于国家政策方针、法律法规、市场准则、国际形势等因素及其变化的调查，使企业得以在公平竞争中寻求机会，取得正当权益。

例如，在我国珠宝市场中，品牌的经营活动受宏观政策调控的影响更大。据悉，2021年3月全国人民代表大会通过了《中华人民共和国国民经济和社会发展第十四个五年规划和2035年远景目标纲要》（以下简称《纲要》）。《纲要》中指出要全面促进消费，顺应消费升级趋势，培育新型消费，鼓励包括时尚消费在内的一系列新模式新业态发展[1]。各省市积极响应《纲要》的引导，针对珠宝行业出台多项政策，将鼓励和规范珠宝首饰行业发展列入了"十四五"规划。例如，广东省出台了《广州市把握国内国际双循环战略促进钻石产业高质量发展若干措施》，全力推动构建广州钻石产业链、供应链及创新链发展新格局，打造富有全球竞争力的粤港澳钻石产业生态圈[2]。

可以看出，珠宝首饰作为我国时尚消费领域的重要组成部分，在"十四五"规划期间将得到充分支持，成为促进消费升级的一大助力，发展潜力不容小觑。

---

① 中国政府网. 第十三届全国人民代表大会第四次会议关于国民经济和社会发展第十四个五年规划和 2035年远景目标纲要的决议[EB/OL]. (2013-03-11). www.gov.cn/xinwen/2021-03/11/content_5592407.htm.

② 广州市政府网. 广州市把握国内国际双循环战略　促进钻石产业高质量发展若干措施[EB/OL]. (2021-05-11). http://www.gz.gov.cn/zwgk/zcjd/zcjd/content/post_7275963.html.

总的来说，政策法律环境对珠宝企业的生产经营具有控制、调节作用，影响其发展方向、发展规模、发展速度和企业的健康。

（2）经济环境

珠宝首饰企业需要综合考虑经济环境要素，包括经济增长情况、国民整体收入水平、劳动力市场及其变化、行业发展状况等影响。虽然这些宏观经济因素及其变化不在珠宝营销的可控范围内、不能直接影响企业目前市场大小，但通过对其进行调研，珠宝企业可以预测珠宝需求规模及发展趋势，适时调整经营策略。

例如，在2020年暴发新冠肺炎疫情后，全球经济形势受到了广泛而持续性的冲击。劳动力紧缺、产品销售滞缓、供应链断裂、国际贸易受阻，这导致零售、餐饮、物流、旅游、制造等行业均受到不同程度的破坏。以线下销售渠道为主的珠宝首饰业也不容乐观：大牌无奈闭店、停工；中小品牌资金链出现严重断层，轻者裁员、欠薪，重者破产倒闭。但在营收下滑、行业整体遇冷时，疫情也驱动着珠宝厂商的数智化转型，许多品牌积极开展顾客调研、试水新零售和直播卖货，探索行业的破局之道，取得了不俗的销售成绩。数据显示，2020年我国内地的珠宝消费规模达到6470亿元，成为全球最大的珠宝消费市场，美国以3758亿元位列全球第二[①]。

这或许对珠宝企业有所启发，当面对经济发展受阻、行业不景气时，珠宝厂商需要调整营销思路，及时开展有针对性的前置调查，以便把握机遇，防范风险。

（3）社会文化环境

第3章中重点讨论了4H理论对珠宝产品的分析，而社会文化环境对4H属性的塑造更有举足轻重的作用。地理地区特征、价值观念、审美观念、人口特征等社会因素催生了多样的文化，赋予了珠宝产品独特的历史价值、传承价值。

因此，珠宝企业在进行原材料采购、设计加工、推广营销等一系列工作前，可以借助市场调研工具，对社会文化背景和人口因素进行考察。前者需要调查宗教信仰、文化传统、地区风俗习惯等信息；后者则包括人口总量与质量、性别结构、年龄结构等特点。对这些信息的把握，是企业响应社会文化环境变化、调整经营策略的重要依据。

以我国为例，在人们的传统观念中，婚庆时佩戴黄金首饰寓意美好幸福、安康喜庆，也象征着新人是金玉良缘、情比金坚，这种历史积淀、文化传承体现了黄金首饰的"历史"和"传承"两个属性，使得婚庆黄金首饰具有重要的纪念意义和独特的价值。

综上，在互联网时代，信息无疑成为企业最为关键的生产要素之一。珠宝品牌要实现良性发展，对宏观营销环境的把握是谋事之基、成事之道；而获取相对充分的市场信息，在于开展深入的调查研究。行业经济发展态势、政策开放程度、法律条例规范、人口统计特征、

扩展阅读4.1：2020年中国珠宝行业市场现状与发展前景

① 金投网. 选购蓝宝石注意事项[EB/OL]. (2021-10-08). http://zhubao.cngold.org/c/2021-10-08/c7804061.html.

地域性的文化差异，只有在明确了这些问题的前提下，珠宝企业才能行稳致远、进而有为。

2. 行业市场调研

对市场开展调研是企业从事经营业务的基础。珠宝市场的现实需求和潜在需求如何？品牌的市场占有率是多少？珠宝市场细分程度如何？各类珠宝、黄金的市场发展前景怎么样？这些都是珠宝首饰企业需要考虑和解决的问题。

珠宝产品消费受特定地区的消费规模及占比、顾客的需求特征、行业的需求趋势影响。从供需关系考虑，有效识别消费者需求能够为企业带来新的收益增长点。例如，随着新兴社交媒体势头正盛，年轻群体逐步迈入珠宝消费市场，近几年珠宝圈内掀起了高级定制、私人定制的热潮。不同于直接在店内选购成品的模式，珠宝定制业务是一种按需设计制作的过程。这种模式能发挥原料优点、因材施用，减少品牌溢价的效应，为顾客实现珠宝首饰的"样式自由"，备受年轻群体的青睐。周生生、周大福、I DO 等众多头部珠宝品牌都开拓了定制服务。

新消费群体的兴起带来了新的市场趋势，催生了新的业务板块。因此，珠宝首饰企业必须对市场动向有敏锐的嗅觉和洞察力，并根据需要开展相应的市场调查项目，以便适时调整企业的市场经营活动和产品策略，把握先机占领市场。

3. 消费者调研

当商业环境风云变幻、消费者需求不断变化时，企业不应束手无策，而应开展顾客调查，使得公司能够挖掘机遇、避免失误，把握市场经营主动权。

（1）消费者个体特征与地区分布

对消费者的个体特征调查，主要集中于年龄结构、性别构成、文化程度、收入水平、消费偏好、储蓄情况、就业程度的调研，这些因素对珠宝企业的市场规模有着重要影响。

例如：珠宝因其"享乐""高价值"属性而具有了独特的功能价值和社会价值，也正是如此，消费者对珠宝的消费在很大程度上取决于其对功能价值和社会价值的追求；而根据马斯洛需求层次理论得知，人的需求往往是不断向更高层次发展的，消费者在珠宝的功能价值需求得到满足后，就会对社会价值提出需求，且这一需求与其收入相关，高收入群体往往对社会价值有着更强烈的需求，从而来体现其尊重和社交的需求。由此可以得出，对珠宝功能价值和社会价值的需求受个体收入水平的影响。

从地区来看，企业需要调查消费者的地区分布状况，当地消费者对珠宝产品的偏好、购买习惯等。例如，在欧美地区，钻石资源由于其稀缺性和垄断性，一直是皇室、贵族、特权的象征。直到 19 世纪中期，钻石及其他珠宝产品才真正进入大众消费市场，卡地亚、蒂芙尼等就是这一时期具有代表性的品牌。而在亚太地区，黄金则更受人们青睐，它自古以来就代表着名望、权力和财富，具有相对深厚的文化底蕴。因此，我国的众多品牌都以黄金饰品发家，结合地域历史文化打造差异化产品。例如，周大福的千金嫁妆系列（图4-1），较好地体现了这一点。

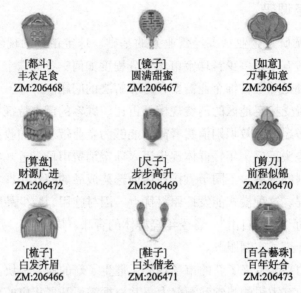

[都斗]
丰衣足食
ZM:206468

[镜子]
圆满甜蜜
ZM:206467

[如意]
万事如意
ZM:206465

[算盘]
财源广进
ZM:206472

[尺子]
步步高升
ZM:206469

[剪刀]
前程似锦
ZM:206470

[梳子]
白发齐眉
ZM:206466

[鞋子]
白头偕老
ZM:206471

[百合藝珠]
百年好合
ZM:206473

图 4-1　周大福：千金嫁妆系列产品①

据此，珠宝企业只有经过调研，才能真正把握消费者个体特征与地区分布特点。根据具体情况选择相应的产品和销售模式，因地制宜。

（2）消费者购买动机与购买行为

动机是引起和维持人的行为，并使之导向一定目标的心理倾向和动力，即引起行为的内在原因和动力。根据学者刘志超及其团队的研究结果可知，消费者的购买行为中，主要有十大购买动机类型，分别为求实动机、求新动机、求美动机、求廉动机、求名动机、好胜动机、显耀动机、求同动机、便利动机和偏爱动机。这十大分类基本能够用于解释各类型的消费者购买动机。

在珠宝营销调研中，洞悉消费者的心理和购买动机十分重要。企业要调查消费者购买珠宝时通常存在哪些动机，背后的原因是什么，哪些营销方式能够转化和引导其购买。例如，求廉动机的消费者由于收入不高或比较节约，在购买珠宝时对价格变化较为敏感。那么对于这类消费者，众多珠宝品牌都会推出一些特价商品，如售价为几百元不等的"黄金转运珠红绳手链"，通过促销等方式吸引顾客逛店选购，增加了其消费的可能性。

因此，消费者最终是否采取购买行为，会受多种动机的作用和影响。珠宝企业只有善于识别消费者的心理，把握消费者购买动机，才能更好地借助营销策略促成交易。

（3）消费者对于企业及品牌的态度

在美国学者凯文·莱恩·凯勒（Kevin Lane Keller）基于消费者的品牌价值模型

① 周大福. 千金嫁妆，你知道每件嫁妆代表的不同意义吗？[EB/OL]. https://www.sohu.com/a/193336677_727419.

（customer-based brand equity）中（图 4-2），企业长期经营的品牌与其消费者之间的关系，是按照关联程度划分的。品牌特征、外部表现、品牌形象等要素体现在普通的品牌—顾客关系中，在这一阶段，消费者基本能够识别该品牌及其延伸产品，或理解品牌的含义。当二者关联不断深入时，消费者对品牌的判断、感觉甚至共鸣就发生了。消费者心中会形成对企业的信誉、产品质量的印象，会在产品或服务中获得积极或消极的感受。好的品牌，会让消费者产生态度依附和行为忠诚，甚至主动介入、进行品牌共创。

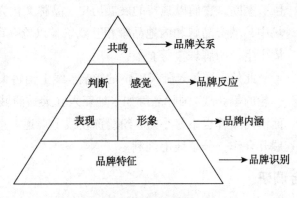

图 4-2　品牌价值模型

就珠宝企业而言，要想在竞争激烈的市场中脱颖而出，让消费者记住自己，逐步形成良性的品牌—顾客关系，塑造品牌形象是关键。品牌形象是吸引追求不同类型的细分市场的基础。许多人之所以愿意为蒂芙尼、卡地亚的珠宝产品付费，是因为这些品牌多年的历史积淀与品牌文化传承。但长期以来，国内的珠宝品牌发展较为同质化，市场定位不太明确，这种方式不易形成市场区隔。因此，珠宝首饰企业的当务之急，在于创造差异化的品牌个性和品牌诉求。而锁定目标市场的前提是开展调研来进行市场细分，只有通过厘清各细分市场的利益点，确定目标市场，企业才能开展针对性的珠宝营销活动，建立、传承、发展价值主张，占领市场。

（4）珠宝消费影响因素调研

除了上述购买动机和品牌态度外，鉴于珠宝消费者的非专业性，珠宝鉴定级别及其权威性对人们购买珠宝具有一定的影响。具体而言，珠宝首饰因其高价值的特点，促使消费者非常关注产品的真伪性。然而，大多数珠宝购买者都不是专业人员，无法鉴别珠宝的真伪与品质，因而许多消费者在购买时都承受着一定的心理风险，这也在一定程度上抑制了他们的消费需求。所以，许多珠宝企业在制定营销调研方案时，除了宣传产品本身的材质、质量、设计等因素，还会出具珠宝鉴定人员或机构颁发的鉴定证书，引导人们购买，这是珠宝营销调研异于其他营销调研之所在。

4. 竞争者调研

在动态变化的环境中，企业之间是相互作用的。就如动态竞争论所述，每个企业都在不断地建立自己的竞争优势并削弱对手的竞争优势，这是高速度和高强度的竞争。

在珠宝行业内，企业要密切关注现有竞争者的市场占有率、产品结构特点、目标人群、定价区间、营销策略等诸多因素，并积极识别潜在竞争者，从而调整相应战略、把握先机、减少企业损失。正所谓"知己知彼，百战百胜"，挖掘自身品牌及竞争对手的优劣势，能够帮助企业寻找差异点和突破口，从而在激烈的市场环境中，赢得更多可能的机会。

我国目前珠宝首饰业竞争激烈，高端市场被梵克雅宝、卡地亚、宝格丽等国际珠宝巨头垄断，它们以独特的发展历史、品牌文化为人们所青睐；中端市场中，港资品牌和内地品牌相互竞争，以抢夺市场份额，如周大福、周生生、明牌珠宝等企业。

扩展阅读 4.2：DR 钻戒的"破局"之路

此外，受新冠肺炎疫情的影响，线上销售渠道将开启珠宝品牌新一轮的争夺战。国际品牌如卡地亚入驻天猫商城，成立自己的旗舰店。而国内品牌也不容小觑，纷纷深耕线上渠道、直播业务，与头部博主展开合作，分享线上红利。

5. 营销组合调研

4P 营销组合理论，最早由杰罗姆·麦卡锡于 1960 年在《基础营销》一书中提出。并由菲利普·科特勒于《营销管理：分析、计划、执行与控制》中进一步明确了以 4Ps 为核心的营销组合方法。

珠宝企业在开展市场调研时，要重点调查 4P 理论的相关内容。虽然 4P 理论产生于规模化的制造行业，但其作为最经典的营销理论，在日新月异的信息社会仍有着强大的生命力。

例如，营销组合中的产品要素，强调开发的功能，要求产品有独特的卖点，把产品的功能诉求放在第一位，这在今天也是适用的。珠宝消费者的需求千差万别，不同的产品材质、品类、设计、价值、寓意、历史、适用人群和场景都有市场。黄金和钻石在婚嫁场景中都有需求，但它们有着各自的文化传承，而且各大品牌销售的黄金和钻石产品在不同个体看来又有所区别，这要求珠宝企业对本品牌的产品设计、款式、质量，或是相应的包装及售后服务进行调查，了解消费者是如何评价本企业的，从而更好地开展产品、工艺的创新和迭代，设计出有特点的、个性化的珠宝首饰制品。不仅如此，企业还需要调研本品牌产品的市场定位是否有异于竞争者的产品核心卖点，这是获得竞争优势的关键。

价格要素指根据不同的市场定位，制定不同的价格策略，企业的品牌战略是产品定价依据之一，要注重品牌的含金量。因此，珠宝企业需要了解行业标准和影响定价的因素，了解竞品报价，调查消费者对本品牌产品定价及价格浮动的态度和反馈。

此外，珠宝企业在布局线上业务时，不妨结合大数据及用户个性画像等工具，以便更加灵活地对市场变化做出反应。在信息公开和遵守平台规则的前提下，企业可以有针对性地向不同用户推送不同档次和价位的商品，或者基于销售数据选择最优定价方案，实施相对富有弹性的定价策略。

渠道要素强调企业并不直接面对消费者，而是注重经销商的培育和销售网络的建立，企业与消费者的联系是通过经销商来进行的。渠道是产品和服务从生产商流向最终消费者的过程和途径，渠道网络的铺设决定消费者是否能够方便地获得产品或服务。就珠宝首饰业而言，目前整个行业仍以线下零售终端为主导，线下零售又以连锁为主，本书第9章将介绍珠宝连锁模式，包括直营连锁和加盟连锁，不同珠宝企业对这两类连锁的选择和组合存在差异；随着互联网技术发展和人们线上购买的惯性驱动，珠宝线上销售迅速发展，本书第2章所介绍的平台直播营销就属于珠宝销售的线上渠道。

因此，当珠宝企业推出新产品、提高现有产品的利润率或分析管理销售渠道时，要积极开展渠道调查，明确渠道竞争情况、利润率和市场渗透率，了解中间商及代理商的信誉与控制力，把握顾客倾向的购买渠道等，从而完善渠道体系，更有效、更低成本地将产品分销出去，提高企业利润和市场占有率。

在促销要素中，企业需注重通过销售行为的改变来刺激消费者，以短期的行为（如让利、买一送一、营销现场气氛等）促成消费的增长，吸引其他品牌的消费者或导致提前消费来促进销售的增长。针对珠宝商而言，促销调研有利于评价不同方案的优缺点和营销效果。例如，调查广告投放、人员推销、公共关系等促销手段，珠宝企业可以根据需要协调不同组合，从而达到预期的销售目标、降低推广费用。

在互联网和新媒体平台蓬勃发展的时代，营销人员有了更多有效的促销手段。这是因为社交媒体为营销者提供了使品牌在网络上获得公众舆论并建立公众形象的机会，同时也能够强化其他传播方式的效果。因此，社交媒体的发展对珠宝行业来说是一个很大的机遇。例如，珠宝厂商可以利用"微信公众号+朋友圈广告+小程序商城"的组合进行引流和销售。但在此之前，珠宝企业仍需开展深入的调研，从而挖掘更有效的网络促销方案，利用在线营销的优势与消费者建立更紧密的联系。

因此，通过开展营销组合调研来了解市场信息，能在一定程度上减少珠宝首饰公司开展经营管理活动的盲目性，以便形成自身竞争优势，取得可观的经济效益。

总的来说，珠宝营销调研同样遵循着市场调研的一般流程和一般内容。但企业在开展调研时，不能忽略珠宝首饰产品和行业自身的特殊性。例如，在调查珠宝消费者时，企业就必须关注到那些为了祈福辟邪、注重历史文化价值而购买珠宝玉石的顾客，并迎合消费者的心理安全需求和情感需求，做出相应调整。

4.2 珠宝营销调研的方法与步骤

明确了调研的重要性和具体内容后，珠宝首饰企业应该如何开展营销调研？有哪些方法、工具可供选择？本节将围绕着调研的方法与步骤展开介绍。

4.2.1 珠宝营销调研的方法

珠宝营销调研可以采用多种调研方法和工具，珠宝营销调研的方法按照调研介入由深到浅的顺序，依次为实验法、调查法、焦点小组访谈法、行为资料分析法、观察法。每种方法都具有各自的特点，珠宝企业应根据自身需要选择适宜的方法展开调研工作。

1. 实验法

实验法的目的是通过排除所有可能影响观测结果的因素来获得现象间真正的因果关系，具有很强的科学效度。这种方法需要选出被试小组，进行一些处理并控制变量，检测有否差异及其显著性。常用方法为对照实验，即选择若干对象成为实验组，通过与对照组进行实验前后比较，得出实验结论。实验组和对照组除在实验变数上有差别，其他条件均相似。调研人员需在实验期内进行测量，根据需要进行对调实验并得到结果。

例如，国内珠宝首饰店通常会在进门处设置一道玄关，在玄关旁摆放一些促销饰品。珠宝企业为调查在玄关后摆放促销产品是否能提高销量，选择一家门店开展以下调研：一种是按现有形式摆放促销产品，另一种是靠近玄关摆放促销饰品。其他因素在两种摆放的销售形式中均始终保持一致，并且两种方案持续时间均为两周。最后根据结果比较两种形式下的珠宝销量。如果两种方案在实验期内没有差异，销售额大致相同，那么珠宝企业就应考虑是否存在其他影响结果的因素，或是得出结论——摆放区域的不同对提高促销产品销量没有显著影响。这个例子说明，实验法能够观测变量间的一些定量关系，帮助企业预测未来的发展态势，但其对实验结果的精度要求较高，需要花费较高的时间、人力、成本，且实验中易出现可变因素，影响调研结果。珠宝企业如需开展实验法调研，一般为面向消费者、门店的现场实验。因此，调查者需要准备录音笔、照相/录像机、记事本等调研工具。

除此之外，神经科学的快速发展也为实验法开辟了新思路。神经营销学能借助功能磁共振、脑电（图 4-3）、脑磁等测量技术，挖掘消费者潜藏的、真实的"认知、情感、意志"。这或许能为珠宝企业开展营销调研提供借鉴意义。例如，利用实验室仪器观测受试者对不同珠宝品牌的眼动、脑电、皮肤电等生理指标的变化，从而实时了解他们在观看、触摸、试戴珠宝首饰时的完整感受和情绪变化，以利于珠宝企业把握消费者心理，在实际销售时开展更为精准的营销活动。

扩展阅读 4.3：眼动实验

2. 调查法

调查法的形式多样，如送发问卷、个案调查、电话调查、拦截访问、在线调研等方式。这可以由珠宝企业自行展开调研，也可以委托外部专业调研机构进行调查。使用调查法可以帮助企业了解消费者的一些指标，包括但不限于对珠宝产品的了解、态度、偏

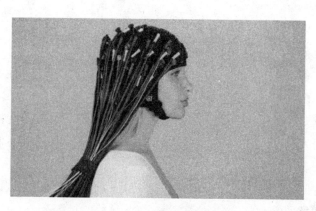

图 4-3　脑电近红外同步测试套装[1]

好，对品牌的认知度、满意度等要素。此外，调查法有助于企业从总体上把握这些指标及数值。

以网络问卷调查为例，研究人员可以利用一些奖励或抽奖机会，鼓励人们点击网页链接或扫描二维码，登录问卷页面进行填答。

这种在线调研模式受到广泛的欢迎。《中国黄金珠宝》[2]为获得读者对其杂志改版的意见，利用问卷星发布了一次网络调查问卷（图 4-4），这种调研不仅帮助杂志社了解其知名度，读者的满意度、不满之处、改进意见等内容；也为企业开展营销调研节约了财力、人力和时间。

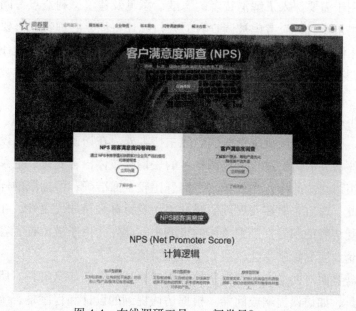

图 4-4　在线调研工具——问卷星[3]

① 赢富科技. 脑电近红外同步测试套装 EEG FNIRS[EB/OL]. https://www.infoinstruments.cn/product/eeg-fnirs/.

② http://finance.sina.com.cn/money/nmetal/hjzx/2020-12-22/doc-iiznezxs8253476.shtml.

③ https://www.wjx.cn/app/nps_survey.aspx.

调查法相对来说简便易行、使用广泛，适用于大多数的调研场景。但在实际操作中，珠宝企业若想获得更为准确、真实的数据，需要考虑以下问题。

首先，在准备调查问题时，要注意问题排列的逻辑性、连贯性；注重问题的可理解性，由浅入深、由简单到复杂，避免引起歧义或困惑。

其次，问题要具备可接受性，尽量避免触及个人隐私，或引起对方的不愉快。

再次，调研人员在调查中要尽可能做到客观、公正，切忌带有倾向性或诱导性，导致被调查者的回答不真实。

最后，问卷问题应能引起被调查者的兴趣且易于回答，避免被调查者因反感、厌倦导致的拒访或随意回答。

目前，调查法在企业营销调研实践中应用广泛。其优点是能够较为便利地获取市场信息和消费者意见，不需要过多精密复杂的调研设备。但调查法的结果易受被调查者的影响。例如，被调查者的不合作、不真实的回答等会使得调研结果的准确性和可靠性大打折扣。

在调查法中，企业可能需要用到调查问卷、在线调研（如问卷星、麦克）、电话、邮件、录音笔等工具。

3. 焦点小组访谈法

焦点小组访谈法抽取一定人员开展小组访谈，是市场调研中经常使用到的一种探索性方法，适用于需要深入了解消费者的态度、意见及建议、利益点等问题。珠宝企业在开展焦点小组访谈时，应考虑被调查者的人口统计特征、心理特点等要素，对被调查者进行筛选，并将人员控制在 6~8 人。营销调研人员提前准备好访谈提纲或问卷，在一定时间内与被调查者开展讨论、互动并收集信息，这种方法通常需要给被调查者支付一定的报酬。

在焦点小组访谈法中，调查者需要同时访问多个被调查者。因此，会场的布置、人员间的互动、轻松的访谈氛围很关键。除主持人外，在访谈中还可以设置记录员、观察员等，观察座谈会的讨论过程、被调查者的表情和肢体语言变化，记录可用的信息。

焦点小组访谈法的特点是效率高，信息比较全面准确；但抽取的样本可能较小、不太随机。为此，珠宝企业在开展调研时，要注意招募人员的代表性；在分析结果时，应避免将小组受访者的感受推广到整体的市场中。此外，由于被调查者容易互相制约、受影响，珠宝企业应尽量避免让权威人士参加访谈会。

该方法需要面对面地询问和观察被调查者，从而获取信息资料。所以，企业需要准备好调研工具，如访谈提纲或问卷。根据访谈提纲的设计和程序是否统一化、标准化，可将其分为结构性面谈和非结构性面谈。

当企业需要了解顾客对于其珠宝产品或珠宝广告等方面的意见和看法时，可以组织一些具有代表性的消费者，用轻松愉快的谈话让他们表达自己、自由发言，以便企业了解消费者在交流中流露出的真实想法。

珠宝企业如何开展一次焦点小组访谈？

①明确本次访问主题，如珠宝消费情况调查、企业品牌形象调查等；准备访谈提纲，根据需要选择提纲形式。

②确定被调查者，人数控制在6~8人。注意样本的覆盖面和代表性，以及避免权威人士参与。

③确定访问的时间、地点，提前通知被调查者。

④访谈主持人提出具有一般性的问题，让被调查者各抒己见或集体交流，逐步深入讨论。企业访问者对访问内容、被调查者的意见不做评论，即保持中立；记录员和观察员做好资料收集工作。

⑤调研人员审查磁带、音频、笔记和注释，捕捉访谈的关键思想，进行数据分析。最好安排2~3位人员参与分析，以减少偏见和主观性。

4. 行为资料分析法

行为资料分析法指通过分析、评估消费者的实际购买数据而获取信息的方法。这些行为资料信息一般源于企业内部数据，相对真实可信，珠宝企业若能从其记录的行为资料信息中洞察消费者的购买偏好与购买趋势，那么珠宝企业将在市场中获得极大的竞争优势。

传统行为资料分析法的研究对象主要是定量数据信息，如珠宝企业实体店铺的扫描数据、购买记录等，这些数据可以用来洞察珠宝消费者的实际购买行为轨迹。而随着电子商务的兴起，珠宝企业纷纷建立官方网站、在主流电商平台设立线上官方旗舰店，因此珠宝企业可以通过数字埋点技术，刻画用户轨迹漏斗图（图4-5）。通过用户轨迹漏斗图可以清楚地观察到用户从进入店铺首页到完成交易每个环节的转化效率，从而有针对性地对购买环节进行优化设计。

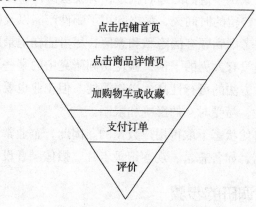

图4-5　在线珠宝消费用户轨迹漏斗图

随着近年来计算机科学的发展，行为资料分析法的研究对象范围和应用深度得到了极大的拓展。传统行为资料分析法受限于企业的计算能力，其研究对象主要是定量的交易数据，无法对定性的文本信息进行分析。实际上，顾客的定量交易数据往往是其行为信息的抽象与聚合，包含的信息量是有限的。而顾客在购买珠宝时，会产生大量的定性的文本信息，如与线下导购员的对话、在线上旗舰店向客服人员发起的咨询等，这些文本信息不在传统行为资料分析法的研究范围，却包含了巨大的信息量，能够映射出顾客的珠宝购买偏好与购买趋势。随着大数据与人工智能技术的发展，如图 4-6 所示，文本分析技术（text analysis technology）逐渐成熟，企业可以借助文本分析技术对其记录的用户行为资料进行深入分析。目前已经有部分珠宝品牌商开始重视并运用文本分析技术，对其顾客行为资料进行分析，并将分析结果应用于企业生产与营销实践之中。例如，有珠宝企业在导购员的胸牌上植入录音模组，模组直接与后台的用户数据库进行关联，导购员征得顾客许可后，进行顾客对话全程录音，音频文件会被存储于用户数据库中，研发人员从用户数据库中读取数据，将用户的音频资料转化为文本，基于文本分析技术，分析顾客的购买偏好与购买趋势。

图 4-6　珠宝企业文本分析技术路线图

5. 观察法

观察法指研究者运用一些自身感官或科学的工具，对处于自然状态下的消费者进行观察，从而获取市场现象有关资料的方法。珠宝企业可以利用观察法研究消费者的一些行为特征。例如，在珠宝门店中借助录像、录音设备或其他传感设备，即时观察记录消费者的购物和使用情景——他们的逛店轨迹，有哪些身体动作、面部表情或语音语调，他们在哪些首饰展台停留的时间久、最终购买了哪件产品以及购买理由是什么。但企业在收集资料时，需要考虑到顾客的隐私和意愿，尽可能在记录后征求其同意。

观察法的特点是没有人为的干预，避免访问研究中的某些不足，能够如实记录消费者的行为。而且这种方法的可行性高，操作简便。但企业也要注意，通过观察法得到的信息比较表面和感性，易受时空的影响和限制。

这种方法是在自然状态下取得用户数据的。因此，企业常用到的调研工具主要是一些速记卡和观察仪器，如备忘录、观察记录卡片、摄像录音设备等。

4.2.2　珠宝营销调研的步骤

珠宝营销调研是一个需要经历一定时期的调查研究过程。为了使调研工作顺利开展，珠宝企业一般需要完成以下步骤：确定调研问题、制定调研方案、实施调研计划、处理与分析调研数据、报告调研结果。每个步骤又包含若干具体内容，如图 4-7 所示。

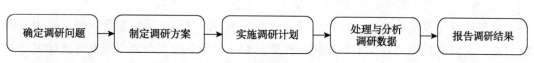

图 4-7 珠宝营销调研步骤

1. 确定调研问题

（1）了解调研问题的背景

从背景出发有助于了解问题的来龙去脉，把握问题的基本信息、侧重点及背后的利益关系，从而做到在总体上对调研问题进行把控。具体包括对调研目的、调研对象、调研内容、调研资料、调研经费等基础信息开展一系列的摸底工作。

在充分了解调研背景后，还需要进一步聚焦调研的核心问题，需要与企业决策者进行全面的沟通与讨论，明确企业面临的决策问题是什么、能够采取哪些措施，以及希望通过调研工作解决什么问题。必要时可向行业专家咨询，通过对珠宝行业的分析，加深对问题的理解，从而全面和准确地界定问题的边界。

（2）明确调研问题

调研工作通常是为了解决企业的管理决策问题而进行的。但要注意不能将调研问题与管理问题画等号。例如，管理决策问题是"是否需要研发新的珠宝产品"，而将其转化为调研问题则可能是"确定消费者的珠宝购买偏好及对新珠宝产品的购买态度和购买倾向""确定珠宝产品价格变化对销售量的影响""不同价格水平对珠宝企业收益的影响"等。管理问题通常是概括性的，缺乏明确的衡量标准；而调研问题是具体的，具有明确的测量变量和测量标准。因此，在进行珠宝营销调研时，切记要将企业面临的管理决策问题转化为可执行的调研问题，明确调研问题并且准确地定义调研问题的边界。

2. 制定调研方案

在明确了调研问题后，就需要设计详细的调研方案。设计调研方案，就是根据调研目的和调研对象的性质，在进行实际调研前，对调研工作总任务的各个阶段进行通盘考虑和安排，形成相应的调研实施方案，制定合理的工作程序，确定调研所使用的方法和工具。

（1）确定调研对象与调研范围

明确调查对象和调查单位，即解决向谁调查和由谁来具体提供资料的问题。例如，以"在校大学生"为调研对象，就应明确"在校大学生"的含义，即明确调查范围是普通高等学校类型、只包括本科一年级至四年级的在读学生，而调查单位则是每一个学生。此外，还需要明确调研的具体时间与空间范围。例如，调研武汉市的在校大学生群体，时间为 2022 年 6 月 13 日至 2022 年 6 月 16 日。其中,调研时间的确定需要考虑数据时效性。

（2）明确调研的具体内容

调研具体内容体现为问卷或访谈中的问题，一般会包括被调查者的背景信息、被调查者的某种行为或偏好信息、行为或偏好改变的影响因素的关联信息等。根据调研目的的不同，调研的具体内容也不尽相同。例如，若珠宝企业想要调研消费者对新珠宝产品的购买倾向，则具体内容需要包括被调查者的珠宝购买偏好、被调查者对新珠宝产品的态度和购买倾向及被调查者的基本信息（性别、年龄、受教育程度、收入）等。

（3）选择调研方法

根据调研目的、内容及调研对象进行调研方法的选择。如表4-1所示，对比了五种珠宝营销调研方法的适用情景，在调研过程中可以组合使用这些调研方法。

表4-1　各类珠宝营销调研方法及其适用情景

调研方法	介入强度	适用场景	量化程度
观察法	弱介入	适用于了解当下的珠宝消费现状（购物习惯、购物轨迹、使用场景等），更适合线下门店场景，需长时间观察	较弱
行为资料分析法	弱介入	适用于了解珠宝消费者的购物习惯、行为轨迹，如消费渠道、时间段等。基于实际购物数据，可能需要数据埋点	较强
焦点小组访谈法	较强	适用于探索性调研，包括消费者的心理、隐性态度及情感倾向相关调查，访谈主题需单一，对主持人专业性要求高	较弱
调查法	较强	适用于大多数的调研场景，可进行大范围的调查，可得到相关性关系，回收率较低但成本可控	较强
实验法	强介入	适用于检验因果关系，结论准确性高，当项目对准确性要求严格时适用，相对而言成本较高	很强

在选择调研方法时，调研人员通常需要考虑此次调研目的、调研对象以及调研经费预算等因素，在此基础上选择合适的数据收集方法。珠宝企业常用的数据收集方法包括：问卷调查法，调查员街头发放调查问卷，通过赠送小礼品来吸引消费者填答。面访调查法，调查员对消费者进行面对面问答。例如，调查员在珠宝店中对前来选购珠宝产品的消费者进行访谈，或者以拜访的名义进行入户面访调查等。此外，也可以将多种方法组合使用。

（4）确定变量的测量工具

根据调研的具体内容和变量，确定调研需要使用的测量工具。一般而言，测量工具可分为两大类。一类是物理测量工具，包括各类用于测量的仪器、仪表、度量衡等。例如，通过眼动仪测量被调查者在浏览珠宝产品时的视觉轨迹。另一类是量表，珠宝营销调研中经常需要对被调查者的态度、购买偏好、购买意向等问题进行判定和测量，此时就需要借鉴已有的成熟量表或者自行设计量表进行测量。

（5）设计调查问卷和测试问卷

根据调研目的，梳理与调研主题相关的一系列概念，并将其转化为调查变量，针对变量逐一提问，形成问句，一系列问句按逻辑顺序组合后形成问卷；同时注意问卷的版式，要整齐、明了、精致，便于阅读和填写。

（6）设计抽样方案和具体实施计划

抽样方法可分为两类：随机抽样和非随机抽样。珠宝企业在进行市场调研时多采用随机抽样的方法，相较于非随机抽样，随机抽样得到的估计值更加可靠，对总体进行推断的结果也更加准确。同时，调查人员需要根据调研目的、精度要求和调研经费等确定样本容量，根据调研总体规模和异质性程度确定具体抽样方法及实施步骤。

（7）制定数据分析方案

对调研收集到的数据进行加工处理。例如，在处理问卷数据时，需要删除重复填答、填答项大量缺失或前后答案出现逻辑性错误的问卷。经过筛选后，再在此基础上编制数据分析计划书。

（8）预算调研经费

估算调研过程中产生的各项支出，包括调研人员薪酬、调研对象奖励支出、行程费用等。

（9）安排调研进度

对调研目的进行细拆，设定每一阶段的阶段性目标与时间节点，动态地进行调整，确保在计划时间内完成调研任务。

扩展阅读 4.4：消费者珠宝购买偏好调查问卷

3. 实施调研计划

顺利实施调研计划是调研工作成功的关键所在，成功应对调研期间发生的各种情况，在实施过程中严格地进行组织管理和质量控制尤为重要。通常需要制定详细的工作手册或工作流程，包括调研员的基本条件、调研员培训手册、督导员工作手册、复查规则、调查员评价评标等。在实施珠宝营销调研工作时，应该包括以下内容：①挑选和培训调查员；②监督管理调研的实施；③复查、验收调研员的工作；④评价调研员的工作。

4. 处理与分析调研数据

调研工作实施完成后，需要对调研数据进行处理，在保证数据质量的基础上，开展严谨的数据分析工作，这样才能得到准确的结果。具体应该包括以下几个方面。

（1）接收与清点资料

当珠宝企业接收到第一份数据资料时，数据的收集和整理工作就开始了。调研实施人员要及时监控数据回收进度，可以通过设立一套回收工作系统来实现。系统包括接收日期、编号、完成情况、交付人、接收人或保管员等条目，如表4-2所示。

（2）检查与校订资料

对回收数据资料的完整性和访问质量进行检查，确定哪些资料可以用于后续的数据分析，哪些资料需要作废。而校订环节主要分为两个部分：一部分是找到回答不满意的数据资料，另一部分是处理不满意的数据资料。不满意的数据资料主要体现在：①填答

表 4-2　数据资料接收记录表

日期	问卷编号	完成情况	交付人	保管员

不完整；②答案前后逻辑不一致；③填答随意，不能真实反映受访人心理活动（可以通过测谎题检测）；④答案模棱两可或分类有误。而常用的处理方法有三种：按缺失值进行处理、退回调研资料并再次调查、按作废处理。

（3）编码与录入

完成数据资料的接收与校订后，珠宝企业调研人员就要开始数据的编码与录入。在编码中，实施人员需要为每一道题及其答案分配"代号"（通常以数字的形式呈现），以便于进行计算机处理，如表 4-3 所示。当"Q001"的答案编码为"3"时，表明受访人偏爱在网店购买珠宝产品。

表 4-3　珠宝营销调研问卷编码表

题　　目	选　　项
Q001 您偏爱的珠宝首饰购买渠道？	1. 商场专柜 2. 品牌专营店 3. 网上购物 4. 其他渠道＿＿（请填空）

数据录入是将编码完毕的问卷转化成可机读的过程，目前主要的采集形式是人工输入和光电扫描录入。在录入的过程中，珠宝企业要做好检查和核对，以避免录入差错。

（4）数据清洗与处理缺失数据

借助 SAS、SPSS、BMDP 等统计软件，可以找到超出范围、极端值或者逻辑上不一致的数据，将这些数据与其对应的原始数据资料对照，然后进行必要的修改。此外，数据中也可能会存在缺失值，常见的方法是删除或利用统计方法求得结果进行插补。完成以上步骤后，调查人员即可着手建立数据库。

（5）数据分析

在数据分析阶段，调查人员常用到三种分析方法，分别是统计图表、基础统计分析和高级统计分析。统计图表能够帮助企业简明、直观地厘清数据关系，包括条形图、饼图、折线图、雷达图等形式；同时，基础统计分析也是调研报告中必要的组成部分，顾客每月购买珠宝的平均花费、门店客流的时间分布形态、何种尺寸的戒指销量最多等，都要用到该类方法的分析指标；高级统计分析主要适用于专门研究，当珠宝企业需要寻求数据的一些内在规律时，可以考虑使用该方法。

5. 报告调研结果

调研报告是调研过程的最后一步，也是调研工作的最终输出内容。调研人员需要花费足够的时间和精力，准备书面报告和口头报告。一份完整的珠宝调研报告至少要包含三个部分：前文、正文与结尾，每个部分都包含有不同的内容，见表 4-4。

表 4-4 珠宝调研报告的结构

前文
1. 标题扉页（可选项）
2. 标题页
3. 目录
4. 图表目录
5. 摘要
正文
6. 引言
7. 调研目的
8. 调研方法
9. 调研结果
10. 结论与建议
11. 局限性
结尾
12. 附录

下面针对正文部分需要撰写的内容展开介绍。

（1）引言

引言对为何开展此次珠宝营销调研和它旨在发现什么做出解释。引言中包括基本的授权内容和相关的背景材料，这些内容和材料应足够讲清楚为什么值得做这个项目。

（2）调研目的

需要明确指出调研目的是什么，本次调研的目标有哪些。对于这个部分提到的每个问题，在正文的调研结果与建议部分应该提供相应的结果，即做到前后呼应，这样才能真正实现调研目标。

（3）调研方法

调研方法是衡量本次调研有效性的重要部分，因此需要对调研方法部分进行详细说明，需要阐明以下五个方面。

①调研设计。说明所开展的项目是属于探索性调研、描述性调研，还是因果性调研，以及为什么适用于这一特定类型调研。

②抽样方法。阐明抽样框，说明样本容量的确定过程和抽样技术的实施过程。

③资料采集方法。说明所采集的是初级资料还是次级资料；是通过调查、观察取得，还是实验取得。

④实地工作。说明用了多少名、什么样的实地工作人员，对他们如何培训、如何监督管理，对实地工作如何检查。这一部分对于最终结果的准确度十分重要。

⑤分析方法。说明所使用的定量分析方法和理论分析方法，要与结果分析中所提到的方法相一致。

（4）调研结果

调研结果在正文中占较大篇幅。这部分报告应按某种逻辑顺序提出紧扣调研目的的一系列项目发现。调研结果可以以叙述形式表述，使得项目更为可信，但不可过分吹嘘。在这一部分内容中，可以配合一些总括性的表格和图，这样可以避免枯燥无味的、不易建立起总体印象的大块文字叙述，但详细和深入分析的较长表格和图宜放到附录中。

（5）结论与建议

调研报告正文的最后部分是结论与建议。正如前面已经提及的，结论是基于调研结果的意见，而建议是提议应采取的行动。正文中对结论与建议的论述应该做到详细，而且要辅以必要的、充分的论证。

（6）局限性

完美无缺的调研是难以做到的。所以，必须指出调研的局限性，如作业过程中的无回答误差和抽样程序存在的问题等。讨论调研局限性是为正确地评价调研成果提供现实的基础。在调研报告中，将成果加以绝对化，不承认它的局限性和应用前提，不是科学的态度，也容易误导调研结论的使用者，影响其决策的科学性。当然，也没有必要过分强调调研的局限性。

综上所述，市场调研是以科学的方法，系统地收集、记录、整理和分析有关市场营销问题所需信息的一种手段，目的是为珠宝企业市场营销策略的制定和实施提供依据，帮助珠宝企业在激烈的市场竞争中寻找市场机会、避开潜在威胁、提升珠宝企业营销决策的科学性与准确性，使珠宝企业能够获得良好的经济效益。

本章小结

本章就珠宝营销调研这一方向展开阐述，重点讨论了什么是珠宝营销调研，调研的作用与具体的内容，常用的珠宝调研方法，以及珠宝企业如何开展一次行之有效的调研。

珠宝营销调研指黄金珠宝首饰企业或珠宝协会机构等调研主体，利用科学的方法和操作工具，对行业营销现状及发展前景进行客观的、系统的调查研究。借助各方面信息，帮助珠宝企业营销人员进行市场预测和科学决策。

市场信息的重要性毋庸置疑，对珠宝企业来说，关注宏观环境、市场、消费者、竞争者及营销 4P 组合的动向是很有必要的。掌握这些信息，珠宝企业才能知己知彼，百战百胜。那么如何寻找到企业决策所需的信息？这要求珠宝营销人员运用调研工具并掌握一些科学的调研方法。具体而言，珠宝调研实践中常用到的方法是实验法、调查法、焦点小组访谈法、行为资料分析法及观察法。这些方法各有优势和不足。例如，实验法的结果准确性高、科学效度好，但其相对费时且成本高。因此，珠宝企业应根据实际需要进行调整或组合使用。

珠宝营销人员开展调研需要遵循一定步骤,这有助于企业有效获取所用信息或结论。这个过程总体上包括确定调研问题、制定调研方案、实施调研计划、处理与分析调研数据、报告调研结果。其中,各部分均有一些注意事项,珠宝企业在调查时需要加以关注。调研人在撰写书面研究报告时要遵循一定格式,至少要包括封面、扉页、摘要、目录、正文,并附上附件、参考文献和资料。同时,注重研究问题的针对性、方案的新颖性、报告的可读性及结构的完整性。用科学的态度和严谨的分析进行研究,才能为珠宝企业开展营销活动提供建设性意见,帮助企业立于不败之地。

即测即练

自学自测   扫描此码

思考题

1. 珠宝营销调研工具有哪些?各自适用的场景是什么?
2. 珠宝企业如何开展调研工作?
3. 珠宝企业如何撰写调研报告?

案例讨论

古法黄金"热"背后的启示

近几年,古法黄金在零售市场成为消费者极为青睐的金饰品之一(图 4-8)。而古法金的火爆之路,仅经历了三年多时间。在这三年多时间里,古法金从产品研发、设计、制造,到零售市场普及,效率之高且推广之甚,可谓前所未有。

从最初的哑光经典款古法手镯,几经创新,衍生出了包括花丝镶嵌、珐琅等工艺在内的各种国潮风古法金产品。古法金在短短的两三年时间,就进行了多次创新和迭代,从过去单一的手镯款,到现

图 4-8 古法黄金饰品①

---

① https://www.sohu.com/a/372726505_170430.

在的古法项链、手串、吊坠乃至戒指等。古法金饰品正在以一种"不可阻挡之力"迅速占据各大零售市场。

古法金之所以能够在短时间内赢得终端消费者的青睐，原因至少包含以下几点。

一是以宫廷造办处金工工艺为启发，古法金饰品的出现，给消费者带来耳目一新的产品体验，这也是黄金珠宝行业供给侧结构性改革中"刺激新供给、创造新需求"的必然结果。

二是在消费升级大背景下，消费者越来越追求高质量的产品，并愿意为其买单，古法金的出现正好满足了消费者对消费升级的这一需求。

三是文化自信、国潮兴起和大国工匠精神的广泛传播，是古法金产品能够迅速走红并成功撬动黄金珠宝销售市场的客观因素。在这种客观因素的刺激下，包括古法金在内，我国传统文化载体，如汉服、影视文化作品、故宫IP、敦煌IP等，迅速成为大众消费者"谈资"的一部分。

四是作为终端零售商新的利润增长利器之一，古法金受到广大零售品牌青睐并成为它们愿意花大代价推广的重要品类，由此也极大促进了消费者对古法金饰品的认知和喜爱。

在我们看到古法金优点的同时，也要看到且不能忽视古法金饰品在发展过程中凸显的问题和瓶颈——同质化与价格战。设计同质化、生产同质化、营销同质化等现象在古法金市场开始凸显，这就导致了生产商与生产商之间、零售商与零售商之间的竞争壁垒逐渐消融，进而在一定程度上导致了"劣币"的出现、价格战竞争及"劣币驱逐良币"的现象产生，这无疑对古法金市场健康发展带来很大挑战。

通过对零售市场的调查可知，零售终端在销售古法金产品时通常知道如何简单介绍古法金产品，如借由国潮风，传统文化，花丝镶嵌、珐琅工艺等来介绍古法金产品，忽略了古法金是什么的问题。为此，我们很少见到零售店员能够清晰讲解或阐述古法金产品背后的厚重故事和文化底蕴，即很难呈现古法金产品背后的"所以然"。而这正是当前古法金零售市场所出现的问题之一。

因此，摆脱同质化成为当前乃至今后一段时期内各大黄金首饰生产企业、品牌企业的重点工作之一，这也是检验一个企业创新能力和市场敏锐度的"试金石"。

此外，赢得年轻消费群体市场亦是古法金市场未来可持续发展的关键之一。古法金在零售市场普及之初，就被贴上"中年消费""贵重"等显性标签。这固然是前两三年古法金消费群体的主要特征，但随着市场的变化和产品的迭代，古法金产品变得越来越年轻化、轻量化，古法金产品的受众群体在扩延，年轻消费者便是当前古法金市场大力推广的主要群体之一。

而要赢得年轻消费群体的青睐，则需要黄金首饰企业全方位、全维度契合这一群体的个性需求和习惯。产品方面，深耕细分市场，针对产品设计研发投入更多资源，并敢于创新，将特点鲜明、富有个性的差异化、高品质产品呈现给年轻消费者；价格方面，客观、全面研究年轻群体的消费场景和消费特点，绝不能把年轻人消费等同于"低客单价"消费；渠道方面，充分利用黄金珠宝成熟的线下零售体系，结合线上数字化手段，搭建O2O营销完整闭环；推广方面，与年轻消费者建立深入的双向沟通体系，在了解、信任、转化、忠诚等方面扎实推进。

面向年轻消费群体能让古法金市场迎来健康、可持续发展的机遇。古法金市场若能在自律、合规的基调上持续深耕细作，做出更多更好的创新，迎合消费者的多元化需求，那么我们有理由相信，古法金市场发展前景依然广阔且大有可为。

资料来源：黄金分析 | 古法金饰品市场形势与观察, https://www.toutiao.com/a6997213220909875715/.

讨论题：

1. 结合案例讨论，开展古法黄金市场调研需要覆盖哪些内容？

2. 根据所学，你认为古法黄金营销调研可以采用哪些方法？为什么？

3. 古法黄金的发展之路对珠宝企业有哪些可借鉴之处？

案例分析思路

第 5 章

珠宝消费者购买行为和用户画像

◆ **本章学习目标:**

1. 了解影响珠宝消费者购买行为的外在因素和内在因素。
2. 理解用户画像的基本概念及其在消费者购买行为领域的运用。
3. 学会对各类珠宝消费者进行用户画像。

◆ **关键术语:**

消费者购买行为(consumer behavior);用户画像(user persona);珠宝消费者用户画像(jewelry consumer user portraits)

◆ **引导案例:**

周大生国潮风来袭①

图 5-1 周大生大赢家系列黄金转运珠

近年来,国潮风盛行,珠宝界也不例外。周大生作为珠宝领域知名国货品牌,更是在 2020 年的产品设计中,将国潮风发挥到了极致。

"国潮"正在变成年轻人的文化新宠,越来越多的年轻人将这股潮流作为追求表达自我情怀和文化态度的新形式。为了迎合年轻人的潮玩心态,周大生创新性地将国粹麻将的"發""南""中"、骰子等元素融入潮流珠宝设计中,打造充满乐趣的潮酷烟火气首饰,如图 5-1 所示,分别代表人生

---

① 根据环球网改编. 麻将还能这样玩? 周大生大赢家系列再添国潮[EB/OL]. https://mq.mbd.baidu.com/r/vpDTlwRo6Q?f=cp&u=ce5ba4c66fa6b120.

"发大财""中三元"和"不再难"等好彩头。大赢家系列产品不仅寓意好，而且造型小巧玲珑，搭配精致的珐琅彩上色，显得质感鲜明又别具个性，一上市就深受国潮风爱好者的青睐，成为消费者讨个"好彩头"的不二选择。

周大生作为一个求变创新的国货珠宝品牌，通过深度洞察年轻消费者多元化的珠宝喜好，不断推陈出新，推出了更加深得年轻消费者喜爱的潮流珠宝产品系列。为了迎合年轻消费者的购物习惯，周大生所打造的"产品力＋强背书＋强资源"的品牌营销模式，将当下的各类潮流元素融入产品设计，推出了一款又一款时尚珠宝饰品，深得广大年轻消费者的喜爱。

珠宝消费者购买行为会受到外在和内在诸多因素的影响，其中文化因素是影响珠宝消费者购买行为的重要因素之一。珠宝企业营销人员为了吸引消费者、激发消费者的购买动机、促使消费者做出购买决策，需要了解影响消费者购买行为的因素，制定相应的营销策略，赢得消费者对品牌或产品的信赖和喜爱。

5.1 珠宝消费者购买行为分析

消费者购买行为分析研究的是个人、群体和组织如何挑选、购买、使用产品，如何处置产品、服务、创意或体验，来满足他们需要和欲望的内容。珠宝企业要想占领珠宝消费者市场，首先要认真分析影响其购买行为的因素，了解其购买心理和购买动机，采用相应的营销策略去影响其购买决策。

5.1.1 SOR 理论模型

SOR 理论模型（stimulus-organism-response，SOR）是心理学中解释人类行为发生机制的重要理论，该理论最早由环境心理学者梅拉宾（Mehrabian）和罗素（Russell）提出。如图 5-2 所示，在 SOR 模型中，刺激（stimulus）通常指个体所处的外界环境中能够对个体的认知和情感产生作用的各种影响因素；机体（organism）指个体的内在状态，主要包括认知和情感两个层面；反应（response）指个体在心理和行为层面的反馈表现。SOR 理论模型认为，个体在外界环境影响因素的刺激作用下，其认知和情感层面的内在状态将随之发生改变，进而对个体的心理和行为反应产生影响。

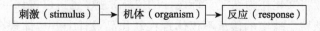

图 5-2 梅拉宾和罗素提出 SOR 理论模型

营销学研究中，学者们运用 SOR 理论，结合消费者消费过程中心理和行为的特征，对消费者购买行为进行了阐释。消费者购买行为的发生起源于相关外在因素的刺激，这种刺激包括营销刺激和其他刺激,如图 5-3 所示。其中,营销刺激指企业所采取的营销组合策略,其他刺激指影响消费者购买行为的各种宏观环境的因素,主要包括经济环境、技术环境、政治环境和文化环境等因素。现实中,消费者在这些相关的外在因素的刺激下,会产生某种有待满足的需求,对此,其内在会经历一套复杂的心理活动过程,在这个过程中,消费者个体所拥有的特定的文化、社会和个人特征的差异,致使个体对所欲满足的需求的心理动机、感知、学习和记忆过程各有特色,这种特色反映在消费者对购买的最终决策过程中。消费者对购买决策问题的识别、信息的收集、方案的评估、购买决策和购后行为各阶段的表现存在差异,导致他们最终做出的产品选择、品牌选择、经销商选择、购买量、购买时间和支付方式等不尽相同。

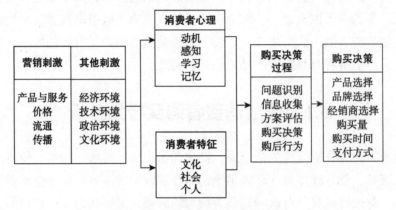

图 5-3　消费者购买行为的模式

5.1.2　影响珠宝消费者购买行为的外在因素

1. 文化因素对珠宝消费者购买行为的影响

文化因素对消费者需求和购买行为有着广泛而深远的影响,主要反映在文化和社会阶层两个方面。

（1）文化

爱德华·泰勒（Edward Teller）在 1871 年出版的《原始文化》中首次提到"文化"的概念,他认为文化是一个复杂的综合体,包括知识、信仰、艺术、法律、道德、习俗以及人类在社会里所获得的一切能力和习惯。文化是决定人们欲望和行为的基本因素。不少珠宝首饰企业将文化作为珠宝首饰设计的灵感来源,也可以说珠宝首饰是文化饰品,珠宝消费是文化消费。珠宝的传承不仅体现在其作品设计上,也体现在它背后融入的文化传承之中。中国地质大学（武汉）珠宝学院方龙慧子老师的项链设计作品《武汉长江大桥》（图 5-4）,巧妙地将武汉长江大桥融入珠宝设计,采用长江大桥交通公铁两用的特点,将桥身的钢桁架结构做了图案提炼和重复,体现了城市所需的稳固与沟通。

文化是后天学习获得的。人在社会成长中受到家庭、学校和组织的影响,习得了一套基本的价值观、审美观，认同了某种风俗习惯，形成一定的偏好和行为模式，这些因素也会影响人们对珠宝首饰的购买偏好。不同的文化造就了不同消费者的购买偏好，能满足消费者文化需求的珠宝产品更容易获得认可。珠宝企业营销者应加强对消费者文化背景的了解，有利于企业制定精准的营销策略。

（2）社会阶层

社会阶层是在一个社会中具有相对同质性和持久性的群体，他们按等级排列，同一阶层的成员具有相似的价值观、兴趣爱好和行为方式，不同阶层的成员在生活方式和消费行为方面有显著差异。例如：处于社会高阶层的消费者经济富足、生活压力小，他们是高档奢侈品的主要购买者；而处于社会低阶层的消费者收

图 5-4　武汉长江大桥款项链①

入少、生活压力大，他们主要购买日常必需品。不同社会阶层的成员具有不同的产品与品牌偏好，珠宝企业营销者应根据不同的社会阶层，推出不同的营销策略。

在众多影响社会阶层划分的因素中，珠宝企业应该特别注重消费者年龄、职业、经济状况和受教育程度等因素，这些因素直接影响消费者对珠宝产品的款式、价格及材质的选择。珠宝产品的定位决定着目标消费群体所处的社会阶层及消费能力。不同社会阶层的存在构成了市场细分的基础，不同社会阶层群体之间也存在很大的心理差别，要真正占领某个细分市场，就必须根据特定阶层消费者的目标与需求有针对性地设计产品以及开展营销活动。

2. 社会因素对珠宝消费者购买行为的影响

消费者的购买行为同样也受到一系列社会因素的影响，其中参照群体、家庭、角色与地位对珠宝消费者购买行为影响最为明显。

（1）参照群体

参照群体是一群能够影响个人态度、意见和价值观的人组成的群体。参照群体分为所属群体与相关群体。所属群体又分为主要群体和次要群体：主要群体由一群直接接触、关系密切的人组成，如家庭、朋友、邻居和同事等；次要群体由一群直接接触但是关系相对疏远的人组成，如一个人参加的社会团体、业余组织等群体。相关群体与个人不一定有直接联系，但个人的态度与行为深受其影响。

---

① 中国地质大学（武汉）珠宝学院公众号文章：《灾难面前，我们依旧谈论美好——地大 GIC 首饰设计（手绘）教师笔下的武汉》。

参照群体对珠宝消费者购买行为的影响主要通过三种形式表现出来。第一种形式，参照群体为其成员展示各种可供选择的生活方式和消费方式，人们购买珠宝产品时到何处购买、选择什么款式等在参照群体中可能不完全相同。第二种形式，参照群体能引起成员的效仿欲望，影响他们对商品的态度和价值观念的转变，大多珠宝企业聘请明星担任其产品代言人，利用其知名度和社会影响力，吸引他们的粉丝效仿消费。第三种形式，参照群体往往在内部形成一种压力，促使成员购买行为趋于一致，影响人们对某一商品品种、款式的选择，有助于某种消费时尚的形成。戴比尔斯的一句"钻石恒久远，一颗永流传"广告词，让钻石珠宝的这份情感传承包含了人们对爱情的美好向往，让钻石成了高贵、永恒、忠贞的代名词，卖钻石变为卖"爱情"，在我国婚庆市场形成了以购买结婚钻戒为主的钻石消费潮流。

（2）家庭

家庭指的是一群居住在一起的，具有血缘、婚姻或收养关系的群体。家庭是社会中最重要的购买产品的消费者，家庭成员构成了最有影响力的主要参照群体。购买者的生活中有两个主要的家庭，分别是原生家庭和再生家庭。原生家庭包括父母和兄弟姐妹。一个人能够从父母那里得到最初的对宗教、政治、经济的基本态度，以及对个人抱负、自我价值和爱的感知，即使他不再与父母互动，父母对他的影响也是显著的。他在购买珠宝产品时，对于品牌及材质的选择与其父母有诸多相同之处。

对个体日常购买行为影响更直接的是再生家庭，包括配偶和子女。一般而言，妻子是家庭日常用品的购买者，贵重的物品如汽车、房子等较多是由夫妻双方共同做出购买决策。女性是珠宝产品的主要购买者，一个家庭的珠宝产品购买决策大部分也是由女性负责的。

（3）角色与地位

每个人一生中都会参与许多的群体和社会组织，而且在每一个群体或组织中都有其特殊的角色与地位，这一地位反映社会对其的评价和尊重程度。每个人的自我观念实际就是把自己界定为一个特定的角色，而这个角色需要靠特定的产品或服务来塑造。消费者往往结合自己的角色与地位做出购买选择，因此，产品或服务成了身份和地位的象征。一直以来，珠宝都给人一种奢侈的感觉，稀有珠宝产品价值高昂，做工精致，是高阶层人士彰显身份和地位的产品之一。

3. 技术因素对珠宝消费者购买行为的影响

科学技术是第一生产力，科技的发展对经济发展有巨大的影响。技术不仅直接影响企业内部的生产和经营，还会通过与其他环境因素相互作用给企业的营销环境带来有利或不利的影响。

科学技术的进步给珠宝企业创造了新的机会，这个机会就是企业利用新的技术成果，不断地改造珠宝产品的制造工艺，满足消费者的个性化需求。创新是引领发展的第一动力，要通过产学研融合和跨界融合来提升珠宝行业的科技创新能力，推动珠宝行业向数字化、智能化转型。

一直以来，3D打印就是"创新"和"创意"的代名词，它不仅能高效地将创意思维转化为具体的成品，也从根本上改变了工业化时代的生产方式和生活模式，对珠宝行业来说亦是如此。2017年6月，诗谱（Skraep）利用3D打印技术为电影《速度与激情8》制作了一款名为"守护Guardian"的吊坠，如图5-5所示，在意大利获得了素有"设计界的奥斯卡"之称的奖项——A'Design award的金奖。这也是电影衍生珠宝产品第一次获得世界级设计大赛的奖项，另外两款全金属车模也荣获金奖和银奖。其后，诗谱的珠宝产品正式在我国推出，对时尚有着敏锐眼光的明星们，成为诗谱的第一批演绎者。"守护""至念""缤纷""绽放"系列通过高精度的3D打印技术，将3D打印珠宝皱纸团的魅力和趣味性通过各种材料充分地展现出来，引发设计界与时尚界的瞩目。

图5-5 "守护Guardian"吊坠①

科学技术对消费者的影响并不只限于为其带来多种多样的产品和服务，更重要的是改变了消费者的消费方式。互联网时代，消费者已经从被动地接受产品或服务转变为在市场经济中占据主导地位，因此，珠宝企业要以消费者需求为导向，将"用户为中心"的思维贯穿整个营销活动之中。另外，珠宝企业要尽可能地在价值创造和交付的过程中将消费者考虑进去，保障其整体利益。美国著名珠宝商黑尔斯博格（Helzberg）推出了一款AR珠宝试戴程序，帮助消费者挑选戒指，让他们对买到适合自己的戒指更有信心。通过这款App，消费者可以通过多个AR视角试戴上百种戒指的样式，通过AR技术消费者还能清楚地看到戒指的颜色、金属的类型、钻石的样式、设计风格等细节。

4. 企业营销策略对珠宝消费者购买行为的影响

企业的营销策略对珠宝消费者购买行为的影响主要体现在两个方面，一方面是企业

---

① 诗谱Skraep，我的第一件3D打印首饰[EB/OL]. http://www.ilovezuan.com/article-19218.html.

及其品牌在消费者心中的形象策略，另一方面是企业的营销组合策略。

（1）企业及其品牌在消费者心中的形象策略

企业在消费者心中的形象指社会公众在了解一个企业后形成的，对该企业的全部认知、看法和综合评价。老凤祥始于1848年，是百年珠宝品牌，具有悠久的历史沉淀，其品质和技艺自然是无可挑剔的，尤其是其黄金珠宝类产品获得了消费者的高度认可，其知名度和美誉度都非常高，这是因为它在消费者心中树立了良好的品牌形象。老凤祥在延续和传承百年传统时，也始终保持着品牌在消费者心中活力满满的形象。作为一个极具活力的品牌，老凤祥并不满足于现状，它仍然立足创新，不断发展，不断接受新鲜事物、研发新工艺，致力于让全世界认识中国品牌，这一点也是十分难得的。

（2）企业的营销组合策略

企业的营销组合指企业的综合营销方案，即企业把自身可控制的各种营销因素（产品质量、包装、服务、价格、渠道、广告等）根据目标市场的需要进行优化组合和综合运用，使之协调配合、扬长避短、发挥优势，能够更好地实现营销目标。有效的营销组合是珠宝企业吸引消费者的有力手段之一。珠宝企业制定的营销组合策略若得到消费者的认可和接受，将激发消费者对其产品的购买欲望和购买行为。营销组合也不能一成不变，企业需定期对市场进行调研，并调整营销组合，不断地为消费者提供优质的产品和服务。

5.1.3 影响珠宝消费者购买行为的内在因素

珠宝消费者的行为不仅会受到外部因素的影响，还会受到内部因素的影响。内部因素主要包括个人因素和心理因素。

1. 个人因素对珠宝消费者购买行为的影响

影响珠宝消费者购买行为的个人因素包括年龄和家庭生命周期、职业和经济状况、个性和自我形象、生活方式和价值观。这些因素直接影响消费者的行为，珠宝企业营销人员需要密切关注这些因素。

（1）年龄和家庭生命周期

不同年龄阶段的消费者有着不同人生阅历，必然有着不同的消费偏好，其对珠宝产品购买需求和动机也有所差异。中老年人更爱黄金和高档宝石产品，而年轻人偏好K金，对以设计感取胜的品牌非贵金属首饰和以低价取胜的快时尚合金首饰的接受度更高，可见年轻一代更愿意为了珠宝产品的设计和"享乐"属性支付溢价。

家庭的生命周期是一个家庭形成、发展直到消亡的过程。在家庭生命周期的不同阶段，家庭的收入水平和人口负担是不同的，这也导致家庭的实际消费水平存在较大差异。处于家庭生命周期不同阶段的消费者在珠宝产品的选择上也有很大的区别。单身阶段，收入比较低，但并无额外的经济负担，在珠宝产品消费上更加注重追逐潮流，不太注重其品牌和材质。满巢阶段，前期孩子刚出生，家庭大部分消费集中在孩子身上，父母出于祈福的目的为孩子购买珠宝产品，多以生肖珠宝产品为主；中期孩子多在上小学和中学，家庭消费仍以孩子为主，但在这期间父母会为自己购买中档珠宝产品以满足生活社交需求；后期孩子成年却未完全独立，家庭经济宽裕，中高档珠宝产品更受父母青睐。空巢阶段和解体阶段，家庭经济最为宽裕，家庭成员可能会频繁外出，需要购买一些高档珠宝来彰显身份和地位。

（2）职业和经济状况

消费者的职业和经济状况对其消费行为有着重要的影响。一方面，职业决定了消费者是否需要佩戴珠宝产品以及购买何种品牌、何种材质的珠宝产品；另一方面，职业较大地影响了消费者的经济状况。经济状况指一个人的收入状况、储蓄和财产状况等。消费者的经济状况直接决定了其对珠宝产品的消费能力。收入较低的消费者不太注重珠宝产品的品牌和材质；收入较高的消费者倾向于购买与其身份和地位相符的产品，也更加关注珠宝产品的设计、品牌和消费环境，可能会为不同消费场景配置不同特征的珠宝饰品。

（3）个性和自我形象

个性指一组显著的人类心理特征，这些特质会导致人们在环境刺激下做出相对一致而持久的反应，其中包含消费行为。消费者的独特个性使其在自身可支配收入允许的情况下会优先购买与自己个性相符合的产品，珠宝企业在考虑细分市场的时候必须重视消费者的个性以及因此形成的消费潮流，致力于打造个性品牌和产品。

自我形象指消费者对于自己的看法、认识和评价，这种形象是理想自我与真实自我的结合物。自我形象驱使消费者有意无意地去寻求与自身匹配的产品和品牌。珠宝产品是自我形象的一种重要显示物，消费者往往要求所购的珠宝产品与自身相符合，以此展现自己的个性和自我形象。

（4）生活方式和价值观

生活方式是个人及其家庭的日常生活的活动方式。价值观指一个人对周围的客观事物（包括人、事、物）的意义、重要性的总评价和总看法，在生活过程中形成的信念或者信仰即是价值观的核心部分。社会制度和社会变化对人们的生活方式产生影响，这种影响不仅会改变人们的价值观，还会改变人们的行为，尤其是消费行为。人们追求的生活方式不同，对珠宝产品的消费偏好也不同。我国新一代钻石消费者多为女性，她们年轻，崇尚经济独立，价值观受西方文化影响较大。相比于金、银、翡翠，她们更偏爱钻石，但她们不再被动地等待爱人送她们一颗钻石。对于很多"85后"甚至"90后"的女孩来说，钻石更像是一种时尚标记，而不是什么"永久的爱情"，在她们的价值观里，钻石具备表达自我、奖励自我的功能。

2. 心理因素对珠宝消费者购买行为的影响

从本质上来讲，消费者的购买行为还会受动机、感知、学习、情感和记忆等主要心理因素的影响。

（1）动机

动机是一种内在力量，正是这种力量刺激和支配着行为反应，并决定了行为反应的具体发展方向。一般来说，消费者的购买动机直接导致购买行为，动机是由需要引起的。珠宝产品是人们的基本生活需要得到满足以后可能产生的需求。不同的消费者购买珠宝产品的动机是不同的，从消费者的购买心理进行分析，一般有以下几种珠宝消费心理动机。

①求美心理动机。求美心理动机指消费者注重产品的款式、色调和造型，重视产品的装饰作用和对人体的美化作用的购买动机。受这种心理动机支配，消费者比较重视珠宝产品的装饰性、艺术性及欣赏价值，要求产品能美化人体、装饰环境、陶冶情操，较少关心产品的价格和质量等因素。这类消费者主要是文化界人士或青年女性，他们具有一定的艺术鉴赏能力，注重生活品位。他们在购买珠宝产品时，首要考虑的是产品的美学特征，如外观的设计、色彩的搭配等。因此，造型美观的珠宝产品成为这类消费者的首选饰品。

②求新心理动机。求新心理动机指消费者注重所购产品或服务的时尚性、新颖性和奇特性的购买动机。这种心理动机的核心是"时尚"和"新颖"。受这种心理动机支配，消费者比较重视珠宝产品的款式、颜色、外观及时尚性、奇特性和新颖性给他们带来的享乐性，对适用性和价格等因素的考虑较少。这类消费者大多是经济条件较好的年轻消费者，他们富于幻想，渴求变化，喜欢追逐社会潮流，购买各种新潮产品。他们在购买珠宝产品时要求产品款式新颖，紧跟潮流，不太注重品牌和价格等因素，容易受到产品宣传、意见消费领袖和社会发展潮流的影响，凭一时兴趣冲动购买。

③求名心理动机。求名心理动机指消费者注重所购产品或服务的品牌与档次，以显示其身份和地位的购买动机。受这种心理动机支配，消费者比较重视珠宝产品的品牌和高价值属性，对其他因素的关注较少。这类消费者收入较高或社会地位较高，他们为了显示身份和地位，追求名牌产品，不太在意产品的质量和价格的对应关系。他们在购买珠宝产品时，主要关注品牌的知名度。高档珠宝品牌具有相对较高的品牌名望，求名心理动机往往是购买高档珠宝产品的主导心理动机。

④祈福心理动机。祈福心理动机指消费者以满足自身安全为需求，为达到祈福的目的而诱发的购买动机。受这种心理动机支配，消费者比较重视珠宝产品的象征寓意，对珠宝产品的文化寓意有特别的选择。这类消费者基本生活需求已得到满足，并且对珠宝产品的传统历史文化有所了解，认为佩戴珠宝可以保佑自身平安、带来吉祥和财富。他们在购买珠宝产品时，考虑的因素颇多，珠宝产品的不同寓意

扩展阅读 5.1：祈福平安的玉文化

往往会影响他们的购买行为，珠宝产品的祈福寓意是这类消费者关注的重点。

⑤馈赠心理动机。馈赠心理动机指消费者以珠宝产品作为礼品赠送他人的购买动机。在现代社会交际中，人来客往之间免不了要互赠礼品，珠宝产品已成为人们选择赠送他人的礼品之一。人们选择珠宝产品作为礼品赠送他人的主要原因有三：一是珠宝产品有很多材质、款式，可根据受赠者的偏好选择；二是珠宝产品具有保值增值性，并且能够

长久保存，可以作为永久纪念；三是珠宝产品寓意好，中国人都图吉利，送礼更是讲究如此。送礼送如意，送礼送吉祥，珠宝的情感传承可以很好地表达这一点，所以选择送珠宝产品十分合适。但赠送珠宝要注意形式，要了解受赠者的文化风俗。受馈赠心理动机的支配，消费者在购买珠宝产品时比较注重产品的整体价值和寓意，这类消费者有着很强的购买动机，在珠宝产品的选择上容易受到营销人员推荐的影响。

⑥收藏的心理动机。收藏指人们对于喜爱的物品进行的搜集、储存、分类与维护的行为。收藏心理动机指消费者以收藏为目的，看重产品某方面的价值而购买的心理动机。受这种心理动机支配，消费者注重珠宝产品的材质、稀有性、保值性、升值性和不可代替性的特点。这类消费者经济宽裕，对珠宝产品的材质及价值有一定的了解。珠宝作为一种耐久商品，在无意外损伤的情况下可以保存很久，人们可以把它们收藏起来，作为传家宝一代又一代传承下去，因而，除了收藏，珠宝还兼具传承之功能。

（2）感知

感知指一个人选择、组织并解释接收到的信息，以形成对外部环境有意义的描绘过程。感知不仅仅取决于物理刺激，也与周围环境和个人心理条件有关。消费者对同一对象的感知过程分为三个阶段：选择注意、选择扭曲和选择保留。首先是选择注意，消费者在挑选珠宝产品的过程中，不可能注意产品所有的信息，而是根据自己的需求有选择性地注意产品信息，如注意款式、注意价格等；其次是选择扭曲，消费者在选取珠宝产品时经常先入为主，尤其是在选择产品品牌方面；最后是选择保留，消费者更偏向于记住其心仪产品的优点而忽略其他竞品的优点。

（3）学习

学习指个体受到来自信息与经验的影响，而产生的一种行为、情感以及思想上的持久改变。学习理论学家将学习的形成过程分为驱动、刺激、暗示、反应和强化五个阶段。激发行为的强有力因素便是驱动力。珠宝企业不仅要了解产品与消费者之间的驱动力是什么，还要强化这种驱动力，加深消费者对品牌或产品的印象。

（4）情感

情感是唤起人类心理活动和行为的动机，也是做出选择的重要因素。消费者的反应不单单来自认知和理性，更多是情绪化的。一个产品可能让消费者感到自豪，也可能激发消费者的悲伤情绪。品牌或产品可以代表不同的情感，珠宝企业在设计产品外观、编制产品或品牌故事时要格外注意这一点。此外，要注意与消费者建立情感联系、产生共鸣，获得消费者的认可。

（5）记忆

记忆是以往学习经验的总积累，在消费者心理活动中起极其重要的作用，对消费者购买行为也有一定的影响。珠宝企业在与消费者互动的过程中，有必要在消费者的心目中建立起容易被联想的、与产品或品牌相关的形象特点，以此来帮助消费者产生长期记忆，使消费者在有购买珠宝产品需求时首先映入脑海的便是该产品或品牌。

5.2 珠宝消费者的用户画像

本节将在用户画像定义基础上，结合上一节内容，依据珠宝品类的主要类别，勾画珠宝消费者用户画像。主要描述黄金类珠宝消费者、钻石类珠宝消费者、彩色宝石类珠宝消费者和玉石类消费者用户特征，几乎囊括了珠宝全部类别。

5.2.1 用户画像的定义

用户画像（user profile）又称用户打标签（user labeling）、用户建模（user modeling）、用户肖像（user persona），由交互设计之父艾伦·库珀（Alan Cooper）提出。在大数据领域，用户画像就是通过利用用户注册时填写的社会属性、用户使用时的消费习惯、用户关注的偏好特征等各个维度的数据，对用户进行刻画，并对他们的特征进行分析、统计，挖掘潜在价值信息，从而抽象出用户的信息全貌。

用户画像概念常用于大数据领域。在现代社会步入大数据时代之后，互联网上用户的行为使企业的产品和服务发生了一系列的改变。如今，用户在互联网上的一切行为均可以被企业分析和追溯。因此，利用大数据建立用户画像，从而服务于企业精细化运营和精准营销，成为近年来的焦点。在消费者购买行为领域，用户画像常被用于市场细分。

大数据下的用户画像也给消费者购买行为领域的研究带来了新的机遇。用户画像在消费者购买行为领域中指消费者用户画像，类似地，它是给消费者打上的各类标签，如消费者的人口统计变量特征、购买动机、购买渠道偏好等，通过对这些标签进行分析、统计，研究者能够对消费者进行归类，实行精准营销。不同类型产品的消费者的标签不同，消费者的分类也会有所差别。

5.2.2 不同类型珠宝消费者用户画像

在珠宝行业中，根据珠宝不同品类消费者市场的分析，可以对不同品类珠宝消费者进行用户画像。黄金、钻石、彩色宝石、玉石……这些我们耳熟能详的珠宝种类，经常作为主要材质出现在成品珠宝之中，因而，本节介绍这四大品类珠宝消费者的用户画像。

1. 黄金类珠宝消费者用户画像

近年来，市场上相关分析研究报告对黄金类珠宝消费者的诸多特征进行了较为全面的描述，可归纳为以下几个方面。

（1）黄金类珠宝消费者年龄分布情况

黄金类珠宝消费者的年龄大多都是 24 岁以上。在 2020 年，世界黄金协会实施的一次详细的消费者调查[①]中显示，如图 5-6 所示，我国 18～24 岁的女性对黄金的购买兴趣比较小。如图 5-7 所示，在我国，一年内购买过金饰的消费者和打算在未来一年中购买金饰的消费者只有 18～24 岁的年龄段未达到世界平均水平。

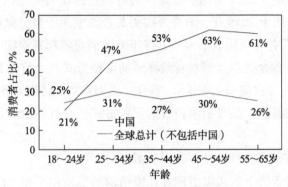

图 5-6　一年内金饰购买情况调查统计

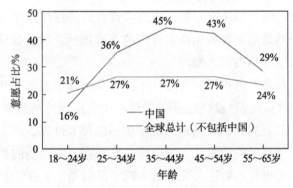

图 5-7　一年内金饰购买意愿调查统计

（2）地域划分下的黄金类珠宝消费者的购买偏好

黄金类珠宝消费者的购买偏好会受到地域影响，一线城市的黄金类珠宝消费者偏爱有设计感、时尚感的黄金珠宝，而三四线城市的消费者注重黄金的纯度与重量。世界黄金协会在 2018 年发布的关于我国金饰市场的独家报告《中国金饰市场：悄然进步》显示，我国黄金消费者的偏好因地区而异。黄金类珠宝消费者在一线城市的关注重点不同于三四线城市，一线城市中黄金类珠宝消费者在购买黄金类珠宝时，偏好设计精美的奢侈品珠宝；而三四线城市的黄金类珠宝消费者则喜欢购买纯度高、重量大的大众珠宝金饰。

（3）黄金类珠宝消费者的购买动机

黄金类珠宝消费者购买黄金类珠宝的动机多出于婚庆和自己日常佩戴的需求，另外，价格也会影响他们的购买意愿。婚庆类珠宝产品仍是我国消费者的刚性需求，婚庆类黄金类珠宝承载着爱情与亲情，是情感传承的象征，包含着我国人民对新人组建的家庭的

---

① 黄金零售洞察. 世界黄金协会中国区域市场聚焦[EB/OL]. https://retailinsights.gold/cn/regional-spotlights/china/jewellery.html.

祝福，有极高的情感价值。在黄金类珠宝饰品作为婚庆类珠宝刚性需求的同时，因"悦己"而购买用于自己日常佩戴的消费日趋成为消费主流。这也表现出珠宝给消费者带来了极大的欢乐与享受，体现出珠宝"享乐"的特性。从中国黄金报社与北京黄金经济发展研究中心携手推出的《2021中国黄金珠宝消费调查白皮书》（以下简称《白皮书》）中的数据可以看出，相比于2019年，消费者购买黄金珠宝用于自己佩戴的占比上升，达到87.42%。"悦己"消费并非年轻人的专属，各年龄段消费者都喜欢随心购买，只为让自己更高兴。在购买时，黄金类珠宝消费者最喜爱的促销方式是降价优惠，珠宝产品更实惠的价格更能吸引他们。《白皮书》还显示，珠宝"以旧换新"已成为各家金店的标配服务，但根据《白皮书》的数据，最吸引消费者的促销方式还是打折活动，实实在在的优惠更能让消费者动心。

（4）黄金类珠宝消费者线下购买渠道偏好

黄金类珠宝消费者线下购买渠道偏好在疫情前后也发生了很大改变，如今他们更喜欢在商场购买黄金类珠宝。疫情之后，黄金珠宝城（零售）不再受到消费者的青睐，而因为聚客效应蓬勃发展的商场珠宝专柜，成为消费者新的热门选择。《白皮书》中显示，独立金饰珠宝店面仍然是消费者购买珠宝首饰的首选场所，但黄金珠宝城（零售）占比大幅减少，而商场珠宝专柜占比大幅增加。

与此同时，由于布局下沉市场成为近几年国内黄金珠宝品牌的共识，尤其是借助品牌效应和信誉度积聚效应的黄金珠宝品牌，纷纷在下沉市场跑马圈地。《白皮书》还显示，截至2021年3月31日，周大福在内地的珠宝店净增加669家，有一半新增零售网点在三四线及其他城市。但是后疫情时代，黄金珠宝品牌在下沉市场的扩张行动中并没有达到他们的预期，消费者也并不买账。部分黄金珠宝品牌急于扩张、盲目下沉低线城市，出现"水土不服"的状况，未能融入新的市场。

（5）黄金类珠宝消费者的线上购买渠道偏好

现阶段，黄金类珠宝消费者的购买渠道仍然以线下为主，但也有不少消费者开始逐步尝试线上购买。随着互联网技术的不断发展，在直播间购买黄金类珠宝成为消费者新的线上购买渠道偏好，平台直播营销如今也成为当下各大品牌营销的"新宠"。2020年5月30日，国际名品卖场联合六福珠宝开展了精选货品秒杀直播活动，直播2小时，在线观看粉丝13 000人次，点赞60 000人次，线上线下共成交34单，实现销售额15万元，创造了该品牌当日"华中地区销售第一"的佳绩。此外，中国黄金、周大生、老凤祥等品牌也在竞相布局直播行业。可以预见，在未来，金饰线上销量占比将持续提升，线上直播带货将为我国黄金珠宝领域开启新的增长空间。

尽管现在直播平台确实做得风生水起，但是网络直播至今未能撼动珠宝行业的线下销售渠道的地位。《白皮书》的调查数据指出，在接受调查的消费者中，选择在线上购买黄金类珠宝产品的消费者相对占少数，仅有13.1%。珠宝行业主要销售渠道是线下而非线上，这是由产品性质决定的。当无法判断线上购买渠道的黄金类珠宝产品是否达到理想品质时，黄金类珠宝消费者就很难放下戒心在线上渠道购买。

（6）黄金类珠宝消费者对黄金类珠宝的设计与工艺要求

近些年，古法工艺类和硬金类产品越来越受消费者欢迎，黄金类珠宝消费者也越来越追求产品的时尚化、个性化。2020年，世界黄金协会的调查还显示，很多人认为黄金首饰设计过时，缺乏风格创意，一些设计太过浮夸不适合年轻群体，而如今，很多黄金珠宝品牌针对消费者提出的诉求做出了回应，也对产品设计做出了改变。目前，引领黄金珠宝消费新趋势的是带有中国特色文化元素、结合潮流款式外形设计的"国潮风"产品。其中，古法金饰品、传统吉祥纹饰、转运珠、金锁、十二生肖等成为黄金珠宝市场上的热销款式，如周大福推出的"符禄财神"系列（图5-8），六福珠宝推出的"古醇金"系列（图5-9）等。如今古法黄金珠宝的流行，正是证明了黄金珠宝的技艺传承的成功，一代代优秀的珠宝匠人技艺的传承造就了如今备受追捧的古法金饰品，赋予这些精美的黄金类珠宝很高的艺术价值。

图5-8 福禄双全黄金足金挂坠[①]　　图5-9 古醇金系列"庆福"龙凤配足金挂坠[②]

通过以上分析，可以对黄金类珠宝用户画像的特征进行如下总结：黄金类珠宝消费者的年龄特征是24岁以上，女性为主，对黄金首饰设计有需要，偏爱古法工艺类和硬金类产品，喜爱个性创意风格，包括国风、IP联名等。其中，来自三四线城市的购买者更偏好纯度高、重量大的金饰，他们对款式要求不太高。黄金类珠宝消费者购买珠宝多是出于婚庆和日常佩戴需求，他们大多对价格很敏感，也最容易被打折促销吸引。线下购买渠道是他们的首选渠道，并且他们大都选择在黄金珠宝专卖店购买。很多以前在黄金珠宝城购买的消费者，在疫情后转向了商场的黄金珠宝专柜，但如今黄金类珠宝消费者也开始尝试在网络直播渠道购买金饰。

2. 钻石类珠宝消费者用户画像

钻石类珠宝消费者的诸多特征也在近年来的一些分析报告中得到反映。

---

① 周大福. 符禄财神系列[EB/OL]. https://www.ctf.com.cn/zh-hans/jewelry/index.html#0.7861693768319151.

② 六福珠宝. 古醇金系列[EB/OL]. https://www.lukfook.com/sc/product-line/product-collections/jewellery/antique-gold#/?page=2.

（1）钻石类珠宝消费者的人口统计变量特征

钻石类珠宝消费者的主力消费人群为"80后""90后"和"00后"中的成年人，多为女性且很多来自沿海发达地区。如图 5-10 所示，华经情报网的调查报告显示，"80后""90后"和"00后"中的成年人对钻石的购买偏好显著高于黄金、铂金及其他类别的珠宝，这部分人群在经济实力逐渐增强的同时，也逐渐成为珠宝市场的主力消费人群。2016年，国土资源部珠宝玉石首饰管理中心携手拥有 5 亿名用户的今日头条共同进行数据分析，对所有关注珠宝、钻石的用户进行全景描画。毫不意外，通过人口统计因素发现，女性更偏爱钻石，并且在沿海或经济发达地区，如上海、广州，人们对钻石的关注更多。

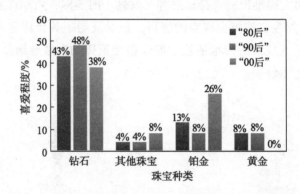

图 5-10　中国不同年龄层对不同珠宝类的喜爱程度[1]

（2）钻石类珠宝消费者的购买用途

钻石类珠宝消费者购买钻石，通常是为了自己使用、表达爱意、订婚和非婚赠送。中国婚庆市场的巨大需求使"表达爱意"和"订婚"两项购买用途成为钻石消费增长的重要原因，适婚年龄层消费者更加关注钻石。与此同时，受市场营销活动的全方位影响，钻石俘获了中国年轻一代的心。对于很多中国"85后"甚至"90后"的年轻一代来说，钻石不仅是永恒爱情的象征，更像是一种时尚标记，因此"自己使用"的用途占比也不小。如图 5-11 所示，华经情报网的调查发现，中美两国钻石类珠宝消费者的购买用途以及各种用途占比几乎没有差异，都在 25%左右。其中，在美国消费者购买钻石的动机为自己使用的占 29%，而中国消费者购买钻石用于表达爱意的占 30%。

针对不同的钻石饰品类型，消费者的购买用途也会不同。譬如，购买钻戒的大多是将要结婚的女性，她们在选购时，大多有伴侣陪同，购买用途就是"表达爱意"，凸显了钻石珠宝的情感价值；但如果购买的是项链、手链或者耳环等钻石饰品，则大多为自己佩戴，这些装饰性钻石克拉数都不大，价格也不会特别高，消费者的购买用途大多是"自己使用"，充分体现了钻石珠宝的享乐功能。

---

① 资料来源：华经情报网.2020 年钻石产业前景分析，未来钻石消费场景将更加多元化[EB/OL]. https://www.huaon.com/channel/trend/704913.html.

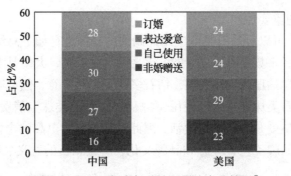

图 5-11　2019 年中每种钻石用途占比情况①

（3）年轻的钻石类珠宝消费者在购买时的关注重点

年轻的钻石类珠宝消费者在购买钻石时，有不一样的关注点，他们更关注钻石的品牌形象，并且会兼顾价格、保值和产品意义。在钻石行业巨头戴比尔斯的《2020 年全球钻石行业洞察报告》中提到，接受采访的 3510 名"Z 世代"和"千禧一代"消费者中，有超过 60%的人都表示他们不愿意与不认同他们想法的钻石品牌互动。并且这两代人购买珠宝产品时，越来越兼顾价格、保值和产品意义，说明珠宝产品高价值的特性也为年轻一代消费者所看重。钻石作为不可再生资源，随着不断开采，其储量不断减少，优质钻石的价值也会越来越高。这就是年轻消费者看中的保值性，也就是钻石的价值传承。

（4）钻石类珠宝消费者的生活标签

今日头条用户平台的大数据显示，钻石类珠宝消费者的生活标签呈现出消费者的个人生活特点，他们多关注娱乐热点，热爱并追求美好生活。今日头条调查统计的用户数据中，关注钻石及钻石首饰的用户往往是美好事物、美好生活的拥护者，他们注重精神上的愉悦，追求光鲜亮丽的生活；他们也是时尚达人、自拍达人，可能还拥有自己的自媒体账户；他们热爱八卦、熟悉娱乐圈，更是资深娱乐观察员，有关时尚、娱乐与美的事物，都是他们的关注热点。随着对生活品质要求的不断提高，他们在选购钻石类珠宝时，对品质的要求也不断提升，更加追求款式的个性化、多样化和装饰性。

（5）钻石类珠宝消费者对钻石类珠宝的设计与工艺要求

珠宝工艺繁复，造型多样，无论是东方传统的花丝、点翠、金银错等工艺，还是西方的各类珠宝镶嵌工艺，都令珠宝产生了万千变化。钻石类珠宝的设计与工艺也体现了珠宝的技艺传承和文化传承。人们在选择购买钻石时，首先，考虑的因素是其工艺的复杂性；其次，作为佩戴品，舒适度也是消费者在考量工艺时的重要因素；再次，消费者也会重点关注运用了特殊工艺和高科技元素的钻石类珠宝；最后，一些品牌的金字招牌代表了其精湛的钻石珠宝工艺，受到钻石类珠宝消费者的推崇。搜狐网的一份调查显示，尽管国内珠宝的消费群体正呈现出广泛和多元化的趋势，但在众多消费者的消费选择偏好中，品牌知名度高、信誉良好的金字招牌是消费者产生购买欲望的重要考虑因素之一；而供应商也更倾向与品牌知名度高且有一定经营规模的企业合作，这反映了品牌知名度

① 资料来源：华经情报网.2020 年钻石产业前景分析，未来钻石消费场景将更加多元化[EB/OL]. https://www.huaon.com/channel/trend/704913.html.

对于珠宝首饰企业的重要性。

通过以上分析，可以对钻石类珠宝用户画像的特征进行如下总结：钻石类珠宝消费者多数是出生于 1980 年之后的成年人，大多是女性，很多来自沿海发达地区。在我国，钻石多用于表达爱意，但也有一些消费者购买钻石类珠宝供自己使用，彰显时尚。钻石类珠宝消费者多关注娱乐热点，热爱并追求美好生活，因此对钻石也有更高的个性化需求。他们注重品牌工艺、理念和品牌文化，看重钻石的意义、稀缺性和保值性。

扩展阅读 5.2：萧邦的"快乐"钻石

3. 彩色宝石类珠宝消费者用户画像

彩色宝石类珠宝消费者在各品类珠宝消费者中的占比较小，依据彩色宝石类珠宝消费者相关调研报告的分析，彩色宝石类珠宝消费者具有以下特征。

（1）购买渠道偏好

如今，大型商场珠宝专柜仍然是我国大多数消费者首选的购买渠道。根据彩色宝石网的调查发现，彩色宝石类珠宝消费者在选择购买渠道时，更信任线下专柜。这是因为彩色宝石品质的保障仍然是消费者考虑的第一因素，而线上渠道虽然价格低，但是其宝石品质无法得到保障。不过，随着互联网消费环境的改善和区块链溯源技术的可能介入，越来越多消费者开始尝试在网上购买彩色宝石。若选择网络渠道购买，则消费者更倾向于选择品牌官方网站或专业性强的行业门户网站，而对淘宝、天猫等大型多品种售卖网站的收藏级珠宝产品的信任度仍然不高（图 5-12）。

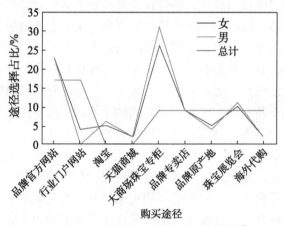

图 5-12　彩色宝石消费者购买途径统计[①]

（2）购买时关注的主要因素

彩色宝石类珠宝消费者在购买时，从关注宝石大小逐渐转移到宝石品质。一份《2018年中国珠宝市场信心及趋势报告》显示，如图 5-13 所示，顾客在购买彩色宝石时最关注的因素是宝石大小、价格和颜色，并且购买观念逐渐从宝石要买大的转变为要买品质高

---

① 资料来源：彩色宝石网. 中国彩色宝石收藏趋势报告[EB/OL]. http://www.colored-stone.com.cn/hangye/hangye_content/452/1573.html.

的。但是，无论是追捧宝石大小还是宝石品质，这些因素都是宝石收藏价值的体现。

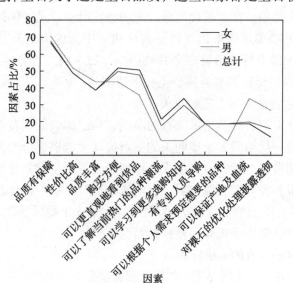

图 5-13　彩色宝石消费者购买因素统计[①]

（3）消费者的性别差异

彩色宝石类珠宝消费者大多是女性。从多份调查报告中可以发现，在区分性别的整体彩色宝石类珠宝消费者的统计数据中，男性的影响没有女性大，大致推断出彩色宝石类珠宝消费者大多为女性。

通过以上分析，可以对彩色宝石类珠宝用户画像的特征进行如下总结：消费者大多为女性，她们更喜欢线下专柜，但在不断尝试线上销售渠道；购买时，她们主要关注宝石大小、价格和颜色，并且越来越注重宝石品质。

4. 玉石类珠宝消费者用户画像

玉石类珠宝可以认为是一个带有中国传统色彩和文化元素的珠宝品类，玉石类珠宝消费者在各类珠宝消费者中的占比不容忽视。通过分析玉石类珠宝消费者的特征，并协同其中翡翠珠宝消费者的调查，玉石类珠宝消费者具有如下特征。

（1）人口统计变量特征

从性别来看，相比于男性，女性一般对玉石首饰比较热衷。在年龄跨度上，消费者的主要年龄段为 25～44 岁，不同年龄的消费者对玉石类珠宝的偏好也不同。40 岁以上的消费群体，多数会因为玉石类珠宝的文化内涵而购买"古朴"风格的玉石饰品，玉石类珠宝背后承载的历史所蕴含的文化和艺术为这类消费者所喜爱。这些消费者的选择展现了玉石类珠宝具有文化传承的性质。30～40 岁的消费群体，经济宽裕，会挑选质量较高、比较稀有的奢侈品玉石品种。20～30 岁的消费群体生长在物质条件比较优越的环境

---

① 资料来源：彩色宝石网. 中国彩色宝石收藏趋势报告[EB/OL]. http://www.colored-stone.com.cn/hangye/hangye_content/452/1573.html.

下，有思想，有个性，对自身的形象及佩戴物品具有比较独特的看法，他们偏爱的款式更活泼、新颖，样式简洁，富有时代气息，充满潮流触觉以及更能体现自我风格。珠宝的享乐性在年轻人的购买趋势中体现得淋漓尽致。中国珠宝玉石首饰行业协会发布的《2019—2020 年中国翡翠行业消费白皮书》也显示，25～44 岁是购买翡翠的主要年龄段，但以"95 后"为代表的年轻消费群体也正在迅速崛起。

（2）对玉石类珠宝设计与工艺的要求

大多数玉石类珠宝消费者都追求玉石的品质，年纪偏大的消费者偏爱简单大方款式的玉石类珠宝，年轻一代消费者希望购买的玉石类珠宝能够结合时尚。购买高质量、稀有的玉石类珠宝的消费者对款式也有要求，以简单大方为主，制作也要求有新意。而新一代的年轻人要求玉石类珠宝色泽好看，有流线型设计，最好能体现中国特色，他们看重玉石首饰的装饰作用，重视与服装的协调性。在 2020 年翡翠各款式销售占比中，佩戴类翡翠占比超过九成，其中手镯和吊坠挂件最为畅销。

（3）玉石类珠宝消费者的生活标签

玉石类珠宝消费者追求生活品质，年轻消费者偏爱时尚艺术，他们都生活稳定，关注健康养生，关心生活。购买玉石类珠宝的主要消费者事业处于上升期，财富开始不断积累，拥有更多的可支配收入，且这些消费者在有了一定的人生阅历之后，对生活品质要求更高，对玉石的兴趣更浓厚；而年轻消费者则是更愿意为时尚和艺术体验买单。这类消费人群大部分拥有相对稳定的生活，在物质和精神层面都追求较高的生活品质，非常关注健康养生方面的信息，对时事、母婴也有较高的兴趣。

通过以上分析，可以对玉石类珠宝用户画像的特征进行如下总结：女性消费者居多，主要年龄段为 25～44 岁。40 岁以上的消费者，喜爱传统文化，偏爱"古朴"玉石饰品；30～40 岁的消费者，当经济宽裕时，偏爱质量高、稀有的奢侈品玉石品种；20～30 岁的消费者，有思想，有个性，偏爱富有时尚设计感的玉石饰品。玉石类珠宝消费者普遍追求高品质生活，生活稳定，关注健康养生。

本章小结

在分析珠宝消费者心理和行为时，珠宝营销人员可以借助 SOR 理论，对影响其购买行为的外在因素和内在因素进行分析。

一方面，珠宝消费者购买行为会受到外在因素，如文化因素、社会因素、技术因素和企业营销策略的影响。文化因素中文化和社会阶层影响着珠宝消费者价值观；社会因素中参照群体、家庭、角色和地位对珠宝消费者购买行为发生作用；技术因素影响着珠宝产品的创新和消费者的消费方式；企业营销策略影响着消费者对企业及其品牌形象的感知和营销组合的过程。另一方面，珠宝消费者购买行为也受到内在因素，如个人因素和心理因素的影响。个人因素主要反映在消费者的年龄、职业、个性和生活方式等方面；心理因素主要反映在珠宝消费者购买决策过程中需要经历的五个主要心理过程——动机、感知、学习、情感和记忆的方面。

用户画像又称用户打标签、用户建模、用户肖像。消费者用户画像是给消费者贴上各类标签，如消费者的人口统计变量特征、购买动机、购买渠道偏好等，通过分析这些标签，研究者能够对不同类别的消费者进行归类，实现精准营销。

结合影响珠宝消费者购买行为的因素，黄金类、钻石类、彩色宝石类和玉石类珠宝消费者具有各自的用户画像特征。黄金类珠宝消费者购买珠宝多是出于婚庆和日常佩戴需求，他们大多对价格很敏感，倾向于线下购买。钻石类珠宝消费者注重品牌工艺、理念和品牌文化，看重钻石的意义、稀缺性和保值性。彩色宝石类消费者大多为女性，她们更喜欢线下专柜，但在不断尝试线上销售渠道；购买时，她们主要关注宝石大小、价格和颜色，并且越来越注重宝石品质。玉石类珠宝消费人群普遍追求高品质生活，生活稳定，关注健康养生。

即测即练

自学自测  扫描此码

思考题

1. 简述 SOR 理论的内容。
2. 影响珠宝消费者购买行为的外在因素有哪些？
3. 影响珠宝消费者购买行为的内在因素有哪些？
4. 珠宝消费者用户画像是什么？
5. 不同类型珠宝消费者用户画像有何特点？

案例讨论

马斯海瑞（MASHAIRI）的成功

2019 年，我国珠宝首饰行业年复合增长率超 12.6%。虽然在新冠肺炎疫情期间，我国国内消费受到抑制，但随着疫情逐渐得到控制，国内消费者的购买意愿和购买能力逐步复苏，消费者购买珠宝首饰的需求得到释放。

对于新一代年轻消费者来说，传统珠宝品牌如周大福、卡地亚等售价高昂，过高的价格限制了年轻消费者的购买能力。对习惯快节奏时尚的年轻消费者来说，传统珠宝品牌设计较为陈旧，时尚度低，缺少吸引力；此外，由于工艺老化，传统珠宝品牌还有着产品设计雷同单一、更新换代慢的问题。相较于珠宝饰品的材质价值，年轻一代消费者更关注款式设计、品牌个性及自我表达。随着年轻一代对饰品消费的个性化、场景化要求的持续提升，珠宝首饰正在逐渐朝着饰品化、配饰化的方向发展。

　　马斯海瑞珠宝抓住了这个机会。他们意识到这批 18～25 岁的消费化妆品的年轻女性，即将进入首饰消费的队伍。于是，马斯海瑞珠宝在小红书、天猫直播等年轻人更关注的平台投放了广告，还在热播剧中赞助珠宝，吸引了年轻消费者的注意。并且它将新风潮、新元素融入品牌，得到了消费者的强烈反响。如图 5-14 所示，马斯海瑞独特的蜜蜂元素设计大胆新颖，已经形成独特的品牌标志，深受消费者喜爱。马斯海瑞珠宝还常常与国漫IP、明星联名，努力迎合年轻人的文化，在同行业内已经具备了一定的影响力。

图 5-14　马斯海瑞经典蜜蜂元素项链

　　毫不夸张地说，马斯海瑞珠宝成为首饰饰品行业的"一匹黑马"。它在 2019 年天猫"双十一"的售卖中，在珠宝行业类目里排到了第 25 位。截至 2021 年 8 月，马斯海瑞旗舰店在天猫上的粉丝已经达到了 30 万，在天猫平台的各项评价指标中，超过90%的同行。它也是小红书平台用户分享笔记最多的时尚首饰品牌之一，累计获赞超过 100 万次，受到多位百万级粉丝时尚博主、关键意见领袖（key opinion leader，KOL）的自发带货。

　　马斯海瑞珠宝的成功并不是一蹴而就的。2016—2018 年，马斯海瑞珠宝依托互联网电商的发展并结合用户大数据，了解到消费者的需求，并且根据获得的信息有效地制定了营销方案，协助产品优化。可以说，马斯海瑞珠宝首饰品牌的成长历程对消费者购买行为的研究起到了不可忽视的重大作用。

资料来源：

1. 马斯海瑞. 用小米的互联网方式做一款颠覆传统的匠心饰品[EB/OL]. https://mp.weixin.qq.com/s/SMmIw8yOuOUvzY8jUQAi8A.

2. 微信. 【分享会】MASHAIRI（马斯海瑞）来到珠宝学院[EB/OL].https://mp.weixin.qq.com/s/bkdJbkveDZ5PnQkcOTWKYQ.

讨论题：

1. 为了吸引消费者购买此品牌珠宝首饰，马斯海瑞分析了哪些影响消费者的外界因素？

2. 请你为马斯海瑞品牌的消费者进行用户画像。

3. 如果你是马斯海瑞的市场总监，你需要关注消费者的哪些数据？为什么？它们反映了什么？

案例分析思路

第 6 章

珠宝消费者的购买模式

本章学习目标：

1. 掌握购买决策五阶段模式。
2. 明确珠宝消费者信息获取的来源。
3. 了解珠宝消费者购买决策过程中方案评估的基本原则。
4. 理解珠宝消费者购买满意度和购买后行为之间的关系。
5. 了解不同场景下珠宝消费模式及其演变过程。

关键术语：

购买决策（purchase decision）；AIDMA 模式（AIDMA model）；全场景消费模式（full scene consumption pattern）

引导案例：

APM 的全域营销

基于移动社交在中国内地的普及，深圳市腾讯计算机系统有限公司广告部门与波士顿咨询公司联合调研显示，超 80% 的消费者在购买奢侈品时会选择"线上研究、线下购买"的方式，在消费者做出购买决策时，社交媒体渗透率高达 67%。

珠宝行业不再沿袭顾客"逛店—了解—购买交付"的简单封闭循环模式，信息流多转移到线上和逛店前，消费者在购买前不断比较各品牌口碑，购买后成为品牌粉丝并在各种新媒体上发布分享，把自己的购买或

图 6-1　APM éclat 系列日常珠宝宣传
（图源：APM Monaco 官方微博）

者佩戴体验，通过短视频、照片等形式在社交媒体上"po"出来，形成口碑裂变效果。

创立于 1982 年的 APM Monaco，是一个融合摩洛哥优雅时尚和南法惬意悠然乐活态度的当代时尚珠宝品牌，该品牌就开始以微信小程序为核心，建立自己的私域业态。消费者可以从公开的微信、微博、小红书、抖音、快手等平台获取 APM 品牌相关信息，并成为其官方网站、公众号、旗舰店、小程序的私域粉丝，保持对产品的持续关注。

APM 将营销卖点主要放在了"设计感""小众""品质"这些词语上，没有过多的故事性成分，更加注重实用性。如图 6-1 所示，APM 将营销卖点融入消费者日常生活搭配的环节之中，加入更多促进自购的因素，根据度假、海边、下午茶等不同生活场景形成产品场景表现张力，从而刺激消费者产生购买需求。

资料来源：顶赞 topzan. 复购高达 30% 的轻奢珠宝 APM 如何实现逆势增长[EB/OL]. https://baijiahao. baidu.com/s?id=1710319805084013605&wfr=spider&for=pc.

互联网技术的快速发展正在重塑着人们的生活方式和购物习惯，同时也对传统行业带来了巨大的挑战。珠宝消费由来已久，珠宝企业想要在互联网时代更好地发展，就需要深刻地理解消费者对珠宝的购买决策和消费模式。本章将对消费者购买决策五阶段模式以及不同场景下珠宝消费模式的演进进行介绍，以期帮助珠宝企业更好地理解珠宝消费者的购买行为。

6.1　珠宝购买决策过程

消费者购买过程是指消费者在购买动机支配下，实际进行购买活动的行为过程。购买过程会经历五个阶段，即问题识别、信息搜集、方案评估、购买决策和购后行为。珠宝作为一种高卷入度商品，价格较高，购买需慎重，属复杂性购买，其购买决策过程需要经历这五个阶段，如图 6-2 所示。本节将从消费者的角度，对珠宝消费者购买决策过程的五阶段模式进行阐述。

问题识别 → 信息搜集 → 方案评估 → 购买决策 → 购后行为

图 6-2　珠宝消费者购买决策五阶段模式

6.1.1　问题识别

珠宝消费者由于受到内部或者外部刺激，从而认识到问题或者需求的存在。内部刺激指消费者内在的生理或心理需求，如人的正常求美需求等，需求上升到一定的阶段就会成为一种驱动力。外部刺激是来自外界特定环境中的"触发诱因"，它把潜于内部的需求激活，从而触发需求。也许是某一次偶然间经过橱窗或看到广告被精美珠宝吸引；或是听朋友家人推荐，谈论该珠宝的使用感受而对此感到好奇；又或是见到同事或网友佩戴的某款施华洛世奇项链精致美丽，备受周围人的关注，被激发了不甘落后的追随心理而购买该产品或类似产品。

　　每个消费者的需求不尽相同，品牌需要做的便是尽可能唤起消费者的需求。星光珠宝的"晒搭配赢奖品"活动，抓住珠宝的享乐特征，将活动与产品连接，为某些不懂搭配的消费者提供了穿搭参考，吸引了更多消费者前来搭配选购，激发了时尚个性的消费者通过创新搭配实现自我的需求。周大福推出"帅哥集体给女性送玫瑰、免费合影"活动，利用场景和帅哥连接消费者，借助送玫瑰的仪式感推广品牌，唤起了消费者的求美需求。另外，周大福的珠宝 DIY 活动、I Do 的求婚告白仪式、星光珠宝的"遇见 20 年后的妈妈""克拉恋人"等活动，也在一定程度上唤起了消费者情感需求。

　　需求被唤醒后可能会逐步增强，最终驱使珠宝消费者购买，也可能逐步减弱直至消失，让消费者放弃购买。但无论如何，识别问题和发现需求总归是促使珠宝消费者购买的第一阶段，珠宝企业需要通过各种新颖的营销方式来唤醒消费者的需求，让其走出第一步。例如，通过价格、场景、体验、新技术（如微信小程序、官方 App、直播）等方式，从生理或心理方面来唤起消费者的需求。

扩展阅读 6.1："女王节"该奖励自己什么？

6.1.2　信息搜集

　　信息搜集是需求被唤起后的必不可少的一个阶段，不同的珠宝产品带来的使用感受和社会价值都不同，只有全面搜集好信息，才能为下一步决策做好充分的准备。

　　消费者收集信息的积极性因商品的不同而有所区别，信息搜集的强度可分为两种状态：加强注意与主动搜集信息。对于日用品，当消费者识别出问题或需求后，通常会调整个人的信息注意导向，加强注意；而对于高档耐用品，即本书所说的珠宝而言，消费者通常会在购买前主动地、广泛地搜集所需珠宝的信息，为决策做信息储备。

　　对于珠宝消费者而言，信息来源主要有四个途径：个人来源、商业来源、公共来源和经验来源。

1. 个人来源

　　个人来源通常包括家庭、朋友、熟人等途径。通常是从私人活动下的一些交流中获得的信息。例如，在聚会中看到姐妹佩戴的某款项链，或是某天逛朋友圈看到朋友秀出的对象送的情侣戒指，觉得非常漂亮并且适合自己，便询问该珠宝的具体品牌、价格、质量和购买渠道等相关信息，再采取下一步行动。由于消费者对个人来源信息的信任度较高，所以它的影响力较大。

2. 商业来源

　　商业来源包括广告、短视频、推销员、经销商、包装等，这类来源在我们日常生活

扩展阅读 6.2：珠宝
定制剧

中分布得最为广泛，消费者平时也接收得最多。例如，老凤祥珠宝 2018 年冠名了"老凤祥号"品牌专列动车，老凤祥黄金、铂金、钻石、翡翠、珍珠、珊瑚、腕表、眼镜、珐琅等全品类以及迪士尼等主题大类的全新宣传画面，都在专列中以行李架灯箱、车内海报、桌贴、椅背贴、车内（外）门贴、到站播音、滚动走字屏等形式出现。消费者在乘坐高铁火车的旅途中，也能接收这些珠宝相关信息。再如，许多珠宝企业或品牌方组织不同的微信群，消费者进群后可以在群里互相交流分享美食、美妆、服饰、首饰搭配等，并利用这些社交平台扩大交际圈，拉近彼此之间的距离，从陌生人变成熟人，方便大家互相获取信息、交流信息。

3. 公共来源

公共来源包括大众媒体、社交媒体、消费者评级机构等。消费者通过各种新闻报道、官方机构公布的材料、购买者权益组织的评价等获取信息，这类来源一般比较客观，因此消费者对其信任度较高。例如，《中国黄金报》报道 2021 年 8 月上海黄金交易所的黄金出库量为 150 吨，较上月增加 39.3 吨，较去年同比增加 38.6 吨。历史数据分析显示，在第二和第三季度初的黄金消费淡季之后，我国的上游实物黄金需求往往会上升，这一报道则极有可能影响消费者接下来黄金购买的决策。

4. 经验来源

经验来源指珠宝消费者在购买过某个珠宝产品后，自身对其有了评估认知，根据使用后的切身感受来对该产品或服务进行评估。有经验的消费者会很快地完成购买过程，而没有经验的消费者则需要通过更多的渠道来了解珠宝产品相关信息，这类来源一般会影响到顾客的珠宝产品回购行为。

在如今互联网 Web3.0 时代，消费者可以获得信息的来源多种多样。相对来说，个人来源和经验来源的信任度最高，然后是公共来源，最后才是商业来源。在消费者的购买决策中，商业来源的信息更多是起到"传达""告知"的作用，而个人来源与经验来源的信息则发挥着"权衡"和"鉴定"的作用。

6.1.3 方案评估

消费者结合信息的种种来源，对信息进行收集与整理，并逐渐对市场上能满足其需要、欲望的珠宝产品或珠宝品牌形成不同的看法，形成自身对产品的评估方案。营销学者们认为消费者会在有意识且理性的基础上进行方案评估，会不断比较、逐步缩小目标范围，直至最终选出目标方案。如图 6-3 所示，在这个过程中，消费者首先将全部珠宝

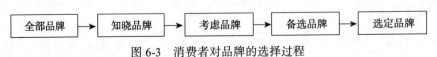

图 6-3　消费者对品牌的选择过程

产品或品牌纳入知晓范围和考虑范围内,进而纳入备选范围,最后从中选定购买对象。

一般在珠宝消费者进行评估时,遵循着三个基本原则:满足特定需求、在产品解决方案中寻求特定利益、看中商品的特质属性。

1. 满足特定需求

与普通商品不同,珠宝可以列入奢侈品一类,那么作为一种小众产品,珠宝消费者的需求动机也与日常用品有所区别。根据第 3 章所提到的 4H 理论,珠宝产品所具有的独有特点即可能满足消费者的特定需求:根据珠宝的"传承"特点,某些珠宝被赋予神圣的意义,具有与自然通灵的功效,消费者将自身最美好的祝愿寄托在珍宝上,从而满足他们的祈福需求。根据珠宝的"历史"特点,欧洲中世纪历史中显示,珠宝首饰代表着贵族阶级,因此,许多消费者购买珍贵宝石来展示自身高贵地位或是满足自身攀比心理。根据珠宝的"享乐"特点,也许是为了借助珠宝对装饰作用的点睛效果,年轻消费者通常通过珠宝来美化自身;也许是看中珠宝所带的附加价值,如优越感、彰显社会地位等,消费者将其用来追求更高品质的生活。根据珠宝的"高价值"特点,有资本的消费者也许花费大价钱拍下珠宝加以收藏,作为财富象征或社会地位的展现。以上种种都有可能成为消费者的需求,只有满足了其中某种或多种需求,相应的珠宝产品在消费者心中才是可以考虑的。

2. 在产品解决方案中寻求特定利益

珠宝消费者在明确了自己的需求后,就会开始在各类产品中进行比较,寻求一种合适的方案来满足自身特定利益。比如:中国黄金集体有限公司(股票代码 600916.SH)旗下上海黄金公司开发"上海"礼物系列产品,借助珠宝传承上海地方特色,丰富产品品类,消费者从中满足了自身送礼情感需求;I Do 门店推出 1 克拉以上的定制钻戒业务,尽管价格十分昂贵,但当下年轻消费群体愿意为个性与品质买单,满足自身的求美需求及享乐需求。

3. 看中商品的特定属性

在需求和利益都得到确认后,每个珠宝商品都是不同属性的组合,而这些属性是否能提供给消费者需要满足的特定利益的能力,则是方案评估中的最后一大问题。每个消费者对各类珠宝的属性权重需求不太一样,有人注重宝石品质和价格,有人注重款式、颜色和设计,也有人关注品牌理念和使用场景等。

在宝石材质上,包括红玛瑙、黑玉髓、孔雀石、白贝母、珐琅、精密陶瓷等材料镶嵌的 K 金首饰各大品牌都有推出,消费者可通过自身需求挑选。在款式和理念上,喜爱经典款的顾客可购买含有爱心、钥匙、四叶草等经典元素的产品,而想拥有特殊寓意珠宝的也可选择其他产品。比如,瑞恩钻饰的情侣对戒,其以接吻鱼为灵感,表达了"往后'鱼'生,与你一起"的意愿。还有许多品牌也推出了和平鸽、蝴蝶、六芒星等元素的新产品。消费者根据自身利益与属性匹配，最后才能选择出满意的方案。但要注意，对于任何产品来说，并不是属性越多越好，属性过多，消费者容易产生选择疲劳，举棋不定，从而放弃购买。

6.1.4　购买决策

在对产品信息进行筛选加以整合后，消费者会形成多个评估方案，并开始考虑选择哪个品牌，要买什么东西，到哪里去买，什么时候去买，用什么方式支付等问题。此时消费者形成的还只是一种购买意向，其中的任一环节都有可能对消费者的购买决策造成影响。消费者要达到最终购买还会受到两个方面的影响，分别来自自身因素与其他干扰因素。如图6-4所示。

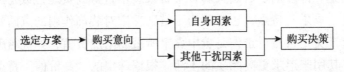

图6-4　影响消费者购买意向转化为购买决策的因素

珠宝消费者在购买珠宝时会考虑该珠宝的各方面特征，并在心中规定各个特征应具备的最低标准，若珠宝质量不达标、款式不够新颖或是销售人员服务态度不够好等都会劝退消费者。珠宝消费者心目中珠宝各种评估标准的重要性是不同的，因此在进行方案评价时客观上会有一个逐次按不同标准进行筛选的过程，若消费者在以最重要的评估标准挑选时，未选择到满意的珠宝，则选用第二评估标准来挑选，第二评估标准依旧不达要求，则选用第三评估标准，以此类推。比如，某一顾客首先选择了周大福品牌，但是未挑选出自己喜欢的款式，刚好I Do某一新推产品款式新颖，可惜质量没想象中那么好，于是最终消费者买下了周大福的经典款。

除了自身对产品的判断，消费者的购买决策同样会受到其他干扰因素的影响，如他人的态度和大众媒介的影响等。若消费者听到的正面评价较多，媒体推广程度高，推广效果好，这些因素就会促进消费者做出购买决策。若他人对该品牌珠宝产品持否定态度，或是媒体推广存在虚假信息，否定态度越强烈，就越容易让消费者调整或改变其购买意图。一方面，许多珠宝品牌方通过直播达人（如李佳琦等）对自家产品进行推广，各主播在直播中对推广珠宝进行介绍与展示，借助他们个人知名度与强大的带货能力，更容易使消费者信服，促进做出购买决策；另一方面，当消费者在购买过程中感知到该珠宝产品与自己预期不符（该预期包括质量、价格、功能等）时，消费者则会改变或放弃购买决策。

6.1.5　购后行为

消费者完成珠宝购买后，仍会对自己所购买的珠宝产品进行检验与评价处置，再次衡量此次购买是否正确，检验满意程度，形成对产品的印象，以此来决定此类购买行为在今后是否会重复发生。

消费者购买珠宝产品的满意与否，从消费者自身的角度来说，取决于期望和产品感知性能之间的差异程度：若产品感知性能低于期望就会产生失望；若产品感知性能符合预期就会感到满意。简单来说，珠宝本身的品质、款式或用途等需要符合消费者的期望，使消费者满意。另外，消费者购买满意与否还受到他人评价的影响。例如，珠宝消费者通过佩戴某个珠宝产品，从自身感受以及朋友、家人和周围同事的评价中，判断这款珠宝是否理想并符合预期。若得到称赞与表扬等正面评价，会加强满意程度；若持否定态度的评价较多，即使消费者原本满意，也有可能转变为不满意。

可想而知，对所购珠宝产品的满意程度不同，造成的购后行为也会有所不同。如若消费者通过消费体验后，对所购珠宝十分满意，极有可能在下次做出购买决策时，继续选择该珠宝产品或该珠宝品牌，产生复购行为。同时，这些消费者也非常愿意与自己的亲朋好友分享好物，产生推荐行为。而产生不满意情绪的消费者分为两种情况，即采取行动或不采取行动，但无论哪种情况，基本上都不会回购该珠宝产品或该珠宝品牌。若不满意程度较低或所购珠宝价格较低，消费者很有可能不采取任何行动。但相对来说，一般珠宝产品价值都较高，不满意的消费者的购后行为就比较复杂，有可能到门店要求退换，将自己的不满意情绪告知店家；或是向亲朋好友抱怨，以后再也不购买该品牌的珠宝；影响更大一点的话，消费者可能将自己购买情况公之于众并投诉珠宝公司、寻求法律帮助等，这一后果对珠宝企业将是"沉重的一棒"。

总之，在互联网时代，信息传播迅速，正面分享或是负面反馈评价，都会迅速发酵。购后行为给了顾客当事人及其他消费者更多的参考，同时也促使珠宝品牌方时刻维持好自身的口碑，做好售后服务，提供良好的沟通解决渠道，将更多不满意客户转化为满意客户，形成顾客的持续购买意愿。

6.2 珠宝消费模式的演变

珠宝产品属于高价值商品，消费者在购买珠宝产品时通常会经历购买决策的五个阶段。但是在不同的时代和消费环境下，具体的珠宝消费模式也会有所不同。本节根据信息媒介的发展过程，将珠宝消费模式发展历程划分为三个阶段：传统场景下珠宝消费模式、互联网场景下珠宝消费模式和全场景珠宝消费模式。

6.2.1 传统场景下珠宝消费模式

在传统媒体时代与互联网发展初期，珠宝企业与消费者之间存在严重的信息不对称问题，消费者能够获得的珠宝产品信息较少，此时珠宝企业的营销重点是通过在各类媒体投放大量的广告来吸引消费者的注意力，通过不断的曝光来使消费者形成记忆，从而产生购买行为。

1898 年美国广告学家刘易斯（Lewis）提出消费者从看到广告到产生购买行为要经历五个环节：引起注意（attention）、产生兴趣（interest）、培养欲望（desire）、形成记忆（memory）、促成行动（action），即 AIDMA 消费模式，如图 6-5 所示。珠宝企业通过广告或者其他营销手段引起了消费者的注意力和兴趣，进而使得消费者产生了购买欲望，再通过不断的、反复的刺激使消费者对珠宝产品形成记忆，对其品牌与产品形成一定的认知，最终促使其产生购买行为。AIDMA 模式刻画了用户从最初的广告受众转变为消费者的变化过程，对于珠宝企业开展营销活动具有重要指导意义。

图 6-5　传统场景下珠宝消费模式图

1. 引起注意

珠宝企业通过各类媒体进行大规模广告投放，用以吸引消费者的注意力。例如，巨幅户外广告、门店气球拱门、精美彩色目录以及电台电视节目中的广告等，珠宝企业通过大量的、重复性的广告刺激，吸引消费者的注意力。在这一时期，"引起注意"是珠宝企业与媒体的首要传播目标。

2. 产生兴趣

珠宝企业通常依靠广告或营销创意来促使消费者产生兴趣，如印制精美的产品目录、邀请名人代言珠宝等。由于消费者对珠宝企业和产品信息了解较少，所以通过创意广告和新奇的营销刺激，能够使消费者对其产生持续的兴趣，进而形成购买欲望。

3. 培养欲望

消费者通常不会将兴趣付诸为直接的购买行动，而是将感兴趣的珠宝产品与自身的需求相匹配，如若消费者感兴趣的珠宝产品正好是其所需要的，那么消费者就会产生购买欲望，购买欲望越大意味着最终购买的可能性越高。

4. 形成记忆

消费者受限于时间或空间限制，无法直接将购买欲望付诸实践，对珠宝产品的购买欲会存在于消费者的记忆中，在大量的广告与营销刺激下，消费者将其需求与产品结合，其记忆更加深刻。

5. 促成行动

在适当的时间地点，消费者前往线下门店购买珠宝产品。在门店活动和导购员的介绍下，促成其购买行动的实现。

在传统场景下，由于珠宝消费市场存在严重的信息不对称性，"引起注意"成为这一时期珠宝消费的起点，珠宝企业通过各类营销手段获得消费者的注意力，由此产生兴趣与购买欲望，再通过大量的、重复性的广告或曝光措施，使消费者形成记忆，最终促成其购买行动的实现。这一时期的特点是媒体处于中心，单向地向消费者传递信息。

扩展阅读 6.3：钻石
趣闻

6.2.2 互联网场景下珠宝消费模式

在互联网 Web2.0 时代，人们花在网络上的时间逐渐超过了传统媒体，传统媒体广告投放方式的回报率逐渐下降，珠宝企业开始在互联网上投放营销广告。此时，互联网已经对人们的生活和企业经营产生了深刻的影响。在这一时期，互联网的快速发展为消费者主动获取信息提供了条件，消费者有机会通过多种渠道获得详尽的专业知识，进行相对"明白"的消费。

2005 年，日本电通集团通过对当下消费模式的大量观察，提出了基于互联网场景下的 AISAS 消费模式，AISAS 指引起注意（attention）、产生兴趣（interest）、搜集信息（search）、购买行动（action）、信息分享（share）。这一模式受到了学者们的广泛支持，认为可以反映互联网场景下的消费模式（图 6-6）。

1. 引起注意

基于互联网场景下的珠宝消费起点仍然是引起消费者对珠宝产品的注意，因此 AISAS 消费模式的前两个阶段和 AIDMA 消费模式相同，都是引起用户的注意和兴趣。但是相较于传统场景下珠宝消费模式（例如，通过印刷纸质广告、向电视或广播大范围投放视频或音频广告用以吸引消费者的注意力），互联网场景下吸引消费者注意力的方法更多且更加精准。

从信息渠道来看，互联网场景下吸引消费者注意力的方法大致可分为两类：以信息流、竞价广告、需求方平台（demand side platform，DSP）等为代表的效果广告与以各种公众号、自媒体、短视频等为代表的内容媒体广告。近年来，内容媒体广告逐渐发展成熟，由于营销费用低廉，内容媒体广告受到了众多品牌方的青睐。不少珠宝品牌商如周大福、I Do 等开始布局小红书、微信小程序广告等多渠道营销矩阵，加强对消费者的触达力度，吸引消费者的注意力。这些信息触达渠道会比传统的品牌广告、纸媒的传播范围更广泛，针对的目标人群也更精准。

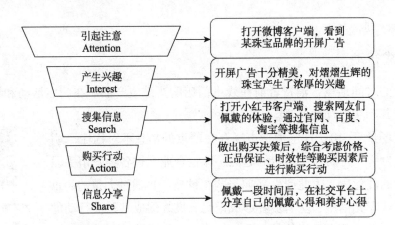

图 6-6　互联网场景下的消费者珠宝消费模式图

2. 产生兴趣

当消费者开始将目光投入珠宝品牌或产品时，会有意识地关注该珠宝品牌的相关信息。此时，对于珠宝品牌商而言，重要课题是如何获得消费者的持续关注并对品牌产生兴趣。在互联网时代，消费者已经被各类粗制滥造的硬广告砸得失去兴趣，产生了疲劳感，因而对植入型软广告的接受度和兴趣度要更高。

在打造珠宝品牌商品牌故事方面，植入型软广告方面有天然的优势。珠宝产品作为

图 6-7　I Do 珠宝抖音官方账号
的故事宣传

（图源：抖音 I Do 珠宝官方账号）

高档耐用品，对消费者而言不仅有实用价值，更重要的是珠宝背后的历史与传承，也就是其象征价值符号，因此品牌故事对于消费者而言意义重大。珠宝品牌商应该根据自己的品牌特性和定位来建构品牌故事，引起消费者的兴趣与持续互动。如图 6-7 所示，I Do 作为新兴珠宝品牌，通过打造纯爱爱情的概念和品牌故事，成功引起了年轻人的兴趣，并迅速借助互联网营销渠道发力，成功地推出了市场，深受年轻人喜爱。

3. 搜集信息

消费者对珠宝品牌产生足够的兴趣后便会进入主动搜索信息的阶段，通过去线下的实体珠宝门店佩戴、询价，或者通过线上渠道搜集相关的产品信息。当然，线上搜集信息更加便捷且更加客观，因为消费者可以从互联网上搜集更多非珠宝企业发布的信息，对于消费者而言这些信息更客观且具有说服力。

需要说明的是，消费者主动搜集信息是互联网消费场景显著区别于传统线下场景之处。这是由于互联

网技术的发展和普及，消费者能动性大大增强，能够轻易地获取大量的信息，不再被动地接受珠宝品牌商的各类"美化"后的营销信息，这也使得消费者在珠宝购买时更加理性。并且，随着即时通信工具与社交媒体的发展成熟，在线口碑在珠宝消费决策中的重要性进一步提高，消费者更倾向于通过朋友熟人、相同社会背景的网友等发布的帖子收集信息，做出消费决策。

4. 购买行动

消费者在充足的信息支持下做出购买决策，随后进行实际的购买行动。消费者不像从前一样只能到店进行消费，也可以通过在线电商平台进行购买。并且随着新零售的逐步发展，消费者甚至可以实现线上下单、线下门店取货，这使得消费者无论何时何地，都能通过任何的渠道和各种支付手段进行购买，这也在一定程度上降低了消费者购买珠宝产品的决策门槛。

在传统场景下，还会有销售员促成订单成交的环节，由于销售员会有业绩压力，有时促销手段过于粗暴和功利，也会给消费者留下了不好甚至反感的印象。而在互联网场景下，销售员的作用在一定程度上被削弱了，因为消费者已经收集了足够的信息，很多时候倾向于自助购物，当然，也有一些还在犹豫的客户需要在销售员释疑下做出购买决策。

5. 信息分享

信息分享是互联网场景区别于传统场景的另一重要不同之处。对于传统场景而言，由于消费者分享信息的渠道少且分享成本较高，通常无法做大范围的信息分享，只能围于亲戚朋友、熟人圈子之中。而互联网场景下，消费者的信息分享渠道更多，如以好物推荐为主打的小红书 App、以分享生活趣事为主打的抖音、快手短视频平台等，这些渠道大大增强了消费者分享信息的能力，使得消费者在购买珠宝产品后能够更加轻松便捷地分享个人的使用或佩戴感受等信息。

由第 1 章可知珠宝的具体社会价值，珠宝可以彰显佩戴者的身份、社会地位及财富实力，因而，许多消费者在购买珠宝时就有着通过珠宝来彰显社会地位或炫耀自我等愿望。当今迅速发展的互联网给消费者实现这一愿望提供了极大的便利，消费者可以通过众多不同渠道随时随地进行珠宝购买或消费的信息分享。

综上所述，珠宝产品价格相对昂贵，消费决策过程更加完整，在互联网场景下消费者购买珠宝的消费模式可以归纳为"注意""兴趣""搜集""购买""分享"五个阶段。与传统场景下的消费模式不同，在互联网场景下，消费者获得了更多的能动性，表现在两个重要的环节：主动搜索信息与购后信息分享，这是互联网场景下珠宝消费的显著特点。一方面，人们利用网络搜集信息的能力得以大大提升，通过搜索引擎人们能够获得珠宝相关的各类信息，如珠宝的材质、款式、价格信息等，为其珠宝消费决策提供了信息支撑；另一方面，珠宝产品作为高档耐用品，具有身份象征的社会价值，人们在进行珠宝消费时希望借此获得社会认同感，彰显自己的社会价值，且人们往往具有分享珠宝产品使用体验的动机，互联网技术使珠宝消费者的分享行为变得更加便利，人们可以通过购物网站的评价功能分享信息，也可以借助社交平台进行分享。

6.2.3 全场景下珠宝消费模式

进入互联网 Web3.0 时代后，智能化的互联网应用为消费行为的实时监控提供了可能性，珠宝消费模式出现了新的变化，虽然 AISAS 消费模式反映了人们在互联网场景下的珠宝消费过程，但是其本质还是基于广告的线性、单向的消费及营销传播过程，并且这一模式默认各个消费链路之间是连续的、环环相扣的，但是在真实珠宝消费场景中，链路之间的完整性开始受到冲击。在面临移动互联网与新消费趋势的冲击下，AISAS 消费模式开始表现出局限性，因为消费者可能在任意环节进行跳转，甚至出现逆行的现象，即消费者可能在冲动消费下直接进行购买行为，随后才去了解品牌信息。因此，学术界开始提出了全场景下的珠宝消费模式。在全场景购物中，消费者获得了更多的能动性，极大地打破了时空限制；消费者也不再局限于单一的消费链路中，而是在不同的消费链路中反复跳转。

互联网 Web3.0 时代，随着移动互联网技术的快速发展以及各类移动智能终端设备的出现，人们能够通过手机、平板电脑甚至智能穿戴设备进行购物，进一步突破了时间与空间的限制，真正做到了随时随地进行购物，即全场景消费。

DCCI 互联网数据中心（Data Center of China Internet，DCCI）通过技术手段对用户进行实时、连续、长期的监测后发现：消费者的消费行为正在由线性转变为网状、多点双向基于感知的连接，消费者的体验分享正在成为真正意义上的消费源头。在全场景消费下，企业与消费者之间的关系进一步拉近。一方面，企业通过技术手段在全网范围内建立分布式触点感知用户、响应用户需求；另一方面，用户既可以通过社会化关系网络和企业的分布式触点主动获取信息，又可以作为消费源、发布信息的主体，主动地同更多的好友分享体验。

由此，根据 DCCI 发布的 SICAS 消费模式结合珠宝消费场景，介绍全场景下消费者珠宝消费模式。SICAS 模式认为用户在进行珠宝消费时，其行为和消费轨迹是多维互动过程，而非单向递进过程。该模式认为消费者在进行珠宝购买时，会经历五个过程：互相感知（sense）、产生兴趣与形成互动（interest & interactive）、建立连接与交互沟通（connect & communication）、产生购买、体验分享，且这五个过程并非单向递进的关系。下面将详细介绍五个过程及相关关系。

1. 互相感知

传统场景与互联网场景下的珠宝消费起点都是消费者的注意力，其本质是珠宝品牌商的营销努力被消费者感知到，是单向过程而非双向对话。在全场景珠宝消费模式下，不再强调消费者的注意力，而是双向的互动感知，不仅是珠宝品牌商的各类营销努力被消费者感知，而且珠宝品牌商也在响应着消费者的珠宝购物需求。例如，周大福在同年轻消费者的互动中，了解到星座文化在年轻群体中的流行，因此专门研发设计了十二星座金饰项链，如图 6-8 所示。

珠宝品牌商正在通过网络广告、智能语义技术、社交网络、移动互联网位置服务等，为用户提供关注、分享、定制、推动、自动匹配、位置等服务，建立同消费者的互动感知网络基础，及时了解消费者的感知需求、理解取向，进行动态响应和充分沟通。

图 6-8　周大福星座项链

2. 产生兴趣与形成互动

消费者与珠宝品牌商相互感知后，需要通过进一步的互动产生兴趣。其中，采取怎样的互动方式和互动话题则尤为关键。由于日渐碎片化的信息，珠宝品牌商在消费者心智中的曝光与记忆的效率相对较低，此时理解、跟随、响应用户的兴趣和需求成为关键。在这一阶段，珠宝品牌商需要通过丰富有趣的互动方式实现与消费者之间的兴趣共振，与消费者达成心理默契。

3. 建立连接与交互沟通

珠宝品牌商必须重视与消费者的连接方式，保证从不同渠道获得的消费者能够具有相对统一的体验。通常来说，保持各个沟通渠道之间消费者体验一致是非常重要的。例如，从户外大屏、网络广告渠道获得的消费者，他们接触到品牌信息的体感是否是一致的。因此，珠宝品牌商需要提升其互联网服务能力，在整体沟通架构中打通不同沟通渠道之间的差异，思考基于广告、内容、关系的数据库和业务网络，基于 open APL、Network、分享、链接，将移动互联网和 PC 互联网结合，将运营商务平台和 Web、App 打通，从而建立与用户之间由弱到强的连接，而非链接。

4. 产生购买

在产生购买阶段，消费者的行为不仅仅发生在电子商务网站之中，O2O、App、社交网络等都可能成为购买的发起点。用户可以在线上、线下购买渠道之间跳转，目前已经有珠宝品牌商开始尝试线上预约与付款、线下试戴与提货等服务模式。例如，I Do 通过微信小程序广告宣传推广，消费者在日常刷朋友圈时，就可以看到其投放的小程序广告，进而选择线上预约线下试戴或者线上付款线下取货等模式。

5. 体验分享

如图 6-9 所示，在全场景消费模式下，体验分享并非消费的末尾，而在很大程度上成为了消费的源头。互联网的开放分享会实现对用户体验分享碎片的自动分发和动态聚合，且远非口碑营销那么简单。珠宝品牌商对于消费者体验分享的关键信息的发现能力，不仅是其满足消费群体个性化需求的关键，也逐渐成为其核心竞争力的重要来源，帮助其开发设计出更优质的珠宝产品，增强其珠宝生产力。因此，在体验分享阶段，珠宝品牌商需要进行互动及引导，重视消费者的体验分享可能比企业进行单向广告宣传的价值更大。

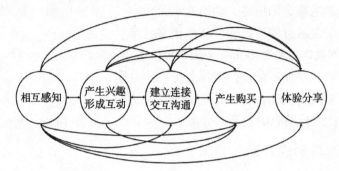

图 6-9　全场景下珠宝消费模式图

综上所述，在全场景珠宝消费模式下，消费者获得了极大的能动性，消费者不仅是珠宝品牌商的营销对象，并且也深入影响到珠宝品牌商的研发设计工作。相互感知与互动成为了全场景珠宝消费的核心，珠宝品牌商能够建立足够的触点网络与消费者进行实时互动、动态响应，成为珠宝品牌商在市场上制胜的关键因素。

需要说明的是，根据互联网与信息媒介发展的不同阶段，介绍了传统场景珠宝消费模式、互联网场景珠宝消费模式和全场景珠宝消费模式（表 6-1），但并不意味着新的消费模式出现后原有的消费模式就不再适用，它们仍然对企业的生产与营销有着重要的指导意义。例如，AIDMA 模式刻画了在传统媒体与互联网初期人们的珠宝消费模式，同时它也反映了一个普通广告受众如何转变成为消费者的内在作用路径，仍然对现在的广告制作有着重要启示意义。

表 6-1　珠宝消费模式演变表

时代	消 费 模 式						
Web1.0时代	AIDMA（美国）1898年	引起注意（attention）	产生兴趣（interest）	培养欲望（desire）	形成记忆（memory）	促成行动（action）	
Web2.0时代	AISAS（日本）2005年	引起注意（attention）	产生兴趣（interest）			搜集信息（search）	购买行动（action）	信息分享（share）
Web3.0时代	SICAS（中国）2011年	相互感知（sense）	产生兴趣与形成互动（interest & interactive）			建立连接与互相沟通（connect & communication）	产生购买（action）	体验分享（share）

本章小结

本章主要阐述了珠宝消费中的购买决策过程和不同场景下的消费模式。珠宝产品属于高价值商品，通常需要消费者花费较多的时间和精力来完成最终的购买行动。珠宝购买决策五阶段模式分别为：第一阶段问题识别，在内外部因素作用下消费者产生了购买珠宝的相关需求；第二阶段信息搜集，消费者通过多种信息渠道收集相关的资料形成备选方案；第三阶段方案评估，消费者根据自身需求、产品效用等对备选方案进行评估；第四阶段购买决策，在适当的条件下消费者完成购买行动；第五阶段购后行为，消费者评估此次购物是否满意，感到满意的消费者可能产生复购或推荐，而不满意的消费者则可能退还产品或进行负面传播。

本章还介绍了传统场景、互联网场景和全场景下的珠宝消费模式。在传统场景下，珠宝企业与消费者之间存在严重的信息不对称，珠宝企业通过各类媒体进行单向的信息传递，此时"引起注意"是珠宝企业的首要任务，珠宝消费者的消费模式为"引起注意—产生兴趣—培养欲望—形成记忆—促成行动"；在互联网场景下，消费者主动获取信息的能力提高，珠宝企业与消费者之间开始进行双向互动，此时珠宝消费者的消费模式为"引起注意—产生兴趣—搜集信息—购买行动—信息分享"；而在全场景下，消费者的能动性进一步加强，消费者与珠宝企业之间开始实时互动、动态响应，消费者也不再拘泥于单一的消费链路，而是在不同的消费链路中跳转，此时的消费模式表现为"相互感知—产生兴趣与形成互动—建立连接与交互沟通—产生购买—体验分享"。事实上，珠宝消费模式的演变反映出随着互联网与信息媒介的发展，消费者的信息能力不断得到加强，逐渐影响到珠宝企业的生产与营销实践活动。

即测即练

自学自测　　扫描此码

思考题

1. 珠宝企业可以通过采取哪些行动激发消费者购买珠宝的欲望？
2. 消费者购买决策五阶段模式中的"购后行为"包含哪些内容？
3. 不同场景下珠宝消费模式演进的内在逻辑是什么？
4. 珠宝企业如何通过洞察珠宝消费者消费模式开展营销活动？
5. 回想自己某次购买珠宝的经历，想想是如何反映消费模式的。

案例讨论

I Do 打造全场景珠宝消费

I Do 是恒信玺利实业股份有限公司于 2006 年 9 月推出的钻石珠宝首饰品牌。正如吉姆·斯登格（Jim Stengel）所言，"理想是取得行业领先的最终驱动力"，I Do 的理想是表达"全世界最温暖情感"。I Do 最初的定位是象征专一的婚戒，随后以纪念日系列新品为推出的切入点，将业务从婚戒市场延伸至婚后情感市场，借此填补消费者在"纪念日"乃至婚后钻戒市场的空白。

为配合新品上市，2015 年 I Do 邀请多对明星夫妻推出"纪念日三部曲"微电影广告片，在微博平台上大力造势，广告片累计播放量达 600 多万次，凭着公众的关注，I Do 迅速将微博官网账号推送至公众视野，短时间内获得了大量的粉丝。随后，通过官方微博与粉丝持续进行互动，并通过微博话题"我愿意 I Do""一位男士一生只可定制一枚钻戒"，吸引人们的注意和兴趣。

与此同时，I Do 开始布局对消费者的触达网络。在不断扩张线下门店的同时，I Do 携手京东、天猫等电商平台开始布局线上销售渠道。如图 6-10 所示，I Do 一方面通过线上预购、支付，向线下引流、渗透，搭建起线上线下营销闭环；另一方面逐步强化线下实体店电子交互体验，优化顾客评价系统，并以此完成顾客大数据收集，进一步实现商品、会员、交易、营销等数据的共融互通，向顾客提供跨渠道多触点、无缝一体化体验和服务。

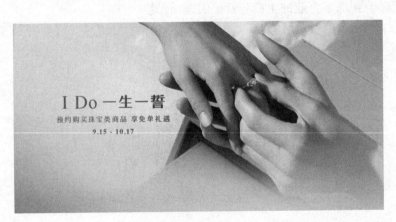

图 6-10　I Do 推广
（图源：I Do 官网）

至今，I Do 已经建立起其独特的消费者触点网络，通过微博、微信公众号与小程序、小红书、抖音短视频平台等，与用户进行实时的触达与互动。据统计，这些触点网络带来的流量早已超过了 I Do 官方网站的流量。

资料来源：黄升民，等. 2010—2017 年钻石珠宝品牌 I Do 在我国的营销传播报告[EB/OL]. https://max.book118.com/html/2021/0708/7122044116003142.shtm.

讨论题：

1. I Do 品牌对消费者购买决策的哪些环节产生了影响？

2. 尝试使用 SICAS 模型，分析 I Do 品牌是如何打造其全场景珠宝消费的。

3. 你认为 I Do 品牌在直播带货的风口中，应该采取哪些措施才能更好地触达消费者，同消费者建立实时连接与动态响应？

案例分析思路

第 3 篇

珠宝营销战略与策略规划

第 7 章

珠宝品牌建设

◆ **本章学习目标：**

1. 明确品牌与珠宝品牌的概念和意义。
2. 学习品牌建设的理论和模型。
3. 掌握大众珠宝品牌建设和珠宝奢侈品品牌建设的步骤。

◆ **关键术语：**

大众珠宝品牌（popular jewelry brand）；珠宝奢侈品品牌（jewelry luxury brand）；品牌建设（brand building）

◆ **引导案例：**

我国珠宝行业的困境——品牌建设滞后

珠宝行业作为一个传统产业，在社会中占有特殊地位。由于珠宝行业近年来发展迅速，尤其出现珠宝产业集群化现象后，我国的珠宝行业可能已经进入内卷化阶段，存在诸多问题。第一，珠宝行业零售终端渠道严重过剩。据不完全统计，我国的珠宝行业零售终端已超过 10 万家，渠道的下沉甚至到了镇一级市场，这是一个非常恐怖的渠道过剩局面。第二，行业批发商发展空间过小。大部分强势的全国性珠宝品牌都成功上市了，除中国珠宝、周六福和梦金园未来或许还有上市的可能外，大部分珠宝企业都不太可能按现在的模式上市了，大概率是现在的品牌格局已定。第三，行业生产商陷入严重恶性竞争。我国的珠宝行业对生产商是不公平的，几元或是几十元的加工费，与开工厂的巨额投入并不成正比。不仅如此，招工难也会进一步逼死生产商。另外，还存在行业服务商生存境况堪忧、资本化的中国珠宝行业易受外资洗劫等问题。

另外，我国现正处于经济发展结构转型的阵痛期，行业新一轮的扩张及整合引起了两极分化的现象，品牌效应的问题随之也越发凸显。我国珠宝品牌的发展存在滞后性，相较于国际的珠宝品牌，我国珠宝品牌在各方面都处于落后状态。随着消费观念的改变，品牌效应越发重要，起着扩大客户群体和市场影响等作用，为产品赋予额外价值。

资料来源：吕欣怡，刘嘉钧，何静瑶，等.浅谈我国珠宝行业建设[J]. 艺术科技，2019，32(11)：209.

张栋. 严重内卷化的中国珠宝行业，将走向何方？（上）[N]. 中国黄金报，2021-05-25(7).

在全球范围内，珠宝品牌数量众多，但广为人知的珠宝品牌却寥寥无几。在我国，更存在着大众珠宝品牌激烈竞争而缺乏顶级珠宝奢侈品品牌出现的现象。当前，建设珠宝奢侈品品牌是我国珠宝行业的发展目标，也是未来的发展趋势。但大众珠宝品牌的建设和珠宝奢侈品品牌的建设截然不同，需要我们分别采取更具针对性的品牌建设战略。本章将区分大众珠宝品牌与珠宝奢侈品品牌，然后分别给出相应的品牌建设战略。

7.1 珠 宝 品 牌

7.1.1 品牌与珠宝品牌概述

1. 品牌的概念和内涵

美国市场营销协会在 1960 年对品牌的定义：品牌是一个名称、名词、标记、符号或设计及其组合，其目的是识别某个销售者或某群销售者的产品或服务，并使之同竞争对手的产品或服务区别开来。珠宝品牌是以区别珠宝产品或服务为目的的名称、名词、标记、符号或设计及其组合。

品牌是一个集合概念，由品牌名称和品牌标识两部分组成。品牌名称是品牌中的文字部分，可以用语言称呼，如"卡地亚""周大福"；品牌标识一般由图案、符号或设计及其组合构成，容易被识别、被记忆，但不能用语言称呼。比如：卡地亚的品牌标识是以其创始人路易-弗朗索瓦·卡地亚（Louis-Francois Cartier）的名字的缩写字母 L 和 C 环绕成心形组成的一个菱形标志（图 7-1），简约优雅，这颗心形标志象征着一个传奇爱情故事和奢华王国的开始；周大福的品牌标识采用了红色背景和白色字体（图 7-2），上方为中文名称，下方为英文名称，整体简洁端庄，给人一种福瑞吉祥的感觉。

图 7-1　卡地亚品牌标识　　　　　图 7-2　周大福品牌标识

品牌的内涵包括属性、利益、价值、文化、个性、用户六个方面。属性指产品在消费者心中形成的特质或品质内涵，包括质量、功能、工艺、服务、效率或位置等；属性可以转化为功能性利益或情感性利益，利益反映了商品对消费者真正的诱惑力；价值指企业声誉或地位的层级高低以及企业拥有的某些价值感；文化指附着在产品设计或品牌管理运营中的文化内涵；个性指品牌表现出像人一样鲜明的个性特征，使人们产生个性联想；用户指品牌所暗示的目标消费群体类型。

以被誉为"皇帝的珠宝，珠宝的皇帝"的卡地亚为例，其反映出来的属性是皇室珠宝、非凡的创意与工艺，利益是给佩戴者提供皇室般的尊贵感，价值是全球一流的手工艺和设计，体现了法国巴黎"典雅高贵、精致繁华"的浪漫文化以及善于探索创新、追求时尚的个性，暗示了目标用户是皇室贵族、富人明星等群体。

品牌是一种错综复杂的象征，品牌的作用和意义不局限于表面的名称和标识。对于消费者来说，品牌有利于消费者识别和选购产品或服务，有利于消费者确保产品质量、维护自身利益。对于企业来说，品牌有利于企业销售产品、塑造企业形象、保护合法权益，不仅能带来溢价，同时也能约束企业的不良行为，加强企业经营的自律行为。对于国家来说，强势品牌的数量和质量能反映国家的经济发展水平和国际竞争力。

2. 珠宝品牌现状

根据全球最大的综合性品牌咨询公司 Interbrand 发布的 2021 年全球最佳品牌排行榜单（图 7-3），前 100 名中，珠宝品牌卡地亚和蒂芙尼上榜，分别位于第 73 名和第 92 名，这印证了在全球范围内卡地亚和蒂芙尼良好的发展态势，表明它们在品牌管理运营方面获得较大成功。

71 LEGO	72 Kellogg's	73 Cartier	74 Santander	75 FedEx
+21% 9,082 $m	-9% 8,642 $m	+9% 8,161 $m	+8% 8,100 $m	+2% 7,548 $m
76	77 DIOR	78 Corona	79 Canon	80 DHL
+12% 7,160 $m	+17% 7,024 $m	+6% 6,952 $m	-14% 6,897 $m	+7% 6,747 $m
81 JACK DANIEL'S	82 CAT	83 Linked in	84 Hewlett Packard Enterprise	85 HUAWEI
+4% 6,537 $m	+11% 6,503 $m	+22% 6,368 $m	-5% 6,313 $m	-2% 6,196 $m
86 KIA	87 Johnson&Johnson	88 Panasonic	89 Heineken	90 JOHN DEERE
+4% 6,087 $m	+3% 5,937 $m	0% 5,832 $m	+4% 5,720 $m	+5% 5,616 $m
91 zoom	92 TIFFANY & CO.	93 KFC	94 PRADA	95 Hennessy
+24% 5,536 $m	+10% 5,484 $m	+6% 5,428 $m	+20% 5,416 $m	+3% 5,299 $m
96 MINI	97 BURBERRY LONDON ENGLAND	98 LAND ROVER	99 Uber	100 SEPHORA
+5% 5,231 $m	+8% 5,195 $m	0% 5,088 $m	-4% 4,726 $m	New 4,628 $m

图 7-3 2021 年全球最佳品牌排行榜单（部分）

当前，世界知名的珠宝品牌如卡地亚、蒂芙尼、宝格丽、梵克雅宝等都历经了百年的沉淀和发展，这些品牌普遍诞生于法国、美国、意大利等地，曾为皇室贵族服务，深受达官显贵的喜爱（表 7-1）。此外，这些品牌还拥有出色的工艺、非凡的设计与创意，既能注重文化与精神的传承，又能不断创新、引领时尚潮流，广受全球消费者的追捧，成为顶级珠宝奢侈品品牌。

表 7-1 国内外知名珠宝品牌

	品 牌 名 称	简 介
世界知名珠宝品牌	（卡地亚）Cartier	始于 1847 年，诞生于法国巴黎，有着出色的制作工艺、独特的设计风格，深受欧洲王室的青睐
	（蒂芙尼）Tiffany & Co.	始于 1837 年，诞生于美国纽约，以钻石最为有名，其创立的"六爪镶嵌法"成为订婚钻戒镶嵌的国际标准
	（尚美巴黎）Chaumet	创始于 1780 年，诞生于法国，是被誉为"蓝血贵族"的拿破仑御用珠宝及奢华腕表品牌，承载两个多世纪的历史底蕴，被业界视为"低调隐奢"的代表品牌
	（梵克雅宝）VanCleef&Arpels	始于 1906 年，诞生于法国巴黎，具有巴黎的艺术美感，也有高贵自然的气息，深受各国贵族名流雅士所钟爱
	（海瑞温斯顿）Harry Winston	始于 1890 年，诞生于美国纽约，拥有精湛花式切工和镶嵌工艺
中国知名珠宝品牌	周大福	创于 1929 年中国香港，中国驰名商标，是我国比较著名以及比较具规模的珠宝首饰品牌之一
	周生生	创始于 1934 年，在中国广州开展的同名金行业务，于 1973 年成为香港首家上市的黄金珠宝公司，亚太地区著名品牌，专业生产黄金珠宝饰品的企业
	六福珠宝	中国香港上市公司，十大珠宝品牌之一，中国香港名牌产品，专业致力于珠宝生产的大型集团企业
	老凤祥	始创于 1848 年，中国名牌，中国驰名商标，大型首饰企业集团，十大珠宝品牌之一，亚洲品牌 500 强
	谢瑞麟	创于 1971 年中国香港，上市公司，亚洲地区比较大规模的珠宝零售及制造商之一
	周大生	中国驰名商标，中国名牌，著名钻石品牌，专业致力于珠宝设计生产的大型企业

在我国，在我们所拥有的五千年璀璨文明中，珠宝首饰文化也占得一席之地，但是却没能孕育出更多存活至今的顶级珠宝品牌。目前，我国知名品牌中历史相对悠久的是跨越了三个世纪的上海老凤祥，而目前发展态势更迅猛的当属周大福、周生生、六福珠宝等进入内地的香港的珠宝品牌。近年来，我国重视珠宝品牌建设，周大福等珠宝品牌逐渐以良好的形象向国外市场扩张。

7.1.2 大众珠宝品牌和珠宝奢侈品品牌

1. 大众珠宝产品与珠宝奢侈品

珠宝产品是高端耐用消费品，一般具有保值性、艺术性、投资性、文物性、需求弹性大等特点，以往认为珠宝消费和贵族富商紧密相关。但是，近年来，随着国家经济发展和国民收入的提高，珠宝消费呈现出一种大众化的趋势。消费者对珠宝首饰的需求日益旺盛，同时，珠宝首饰的消费群体中年轻人的占比大幅上升，消费场景也不再局限于婚庆。就当前的珠宝消费情况来看，珠宝产品可以明显区分为大众珠宝产品和珠宝奢侈品。

大众珠宝产品指大多数顾客可以接受和有能力购买的珠宝产品，具体来说，就是价格、质量、外观、设计等方面符合大多数顾客的需求和承受能力。

要达到珠宝奢侈品的标准，则要满足以下条件。

（1）高品质的、长久耐用的产品。

（2）以远高于其功能价值的价格出售。

（3）其品牌与传统传承、特殊专门技术和文化内涵相关联。

（4）有目的地限量、限区域发售。

（5）提供人性化相关服务。

（6）体现社会地位和优越性，使所有者或受益者深感与众不同。

具体来说，珠宝奢侈品拥有优质稀缺的材料、精湛的工艺、独特的艺术感设计、精美的包装、尊贵舒适的服务及高昂的价格。同时，珠宝奢侈品的工艺、设计、品牌、包装、服务往往包含丰富的文化内涵。

2. 大众珠宝品牌和珠宝奢侈品品牌的差异

珠宝品牌是能代表珠宝产品品质、价格等一系列属性的象征符号，同样，某一珠宝品牌的产品也必须达到该品牌所规定的相应标准。也就是说，产品和品牌是一套相匹配的体系。大众珠宝品牌，就是为大多数消费者提供他们需要和能负担得起的珠宝产品的品牌。珠宝奢侈品品牌，就是为少数更富有的顾客提供精心设计的、具有艺术文化内涵的高端珠宝产品的品牌。一般来说，珠宝奢侈品品牌拥有悠久的历史、丰富的文化内涵、出色的工艺与设计、珍贵的珠宝材料等，这对品牌自身的实力有着相当高的要求，也许这是当今世界范围内珠宝奢侈品品牌数量稀少的原因之一。总而言之，大众珠宝产品和珠宝奢侈品存在明显的差异，并且这种差异能被消费者清晰地感受到。具体来说，大众珠宝品牌和珠宝奢侈品品牌的差异表现在以下几个方面。

（1）从产品和服务上看，大众珠宝品牌是根据大多数顾客的需求来设计产品和定价，产品也一般适用于多数场景；珠宝奢侈品品牌是为少数特定的、非富即贵的顾客服务，价格高昂，产品多绚丽浮华，适用于重要场合。珠宝奢侈品品牌会识别品牌认同者、追随者群体，并给予他们特权。

（2）从品牌营销上看，大众珠宝品牌是面向目标顾客走亲民路线，珠宝奢侈品品牌则主要突出产品的高贵、精致、华丽等特点，引领时尚潮流，让非目标顾客产生一种非常羡慕但拥有不了的感觉，从而让目标顾客或拥有者产生更多优越感，获得来自产品本身之外的价值。

（3）从盈利能力上看，珠宝奢侈品品牌具有更高的市场价值。从全球范围来看，品牌资产较高的珠宝品牌无一不是珠宝奢侈品品牌，甚至遥遥领先其他品牌，如卡地亚、蒂芙尼等。珠宝奢侈品品牌的单个产品价格就十分高昂，有的甚至是有价无市，具有极高的收藏价值，而且珠宝奢侈品品牌消费者的品牌忠诚度高。

（4）从顾客价值上看，珠宝奢侈品品牌能创造更高的顾客价值。珠宝奢侈品品牌代表了潜在的社会标签，彰显社会身份和地位。大众珠宝更容易让人联想到富庶、繁华，而珠宝奢侈品更容易让人联想到社会阶层、高级、独特等。顾客拥有珠宝奢侈品品牌后，更容易获得别人的认可和羡慕，优越感和满足感暴增。

（5）从品牌文化上看，珠宝奢侈品品牌的文化更加悠久和丰富，其来源及发展主要有三个方面：一是历史文化积淀，即由历史演进自然沉淀而形成品牌文化；二是个性文化投射，又称独特风格倡导者，即在创始人的监护下有意识地创建品牌文化；三是显性文化赋予，又称策划赋予，即通过有意识地策划和长期运作形成品牌文化。

7.2　大众珠宝品牌建设

正是由于大众珠宝品牌和珠宝奢侈品品牌存在巨大的差异，各自在品牌建设过程中有不同的侧重点，所以大众珠宝品牌和珠宝奢侈品品牌分别采取不同的建设战略。针对大众珠宝品牌，采取相对常见的"创建强势品牌四部曲"的理论和模型来指导品牌建设。

7.2.1　品牌共鸣模型

美国学者凯勒提出了品牌共鸣模型，解决了如下两个问题：一是哪些要素构成一个强势品牌；二是企业如何构建一个强势品牌。

根据品牌共鸣模型，构建一个强势品牌需要进行四个步骤的工作：建立正确的品牌识别；创造合适的品牌含义；引导正确的品牌反应；缔造适当的品牌关系。

同时，上述四个步骤又依赖于构建品牌的六个维度。

（1）品牌显著性，指该品牌被消费者知晓的深度和宽度。深度指品牌被消费者认出的容易程度；宽度指当消费者想起该品牌时的购买范围和消费状况。高度显著的品牌能使消费者充分购买并在可选择范围内总是想起该品牌。

（2）品牌功效，表现在产品或服务如何满足消费者功能性需求方面，如产品可靠性、耐用性，服务的效率、效果等。

（3）品牌形象，表现在品牌如何满足消费者心理需求或社会需求等抽象需求方面，如个性与价值、品牌历史、传统和发展历程等。

（4）品牌评判，指消费者关于品牌的看法，包括品牌质量、可信度、购买考虑、优越性等方面。

（5）品牌感觉，指消费者对品牌的感性行为，包括热情、娱乐、激动、安全、社会认可、自尊等要素。

（6）品牌共鸣，指顾客与品牌的关系性质。

其中，品牌显著性对应品牌识别，功效和形象对应品牌含义，评判和感觉对应品牌反应，共鸣对应品牌关系。上述结构可以用图7-4表示。

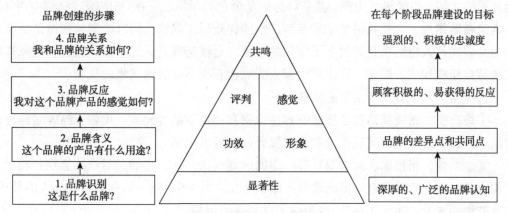

图7-4　品牌共鸣金字塔

7.2.2　大众珠宝品牌建设

根据品牌共鸣模型，要创建一个强势的大众珠宝品牌，需要掌握品牌识别、品牌含义、品牌反应、品牌关系这四个品牌发展阶段。

1. 品牌识别

目前我国大众珠宝市场是一个非常同质化的市场，很多消费者不能识别这些品牌及其产品之间的差异。以周大福、周大生、周生生为例，这三个品牌名称相似，其品牌标识都是上中下英的形式，使得品牌之间外在特征的区别较小（见图7-5、图7-6、图7-7）。周大福和周大生都采取了红底白字的设计，而周生生由于较为独特的字体和白底黑字，相对更有记忆点。另外，我国当前很多珠宝品牌都诞生于香港，产品以黄金和钻石为主，使得消费者对于品牌的识别存在一定困难。

要实现品牌识别，突出大众珠宝品牌的显著性，首先要选择出有引力、有记忆点的品牌元素，品牌元素是那些可以识别并区分品牌的特征化设计，然后再对选出的品牌元

图7-5　周大福的品牌标识

图7-6　周大生的品牌标识

图7-7　周生生的品牌标识

素加以发展和有效利用。

（1）品牌元素选择

品牌元素包括品牌名称、品牌标识、虚拟形象、代言人、包装、歌曲、口号等。有效地创造或选择品牌元素能让品牌脱颖而出，让消费者印象深刻，甚至激发消费者的兴趣或喜爱之情。以老凤祥为例，其品牌标识是金色的凤凰，还有"SINCE 1848"的字样，非常清晰地体现了它是我国老字号品牌，整体比较端庄典雅。同时，老凤祥邀请赵雅芝作为品牌代言人也给消费者留下了深刻的印象，赵雅芝高贵、优雅的气质也和老凤祥的品牌特性相辅相成。同样，后来的代言人陈数也有类似的成熟优雅的气质。

选择品牌元素有六个主要的标准。

①难忘度，指要使消费者要能够容易识别和回忆该品牌元素。比如，品牌名称应该简洁上口，卡地亚就比梵克雅宝和海瑞温斯顿更容易记忆。

②意义性，指该品牌元素要具有一定的内涵或指向性。比如，对产品类别和功效、使用人群或文化背景等有一定的暗示作用。例如，"周生生"这一名称取自创办人的姓氏，寓意"周而复始，生生不息"，也表达了对企业的祝福。

③喜爱度，指该品牌元素有一定的吸引力或审美品位。老凤祥使人联想到龙凤呈祥，给人美好、吉祥的感觉，消费者不禁衍生出拥有这个品牌会讨个好头彩和交好运的品牌联想。

④转换力，指该品牌元素能够推出同类或者不同品类的新产品，有利于企业拓展国际市场或其他细分市场。

⑤适应性，指该品牌元素要具有适应性和时新性，有利于根据时代背景和潮流进行更新。

⑥保护力，指该品牌元素要具有一定的法律保护性，选择国际范围内受保护的品牌元素，重视商标权，防止商标遭受其他未授权的竞争侵害。

另外，大众珠宝品牌创建时，必须考虑到大多数消费者的想法和对该品牌元素的接受程度。品牌元素不宜太小众，不宜有太高的理解门槛，不宜有明显的群体偏向，不能为了追求显著性过于标新立异或者过于复杂，要具有广泛的传播性，喜闻乐见。但同时，珠宝产品不是满足日常生活所需的产品，在人们心目中是高端、上档次之物，所以珠宝品牌元素的选择和设计不宜太普通。

（2）品牌元素使用

品牌元素对大众珠宝品牌的建设非常重要，选择了品牌元素之后，要考虑该品牌元素的使用问题。

大众珠宝品牌的识别和记忆要通过不断展示该品牌元素从而提高品牌熟悉程度来实现，就要尽可能多地让消费者通过看、听等方式接触品牌元素，品牌在消费者记忆中就会越牢固。所以，通过各种合适的广告或宣传途径来展示该珠宝品牌的名称、符号、口号、包装或标语等元素，都能提高人们对该品牌的熟悉程度及其知名度，不断深化品牌记忆。

要通过品牌元素，将该珠宝品牌与珠宝这一产品类型连接起来，通过名称、口号、宣传语等让消费者了解产品特性或使用场景等信息，不断加强相关联想。这样，当消费者想购买珠宝时，就能想起该品牌及该品牌的经典产品或经营范围。品牌与品类的强势连接也有利于品牌延伸。比如，DR一直宣传"男士一生仅能定制一枚"或"一生只送一人"的口号，实现了品牌元素和结婚钻戒这一品类与求婚场景的连接。

此外，一般情况下，可以选取多个品牌元素，那么这些品牌元素要能彼此搭配和适应，形成一个统一的体系，营造一个和谐的品牌形象，从而强化消费者的品牌印象。

2. 品牌含义

创建品牌含义，就是要解决"这个品牌的产品有什么用途？"这一问题，在一定程度上展现了品牌差异点和共同点。品牌含义包括品牌功效和品牌形象两个方面，前者是相对客观地指出了品牌的产品或服务的质量、效果、可靠性等问题，后者则是从相对主观和抽象的角度解释品牌满足顾客心理和社会需求的方式。

（1）明确品牌功效

品牌功效指产品或服务满足顾客功能性需求的程度。品牌功效包括以下五类属性和利益。

①主要成分。珠宝产品的主要成分就是各类原材料，如黄金、钻石以及各类彩宝、玉石等。珠宝产品的价值与其原材料存在直接关系，品牌和消费者高度重视这些珠宝材料的品质，通过各种指标如纯度、透明度、重量、颜色来鉴定珠宝的品级。大众珠宝品牌一般使用金、银、珍珠、钻石等相对常见的原材料，但这些原材料的品质可能是大众珠宝品牌差异化的来源之一。

②产品的可靠性、耐用性及服务便利性。可靠性反映了消费者在长期购买同一品牌珠宝产品时所得珠宝的品质的一致性；耐用性反映了珠宝产品的使用寿命；服务便利性指珠宝产品维修的方便程度。

③服务的效果、效率及情感。主要反映了珠宝产品满足顾客服务需求的程度、服务的响应速度以及服务在顾客心中的信任和关注程度。珠宝产品价格较高，珠宝产品品质的判断需要一定的知识基础，所以消费者在购买前后一般会多次比较、询问、反复确认，这对服务的要求很高。

④设计与工艺。佩戴珠宝主要是为了提升自我形象、增加美感，所以顾客会高度重视珠宝产品的美感和风格。因此，珠宝产品的设计如尺寸、形状、颜色等和工艺就对品牌功效有重要的影响。

⑤价格。价格的高低和相关的打折促销活动会在消费者头脑中形成关于品牌昂贵或廉价的联想。大众珠宝品牌的定价不能超过大多数顾客的购买力，也不能太低，防止顾客产生廉价和低端的联想，或者认为该珠宝产品品质低劣或假冒。

（2）创建品牌形象

品牌形象指消费者如何从抽象的角度理解品牌，是一些品牌的无形元素。品牌形象的形成与消费者自身经历和品牌的宣传推广有关。品牌形象的联想主要来源于以下四类。

①消费者形象。通过使用该品牌的个人或组织，形成对现实用户和潜在用户的一种心理刻画，一般包括性别、年龄、收入等人口因素以及对生活、职业、金钱等问题的态度的心理因素。比如，在当前的消费趋势下，我国珠宝消费者形象一般为女性，年龄上趋于年轻化。

②购买和使用情景。购买场景与购买渠道有关，在数字化时代，从线上渠道购买珠宝产品成为趋势。使用情景包括使用该品牌珠宝的时间、地点、具体活动等方面。

③品牌个性和价值。消费者会通过品牌广告中的用户和使用情景、广告代言人、产品或品牌的属性以及产品或广告带给人的感觉等各方面形成对品牌个性的联想。像珠宝这一类非常能代表自我个性和形象的产品，消费者会更倾向于选择品牌个性与自我概念相一致的品牌。

④品牌历史、传统和体验。珠宝品牌的创建历史、工艺的传承与创新、消费者过去购买珠宝的经历等会容易引发消费者关于品牌形象的联想。

大众珠宝品牌面向大众顾客，其珠宝产品使用场景可以趋向日常生活，也可以是个体的重要时刻；个性可以是年轻、时尚、悠闲，也可以是精致、端庄等；珠宝品牌要有自己的品牌故事，要搭建一定的文化背景，给消费者良好的体验感，最终创造出强有力的、偏好的、独特的品牌联想，塑造良好的品牌形象。

3. 品牌反应

品牌反应建立在品牌含义的基础上，与消费者对品牌功效和品牌形象的综合看法有关，包括品牌评判和品牌感觉。

（1）品牌评判

品牌评判主要指顾客对品牌的个人喜好和评估，包括对品牌的态度、信誉、考虑和优势的看法与评估。

①品牌态度，是消费者对接触到的珠宝品牌的整体性评价，是消费者选择品牌的基础。消费者对珠宝品牌的态度依赖于该品牌珠宝产品具体的属性和利益。考察品牌态度最主要的指标是感知质量、顾客价值和满意度，即消费者在购买和使用珠宝产品后，对珠宝产品的品质、佩戴的效果和服务好坏的感知，对珠宝产品的满意程度，对该品牌产品的购买意愿等方面的内容。

②品牌信誉，是顾客根据专业性、可靠性和吸引力三个指标判断该品牌可以信任的程度。具体来说，就是该珠宝品牌是否有能力和创新性，是否重视顾客利益，是否值得消费者关注和期待。

③品牌考虑，指消费者是否真正考虑购买和使用该品牌的珠宝产品，或者当消费者想要购买珠宝产品时，会不会把该品牌纳入考虑范围内。

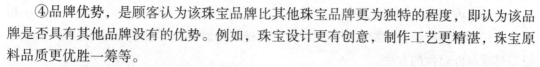

④品牌优势，是顾客认为该珠宝品牌比其他珠宝品牌更为独特的程度，即认为该品牌是否具有其他品牌没有的优势。例如，珠宝设计更有创意，制作工艺更精湛，珠宝原料品质更优胜一筹等。

（2）品牌感觉

品牌感觉指消费者在感情上对品牌的反应，主要包括以下六种类型。

①温暖感，指品牌给消费者一种平静或安详的感觉，使消费者怀着一种感恩、温暖或挚爱的心情。

②乐趣感，是品牌让消费者感到有趣、轻松、开心、好玩等。

③兴奋感，指品牌让消费者感觉充满活力，感觉自己在做一些特殊的事情，感到欢欣鼓舞。

④安全感，指品牌给予消费者安全、舒适、自信的感觉，能减少消费者的不安和焦虑。

⑤社会认同感，指消费者获得周围人对自己的好感和认同。

⑥自尊感，指品牌让消费者觉得自己很优秀，产生自豪感和成就感。

这些感觉的产生是主观的，但也是可以引导的，具体引导方法可能体现在品牌元素的选择、珠宝产品的设计、与消费者的沟通互动氛围、相应的广告宣传等方面。大众珠宝品牌想要给消费者营造哪种氛围，让消费者产生哪些感受，需要根据自身的品牌定位或者特色来确定。比如，周大福给人的感觉是温暖亲切、安全舒适。

4. 品牌关系

品牌共鸣指出了消费者与品牌的关系的本质，就是顾客感受到与品牌同步的程度，反映了消费者与品牌的心理联系的深度和强度以及消费者的品牌忠诚度。具体可分为以下四个方面。

（1）行为忠诚度，可通过消费者重复购买的数量和频率来衡量。

（2）态度依附，指消费者对品牌产生了特殊的情感，对品牌有特殊偏好。

（3）社区归属感，忠实顾客之间基于品牌形成了关联，形成了品牌社区。

（4）主动介入，表现为消费者自愿投入时间、精力、金钱等超越购买该品牌所必需的花费。比如，参加俱乐部，与其他购买者交流产品信息，参与讨论，主动发布或分享该品牌的信息。

对于大众珠宝品牌来说，要达成这种品牌共鸣的关系，就在保持优质的珠宝产品和服务的基础上，做好品牌识别、品牌含义和品牌反应的一系列工作。同时提供或创建亲和的、轻松的、有价值的讨论社区，引导消费者更多地关注品牌信息，针对品牌管理、珠宝设计等方面提出明确需要或有效建议，让消费者加入，形成良好的互动，共同创造价值。

7.3 珠宝奢侈品品牌建设

珠宝奢侈品品牌建设的意义超越了珠宝本身，珠宝奢侈品品牌除具有悠久的历史、丰富的文化内涵外，与大众珠宝品牌最大的区别在于，它还与潜在的社会和文化阶层相联系，代表了为社会精英阶层服务的特质，是身份的象征。基于此，珠宝奢侈品品牌建设需要采取针对性的方法。

7.3.1 选择品牌构建模式

构建珠宝奢侈品品牌，就是要构建一种独特而强大的理念。在奢侈品行业，品牌的构建必须富有灵感和雄心。如图 7-8 所示，对奢侈品品牌战略的分析表明，主要有两种构建奢侈品品牌的模式。

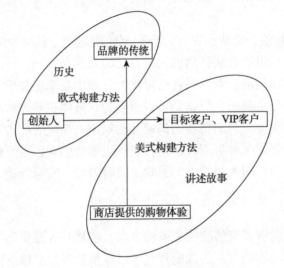

图 7-8 奢侈品品牌构建的两种模式

第一个模式为欧式构建方法，以品牌价值为基础，将品质发挥到极限，重视产品和历史传承。这种模式对历史格外重视，认为品牌正是历史在现代的体现。它也强调继承创始人的理念，这种理念由新的创造者体现出来，并将自己的个性传递下去，使品牌最初的精神再次焕发生机。

第二个模式为美式构建方法，起源于美国，历史较短，十分鼓励创新，立足于想象力，重视消费者的实际体验。这种模式力求为目标客户或 VIP 客户提供良好的购物体验，认为在商店中创造一种独特的气氛、真诚待人、彰显品牌价值非常重要。

如今，这两个模式正在融合，想要进行珠宝奢侈品品牌的建设，就需要既重视产品的品质和历史传承，又重视消费者尤其是 VIP 客户群体的实际体验。

一般来说，大众品牌可以凭空创建，而奢侈品品牌则不能。珠宝奢侈品品牌的创建是一个渐进的过程，需要逐渐建立起自己的名望，拥有坚定的支持者。因此，从珠宝奢侈品品牌的创立者为品牌的发展开拓了道路开始，到后来一代又一代的发展，这期间的历史与文化、精神与审美、工艺与技法都是不断传承和创新的过程。另外，珠宝奢侈品的产品品质要达到顶级水平，体现出高度的专业化，这正是第一种模式所重视的。

此外，珠宝奢侈品品牌的意义超出了产品本身，这要求珠宝奢侈品品牌给消费者提供更多的体验。对消费者来说，珠宝奢侈品品牌和大众珠宝品牌相比，是身份地位的象征，那么就应该提供与社会精英阶层相匹配的服务和购物体验，而这正是第二种模式所重视的。

所以，在珠宝奢侈品品牌建设的过程中，要融合两种奢侈品品牌构建模式，既需要以提供顶级水平的珠宝产品为基础，又要重视历史和工艺传承，还要为目前消费群体提供特权、营造极致的购物体验。

7.3.2　开发品牌特性

一般情况下，决定品牌特性的是它的定位，大众品牌的定位就是给目标客户群体带来比竞争对手更大的预期效益和价值。但在奢侈品行业，奢侈品品牌是通过创造梦想来吸引和保持客户群，因此品牌需要具有强大的特性。这些品牌构建了自己的世界，消费者希望沉浸在这样的世界里，为了进入这个世界并成为其中的一分子，他们甘愿花钱。奢侈品品牌培养了自身的独特性质，它们愿意守住这份特性并发扬光大，而不是考虑如何去战胜竞争对手。即使客户会进行比较，品牌的经营也不是通过与其他品牌对比实现的。奢侈品品牌的特性很重要，很多消费者就是靠着拥有某个品牌的产品或服务来定义自己的社会属性，这些产品或服务使客户得到了自我延伸，帮助客户实现社会价值。

品牌只能通过凝聚力来构建。为了实现这一目标，珠宝奢侈品品牌必须认清自己的特点并坚持下去。当品牌创始人主导经营的时候，其扮演的是参照物的角色，并用种种与众不同的创造标志了自己的风格和品位。创始人退出经营以后，品牌有必要找到自身的特性，从而将其长时间地延续下去。品牌管理的关键在于找准特性，让其成为品牌内在的指针，而不是亦步亦趋，失去灵活性。

特性代表了品牌有形和无形的种种特殊之处。这些特殊之处成为构成该品牌的因素，如果失去这些因素，品牌就会变味。特性并不是把经营者牢牢绑死，特性源于品牌的起源、历史，以及所有在特定价值和收益范围内给品牌带来独特的权威与发言权的性质。特性是品牌的"DNA"，是品牌的"基因"。特性整合了品牌的专业技术和符号式的特点：一些有形的、清楚的元素。这些元素定义了品牌，体现在商品中、商店里、舞台上、广告中和交流中。品牌也是无形的，奢侈品品牌首先是一个史诗般的传说，由很多故事组成，故事是品牌的表达方式。

因此，奢侈品品牌的特性可以帮助客户构建自己的身份。正是出于这个原因，必须将品牌作为一个整体加以分析，科普菲尔（Kapferer）在2012年通过"特性三棱镜"将品牌的象征维度解读为六个彼此相连的方面，即品牌外部形态、品牌个性、关系模式、文化（基因和价值观）、折射出的客户形象、客户的自我意识（图7-9）。其中，品牌外部形态和品牌个性的定义了品牌的源头，代表了品牌的实际属性和身份属性；折射出的客户形象和客户的自我意识都与品牌构建的受众有关，品牌对目标客户的定位是刻画了一种理想的客户形态，虽然不一定与目标客户的实际情况相符；另外两个侧面是关系模式和文化（基因和价值观）。

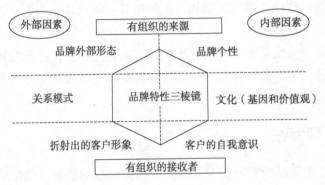

图 7-9　品牌的"特性三棱镜"

（1）品牌外部形态，指能体现品牌内部相似性的特质、标志、颜色、手势、造型等非语言的意象。产品的象征性、社会性和文化性功能越明显，非语言的意象就越重要。所以珠宝奢侈品品牌需要很多实实在在的标志，从而以多种方式表达自己。品牌特性在实物上的反映构成了那些具有符号的产品的地位或特征，所以即使在没有出现品牌名称或标识的情况下，也可以通过这些特征强调品牌的存在。比如，卡地亚珠宝产品的"猎豹"（图 7-10）、宝格丽珠宝产品的"灵蛇"（图 7-11），都能让人迅速识别品牌。

（2）品牌个性，指品牌像人一样展现出强烈的个性和性格特点。对于珠宝奢侈品品牌来说，品牌展现出来的个性往往与其创始人的创造力有关，这些个性能使品牌栩栩如生，品牌也需要将这些个性一一继承或加以发展。例如，宝格丽展现出来的个性是大胆的、狡黠的、有活力的、激情四射的。

（3）折射出来的客户形象。珠宝奢侈品品牌要通过创造自我的映像来创造价值，即使目标客户从未出现在品牌广告中，人们也可以对这一品牌的目标客户加以认识。这是品牌的外在映像，将目标客户的形象留给人们去想象、去构建，在客户与品牌间建立直接的亲密关系，而不是给出一个明确的目标客户形象。

图 7-10　卡地亚"猎豹"胸针[①]

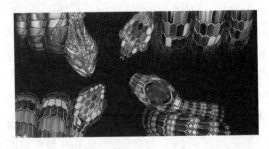

图 7-11　宝格丽蛇形腕表

---

① 这款"猎豹"胸针是卡地亚 1949 年为温莎公爵夫人制作的第二款立体猎豹造型作品，采用了铂金、白金、白色和黄色钻石以及一颗 152.35 克拉的克什米尔蓝宝石。

（4）客户的自我意识。品牌个性深入消费者的内心就会形成消费者的自我意识，这是一种内部映像。每个奢侈品品牌都为客户提供了一种自我意识，这并不是不同奢侈品品牌之间的关系，而是客户个人与奢侈品品牌的亲密关系，消费者可以通过品牌来构建自我形象。因此，圣罗兰的客户会这样想："我不需要什么名牌来定义自己或是从中汲取力量：我自己就已经足够性感、足够吸引人了。"

（5）文化（基因和价值观）。珠宝奢侈品品牌可以通过文化创造出一种崇拜，吸引无数为之着迷的客户。品牌最深刻的价值植根于此，这种价值为品牌所深信不疑。为了更好地长期管理品牌，有必要将文化挖掘得深入一点。为了探索文化层面的内涵，必须要仔细审视各个品牌的身份标志。要理解创始人的感悟和意思，理解品牌所代表的价值体系，品牌身份是创造力的长期源泉。

（6）关系模式。品牌的"关系"面定义了品牌与客户之间的关系。比如，卡地亚倡导大胆冒险的自由精神和万物皆美的好奇心。

这六个面的连接处定义了品牌的特性和独特之处，构建了品牌与客户之间的情感联系，使得一些客户成为品牌的追随者，主动宣传这一品牌并贡献热情。如果想在某个国家创造这样的客户群，那么必须让他们理解到品牌深层次的含义和创意性的解读（而不是单纯地炫耀品牌的标志）。通过植根于历史或传说的丰富内涵和身份，品牌将记忆和文化注入产品中，与客户之间构建了亲密的联系。

奢侈品的"特性三棱镜"绝不能平庸。首先，它应该捕捉到品牌最细微的独特之处和品位；其次，"特性三棱镜"也是管理工具，它应该成为有效增强凝聚力的杠杆，没有"特性三棱镜"就没有品牌；最后，"特性三棱镜"也是品牌创造性的跳板。

7.3.3　明确品牌产品结构

奢侈品品牌管理的产品和服务在四个方面取得平衡：历史感；追求地位和声望；给品牌带来活力、情感和创造力的现代性特征；可获得性，如图 7-12 所示。

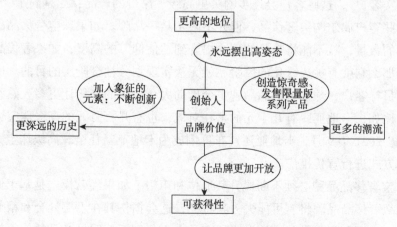

图 7-12　奢侈品品牌结构图

在这四个方面中，有一些是相对的，如体现历史和鼓励创造、品牌成长导致的曝光率增加和对独特感的追求。在这些概念之间达到平衡需要长期的监控，为了实现这一目的，就需要一些常见的规则。比如，奢侈品品牌必须具备象征性，奢侈品品牌需要与时俱进引领潮流，奢侈品品牌必须有入门级产品，奢侈品品牌必须不断提升其地位和声望。

（1）珠宝奢侈品品牌必须具备象征性。奢侈品品牌对强大而真实的价值有一种高度的尊重，所以它成了文化的源头，对一些人来说甚至成了一种"信仰"。象征就是一种神圣的符号。珠宝奢侈品品牌应该有一两个象征性的产品，代表着该品牌的价值和特征。这种符号在长期中一直存在，所以具有象征性产品的创造发生在品牌的早期阶段，因此位于图 7-12 的左侧，靠近"更深远的历史"的一端。比如，卡地亚 1948 年和 1949 年接连诞生的两枚立体猎豹造型的胸针，造型大胆独特，象征女性的自信，自此猎豹造型也成了卡地亚的象征，其设计师贞·杜桑（Jeanne Tonssaint）也被称为"猎豹女士"。

象征性产品是受人尊崇的。为了不断发展和创新，卡地亚也陆续诞生了许多备受好评、惊艳众人的猎豹造型的珠宝产品，猎豹造型也不断出现在项链、腕表、手链等产品上。尽管都是猎豹造型，但每款产品却能确保其与众不同。象征性产品传递的信息也在不断变化，不断紧跟时代的脚步赋予其新的含义。虽然象征性产品不一定是最畅销的，但它一定代表了品牌的绝对特征。而且，卡地亚的所有产品均遵循四大设计准则：简约线条、精准造型、匀称比例和珍贵细节。

珠宝奢侈品品牌延续着自己的过去，以这种方式汲取力量、保持优雅、增强品牌持久性，所以珠宝奢侈品品牌才会不时唤醒人们对其创始人的记忆。

（2）珠宝奢侈品品牌必须与时俱进，成为潮流的引导者和未来品位的先驱。珠宝奢侈品品牌要时不时地推出一些适应当下潮流的产品，让人们惊奇，即使其目的并不是提高销售额。或者推出一些新品类的产品，但并不是为了延伸品牌，而是为了提升品牌的存在感，展示对特定话题或现象的兴趣。

（3）珠宝奢侈品品牌必须有入门级产品。产品的目标有两个：一是开拓新客户，即"未来的忠实客户"，这些客户会逐步购买更高级、昂贵的产品；二是满足"日常客户"的需求，这些客户偶尔购买奢侈品，但并不限于某一品牌。如果珠宝奢侈品品牌没有增加忠实客户的数量，就不能将自己的理念提升到"信仰"的高度；如果奢侈品品牌只有忠实客户，那么它就有被边缘化的风险，就无法实现划分社会阶层的目的。所以，尽管有着特定的目标客户，珠宝奢侈品品牌也会借助大众传媒的宣传让更多人熟悉和购买自己的产品。比如，卡地亚既有几千元的婚礼对戒，也有几百万元的高级珠宝，更有无价的古董珍藏。2021 年 9 月，卡地亚还宣布巩俐成为卡地亚新任全球高级珠宝大使，通过形象大使的方式进行宣传推广。

（4）珠宝奢侈品品牌必须不断提升其地位和声望。如果经营模式是基于低价商品销售利润，那么奢侈品品牌将有可能失去独特性，这会损伤其在上层社会和精英阶级中的声望。因此，珠宝奢侈品品牌应该在明星产品上不断创新，明星产品的作用就是象征品牌至高的地位，强化其在精英阶层和主流媒体中的地位，而这也是声望的来源。这种对地位和声望的追求是无止境的，这是奢侈品品牌的特性，这种追求培育了梦想和品牌的至高地位。

本章小结

　　品牌是一个名称、名词、标记、符号或设计及其组合，其目的是识别某个销售者或某群销售者的产品或服务，并使之同竞争对手的产品或服务区别开来。珠宝品牌可分为大众珠宝品牌和珠宝奢侈品品牌，珠宝奢侈品品牌具有更强的盈利能力、更高的顾客价值和更丰富的文化积淀。

　　对于大众珠宝品牌来说，要构建一个强势品牌，可根据品牌共鸣模型进行四个步骤的工作：建立正确的品牌识别；创造适合的品牌内涵；引导正确的品牌反应；缔造适当的品牌关系。同时，上述四个步骤又依赖于构建品牌的六个维度：显著性；功效；形象；评判；感觉；共鸣。其中，显著性对应品牌识别，功效和形象对应品牌含义。评判和感觉对应品牌反应，共鸣对应品牌关系。

　　要建设珠宝奢侈品品牌，就要明确珠宝奢侈品品牌的意义超越了产品本身，代表了这些产品的美名和为社会精英阶层服务的特质，珠宝奢侈品品牌产品首先承载了高昂的价格，其文化内涵已经成为品牌符号系统里最突出的特点。因此，珠宝奢侈品品牌建设需体现以下特点：体现高度的专业化、高端的产品品质；突出产品的稀缺性与差异性；强调品牌的情感诉求，与客户建立长远的关系；普遍采取高价格策略；用控制供给的方式提高奢侈品的价值；强调产品的历史文化背景、文化内涵；细分目标客户群，面向特定人群，而不是大多数的消费者。所以，要先构建珠宝奢侈品品牌模式，就要先开发品牌特性，明确品牌产品结构。

扩展阅读 7.1：中国奢侈品市场数字化趋势

即测即练

自学自测　　扫描此码

思考题

　　1. 珠宝产品与一般产品有何不同？

　　2. 大众珠宝品牌和珠宝奢侈品品牌有何差异？

　　3. 大众珠宝品牌如何进行品牌建设？

4. 珠宝奢侈品品牌建设要重视哪些因素？

5. 分析当今珠宝品牌的现状。

案例讨论

周大福与卡地亚的品牌创建历史

周大福是我国珠宝市场的领先者，是最早进入我国二线、三线及四线城市的亚洲大型珠宝商之一，周大福以真诚永恒、感恩、积极、创新、科学、人本、时尚、专业、亲切等内容为品牌文化。

1929年，周大福珠宝的创始人周至元在广州市洪德路创办首家金行，主要经营传统的黄金饰品，起名为"周大福"，其寓意是"五福临门，大富大贵"，让顾客直接联想到财富、地位和好运气。

到了1930年，周大福因内地战乱而将业务迁移至中国香港及中国澳门。时移世易，加上内地市场改革开放，周大福于1990年重返阔别多年的内地珠宝市场。周大福看好内地的珠宝零售发展机遇，于1998年在北京建国门贵友商场开设周大福珠宝金行。在2000年前，周大福主要扎根我国首都北京。2000年后，随着内地城镇化持续发展，周大福亦开始扩展至全国各地，成为开拓三四线城市珠宝市场的首家香港珠宝商。从此，周大福在内地的业务，进入了高速发展期。2010年，周大福于北京开设其第1000家零售点。2014年，周大福在武汉开设第2000家零售点，这家店成为周大福首家高科技体验店。

卡地亚的传奇故事开始于1847年。路易·弗朗索瓦·卡地亚（以下简称路易·卡地亚）以自己名字的缩写字母L和C环绕成心形组成的一个菱形标志，注册了卡地亚公司，这意味着卡地亚的正式诞生，这颗心形的标志象征着一个传奇爱情故事和奢华王国的开始。

在拿破仑三世统治时期，庆典和舞会是巴黎贵族日常的社交活动，第二帝国的辉煌推动了卡地亚公司的经营和发展。由于赢得了公主的青睐，卡地亚的业务迅速地兴隆起来，风靡了当时的巴黎皇室及贵族。随后，卡地亚先后在巴黎、伦敦、纽约开店，逐渐发展成为世界上最受推崇的腕表珠宝商，深受欧洲皇室的推崇。英国王储威尔士亲王将卡地亚赞誉为"皇帝的珠宝商，珠宝商的皇帝"。1902年，威尔士亲王特地从卡地亚定购了27个冕状头饰，并在他被加冕为爱德华七世的典礼上佩戴。1904年爱德华七世赐予了卡地亚皇家委任状。此后，卡地亚又陆续得到了西班牙、葡萄牙、俄罗斯、暹罗、希腊、塞尔维亚、比利时、罗马尼亚、埃及和阿尔巴尼亚等国王室及奥尔良公爵和摩纳哥公国的委任状。路易·卡地亚对奢华的装饰品和钟表具有浓厚的兴趣，尤其是对钟表，他曾多次进行精密的技术革新，特别是著名的"魅幻时钟"，他还申请了专利保护。从20世纪初开始，路易·卡地亚把来自埃及、波斯、远东和俄罗斯芭蕾的一些设计灵感和风格融入更富几何图案和抽象性的设计中。1906年，卡地亚家族开始把浓郁的色彩和一些崭新的材料，如缟玛瑙、珊瑚等运用到设计中，并形成了一种新的艺术风格。这种风格在 1925 年巴黎举办的国际现代装饰及工艺艺术展览之后，被誉为"装饰艺术"（art deco），从此而闻名于世，并引领当代艺术及时尚的潮流。在路易·卡地亚的管理下，卡地亚不断地保持着创新和活力。卡地亚家族革新了珠宝设计风格，这对珠宝和腕表的发展有了巨大的贡献，为贵重货品市场出现的新形式奠定了良好的基础。在他们的努力下，高级珠宝（high jewelry）、钟表和配饰变成了一种由卡地亚家族所引导的主要艺术领域。

在 21 世纪，卡地亚已经是全球最为顶级的奢华珠宝腕表品牌，是经典和创新设计及优越工艺的代名词，是珠宝和钟表领域中的领导者。如今，拥有百年历史的卡地亚依旧以其优雅高贵的气质打动着全球皇室贵族名流及明星，实现了当今时尚人士的奢华梦想，塑造了一个个举世闻名的传奇故事。卡地亚在五大洲拥有 270 多家精品店和独一无二的经销网络，以其丰富的专业知识和经验，在每个重要的历史时刻都占有重要的位置。

周大福和卡地亚分别作为大众珠宝品牌和珠宝奢侈品品牌的代表，它们的品牌创建历史反映出了两个品牌的巨大差异。在这些差异下，周大福和卡地亚也有着不同的品牌建设战略和品牌营销策略，在各自领域内都取得了良好的发展。

资料来源：① https://www.ctfjewellerygroup.com/sc/group/history.html.

② https://www.cartier-cn/.

③ https://baike.baidu.com/item/%E5%8D%A1%E5%9C%B0%E4%BA%9A%E5%85%AC%E5%8F%B8/178834?fr=aladdin.

讨论题：

1. 周大福和卡地亚是如何建设各自的品牌的？
2. 周大福为了获取进一步的发展可以采取何种战略或策略？

案例分析思路

第 8 章

珠宝文化营销

本章学习目标：

1. 明确珠宝与文化密不可分的关系。
2. 掌握珠宝文化的相关概念和特点。
3. 学习珠宝文化营销策略。

关键术语：

珠宝文化(jewelry culture)；文化营销(cultural marketing)；产品文化(product culture)；品牌文化（ brand culture ）

引导案例：

中国玉石文化

玉，石之美兼五德者。我国玉器源远流长，已有 7000 年的辉煌历史。玉的文化意蕴既是古老玉文化发展的产物，又是支撑玉文化升华的理念基石和精神支柱。

玉器诞生之初，它曾作为生产工具使用过。在我国新石器时代中晚期，玉制祭器和用玉殓葬占据了重要地位，用玉殓葬风俗是玉器的一个重要文化内涵，这个时期，也有了随身装饰玉器的风俗。目前已知最早用玉器作装饰品的是 7000～6800 年前的浙江余姚河姆渡遗址出土的璜、玦、管、珠、坠等。秦汉时代，佩玉成为普遍的风尚。汉代以后，特别是明清两代，装饰玉的种类和形式日趋丰繁，制作也更精致，玉器装饰渐渐成为这一时期内玉石主要的社会功能。

以玉器显示权力、等级的现象在新乐与河姆渡两处原始文化遗址出土的玉器中已见端倪，而良渚文化遗址出土的玉器则已显现出系列化倾向。它表明良渚文化时期社会已经分化，统治集团已经形成，并行使着政治、军事、宗教、家族等各方面的统治权力。周代以后，统治阶级为维护礼制，制作了大量玉制礼器和佩器。

另外，玉制礼器在古代是一种吉祥物，就含有祈求吉祥的寓意，也是一种德行操守的象征。人们赋予玉德行化、人格化的内涵，使玉成为君子的化身。玉更是美好事物的代名词，玉器从一出现便与美联系在一起。例如，比喻人的品格为"玉洁冰清"，形容人的相貌为"玉容""玉貌"，赞赏人的身材和风度为"玉树临风"，赞美天帝为"玉皇""玉帝"，称居住之所为"玉宇琼楼"，好听的声音为"玉声"。

资料来源：中国文物交流中心. 中国玉文化的形成[EB/OL].（2007-07-01）http://www.aec1971.org.cn/art/2007/7/7/art_1331_2626.html.

玉石文化在我国由来已久，玉石和文化之间已经形成了密不可分的关系。在我国，玉承载了太多的社会人文价值及内涵，本应具有极大的市场和知名度，但是目前我国珠宝市场却缺少知名的现代玉类设计品，相应的产品宣传、概念普及都处于匮乏状态，或许需要采取更好的文化营销手段。

自原始时期开始，我国玉首饰文化就体现在人们的生活中，而金银饰品的制造也从商代就已经开始，到了唐代，开始出现金、银、珍珠、宝石等搭配工艺，首饰文化达到鼎盛时期。珠宝的产生及发展都离不开历史文化背景，同样，珠宝产品与珠宝品牌也需要文化来赋予其意义、延展其内涵、创造其价值。

8.1 珠 宝 文 化

在人类发展过程中，被人类创造和使用的珠宝本身就是一种文化现象；同时，珠宝产品或者珠宝品牌都可以承载和借用其他的文化。这就使得珠宝与文化呈现出密不可分的关系。

8.1.1 文化与珠宝文化

1. 文化

自人类社会诞生之日起，就在不断地创造着自己的文化。每一个社会个体都是人与文化的产物，首先作为生物学意义上的人而存在，随后在社会的文化氛围中接受文化的熏染，成为具有特定文化素质的人。

李国忠指出，文化是生活在一定区域的一个民族或一个国家的人们在社会历史发展过程中，在与自然界作斗争以及科学实验、社会实践过程中所形成的能够影响社会个体乃至总体的行为趋向的一系列精神财富的总和。包括哲学思维、科学知识、宗教信仰、道德伦理价值观念、审美趋向、政治经济法律制度、语言文学、艺术及风俗习惯等。一方面，它体现于人们的日常生活之中；另一方面，它隐含于人们创造出来的物质设备和艺术品之中。

狭义的文化观认为文化包含人类在社会发展过程中所产生的一切无形的精神财富，

它排除了物质性的创造活动。广义的文化观是将文化看成一个社会总体的生活方式，它不仅包括看不见的精神和意识形态，还包括看得见的器皿、建设、服饰等物质形态；一切非自然的人文创造都可以称为文化。

本书认为的文化更接近广义的文化观，即文化既包括看得见的物质创造，也包括看不见的精神和意识创造。

2. 珠宝文化

珠宝文化是珠宝中所蕴含的人类文化以及珠宝在文化领域的使用状况。换句话讲，珠宝文化指在历史长河中，珠宝由于被人类认识使用，而使珠宝内部蕴含了有关人们的宗教信仰、哲学思维、审美情趣、道德情操、价值观念。珠宝与政治、经济、风俗习惯也有着密不可分的关系。

珠宝玉石自被人类发现和使用以来，也经历了漫长的历史发展岁月，它们的设计和使用也融合了相应历史时期的社会、政治、艺术、宗教等方面的内涵。珠宝本身可作为一种载体，也能承载或借用其他民族的文化。而在当今经济社会下，品牌对于珠宝产品的影响极大，品牌的文化和个性也会投射到珠宝产品上。

所以，本书认为珠宝文化至少包括三个方面的内涵：一是珠宝自身在历史发展过程中形成的文化象征和内涵；二是珠宝作为载体可以呈现出来的文化标识；三是品牌和设计师赋予珠宝的个性映射和思想表达。

（1）珠宝自身的历史文化

珠宝本身就是一种文化现象，它综合了社会、政治、经济、艺术、宗教和自然科学等多方面的内容，从石块、贝壳等磨制的原始饰物到如今的各类珍稀宝石，逐步形成了一个独立的体系，逐渐从实用性工具变成审美产物，凝聚了丰富的人类精神、文化和人格魅力。

在我国古代，由于珠宝珍贵、稀少、美丽，向来是王权的象征，珠宝的佩戴和使用也会因阶级地位的不同有所差异。在国与国之间的交往中，珠宝也始终扮演着重要的角色，小国向大国进贡，大国又赐予小国。珠宝业的发展繁荣程度也是一个国家政治经济发展状况的映射，当国家统一、政局安定、经济繁荣时，文化艺术就会得到长足的发展。

哪怕是同一类珠宝，在不同的历史时期，也具有不同的文化内涵。比如，我国的玉器，在诞生之初，它被作为生产工具；在新石器时代中晚期，玉在祭祀和殓葬中占据了重要地位；周代以后，统治阶级为维护礼制，制作了大量玉制礼器；秦汉以后，佩玉成为普遍的风尚，玉器成为吉祥福瑞和德行操守的象征。再如珍珠，秦昭王把珠与玉并列为"器饰宝藏"之首，珍珠在古代象征纯真、完美、尊贵和权威，与璧玉并重。但到了现代，珍珠在人们心中虽然仍是高雅气质的代表，但不再是身份和地位的象征，不如璀璨、高贵、华丽的钻石受欢迎。

（2）珠宝借用的其他文化

从历史发展的角度分析，不同民族、不同国家的人们由于在思维方式、认识水平、心理构成因素方面的不同，从而形成了不同的珠宝文化形式和结构。比如，东西方的珠宝文化就存在巨大的差异。①

在珠宝审美上，东方民族受到的文化熏陶大致相似，在文化上是以内敛自谦为美，注重和谐美，希望通过珠宝首饰的佩戴来营造出整体的氛围美。所以，东方民族的人在珠宝的选择上力求与整个人的服饰和气质一起达到一种和谐美，在选择珠宝的设计的款式造型方面，注重"传神"。在追求淡雅富有韵味的设计风格时，更加注重留白，打造意境美。而西方文化则不同，在西方的文化中，更加注重的是个人主义，凸显的是个人。所以在选择珠宝上面，西方人会更加倾向于色彩明亮、富有造型感的珠宝来凸显自己，由此他们酷爱各类色彩鲜明的珠宝作为装饰点缀。

在珠宝意象上，东方民族在发展中都喜欢将图腾作为部落的象征，可以说一个图腾就代表了一个部落的兴衰发展。所以，长期都有受到抽象化图腾影响的东方，在珠宝首饰的雕刻造型上更加喜欢用瑞兽作为题材进行发挥创作。除此之外，在东方，自然万物都被赋予了不同的意义，富有美好寓意的题材都可以作为珠宝创作的素材。而在西方，由于个人主义盛行，人们崇尚力量，所以在珠宝设计创作时，西方人更加喜爱狮子、蝴蝶等高度威武或者是外表美丽的动物来凸显自己。对于珠宝的雕刻镶嵌，西方更倾向于栩栩如生的雕刻，达到逼真的效果。除此之外，西方人喜欢对称美，注重珠宝首饰中的比例美学，力求达到相得益彰的作用。

在珠宝材质的选择上，东方民族的人会选择玉石、珍珠、珊瑚等具有东方文化底蕴的材质进行雕刻。特别是翡翠玉石，在我国有着悠久的历史文化。可以说，翡翠玉石已经是我国的珠宝代名词之一。而西方人在珠宝材质的选择上，更喜欢闪亮、耀眼的珠宝，所以钻石、红蓝宝石、祖母绿等材料备受追捧。

正是不同国家、不同民族的珠宝文化差异巨大，使得各种珠宝文化各具特色。随着当今世界各国、各民族之间不断的交流融合，在珠宝方面也表现出借用其他国家或民族的文化元素来设计产品，尤其是当珠宝品牌跨国延伸、进入国际市场时，常常会采用目标市场所在国家的文化元素来进行珠宝产品创作和宣传。

（3）映射在珠宝产品上的珠宝品牌文化

在现代社会，消费者购买珠宝会更关注品牌，因为品牌作为一种商品的标志，能代表商品的质量、性能以及相应的服务标准，为消费者提供了保障，降低了消费者的购买风险和选择成本。同时，品牌的独特定位与品牌的个性、文化等要素也能帮助消费者表达自己的价值观、个性、品位、格调、生活方式和消费模式等。所以，对消费者来说，购买珠宝时，珠宝的品牌才是首要考虑因素。所以，鲜明的品牌文化和个性也会投射到相应的产品上。

---

① 珠宝范儿. 关于珠宝那些事——东西方珠宝审美的差异[EB/OL]. https://www.sohu.com/a/417663867—100235641.

品牌文化是某一品牌的拥有者、购买者、使用者或向往者之间共同拥有的，与此品牌相关的独特信念、价值观、仪式、规范和传统的综合体现。品牌文化是附着在产品设计或品牌管理运营中的文化内涵，具体包括品牌的价值观念、生活态度、审美情趣、个性修养、时尚品位、情感诉求等精神象征，能带给消费者更多的高层次的满足、心灵的慰藉和精神的寄托，在消费者心灵深处形成潜在的品牌文化认同和情感眷恋。

品牌文化的具体展现就是产品、标识、口号、宣传语。所以，珠宝产品上凝结着品牌赋予它的文化内涵和精神追求。例如，卡地亚的珠宝产品能体现出品牌赋予它的皇室珠宝的尊贵感、精益求精的工艺精神以及深厚的历史底蕴。所以，对相当一部分消费者来说，他们购买的并不是珠宝本身，而是珠宝背后的品牌所带来的价值。由此，在谈论珠宝文化时，不能忽视品牌文化对珠宝的影响。

8.1.2　珠宝文化的特点

珠宝本身就是一种文化现象，珠宝文化属于文化的一种，所以文化特性与珠宝文化的特性是一致的。

珠宝文化的特点是共享性、传承性、习得性、整体性。

（1）共享性，即珠宝文化是集体而非个人现象，是由群体所共享的，是一个民族或一个国家所共有的一种偏好和审美。比如：中国人偏爱翡翠玉石，这也源于历史上贵族爱玉成风；而西方人则更喜欢钻石、红蓝宝石等闪耀华丽的珠宝。

（2）传承性，即珠宝文化是代代相传的，在历史发展中文化会发生缓慢的变化，一些文化的核心价值的形式可能会不断变革，但其内在精神实质却相对稳定。例如，我国的玉石文化，玉器从殉葬、祭祀到王权的象征，再到贵族的随身配饰，始终代表了权力和社会阶层。

（3）习得性，即珠宝文化是后天学习得到的，而非与生俱来的，是通过学习或者社会潜移默化地影响形成的。

（4）整体性，即珠宝文化是一个整体系统，这个文化系统中存在珠宝本身的物质文化，也存在着珠宝上被赋予的精神文化，以及文化中相互联系、有机结合、共同变化的不同要素。

8.2　珠宝文化营销

珠宝产品是一种象征意义远大于功能意义的产品，它能体现佩戴者的社会地位，能满足消费者的自我表达的需求，展现消费者的价值观念、个性追求和审美品位。所以，在对珠宝品牌或产品进行宣传时，要体现出品牌或产品在价值观和文化内涵方面的独特性，也就是要做好珠宝文化营销。

8.2.1 珠宝文化营销概述

1. 珠宝文化营销的必要性

珠宝属于高档耐用消费品，本身就与一般产品不同，消费者购买珠宝不是为了满足低层次的生理需要或物质需要，而是为了满足更高层次的精神需求。

根据珠宝营销 4H 理论可知，珠宝产品具有享乐、高价值、历史、传承四个属性。高价值体现在珠宝具有收藏价值、艺术价值等；享乐指珠宝产品能带来的满足与愉悦，不仅包括美化装饰层面的，也包括精神层面和社会交往层面的；历史包括材质历史、产品历史、品牌历史等；传承也具有丰富多元的层次，包括文化传承、情感传承、价值传承、技艺传承等。根据珠宝这四个属性的具体内容可以发现，珠宝产品需要富含文化内涵、艺术审美等元素，文化内涵也可以给珠宝产品和品牌带来更多价值。可以说，消费者购买珠宝就是在购买珠宝产品的这些属性所带来的利益，这种对于文化的更高层次的需求会对消费者购买行为产生深刻和关键的作用。

所以，对于珠宝企业或品牌来说，在产品传递过程中也必须传递着某种文化。当消费者的文化需求与企业通过产品或服务所传递出来的文化契合时，才能真正满意，消费者与品牌之间才会产生更高的黏性。

2. 珠宝文化营销的概念

珠宝文化营销指珠宝企业在市场营销中有意识地发现、甄别、培养和运用某种独特的核心价值观念，以此为手段来提升企业的核心竞争力，并形成长期竞争优势的一种战略性营销活动。珠宝文化营销的本质是传递文化价值，以文化手段将各种利益关系群体紧密维系在一起。

珠宝文化营销中，珠宝企业或品牌以分析消费者的文化需求为出发点，以发掘和传播与之相适应的核心文化价值观念为手段，有效地满足这种文化和情感需求，以提升顾客价值和满意度，最终目的是提升企业的核心竞争力并形成长期的竞争优势。具体来说，珠宝文化营销的内涵需要从以下几个方面来把握。

（1）珠宝文化营销的出发点在于分析和确定消费者的文化需求。不同的消费者有不同的文化需求，这种差异源于许多因素的影响如消费者所处的文化背景、消费者自身的文化修养水平、消费者购买珠宝的目的等。不过，这些不同需求一般呈现出群体性的特点。所以，珠宝企业需要明确目标市场，通过调研等手段明确消费者画像，有针对性地进行文化营销。要求营销者必须确定和引导消费者的文化需求，实现文化观念的传递，在营销过程中提升顾客的感知价值。

（2）珠宝文化营销是传播企业文化的系统行为。无论是珠宝产品的营销，还是服务的营销，其营销思维都不仅仅局限于珠宝产品本身和直接服务的项目，而着重于运用经过策划的系统的文化交流沟通方式，向营销对象系统传播有关珠宝产品和服务的文化知识，提升营销对象消费文化水准和对企业文化的认识，以此获得营销对象对企业文化的认同，从而心甘情愿地、主动积极地接受企业的产品或服务。而且，珠宝文化营销应该在产品、服务、企业愿景、使命及价值观等方面保持一致性，相互协调和补充，形成文化系统，提高文化壁垒，有利于形成企业的核心竞争力。

（3）珠宝文化营销的核心内容是企业的价值观念。从营销学角度来看，要想获得营销对象的认同，很重要的一点就是企业价值观念必须为营销对象所赞同、欣赏和接受。因此，珠宝文化营销，就是要把企业文化核心层的企业价值观传达给营销对象，并与其产生价值观念的共振，产生亲和力，从而最大限度地调动营销对象的消费情感，使其接受企业提供的产品或服务。如果对企业核心价值观念的营销不到位，过于重视对珠宝产品或服务的文化营销，不仅喧宾夺主，而且容易使各产品系列之间缺少关联，降低了品牌显著性，不利于保护品牌，也不利于开发新的产品。

（4）珠宝文化营销质量的评价标准是顾客价值的提升程度。因为文化营销的目的是通过文化将相关利益群体紧紧联系在一起，给顾客交付更多超出产品本身的价值，提高消费者对品牌的黏性，所以最终要以顾客价值的提升程度为评价标准。也正因为珠宝文化营销是传播企业文化的系统行为，企业价值观念是其传播的核心内容，因此，其行为评价不是以个别产品销售和服务达成与否为主要标准。即评价的眼光不是聚焦在具体的产品或服务上，而是在顾客的态度上。所以，顾客对企业提供的产品、服务及企业整体形象是否满意，即顾客获得的整体价值是否得到提升才是评价文化营销好坏的标准。

3. 珠宝文化营销特性

（1）时代性。由于珠宝文化是具有历史性和传承性的，在历史发展过程中，具体的珠宝文化内涵也是根据时代发展有所变化的。所以，珠宝文化营销作为一种价值性活动，也总是要反映和渗透着自己的时代精神，体现出时代的新思想和新观念的。每一个时代都有各自的精神文化特征，所以珠宝文化营销不仅要重视传统与传承，更要不断适应时代的变化，汲取时代精神的精华，只有这样才能把握住社会需求和市场机会，才能赢得消费者，否则就会被时代淘汰。例如，在我国现有背景下，珠宝企业宣传的价值观应该是奋斗、拼搏、自由、追求个性等。

（2）导向性。珠宝文化营销的导向表现为两个方面，一是用文化理念规范引导营销活动过程。从深层次上，同社会及消费者进行价值观沟通。绿色营销就是在环境保护的深层的价值观上契合了消费者的想法而得以盛行。二是对某种消费观念和消费行为的引导，从而影响消费者消费观念的改变，进而影响其态度行为以及生活方式或生活习惯的改变。比如，钻石象征忠贞永恒的爱情这一观念就牢牢地印在消费者的心智中，使消费者在表达爱意或结婚等重要场合时不可避免地需要购买钻石，钻石营销改变了消费者的观念和生活方式。同样，现在也有一些营销将一些珠宝的佩戴场景从婚庆等场景推向日常生活场景。

（3）开放性。珠宝文化营销由于消费者对文化的广泛理解而具有极大的开放性。一方面，珠宝文化营销对其他营销方式能产生强大的文化辐射力，从理念价值的角度提升其他营销方式的品位。珠宝文化营销中的文化理念、文化资源对多种营销方式都有实际的指导意义，文化还可以在一定程度上加强其他多种营销方式（如关系营销、知识营销等营销方式）的实际效果。另一方面，它不断吸收其他营销活动的思想精华保持其创新的活力。

（4）个性化。珠宝文化营销的个性化指在开展文化营销活动中产品或服务所形成的、有助于品牌识别的文化个性。这种个性化具有鲜明的特色，很容易被消费者识别，有利于确立企业和品牌形象。不同珠宝品牌的文化营销应该呈现出不同的特点。例如，珠宝奢侈品品牌卡地亚、宝格丽、蒂芙尼等体现出来的是高贵的、疏离的、冷艳的感觉。更具体来讲，卡地亚是优雅高贵的、浪漫厚重的；宝格丽是热情奔放、华丽绚烂的。而大众珠宝品牌如周大福等会给人温和、真诚的印象。所以，不同珠宝品牌有着不同的鲜明特点。

8.2.2　珠宝文化营销策略

珠宝文化营销重点要把握两个层面：一是要做好产品层面的珠宝文化营销；二是要做好品牌层面的珠宝文化营销。

1. 产品层面

经常说，钻石是当今世界最成功的营销案例。钻石本质就是由碳元素组成的单质晶体，在地球上的储量不低，但价格却一直很昂贵。除开采有难度或像戴比尔斯这些公司控制销售数量以外，还因为一直以来钻石营销使人们形成了根深蒂固的认知：钻石坚硬、稀有、美丽、高贵，是爱情和忠贞的象征，代表永恒不破的爱情。于是这使得无数消费者趋之若鹜，为之疯狂。

现代产品观念把产品看成是由核心产品、有形产品和附加产品组成的一个系统组织，而不仅仅是一种有使用价值的有形物质。现代产品是由有形与无形、物质和精神、虚幻和现实等多方面因素的对立统一，是个有机的整体，不仅要满足消费者物质的生理上的需求，更要给予他们心理上、精神上的满足。

珠宝文化营销作为一种追求文化底蕴和精神内涵的活动，正好适应了这种产品概念和消费趋势，使得珠宝产品有可能超越其物质意义而成为某种精神的象征、心理甚至感觉的符号，从精神方面充实和丰富了产品的价值。

珠宝企业在文化营销中实施产品策略的过程，就是以珠宝产品为载体传递文化的过程，珠宝产品传递的文化包括其自身所带来的文化、珠宝设计中借用的其他文化以及设计师和品牌投射在珠宝上的文化。

（1）产品市场定位策略

市场定位指塑造珠宝产品在细分市场中的位置。具体的市场定位策略包括产品特色定位、功能性定位、消费者类型定位、文化定位、价值定位、情感和行为定位等方法，企业的珠宝产品想要表现出不同的 4H 属性就需要使用不同的市场定位方法。要向消费者传递珠宝的基本"享乐"属性，应该选择针对产品的材质、特色或者功能性的定位方法；要表现出"高价值"属性，则要使用价值或者针对消费者的情感和行为的定位方法；要强调珠宝的"历史"和"传承"属性，企业就需要选择文化定位的方法。

因此，当珠宝产品进行文化营销市场定位时，要着重强调珠宝的历史和传承属性。可以通过强调品牌的历史、工法技艺的传承、设计师的灵感来源、对人类社会的关怀等文化、价值观元素来增加消费者对具体珠宝产品的感知，从而在满足消费者的文化需求上与竞争对手区别开来。

（2）产品开发设计策略

企业在设计、生产产品时，要根据目标顾客的文化背景和企业营销策略，把消费者认同的文化与企业所想要传递的文化价值观相结合，在产品开发的过程中创造新文化，满足消费者的文化需要。一旦通过别具一格的文化内涵设计赋予产品文化气息和情感色彩，使之与消费者的心理满足相吻合，"产品—文化"需求之间的联系就打通了，就会形成消费者的产品文化偏好。例如：面对中国消费者，珠宝设计可以采用龙、凤、麒麟、喜鹊等在中国人眼里代表着祥瑞的动物；面对西方消费者，可以采用猎豹、狮子等代表着力量与勇敢的动物图腾。

（3）产品包装策略

运用文化对产品进行包装，既可对产品的销售进行有力的推动，又能明确体现企业自身的文化价值特色并加以推广，文化包装是产品"无声的推销员"。所以，企业应该提高产品包装的文化蕴涵，巧妙地利用文化差异增添产品的魅力。比如，中国消费者对红色、黄色的喜爱程度会高于对黑色的喜爱程度。

珠宝企业要在产品策略中取得成功，就要在市场定位、珠宝产品设计、珠宝产品包装等产品系统的各个环节中渗透文化理念，坚信自己不是在单纯地销售产品，而是在营销某种价值观念。将结合时代精神、消费态势与消费者沟通而构建的文化价值观念植入产品之中，提升产品的价值，以文化力重整企业产品营销，在产品市场定位、开发设计和产品包装方面都力求文化与产品策略的完美结合。

2. 品牌层面

消费者对珠宝品牌的重视，不仅在于品牌有利于识别，还因为品牌蕴含企业的价值观念，是珠宝产品形象和文化的象征，能给消费者带来文化价值的心理利益。品牌的内涵包括了属性、利益、价值、文化、个性、用户六个方面，对于珠宝品牌来说，价值、文化、个性是其中最为重要的部分。

珠宝文化营销绝对不能忽视的部分是把产品所拥有的文化内涵融入品牌中，使文化成为品牌的灵魂，以更持久的方式把产品的文化内涵转变为企业品牌内涵，积累品牌资产，建立起一个超值的文化品牌，引导顾客前来购买，促进产品的销售。

　　因此，实现文化与品牌的连接是非常重要的。企业利用文化营销创造产品价值的过程，就是通过品牌形象的塑造增加附着在产品功能属性上的顾客感知价值的过程。比如，卡地亚能给消费者带来尊贵感，展现法国巴黎"典雅高贵、精致繁华"的浪漫文化，满足消费者追求高贵、时尚的心理。此外，企业通过品牌形象的确立，建立与顾客的双向沟通，让企业自身及其产品在顾客心中形成稳定的印象，并透过其文化力去塑造亲和力，赢得消费者和社会公众对其产品的认同，从而过渡成一种相互信任的关系。在顾客消费产品的始终，顾客对产品都有一种好的印象和感觉。在日后的消费过程中，顾客可以凭借这种对企业品牌的信任，减少购买商品过程中的对比成本、体验成本和货币成本等，从而降低顾客价值构成因素中的感知付出。

　　珠宝文化营销的品牌策略包含两个层面的内容：一是感观层面的品牌策略，是展现于顾客面前，看得见摸得着的一些表层要素，如珠宝品牌的名称、品牌标志等品牌元素。比如，周生生这一名称取自创办人的姓氏，寓意"周而复始，生生不息"，也表达了对企业的祝福。二是文化心理层面的品牌策略，是品牌表层要素中蕴含的该品牌独特的内层要素，如品牌的利益认知、情感属性和个性形象等。在这两个层面中，文化心理层面的珠宝品牌策略是其核心内容。

　　（1）品牌利益认知型营销策略，指立足于本珠宝品牌与其他珠宝品牌的差异之处或该品牌产品本身的强势特征，以消费者对于产品功能价值的特殊感受为对象来进行品牌定位。对于消费者来说，他购买的不仅仅是珠宝产品的本身，还有产品品牌所带来的主观心理感受。

　　（2）品牌情感属性型营销策略。不同文化背景的人有着不同的文化习俗，但拥有不同文化类型的人却有着相同或者相通的情感世界。最常见的情感类型如爱国、思乡、亲情、友情、爱情、浪漫、温馨等。因此，情感诉求型的品牌营销方式最易于在全球范围内推广，也最容易引起消费者的共鸣。情感属性型营销策略就是要从目标消费者心中已存在的情感出发，因势利导，使品牌的形象能强烈地触发消费者心中扎根的"情感纽带"，并与之完美地融合在一起，从而引起消费者的共鸣和认同，最终对这一独特品牌"心生爱意"并"由衷支持"。

　　（3）品牌个性形象型营销策略，侧重于强调品牌的独特之处在于其具有某种与人相类似的个性。因而它不仅能引起人们的共鸣和认同，而且会成为目标顾客用以表达自我特性的工具，也即反映自我身份的"喉舌"。每一个人都有向别人传达"我是一个什么样的人"或者"我希望成为一个什么样的人"的欲望，而我们在同陌生人交往时也常常是通过他们的言谈举止和衣着打扮等外表特征来在短短几秒钟内做出判断。因此，具有某种特定的个性化特征的品牌往往就成为具有相应性格特点的使用者的"代言人"。

本章小结

　　广义的文化观是将文化看成一个社会总体的生活方式，它不仅包括看不见的精神和意识形态，还包括看得见的器皿、建设、服饰等物质形态，一切非自然的人文创造都可以称之为文化。珠宝文化是珠宝中所蕴含的人类文化以及珠宝在文化领域的使用状况，珠宝文化至少包括三个方面的内涵：一是珠宝自身在历史发展过程中形成的文化象征和内涵；二是珠宝作为载体可以呈现出来的文化标识；三是品牌和设计师赋予珠宝的个性映射和思想表达。珠宝本身就是一种文化现象，珠宝文化属于文化的一种，具有共享性、传承性、习得性、整体性。

珠宝文化营销指企业在市场营销中有意识地通过发现、甄别、培养和运用某种独特的核心价值观念为手段来达成企业经营目标的一种战略性营销活动。珠宝文化营销重点要把握两个层面：一是要做好产品层面的珠宝文化营销；二是要做好品牌层面的珠宝文化营销。在产品层面，要在产品市场定位、产品设计开发、产品包装等方面融入文化因素。在品牌层面，把产品所拥有的文化内涵融入品牌中，使文化成为品牌的灵魂，以更持久的方式把产品的文化内涵转变为企业品牌内涵，厚积品牌资产，可采取品牌利益认知型营销策略、品牌情感属性型营销策略和品牌个性形象型营销策略。

即测即练

自学自测　　扫描此码

思考题

1. 珠宝与文化存在什么关系？
2. 珠宝文化包括哪些内容？
3. 珠宝文化具有哪些特点？请举例说明。
4. 珠宝文化营销要重视哪些方面？
5. 产品层面和品牌层面的珠宝文化营销有何不同？请举例说明。

案例讨论

低调的"蓝血贵族"——尚美巴黎

尚美巴黎（CHAUMET）创始于1780年，承载着两个多世纪的历史底蕴，是被誉为"蓝血贵族"的法国珠宝及奢华腕表品牌，也是奢侈品集团西名悦·轩尼诗–路易·威登集团旗下历史悠久的珠宝设计世家。自创建开始，尚美巴黎的品牌故事就和法国的历史紧密相连，并很快成为拿破仑和约瑟芬皇后的御用珠宝品牌。

帝国主义时期（1804—1815 年），拿破仑的品位首先表现在政治意义上，他想让法国成为奢华时尚珠宝中心。尚美巴黎创始人尼铎在完成拿破仑的加冕之剑和教皇庇护七世冠冕的制作之后，成为皇室珠宝商和约瑟芬皇后的御用珠宝商，并因此跻身整个欧洲最受欢迎的珠宝商行列。尼铎作为拿破仑的御用珠宝匠，于其登基礼时为拿破仑打造御剑，并镶嵌 140 克拉的"摄政王钻石"于剑上，该件作品至今仍被存放于法国国立枫丹白露宫博物馆。1810 年 2 月 28 日拿破仑皇帝将一套由尼铎打造的完美珠宝首饰送给他的第二任皇后。

浪漫主义风潮盛行（1820—1879 年）。帝国没落后，尼铎的接棒者让·巴蒂斯特（Jean Baptiste）和朱尔斯·福辛（Jules Fossin），随后是瓦伦丁（Valentin）和普罗斯佩·莫莱勒（Prosper Morel），更新着丰富创作的灵感源泉，奉献了浪漫唯美的珍贵珠宝。

不拘一格的浪漫主义时期受历史上的多种风格影响和启发，最为突出的是对自然的推崇，表现为对真实性的特别关注。1853 年，尚美巴黎为鲁伊斯公爵夫人订制了一款项链表，精致的做工和丰富的宝石搭配使之广受好评，在 1855 年的巴黎世博会上更是备受赞誉。波旁王朝的复兴重振了人们对奢华的追崇。巴黎重现辉煌，再次成为奢侈时尚高地，重获国际声誉。这里自然营生出制作珠宝的氛围，用于搭配白天或夜晚穿着的豪华晚礼服。1860 年，尚美巴黎制作了一款三色堇钻冕。其最特别之处在于钻冕可被拆分成三个别致的胸针，富有自然主义创意及艺术性。

美好时代，光辉灿烂（1879—1910 年）。约瑟夫·尚美（Joseph Chaumet）从 1885—1928 年担任品牌总监，并为品牌命名为尚美巴黎。约瑟夫·尚美极富想象力，是美好时代无可争议的大师，他的灵感源自大自然的独有魅力。得益于约瑟夫的创造力，白鹭和冠冕成为社会标志和时尚配饰，也成为尚美巴黎的特色。尚美巴黎世家成立于 1907 年，第一家门店坐落于芳登广场 12 号原法国海军司令博德·德·圣詹姆斯男爵（Baudard de Saint-James）府邸，这里成为尚美巴黎的标志性地址。

装饰艺术席卷欧洲（1910—1930 年）。在此期间的前卫艺术比比皆是，从立体主义到未来主义。尚美巴黎世家配合当下女性时尚的中性装扮，顺应几何形状的设计趋势呈现时尚风格。铂金外观让珠宝更加轻盈柔韧，实现整体高度突破。这一时代标志性的"小男孩风格"系列造就了装饰艺术的产生，更于 1925 年巴黎博览会上达到了巅峰，凸显出强烈色彩、对比材质，以及使用半宝石、黑白色系等异国元素，不使用累赘的设计，来表达鲜明的个性与立场。

传统向现代的过渡（1930—1999 年）。20 世纪 30 年代，尚美巴黎延续自身风格，同时赋予现代感，呼应巴黎人的优良品位，不懈寻求新颖前卫的风格。20 世纪 50 年代尚美巴黎世家进入艺术提案的新周期。收藏品的出现让尚美巴黎增加了丰富多样的橱窗展示模型，吸引更多的顾客。尚美巴黎还成立了一个专门的制表部门，让自身业务更加多样化。尚美巴黎世家拥有的如皮埃尔·斯泰雷（Pierre Sterlé）和勒内·莫林（René Morin）

等伟大的设计师和珠宝商使得尚美巴黎风格永存，同时赋予其新的现代感。

1970年，尚美巴黎颠覆珠宝守则，推出了新的门店概念 Arcade。1977年，尚美巴黎推出新的代表性系列：Liens 缘系·一生系列，展现人与人之间的缘分和连接。1999年，尚美巴黎世家继被投资银行全球投资集团（Investcorp）收购之后，又被西名悦·轩尼诗-路易·威登集团收购。

2000年至今。继1977年诞生的展示人与人之间连接的代表性 Liens 缘系·一生系列，尚美巴黎世家创建了两个新的代表性系列。2010年的 Joséphine 系列向尚美巴黎世家的第一位显赫客户和灵感女神——约瑟芬皇后致敬。尚美巴黎的美学风格受冠冕启发，成为自身特色，为佩戴该系列珠宝的女性增添了女性气质。2011年，Bee My Love 系列诞生，呼应尚美巴黎和约瑟芬皇后对植物和自然主义的热爱，以珠宝重新呈现了蜜蜂和蜂巢图案，打造一个充满象征意义的花园秘境。2020年，尚美巴黎世家位于芳登广场12号的总店，历经一年的装修焕新揭幕，并为240周年庆揭开序幕。

资料来源：https://www.chaumet.com/zh_hans/our-maison/milestones.

讨论题：

1. 尚美巴黎的珠宝产品上凝结了哪些文化？

2. 尚美巴黎的品牌文化展现了哪些特性？

3. 尚美巴黎已成立240年，至今仍饱受赞誉，它有哪些优点或经验？

案例分析思路

第 9 章

珠宝连锁经营和拍卖

本章学习目标：

1. 掌握连锁经营的一般形式、特征、优势和风险。
2. 掌握珠宝两类主要连锁模式（直营连锁和加盟连锁）的特征。
3. 了解两类珠宝连锁经营的关键成功要素。
4. 了解拍卖级珠宝的条件及拍卖过程。
5. 了解赌石的交易方式、交易技巧及防假。

关键术语：

直营（direct sales）；特许加盟（franchising）；自由连锁（free-chained）；关键成功要素（key success factors）；拍卖（auction）

引导案例：

周大生，珠宝全地域连锁经营的领军者

周大生是我国珠宝行业的头部企业，也是我国中高端市场珠宝品牌，自 2017 年以来，周大生门店数量迅速扩展，截至 2020 年年底，公司总网点数达到 4020 家，排名行业第一，其中加盟店 3768 家，自营门店 252 家。

周大生成立至今，斩获多项企业荣誉，包括：首届中国黄金珠宝行业年度评选"最具影响力人物"；连续 9 年上榜"中国 500 最具价值品牌"；位列 2018 年度"中国 500最具价值品牌"珠宝品牌第二，品牌价值达 500.18 亿元，位居中国轻工业前三。周大生的成功，得益于其主创管理者对于市场的洞察力。除了根据市场需求，推出独家研创的多个系列品牌：百姿女戒系列，包括自然、迷人、浪漫、摩登、优雅五个主题；百媚吊坠系列，包括灵韵、云水间、花之舞、拥你入怀多个产品；LOVE 100 星座极光系列，包括星爵、星耀、天堂之羽等。更值得一提的是，周大生在连锁经营模式上十分有建树。

针对不同类型的产品、不同定位应用了不同的模式：镶嵌类产品，公司通过自营店、加盟店和电商渠道销售。由于加盟店布局较早，且各有层次，周大生在三四线城市抢占了先机，在全国的网点数量不断增加，为布局全国市场奠定了扎实的基础，构建了其竞争优势。

资料来源：周大生. 全渠道、全地域持续进化的珠宝龙头买入[EB/OL]. http://www.chowtaiseng.com/ishop/web/?app_act=index/do_index.

连锁经营是一种最有效率的商业组织形式和经营制度，指两家及两家以上店面或者企业共同经营同类产品，且对每家店面的经营活动实施集中化管理，以实现规模经济的经营模式。连锁经营被称为零售业的第三次革命，从连锁分店与总公司所有权和经营权关系层面，逐渐发展成为三种经营模式：直营连锁、特许加盟和自由连锁，三类模式各有其特征。连锁经营可以提升企业知名度，同时使企业迅速扩张，甚至被认为连锁企业的发展实质就是加盟店的扩张。引导案例中，周大生借助不同形式的连锁模式，如在三四线城市采用加盟连锁模式，抢占了这类市场的先机，使其市场迅速扩张，也为其构建竞争优势奠定了坚实的基础。当然，不同珠宝连锁经营模式各有其特征，因而有着不同的适用条件，决定着不同模式运用的成功。

随着人们对珠宝鉴赏、收藏功能的关注，珠宝拍卖也逐渐进入人们的视野，那么，怎样的珠宝才能进入拍卖？如何进行珠宝拍卖？这些都是需要了解的基本常识。因而，本章在探讨珠宝连锁经营之后，探讨拍卖级珠宝的条件及珠宝拍卖流程。

9.1 连锁经营概述

在现代商业发展的浪潮中，19 世纪出现的连锁经营被称为"现代流通革命"的一大标志，以燎原之势在世界范围内迅速扩张，彰显了其强大的生命力和影响力。自 20 世纪80 年代开始连锁经营在我国兴起并发展至今，该模式帮助一批批企业迅速扩张，占据了绝对的市场优势。

9.1.1 连锁经营的概念、体系及模式

1. 连锁经营的概念、管理模式和划分体系

连锁经营指两家及两家以上店面或者企业共同经营同类产品，且对每家店面的经营活动实施集中化管理以实现规模经济的经营模式。连锁经营有三类管理模式八种体系。三类管理模式包括集权管理模式、分权管理模式和混合管理模式。

集权管理模式指决策权和店面所有权都集中在总部，分店主要负责执行决策；分权管理模式与集权管理模式不同，在分权管理模式下，总部只把控关键问题和原则问题，而将经营过程中的各种决定权下放到各个分店；混合管理模式是一部分权力由总部统一管理，另一部分权力交由分店，在混合管理模式下，门店具有一定的灵活性，但具体如

何授权，需要企业根据自身特点调整。

至于连锁体系，业界有不同的划分，本节呈现目前业界较广泛采用的划分体系，即连锁体系包括规划体系、店面识别（shop identity，SI）体系、店址评估体系、开店体系、运营体系、物流体系、拓展体系和营销体系。

规划体系指对于部门设置和企业文化的构建。SI 体系指对店面的宣传，具体指对各分店经营的行为、原则和经营哲学等一系列问题的整合，并向外界传达，从而增进大众对该品牌的认知度。店址评估体系指分店的选址，因为经营一家店面，地理位置尤为重要，店面地理位置的优劣在很大程度上会影响店面的整体经营及效益。开店体系指开一家店要经过的流程和手续等。运营体系指在连锁运营中的统一化标准，将运营步骤规范化。物流体系即所经营商品的采购、存储、配送、运输等系列活动。拓展体系指如何在现有规模下，实现连锁线的进一步扩张。至于营销体系，即如何实现有效地宣传，如何将企业的信息更加准确无误地传递给消费者。

2. 连锁经营的模式

连锁经营模式从连锁分店与总公司间所有权和经营权关系、成员店的区域分布、总公司（部）所在地区等不同角度进行划分，其中，依连锁分店与总公司间所有权与经营权关系的划分是最基本的划分。

（1）从连锁分店与总公司所有权和经营权的关系划分，连锁经营的模式划分为直营连锁、特许经营和自由连锁。

①直营连锁，也叫正规连锁，是世界上最早出现的连锁形式，也是连锁经营的基本形态。在产权关系上，直营连锁中各连锁店由总部直接经营投资，属总部所有，各连锁分店不具有企业法人资格，总部对各连锁店面实行统一管理，各分店经理也由总部直接委派；在利益分配上，直营连锁实行总公司统一核算，各连锁店只是一个分设的销售机构，销售利润全部由总公司统一分配；在经营管理关系上，一般以总部为核心，在人事、财务、价格、经营、分配等方面对所有分店进行直接的全面管理，即采用"总部—分店"的直接管理模式，有人称这种形式为父亲与亲儿子的关系。

②特许经营，也称加盟连锁，这种形式中，各加盟企业具有独立的企业法人资格和企业的人事权、财务权，因而特许连锁店之间以及连锁店与总公司之间的资产都是彼此相互独立的。同时，被特许企业即加盟企业必须按照特许合同的规定严格执行生产经营，特许企业和被特许企业（加盟企业）之间是一种合同契约关系，被特许企业并没有独立的生产经营权，总部需要向加盟商传授管理、技术等经验并收取一定的指导费。因而，特许经营模式下，总部向加盟商管理、技术的有效转移是特许经营的关键。如果直营连锁下，总店与分店是父亲与亲儿子关系，那么，特许经营形式下总店与加盟店间的关系就是父亲与干儿子的关系，直营店和加盟店就相当于同父异母的两个兄弟。

③自由连锁，也称自愿连锁、志同连锁或任意连锁。如果觉得直营连锁和特许经营

有过多约束，影响连锁企业的经营活动的话，自由连锁是个不错的选择。自由连锁集团是在具有独立法人资格的各商业企业之间进行联合而形成的，无论是核心企业还是加盟企业，在自愿加入连锁组织之后，各企业原来的独立法人资格并未消失，每个企业仍然保持着自主性和独立性，店面资产所有权归相应的店家所有；同时，各连锁企业的责权利关系通过民主协商、以合同的形式共同确定，并由合同制约和维系着这个自由连锁集团的经济关系，运作技术和商店品牌则归总部持有。自由连锁模式下，分店和总部的沟通至关重要。

以上三类模式在所有权、经营权和利益分配上的关系如表 9-1 所示。

表 9-1　三类连锁经营模式所有权、经营权和利益分配的比较

连锁经营模式	所　有　权	经　营　权	利　益　分　配
直营连锁	分店归总部所有，不具所有权	分店接受总部直接、全面的管理	利润由总公司统一分配
特许经营（加盟连锁）	加盟店之间、总公司与加盟店之间的资产彼此独立	加盟商按合同规定经营，并没有完全独立的生产经营权	利润归加盟商所有，但需向总部支付加盟费
自由连锁	资产归各连锁企业各自所有	遵循合同制约下，各连锁店各自拥有	利润归各连锁店所有

（2）从成员店区域分布划分，连锁经营模式可划分为地区性连锁、全国性连锁和国际性连锁三种类型。地区性连锁即总部及所有成员店集中于同一城市或地区；全国性连锁即所有成员店分布于全国各地；国际性连锁即成员店的发展已跨国界分布。

（3）从总公司（部）所在地区划分，连锁经营模式可划分为地方连锁和中央连锁。地方连锁指连锁商店总部位于地方城市。中央连锁指连锁商店总部位于全国政治、经济、文化中心——首都，而成员店遍布全国乃至国外。例如，我国国美电器总部位于北京。

无论上述哪一种连锁经营模式，都涉及连锁经营的门店数量，科特勒等学者和美国商业普查局（商业部）以加盟家数为基准，认为连锁经营的门店数量应大于 2 家；而同在北美洲的加拿大，其国家统计局则认为应达到 7 家以上才算是连锁经营；美国与世界国际连锁加盟协会、日本经济研究所与加盟连锁协会达成一致的观点，认为连锁经营店数量应大于 10 家。在我国，目前对连锁经营的分店的数量还没有明确的要求，且连锁经营店数量与连锁经营所在的行业有关。例如，日常消费品行业的连锁经营门店的数量就相对要大。

9.1.2　连锁经营的特征、优势和风险

连锁经营有其优势，通过连锁可以快速占领市场，提高品牌知名度，增强规模化效应，但同时也存在一定的风险。

1. 连锁经营特征

连锁经营主要特征包括标准化、专业化和规范化。

（1）标准化

连锁经营把分散的经营店铺联合起来，构成一个由总部和各连锁店组成的利益联系紧密的整体。标准化使连锁经营具有统一化特征，保证了企业可以提供标准化服务和商品，保证价格的优势。

（2）专业化

经营方式上，总部对各连锁店统一管理，提高经营管理的标准；总部根据各连锁店要货计划统一采购，实行统购分销，有利于保证商品质量和降低进货成本；总部成立配送中心负责各连锁店的储存、配送、包装等，并根据各连锁店的需要及时补送货，有利于保证商品品种齐全和降低储存成本；总部对连锁商品统一定价，各连锁店价格调整必须经总部批准，有利于提高企业信誉，产生价格优势；统一各连锁店的装饰、装潢、色彩以及商品陈列、货架放置、员工服饰等标志，有利于树立良好的企业形象，增强员工的责任感与顾客的认同感；各连锁店采取统一的营销策略，有利于加深顾客对企业的认识和信任，从而达到促销目的。同时，总部还将产品设计理念以及成熟、专业的运营技术传授给各分店，并负责对各分店人员进行专业培训、统一各分店运营，同时实现专业化。

（3）规范化

总部必须运用先进的经营管理理念对连锁单店中的员工培训、员工工作安排、职责、服务标准、店面陈列、广告、市场营销、顾客关系，顾客抱怨处理程序、存货控制程序、会计程序、现金和信贷管理程序、安全生产、突发事件处理等问题进行深入研究，并予以规范化管理，整理成连锁单店工作手册、培训教材和速查手册，共享总部的经营技术，便于开展日常经营活动。对总部来说，规范化是确保各连锁店按照统一标准、模式进行经营活动的必要保障，也是复制连锁店的必要条件。

发展连锁经营决定了经营门店在地理上日趋分散的特性。面对散落各地的连锁分店，总部必须对通信网络系统实行信息化管理，将总部和各连锁店连成一个整体，实现总部对各分店所有业务环节的实时监控，并实时记录和深度分析各环节信息，实施"零距离"管理，规范各连锁门店经营行为。

2. 连锁经营的优势及风险

（1）优势

①提升规模效应。连锁经营相较于传统经营形式最大的特点是标准化，转而带来规模化：规模化采购、规模化营销、规模化招聘，从而降低成本。

②提升知名度。连锁经营多处建店并不断拓展，总部对各连锁分店采取统一的服务理念、产品类型、经营模式以及徽号标记和店貌等形象设计，壮大连锁店在消费者心目中的气势，留下深刻的印象，名声也传播到更广泛的区域；同时，来自各连锁店的相同信息轮番地刺激消费者，加深消费者对连锁店及其产品的印象，有利于树立企业形象，

提升企业知名度。

③有利于采购和营销。由于总店集中统一采购，可直接从厂商处大批量进货，减少中间环节，节约流通费用；同时，因大批量进货，能提高总店与厂商议价的能力，享受更多价格折扣，降低采购商品价格。由于连锁店销售量巨大、市场范围广，连锁店能共同利用电视、杂志、报纸等多类媒介进行统一宣传，扩大宣传覆盖面和提高重复率，强化宣传效果；同时，对于各分店，没有采购、培训店员等任务，专职于销售，有利于提高销售水平。

（2）风险

①自主性低，缺乏个性。总部集中进货、配送，统一定价、标识和营销策略，还要求统一运营技术和管理，加盟商的积极性、创造性和主动性会受到限制，个性化创造的动力不足，即使有自己的个性创意，也难以得到充分发挥。

②一损俱损。加盟连锁店的商品、营销模式都要遵循总部制定的方案，因而总部的决断一旦发生失误，加盟商的利益势必遭受损失；同样地，当品牌的产品或信誉遭到质疑时，所有加盟连锁店在消费者心目中的形象也会大打折扣。

③官僚化。总部管理体系庞大，在信息上传下达过程中可能出现偏误、效率低等问题，容易出现官僚化现象，导致管理成本增高。

9.1.3 适合连锁经营的行业的特征

现实生活中，各行各业都在对连锁经营进行试验和试探。经过多年来的发展，连锁经营模式在餐饮业、零售业和服务业已经取得了巨大的成功，那么，到底连锁经营适合哪些行业？虽然至今还没有关于适合连锁经营模式的行业特征的研究结论，但是根据以往经营效果的总结，具有以下特征的行业将在连锁经营模式中获得更大利润。

第一，消费者服务期望一致的行业。如果一个行业的消费者对于服务的期望有较为一致的认知，也就是说，不同消费者的服务期望通常维持在相对稳定的范围内，不会随个人差异而发生巨大的改变，那么该行业比较适合连锁经营，如酒店业。

第二，消费速度快的行业。如果一个行业面向消费者的日常需求，那么该行业的产品消费速度就较快，这就要求从业人员对市场需求变化做出快速反应。而连锁经营灵活性强、协调性好，这使得连锁经营更好地满足这些行业消费者的广泛需求，同时其经营优势也在这些行业中得以充分发挥。

第三，高质量的行业。高质量行业的消费者容易形成强烈的品牌意识，期望获得高品质的产品或服务。该行业消费者会在不断消费过程中形成依赖性，使该行业的新企业和小企业难以生存，而连锁经营则因为强调统一形象、统一品牌而很好地解决了这个问题。珠宝产品对大部分消费者来说是非专业性购买，追求真货、避免上当是大多数消费者的首要购买决策要素，属于高质量的行业；同时，非专业性使消费者对珠宝品牌形成依赖，他们认可高知名度品牌带来的高质量，且选购的珠宝产品档次越高，这种依赖心理越强。因而，珠宝产品比较适合连锁经营。例如，周大福、周大生大规模地采用了连锁店来扩大市场规模，提高品牌知名度。

第四，较高管理标准门槛的行业。如果一个行业要求对市场变化做出快速反应，拥有持续高强度的特点，那么该行业比较适合连锁经营。因为连锁经营要求各分店在运营各方面保持统一、标准和规范，具有较高的管理能力。

9.2　珠宝连锁经营类型、特征及在我国的发展

自周大福率先在北京挂牌经营，珠宝行业掀起了连锁经营的浪潮，其自营店的开展和加盟店的扩张极大地开拓了珠宝企业的市场规模。在连锁经营不断应用到珠宝行业的过程中，有许多后起之秀。比如，引例中的周大生就借助加盟的运营优势，迅速实现了三四线城市市场的下沉，为公司开拓了一片天地。

9.2.1　珠宝连锁经营模式

根据直营连锁、特许经营、自由连锁三类连锁模式在所有权、经营权和利益分配上存在的差异分析，各连锁经营店对资金需求也不同：直营连锁模式需要企业有充足资金进行周转，保证有大量的产品进行货品存储；特许经营模式也需要一定的资金储备。因此，珠宝企业宜结合自身发展战略、经营状况选择其中一种模式或多种模式的组合。总体来看，珠宝连锁经营模式有以下几种。

1. 单一模式

据连锁分店与总公司间所有权和经营权的关系，连锁经营模式有直营连锁、特许经营（加盟连锁）、自由连锁三种。主要以三种连锁经营模式中的一种进行运营的模式为单一模式的连锁运营。例如：金伯利主要采取加盟连锁的经营模式，其在全国各地有600多家专营店，以此实现市场的拓展；卓尔珠宝、莱坤通灵、周生生主要采取直营连锁，所有机构都是通过企业自建终端实现直营；而龙凤珠宝主要以自由连锁的方式进行经营，统一品牌名称、统一品牌形象、统一配货，但每个门店具有较高程度的自主权，同时自负盈亏。

2. 混合经营

混合经营指采取直营连锁、特许经营（加盟连锁）、自由连锁中的两种及两种以上的模式展开经营。珠宝行业大多数企业采取"直营+加盟"混合经营模式。直营是企业自己开设终端进行产品的售卖；加盟指企业借助加盟商的力量，由加盟商将产品售卖给消费者。例如，处于行业头部的周大福、老庙，往往选择在一二线城市开设直营店，建设品牌形象；同时，在三四线城市主要开设加盟店，实现更有效的市场扩张。

3. 复合经营

复合经营是生产型企业的经营模式。即企业既可以向上游供应商采购原料后自行生

产，又可以与下游经销商合作销售本公司产品。同时，企业还可以通过直营或者加盟实现企业品牌形象彰显和市场扩张。这种连锁经营模式十分复杂，需要企业具有足够强大的管理能力和经济实力。

整体来看，珠宝企业大多偏向选择混合经营模式，即直营连锁+特许经营（加盟连锁）。

9.2.2　珠宝连锁经营的特征

鉴于珠宝企业大多选择直营连锁+加盟连锁的混合类型，因而，本部分阐述珠宝直营连锁和加盟连锁两类模式的特征。

1. 一般共性特征

总体来说，珠宝直营连锁和加盟连锁具有"两高一扩张"的共性特征。

（1）对资金实力要求较高。无论是直营模式还是加盟模式，都需要较高的资金投入。直营模式下，企业需要自建终端，开设店铺，统一进货；加盟模式下，加盟商需要向总部缴纳一定的管理费用即加盟费，同时需要资金从总部购进珠宝产品。但加盟模式对总部的资金要求明显要低，这也是周大生在刚成立不久资金实力有限情况下采用加盟模式的原因之一。

（2）对品牌管理能力要求高。对于珠宝行业来说，独特的设计理念和品牌的建设十分关键。例如：老庙品牌的"好运文化"深入人心，公司的生肖、转运珠、古法金等设计都印证了品牌文化；老凤祥的黄金饰品深入人心，当人们谈及老凤祥时，第一印象便是"吉祥"。品牌形象即是品牌的标签，有利于构建企业特色，实现差异化运营。无论是直营还是加盟，重要目的之一是扩大市场范围和扩大品牌知名度，因而两种经营模式对品牌管理能力要求都高。特别是加盟模式下，加盟店不像直营模式下直营店是总部的一部分，受总部直接控制，总部对加盟分店的管理相对较弱，因而加盟店服务质量难以保证充分满足消费者对珠宝尤其是奢侈品级珠宝的消费服务需求，这就要求加盟模式下，总部对加盟商的控制能力要强。

（3）容易实现迅速的市场扩张。在珠宝行业内，周大生可谓是加盟模式的典范。周大生在一二线城市开设直营店，同时较早布局三四线城市，通过加盟店进行品牌的渗透和辐射，截至 2020 年第三季度末，公司共有门店 4020 家，其中加盟门店 3768 家，直营门店 252 家，成为国内最具规模的珠宝连锁品牌。另一个例子是行业巨头周大福，截至 2021 年 9 月 30 日，周大福在全球共有 5214 个零售点，其中，内地 69.5%为加盟模式，仅 2021 年第三季度而言，借助加盟商推进零售扩张策略，周大福珠宝加盟部分对周大福珠宝零售值的贡献率达到 59.1%，同比增加 10.8%。其实，周大福在 1988 年刚进入内地市场时，鉴于对内地市场不熟悉、管理人才缺乏、消费者品牌接受度有限等现实挑战，选择以直营为主，加盟为辅的经营模式，一方面能更有效地管理门店经营，另一方面能了解、熟悉市场和培养管理人才，为后来扩大加盟连锁做好准备。因而，直营模式也能够带来市场规模的拓展。例如，前面提到的卓尔珠宝、莱坤通灵、周生生即是通过这种模式实现市场拓展，当然，其市场拓展的速度不及加盟模式，对总部的要求也与加盟模式的不同。

2. 加盟连锁个性特征

加盟连锁指主导企业把自己开发的产品或服务的营业系统（包括商标、商号等企业形象，经营技术，营业场合和区域），以营业合同的形式，授予加盟店规定区域内的经销权或营业权。

加盟者对各自店铺拥有所有权，但并没有完全独立的生产经营权；同时，珠宝企业（总部）具有产品、服务、经营技术、标识等特权。具体来说，加盟连锁有以下个性特征。

（1）公司可以利用加盟商优势，快速实现品牌扩张和显著创收。例如，老凤祥、周大生、周大福、六福珠宝等珠宝企业均采取了加盟模式，在三线至五线城市快速发展。其中只有 17 年历史的周六福已经凭借加盟模式扩张到了 3600 多家[1]。

加盟模式助力品牌快速扩张，适应了消费者下沉的大趋势。而珠宝消费带有明显的由城市推广及乡镇的下沉式特点，在这种意义上，加盟在助力品牌扩张同时，助力了珠宝企业（总部）显著增收。例如，2020 年度，周大生营业收入共 50.84 亿元，其中加盟店的营业收入达到 32.02 亿元，占总营业收入的 62.98%[2]，可见加盟商的卓越贡献。

（2）加盟连锁需要花费更多运营资源。加盟连锁模式与直营连锁的"一切听从总部指挥"不同，为了保证公司形象，需要在加盟商管理、指导加盟商运营等方面花费较多精力。例如，六福珠宝会向加盟商提供相应的政策支持：首先，协助加盟商做市场调查；其次，针对性地制定完善的扶持方案，包括选址、装修、采购、开业策划、宣传、培训及管理等；最后，为了实现更好的店铺控制，保证运营质量，需要对加盟商进行经营管理。

（3）对盟主的供应链整合能力要求高。以周大福为例，对新城镇计划的加盟商采用买断式销售，产品交付时即为确认收入时，其中由金价涨跌带来的存货变化由加盟商负担。而对原区的加盟商，仍然是采取寄售模式，商品没有卖出前存货权归公司所有，完成交易时确认收入，金价涨跌与加盟商无关。由于在各级城市布局战略的不同，其存货供货模式也有差异，这就对公司的供应链整合提出了较高的要求。何时进货？何时发货？如何统一调度？一系列问题的稳步解决需要一个强大的供应链响应体系。而对于周大生买断式为主的加盟，则要求周大生能够根据各加盟商对货品的需求、时间、数量等及时做出适应性的响应，满足各加盟商经营的需要。

3. 直营连锁个性特征

直营连锁是指连锁企业总部通过独资、控股或兼并等途径开设门店，所有门店在总

---

[1] https://zhuanlan.zhihu.com/p/120305333.
[2] http://www.jewellery.org.cn/news_nr.aspx?ContentID=25634&ClassID=92&CID=4.

部的统一领导下经营，总部对各门店实施人、财、物以及商流、物流、信息流等方面的统一管理。因此，直营连锁集中管理、分散销售的特点有利于形成规模效应，同时又不至于弱化对分店的管理，这种模式往往需要企业有较强的资产实力。

直营连锁区别于加盟连锁，具有以下几个特征。

（1）总部对各分店具有所有权和经营权。分店在机构上是总部的一部分，分店经营需要按照总部的指示行事，总部对各连锁分店拥有经营管理权，具体表现为总部对连锁分店的人事、财务、投资、分配、采购、促销、物流、商流、信息流等方面高度的统一经营、集中管理，连锁店铺只负责销售业务，这种格局下，总部可以有效统一调动财力、物力和人力，统一经营战略，作为整体性事业进行运作，有利于企业统一性发展。

（2）总部自筹资金实现市场扩张。由总部作为一个投资主体开办各个连锁店，各连锁店资本属总部所有，相较加盟连锁，对总部资金的要求明显要高。

9.2.3　我国珠宝连锁经营的产生与发展

连锁经营是一项成功的商业模式，应用连锁经营的企业已经由"星星之火"成"燎原之势"。截至 2005 年年底，我国已有 6000 多个连锁体系，超过了连锁经营模式的创始国美国。连锁经营作为一种商业模式，越来越表现出极强的生命力和极为蓬勃的发展势头。我国最早将连锁经营模式引入珠宝行业的是香港珠宝品牌周大福。

1998 年，顺应内地市场改革开放，周大福在北京建国门贵友商场开设周大福珠宝金行。在 2000 年前，周大福主要扎根首都北京。2000 年后，随着内地城镇化的发展，周大福开始向全国各地"进军"，进而又开拓了三四线城市的珠宝市场。从此，周大福在内地的业务进入了高速发展期。周大福刚刚进入内地市场时，对当地市场不熟悉、当地消费者不了解品牌、管理人才缺乏等问题集中暴露。面临诸多的挑战，周大福没有知难而退，而是迎难而上，一方面加大宣传以提高品牌知名度，另一方面积极培养管理型人才，为进一步的市场渗透做准备。在克服了初期的困难后，周大福的扩张之路逐渐走向正轨，其开始以直营和加盟两种方式拓宽商业版图。在产品扩张的过程中，周大福的"一口价"政策及其对创新和工艺的坚持使其品质领先于行业平均水平，信誉度由此大大提升。在一线城市站稳脚跟后，周大福也迅速向二三线城市扩张，实现消费者下沉，到 2010 年，周大福在内地珠宝市场的连锁店已超过 1000 家，成为国内大中城市珠宝领军品牌。

1995 年 5 月金伯利钻石品牌诞生，是我国最早开始从事集钻石推广、设计、配送、零售为一体的专业化钻石公司之一。1996 年年初，金伯利钻石在业内首倡保真保质、保价、保换、保修、保洗"六保服务"，建立了我国钻石珠宝领域的新服务标准，极大地提升了金伯利的品牌形象。金伯利建成之初便同时拓展国内和国际市场，到 1999 年年底，第 100 家金伯利钻石专营店建成。与此同时，金伯利以平均每年开设 60 家左右连锁店的速度进行品牌扩张。到 2011 年，金伯利钻石在国内已经共有 800 多家钻石连锁经营店，销售网点遍布全国各地。

从 2003 年起，珠宝行业的连锁经营之风兴起，各个企业纷纷布局线下，以实现品牌的市场扩张。同时，各个珠宝企业注重打造品牌形象，以期从众多家企业中脱颖而出。在群星闪耀的年代，我国国内钻石珠宝行业龙头品牌周大生进入了人们的视野。

1999 年，周大生在北京王府井开设内地第一家专柜。彼时珠宝行业市场竞争激烈，经营利润被环环压缩，周大生发现在核心城市的商场中拓展业务难度十分大。于是，为了从珠宝企业的角逐中谋取一条生路，周大生转战零售，开启了加盟连锁之路。2003 年，周大生试水二三线城市，在湖南、福建等省的二线城市市场招募加盟商，进而建立连锁经营管理机构和品牌运营中心，在全国推广周大生钻石品牌。2005 年周大生连锁店达 300多家；到 2007 年，经过 4 年时间，周大生在全国的钻石连锁店超过 700 家。这不仅得益于周大生的扩张战略，更是因为周大生坚持品牌建设，在开展连锁店的基础上打造了良好的品牌形象，至 2012 年周大生在全国连锁店达 2000 多家，而截至 2020 年年底，全国连锁店达到 4020 家，其中加盟店 3768 家，直营门店 252 家，排名行业第一。

周大生以加盟经营快速抢占了全国的二三线城市市场，取得了巨大成功，表明了珠宝行业适合进行连锁经营，激起国内珠宝企业对连锁经营的热情并纷纷效仿，逐步形成了以建设品牌形象为基础，直营店建设与加盟商拓展相结合的市场扩张之路。

发展至今，珠宝行业不断有新的想法涌现。例如，周大福自 2018 年起，一方面升级加盟策略，实行"新城镇计划"和"省代政策"，推动三四线渠道扩张；另一方面迎合"千禧一代"和"Z 世代"的喜好，打造爆款产品，推进品牌建设。周大生也继续通过"一二线直营＋三四线加盟"实现全国化高密度布局。目前，国内珠宝行业的连锁经营已建成体系，逐步向好发展。

9.3　珠宝连锁经营的关键成功要素

近几年，珠宝行业应用连锁经营模式实现了快速扩张。而在发展过程中，既有像周大福、周六福等企业一般的迅速成长，也有像东莞金叶公司一般的宣布破产清算。因此，并不是任何珠宝企业都可以在零售业快速发展、连锁经营模式席卷全行业的情况下实现突破。同时，这也说明珠宝企业必须思考如何正确选择连锁模式，以在消费下沉的背景下适应时代浪潮，抓住商机，充分激发连锁的优势。结合几家成功企业的经验，在阐述连锁特征的基础上，本节从珠宝企业（总部）角度，分析直营连锁和加盟连锁两类模式的关键成功要素，以指导珠宝企业合理选择连锁模式，提前创造条件，做好充分准备，提高连锁经营的成功概率和效益。

9.3.1　直营连锁的关键成功要素

直营连锁是珠宝企业连锁经营的一种模式。例如，周大福推出的周大福艺堂、周大福荟馆、周大福钟表等针对高端人群的门店都是以直营店为依托进行的创新。总结成功经验，以下几个要素是直营连锁成功必不可少的要点。

1. 较强的总部管理能力

直营店由总部统一管理，只有优秀的总部才有可能管理好优秀的直营店铺，这就要求总部需要有严格的质量控制、良好的管理团队以及标准的产品管控。

2. 完善的培训体系

直营店对上传下达的要求较高。在直营连锁模式下，实现高效率的信息传递和产品布局至关重要，同时，还要保证信息传递在上传下达中的准确性。这就要求总部和直营店铺中的所有员工有较强的职业能力，为此，总部应建立完善的培训体系以提高员工营销管理能力。

3. 雄厚的资金实力和良好的成本控制能力

直营店投入的资金均来自总部，对总部资金要求高，要求总部资金实力强。比如，老凤祥在渠道建设中采用了自建楼、合资公司、总经销、专卖店、经销专柜五位一体的战略，其中自建楼和专卖店筹建过程中，投入了大量的建设资金。因此，直营连锁模式下总部同时要具有良好的成本控制能力，从全过程、全员视角减少不必要的开支，降低经营成本。

9.3.2 加盟连锁的关键成功要素

加盟连锁模式近几年在珠宝行业应用极为广泛，许多珠宝企业依托加盟连锁都陆续将店面拓展到了三四线城市，实现了市场扩张；加盟连锁模式下，加盟商需要向总部支付一定的加盟费用。由此，许多人认为，加盟连锁模式是一种绝佳的经营方式，既能开拓市场，又能收取管理费用。然而，加盟连锁模式也有一定的风险，要成功实施这种模式，需要相应的成功要素。

1. 组建优秀的加盟商队伍

加盟连锁模式下，加盟商是拓展市场的主体，形成一定的市场拓展能力，需要一群加盟商（而不是少数几个），构成加盟商队伍，这就要求总部能够列举清晰的加盟商入盟条件，并严格按此选择，不能因时间紧而先行建立或为了达到空间布局均衡而降低要求。实际上，选择加盟商需要一个过程，选择优秀的加盟商更是如此。例如，老凤祥、六福珠宝等企业选择加盟商时，都会与加盟商进行深入的、反复的沟通，当加盟商通过测试、符合条件后，方可得到加盟经营许可。此外，加盟商队伍的扩大需要掌握节奏和空间布局，过快扩张，会增加总部对加盟商管理、控制的压力，可能导致管理失控；过慢扩张，又会影响对市场的占有。因而，需要在管控效果和市场拓展之间实现均衡。空间布局上，从已有布局来看，从上往下沉，即以先布局一线城市，再开拓二三线城市为佳。

2. 选取合适开店地址

古有孟子言"天时不如地利"，今有李嘉诚说："开店靠的是什么？选址，选址，还是选址。"得益于连锁模式的应用，珠宝行业店铺迅速扩张，在扩张的背后，如何进行合适的店铺开发和空间布局是加盟成功的重要因素。在开店时，需要考虑店铺设置是否合理，布局是否恰好，既不过于密集，也非过于稀少；同时，该地区是否可以分配或者招募到合适的管理人才？珠宝商品能否及时、安全地进行补给？区域物流能否及时、顺畅？区域是否曾发生过抢、砸、打等恶性事件，区域环境安全如何？这些都需要纳入考虑范围。

随着人们生活水平的提高，对珠宝消费的需求日益增强，三四线城市消费群体开始追逐一二线城市的消费时尚，通过购买珠宝产品来装点生活。所以三四线城市的商圈可考虑开设加盟店。例如，周大生、周大福已经将加盟的触角伸到了三四线城市。

3. 管控加盟商的能力

随着加盟商计划队伍的扩大，寻觅到的加盟商可能大多不是珠宝行业的专业人士，而加盟连锁就是通过统一（统一服务、统一经营操作标准模式、统一门店风格）来提升珠宝品牌的知名度和树立美好形象，这不仅需要珠宝企业在短时间内对加盟商进行相应的培训，还要在加盟商经营过程中，监督加盟商合规经营。结合珠宝非专业性消费特点，尤其要强调对加盟商职业伦理的培训与监控，这要求珠宝企业具有较强的管理加盟商的能力，否则，在加盟商队伍不断扩大后，很有可能对加盟商的管理失控，导致经营陷入困境。例如，周大生曾在 2013 年"3·15"晚会上被披露黄金掺铱，一度出现质量危机，影响公司和品牌形象，导致公司上市推迟。

9.4　珠　宝　拍　卖

9.4.1　拍卖概述

拍卖是珠宝尤其高端或富有文化内涵的珠宝的重要交易方式之一。本部分阐述珠宝拍卖的内涵、特征和过程，普及珠宝拍卖的基本知识并介绍几家世界知名的拍卖行。

1. 内涵、特征

（1）内涵。拍卖也称竞买，是以委托寄售为业的商行当众出卖寄售的货物，由许多顾客出价争购，到没有人再出更高一些的价格时，就拍板表示成交。这里所说的拍卖是一种高档次的行为，不是削价处理，拍品的价格是不固定的，必须有两个以上的买主，要有竞争，价高者得，没有这些特征就不能称为拍卖。《中华人民共和国拍卖法》（以下简称《拍卖法》）定义："以公开竞价的方式，将特定的物品或财产权利转让给最高应价者的买卖方式。"《拍卖法》中已确认公开、公平、公正和诚实信用为拍卖活动必须遵守的基本原则，拍卖的特点是价高者得。美国经济学家麦卡菲（McAfee）认为："拍卖是一种市场状态，此市场状态在市场参入者标价基础上具有决定资源配置和资源价格的明确规则。"经济学界的学者则认为："拍卖是一个集体（拍卖群体）决定价格及其分配的过程。"

（2）特征。拍卖的特征共有三点：①拍卖必须有两个以上的买主，即拍卖表现为只有一个卖主（通常由拍卖机构充任）而有许多买主，从而具备使后者相互之间能就其欲购的拍卖物品展开价格竞争的条件。②拍卖必须有不断变动的价格，即拍卖卖主对拍卖物品固定标价待售或买卖双方就拍卖物品讨价还价成交，而是由买主以卖主当场公布的起始价为基准另行报价，直至最后确定最高价为止。③拍卖必须有公开竞争的行为，即拍卖都是不同的买主在公开场合针对同一拍卖物品竞相出价，具有争购意图；倘若所有买主对任何拍卖物品均无意购表示，没有任何竞争行为发生，那么拍卖就将失去任何意义。

2. 过程

拍卖程序指拍卖操作的整体过程，主要可分为四个阶段，依次为委托拍卖、发出拍卖公告、拍卖交易、拍卖成交。

（1）委托拍卖。当事人双方签订合同，规范双方责任、利益和义务。

（2）发出拍卖公告。向公众发出拍卖相关事宜的公告，扩大拍卖活动的影响力度。

（3）拍卖交易。通过竞买，采取竞价的方式寻找竞得人。

（4）拍卖成交。拍卖物交付竞得人，竞得人向拍卖人交付价款，委托人与拍卖人结算拍卖费用及价款。

3. 世界著名的拍卖行

拍卖行是贸易公司，是专门从事物品拍卖的机构。拍卖历史悠久，随着商品经济的发展，拍卖行也在发展变化。到 20 世纪，世界重大的文物艺术品拍卖活动已被世界两家最大的拍卖行垄断：苏富比拍卖行和佳士得拍卖行。

（1）苏富比拍卖行。1744 年创立的苏富比拍卖行已有 280 年左右的历史，是世界上最大的拍卖行。最初从事古籍方面的拍卖，从 21 世纪初开始涉及文物和艺术品领域。公司总部设在伦敦，拍卖主要在伦敦和纽约举行，除此之外，根据拍卖品选择不同的区域。例如，宝石拍卖主要在瑞士，美术装饰主要在摩纳哥，中国瓷器、翡翠制品主要在中国香港等。目前世界各地共有 100 多家分公司。此外，苏富比拍卖行还设有不动产部门，专门从事区域性土地的拍卖。

（2）佳士得拍卖行。佳士得拍卖行成立于 1776 年，是世界第二大拍卖行，主要从事来自世界各地的绘画、宝石、名表、汽车、名酒、精品家具及书籍等的拍卖。拍卖内容与苏富比拍卖行相差无几，但是佳士得拍卖行还有帮助国立博物馆收藏国宝级艺术品的义务。现在，佳士得拍卖行所设立的办事处分布于全球共 90 个主要城市，如伦敦、日内瓦、摩纳哥、纽约、芝加哥、中国香港等，分公司共有 70 多家，并在全球 16 个地点定期举行拍卖会。此外，佳士得拍卖行还提供与拍卖有关的服务，包括艺术品储存及保安、教育、艺术图片库及物业等方面。

在我国，有两家较有知名度的拍卖行，分别是中国保利和中国嘉德。

（1）中国保利。北京保利国际拍卖有限公司是保利集团直属子公司，于 2005 年 7 月 1 日正式成立；秉承保利集团的优良品质，并依托雄厚的专家队伍和遍及海内外的业务关系网络，以诚信、专业、敬业的精神，为广大收藏家提供最优质的服务。依托中国保利集团雄厚的资金实力和产业链条以及前瞻性的战略发展思路，北京保利国际拍卖有限公司拍卖会汇集近现代、当代画坛大家和名家力作千余件。"中国近代书画"专场推出齐白石、吴昌硕、徐悲鸿、林风眠、李可染、黄胄、吴冠中及京津派、海派、新金陵画派等专题；"中国当代书画"专场展现当代画家的精品力作；"中国油画"专场涵盖了我国百余年的油画发展史上各流派代表画家的作品，我国颜文梁、林风眠、关良、赵无极、吴冠中、罗中立、杨飞云、陈逸飞等名家的作品也成为收藏家追捧的精品上乘之作。但该拍卖行对珠宝玉石的拍卖还很少涉及。

（2）中国嘉德。中国嘉德国际拍卖有限公司成立于 1993 年 5 月，是以经营我国文物艺术品为主的综合性拍卖公司，总部设于北京。每年定期举办春季、秋季大型拍卖会及"嘉德四季"拍卖会。公司设有上海、天津、中国香港、中国台湾、日本办事处及北美联络处。截至 2005 年，中国嘉德已成功举办了 300 多场国际性文物艺术品专场拍卖会，拍品总数 163000 余件。中国嘉德首创为普通大众收藏服务的"周末拍卖会"在成功举办了 84 期之后，于 2005 年变更为"嘉德四季"拍卖会，单场拍卖成交额逾亿元，拍品档次亦大幅提高。中国嘉德常设文物艺术品拍卖项目，包括中国书画、瓷器、工艺品、油画雕塑、古籍善本、碑帖法书、邮品、钱币、铜镜、珠宝翡翠、钟表等大类。各项目不断有突破区域性以及世界性艺术品拍卖成交最高价的纪录；诸多国宝级的珍品如"翁氏藏书""宋徽宗写生珍禽图""唐摹怀素食鱼帖""宋高宗手书养生论""朱熹春雨帖"和"出师颂"等重要拍品，亦通过中国嘉德的努力，或从海外回归，或从民间流向重要收藏机构。目前中国嘉德已将珠宝翡翠纳入其拍卖范围。

9.4.2 珠宝拍卖意义、拍卖级珠宝的条件及我国珠宝拍卖概况

1. 珠宝拍卖意义

（1）珠宝拍卖有利于促进珠宝市场的流通与发展。珠宝拍卖将有价值的珠宝收集起来，为珠宝买卖双方提供了一个平台，让珠宝的需求方与供给方均能从拍卖中获得自己想要的东西。珠宝拍卖让珠宝不再是停留在收藏方手中的不可流通的物品，而是使其重新在珠宝市场上流通，推动珠宝市场的发展。

（2）珠宝拍卖有利于推动珠宝行业与设计行业的发展。设计精巧、极具魅力的珠宝能在珠宝拍卖中以不菲的价格成交。珠宝拍卖会上，人们通过竞价的方式，以一个明确的价格重新赋予了珠宝新的价值，相当于给珠宝进行了一次重新定价。珠宝拍卖给珠宝赋予的高定价让人们认识到珠宝奢侈的特点，会让更多设计师向往珠宝市场，投入珠宝市场中的发展中，并且努力设计出更为精妙、更具魅力的珠宝。

（3）珠宝拍卖能使珠宝背后的故事重新焕发光彩。珠宝拍卖中，价高的珠宝不仅稀有少见，珠宝背后的故事也是珠宝价值高的一个重要因素。珠宝曾在哪位名人手中使用过？珠宝曾见证了这位名人的哪些故事？珠宝是经过怎样的条件被发现的？珠宝现在呈现的模样的背后又有哪些设计故事？诸如此类的各种问题吸引着人们对珠宝的兴趣，而珠宝拍卖行在进行拍卖前也会将这些故事重现在大众面前，由此吸引买家的注意力，增添珠宝的传奇色彩和神秘色彩，使珠宝背后的故事重新焕发光彩。

2. 拍卖级珠宝的条件

美丽的珠宝总是能让人流连忘返、回首顾盼，"土豪"级的货主总会通过称赞其珠宝可以进拍卖会来显示其所售珠宝的高端。大部分人一提起拍卖级珠宝，总觉得是千亿元的天价，但实际上，一场珠宝拍卖需要包含各个不同价格梯次的拍品，从几万元、几十万元、几百万元到几千万元甚至上亿元，不过，两端价位的拍品数量是最少的，大部分拍品的成交价集中在几十万元和几百万元，也就是珠宝拍卖价格服从正态分布。那么，具备什么条件的珠宝可以立足于拍卖场呢？

（1）稀有少见。珠宝拍品类别主要有彩钻、白钻、红宝石、祖母绿、蓝宝石、珍珠等贵重宝石。有些区域珠宝拍卖行会加入独特的类别，以显示该拍卖行的独特性。例如，东方的拍卖行会拍卖翡翠、和田玉等。另外，品牌珠宝、设计大师设计的珠宝及古董珠宝等也会占据一定份额。

（2）知名品牌。除稀有的宝石以外，一般拍卖会上也会有很多经典珠宝品牌的藏品。像梵克雅宝、卡地亚等我们都比较熟悉的奢侈品牌，一般都会有藏品出现在拍卖会上。在珠宝拍卖中，往往也会有知名珠宝品牌的产品出现。比如，宝诗龙的钻石蝴蝶结胸针，宝诗龙作为经典珠宝品牌，拥有许多精美绝伦的珠宝藏品，或许这钻石蝴蝶结胸针对比那些偌大的宝石显得有些朴素，但同样价格不菲，毕竟上面镶有许多钻石，同时也有品牌效应的加持。

（3）设计独特。其实一般拍卖会上的珠宝多半是稀有少见的，不仅品质好，其设计通常也是经久不衰的款式。设计是珠宝的重要一环，有的珠宝除稀有以外，它的外观独特的设计风格也是它具有高价值的重要因素。出自知名设计师之手的珠宝会在珠宝拍卖中具有非常大的影响力。同样，设计精美、构思巧妙的珠宝往往也会吸引大众的目光，成为珠宝拍卖场中独特的一员。

（4）背后故事。有一些相对而言品质没那么惊艳但拥有故事的珠宝，通常也会出现在拍卖场上。有时候珠宝拍卖会拍卖的不仅是珠宝，还有珠宝背后的故事，毕竟如此美丽又稀有的珠宝的诞生本身就是一个很美的故事。有些历史悠久的珠宝，其使用者和使用者背后的故事也是它立足在拍卖场的一个重要原因。或许珠宝本身并没有多么吸引人，但是珠宝曾经的主人和珠宝所见证的故事与历史使其有了存在于拍卖场的重要意义。

3. 我国珠宝拍卖概况及发展趋势

（1）我国珠宝拍卖概况。随着我国经济的发展，国民经济综合实力的提高，珠宝收藏正悄悄地在内地兴起。但目前市场上多数珠宝饰品为中低档产品，从某种角度上来说，并不具备很强的保值性，同时，设计独特的珠宝也比较少见。由于我国珠宝市场真正开始于我国市场经济确立之后，起初主要以工艺美术部门和国企为龙头，其他为地矿转型企业及沿海独资或合资企业。直到1993年后，股份制企业和民营企业才迅速成长，占据珠宝市场的主导地位，但此期间珠宝经营者对珠宝品牌意识薄弱，同质化十分明显。2005年受中国香港及国际珠宝品牌的影响以及珠宝竞争逐渐加剧，珠宝经营者意识到品牌建设的重要性，进入品牌时代。所以在当时我国几乎没有达到拍卖级的知名品牌珠宝。

随着我国珠宝市场的进一步发展，尤其人们经济水平和投资意识的增强，珠宝所具有的保值、增值投资的功能被人们看好，并希望接触高档的珠宝产品，通过市场流通，实现其投资价值，在此背景下，珠宝拍卖开始出现。在北京、上海、广州、西安等地相继出现艺术品拍卖的公司，组织了一些珠宝拍卖活动。例如：1992年9月20日西安文物拍卖会上以7万美元拍卖成交了一个质地纯净、通体全绿、雕刻精细、晶莹剔透的"翠鼻烟壶"；1992年10月11日至14日的北京国际拍卖会上以20万美元（该拍卖会所拍品中最高成交价）成功拍卖一条翡翠项链。这两次代表性的成功珠宝拍卖，标志着我国珠宝拍卖市场开始形成。

虽然通过拍卖来购买贵重商品的形式还不被大众普遍熟悉，但通过拍卖高质量的精品珠宝，一方面有品质方面的信誉保证，另一方面因其价格向全社会公开，其"身价"为公众所认可，因此更具有保值性。同时，也使被拍卖的珠宝为人们所了解，尤其关于珠宝稀有特征及其背后的故事，增加珠宝趣闻，激起人们对珠宝的兴趣直到偏爱。在我国，拍卖级珠宝以历代朝廷曾拥有的设计独特或有文化背景的珠宝为主（表9-2）。因而，通过这些拍卖级珠宝，不仅可了解珠宝首饰的历史及艺术文化，而且可以了解历代朝廷生活的奢华以及拥有者的个性特征，从这一意义而言，这类拍卖级珠宝也是极有价值的考古载体。由表9-2可见，我国拍卖会上拍卖的珠宝以玉石类为主，尤其是翡翠，品质上佳，设计独特，寓意深刻，高品质跨类组合（如珍珠、翡翠和钻石，黄金和钻石）极显奢华。同时成交价与标价相差高达2倍多，反映了竞买者竞拍的积极性，在一定程度上反映人们拥有对独特珠宝（材质、文化寓意、设计、雕工）的强烈欲望。

表 9-2　我国曾拍卖的珠宝（部分）

朝　代	拍卖时间/拍卖行	拍卖珠宝类别、特征	成　交　价
清代早期	1994 年 11 月/中国嘉德国际拍卖有限公司	一座白玉雕佛造像：玉质细腻，刀法精湛，玉佛丰满安详，底为莲花座	57.2 万元
清代		一对白玉碗：晶莹润泽，光洁夺目	41.8 万元
		一对碧玉香薰	25.3 万元
		一块诗文人物玉牌：长 5.3 厘米，玉质、工法俱佳	11 万元（标价 6 万～8 万元）
		白玉雕莲蓬形佩：小巧精致，光润剔透	1.76 万元（标价 0.6 万～0.8 万）
现代	1995 年 5 月 10 日/中国嘉德国际拍卖有限公司	一对高透满绿翡翠手镯	49.5 万元
		一串珍珠翡翠项链：由直径 9 毫米的海水养殖珍珠（共 187 颗）组成，颗颗晶莹圆润，上衔两颗椭圆形、翠色浓正的翡翠，周围配镶近 9 克拉的钻石链	40.7 万元
		一枚女戒：18K 白金分别镶两颗钻石——重 2.02 克拉金黄色钻石、重 2.05 克拉白钻石	34.2 万元
		一枚女戒：18K 白金镶 1 颗重达 5.06 克拉的大钻，两侧配镶总重为 1.22 克拉的 9 颗小钻	39.6 万元
		一块翡翠雕花诗文牌：4.6 厘米×3.4 厘米×1.9 厘米，正面雕有寿星、仙鹤、寿桃，背面隐琢兰花，上雕阳文诗句："人生不满公今满，世上难逢我竟逢"，款识：梅。翡翠水头极佳，绿色极好，雕工精湛，寓意吉祥	22 万元（标价 14 万～16 万元）
		一块艳绿翡翠花佩：61 毫米×36 毫米×7 毫米，传世、高品质	209 万元

（2）我国珠宝拍卖发展趋势。北京匡时、北京保利、中贸圣佳、中国嘉德、西泠印社等先后落槌的"珠宝与翡翠"板块，环比春拍乃至以往战绩，不仅拍品总量、门类和总成交额有所增加，而且诸多品类的拍卖成交率也在不断提升，更有拍卖行开展诸多尝试，如首饰新品专场、新专题……目前珠宝拍卖呈现以下变化趋势。

一是"无底价"拍卖风行。例如：北京保利分别于 2017 年秋拍和春拍两专场中，推出数量诱人的无底价拍品，均实现 100%成交；中国嘉德于 2017 年秋季拍卖会"瑰丽珠宝与翡翠"专场中，推出 40 件无底价拍品，最终成交 38 件。由此可见无底价拍卖方式的诱人之处，但同时对拍卖场是收藏级珠宝翡翠的殿堂构成一定的挑战，因为实施无底价拍卖的拍卖品大多是廉价商品，很少有价值高昂的贵重物品，无意中，让人们将无底价拍卖品和廉价商品等同起来，即使拍卖的是收藏级的珍稀珠宝翡翠。

二是翡翠"冷"，粉钻"热"。相比于 20 世纪末，拍卖成交品中，翡翠占比明显降低，仅占 20%～30%。例如：2017 年中贸圣佳"瑰丽——珠宝专场"和"现当代艺术·瑰丽·醇品"专场，共计 41 件拍品中仅有一件翡翠戒指且未成交；中国嘉德珠宝拍卖场中翡翠类拍品占比刚过 20%，成交率也不尽如人意，而西洋珠宝（如彩钻、祖母绿、红蓝宝石）每每风光无限，通常位居每场成交价格前三。其中，就粉钻来看，顶级以下的粉钻非常火爆，价格涨得非常快，由小众带动大众、最稀缺的带动一般稀缺的，致使市场价格每月都有变化，成为 2017 年以来市场最为关注的品类。

三是"中国设计"成新亮点。忠于"艺术融入生活"藏玩理念的西泠印社在 2017 年秋拍中为热爱珠宝设计美学的买家准备了设计师专题拍卖，完美呈现了我国著名珠宝设计师龙梓嘉、马瑞、吴卿等优秀艺术家的作品。

四是地域性差异愈加明显。例如：在中国香港，彩色钻石和顶级翡翠占比相当；而在北京，彩色宝石和钻石的拍品占比较高；上海则品牌珠宝会比较受欢迎……这是不同区域在消费和收藏珠宝方面的认知度、经验值、成熟度的差异所导致的。

五是在线拍卖兴起，使拍卖过程很大程度地简化。例如，我国有嘉德在线、雅昌、盛世收藏、中国珠宝网等在线竞拍网，买家在世界各地都能参加拍卖，在线竞投拍出的高价拍品数量比以往多，但由于在线竞投买家只能事先在线浏览拍品而未能亲身见过，因而会增加竞拍风险。同时因未能亲身体验拍卖现场的刺激气氛和兴奋感而缺少线下拍卖会所含有的娱乐性，但随着互联网技术和媒体技术的发展与深入推广，在线拍卖的竞拍氛围和娱乐性将得以强化，推动在线拍卖进一步兴起。

六是千禧一代成为拍卖市场新生力量。千禧一代几乎伴随着计算机/互联网的形成与发展而成长，与互联网有着深厚的情结，对互联网、互联网技术及新功能具有敏感性且上手快，加上这一代消费观念的改变（如认为提前消费是常态）和消费能力的提升，年轻人已经成为珠宝钟表拍卖的一股新势力，尤其是在线拍卖，苏富比社交媒体账号粉丝已经超过了 100 万人，千禧一代在拍卖会上十分活跃，这一代会在竞拍前通过多种渠道获取广泛信息，追求参与竞拍的体验。

综上，我国珠宝拍卖市场潜力很大，随着拍卖市场（包括线上）的逐渐规范，人们竞拍意识的进一步强化，我国珠宝拍卖市场将整体走向成熟，珠宝拍卖也将成为我国珠宝市场的一个重要组成部分。

9.4.3 珠宝拍卖方式及过程

1. 珠宝拍卖方式

珠宝拍卖方式包括英式拍卖、荷兰式拍卖、密封拍卖、在线拍卖、无底价拍卖五种，每一种拍卖方式都有各自的特点及使用领域。

（1）英式拍卖。英式拍卖是一种比较常见的拍卖方式，其特点可归结为价高者得，经常有竞拍者因一时冲动，不知不觉间就加入竞价游戏，最后以高出预估价的价格拍下。所以很多顶级收藏家不会亲自到拍卖会上竞拍，而是派出经济人负责竞拍，这种方式是珠宝和艺术品常用的拍卖方式之一。

艺术品拍卖大多会设定底价，俗称保留价，由委托人自行确定或由委托人与拍卖行共同商定，是委托方要求的最低价，也是拍品被其认可的最低转让价格。只有当最高应价高于或者等于底价时才能成交，如果最高应价低于保留价，则该拍品流拍，从而避免了使委托人蒙受经济损失的风险；但同时，由于委托人在拍卖开始后不可更改底价，因而底价的制定需十分慎重，底价过高会导致流拍，底价过低则降低收益。

（2）荷兰式拍卖。荷兰式拍卖是比较特别的一种拍卖方式，是降价拍卖，也就是起拍价是最高的，若起价过高有时没有人竞价，这时，价格就以事先确定的降价阶梯，由高到低递减，直到有竞买人愿意接受为止。如有两个或两个以上竞价人同时应价，则转入增价拍卖形式。

与价格逐渐走高的英式拍卖不同，荷兰式拍卖在珠宝拍卖中运用并不多。但因这种方式由高到低递减价格，给竞拍者带来"折价拍""实惠"的心理感受，从这一点看，比英式拍卖更具博弈性、刺激性和娱乐性。随着人们信息收集渠道拓宽，求新心理更加明显，通过好奇、体验、尝试在一定程度上能缓解工作紧张和压力，因而，荷兰式拍卖逐渐被人重视并加以运用。比如，位于上海河南路的中国黄金旗舰店黄金饰品专柜进行了一场别出心裁的黄金饰品荷兰式拍卖活动。参与方是现场的消费者——只需要现场登记，就可以拿到一个举牌号，百余个号码在十多分钟内就被"抢购一空"。"拍卖场"位于店内中央的圆形区域，一位国家注册拍卖师手持拍卖锤进行控场，拍卖参与者围站在周围，煞是热闹。第一件拍卖品是一条转运足金项链，重 2.09 克，标签价 1881 元人民币，在简单的规则介绍之后，现场叫价的参与者此起彼伏，1850 元人民币、1800 元人民币、1750 元人民币……随着现场价格迅速降低，参与者越来越多，价格在经过十多轮的叫价后达到底线，最后以 1228 元人民币的中标价被 29 号参与者拿下，相当于打了 6.5 折，"感觉特别有趣"是参与者对这种竞拍方式的共同感受。这次拍卖，该旗舰店共拿出了 12 款精美金饰，包括纯金项链和吊坠、千足金的金条与金币等参与荷兰式拍卖，最后成交价仅为市场价的 5 折，迎合了消费者参与初衷——实惠，因而，荷兰式拍卖可能更加适合偏向大众化消费类的商品。

在实践中，以高价者得的英式拍卖为常见，减价式的荷兰式拍卖与英式拍卖操作模式相反，在现实中运用也明显要少，因此，不常采用的荷兰式拍卖倒能有效地占据人们的猎奇心理，激发人们的参与欲。这种方式的拍卖，能吸引更多竞拍者参与，活跃拍卖场气氛，加深人们对拍卖行或拍卖店铺的印象，提高产品、品牌的知名度，可谓一举多得。在当下，强调引流的背景下，荷兰式拍卖也是引流的一种方式。

（3）密封拍卖。密封拍卖是一种十分考验人的心理和分析能力的拍卖方式。这种方式是每个竞拍者将自己的出价以保密的形式告知拍卖人，收集完毕后，拍卖人会公布结果，价高者得，这一方式经常用于工程项目竞价或者是广告竞价等交易。要求竞拍者对市场的把握要非常准确，还要了解对手，才能以最合适的价格拿下，有的时候竞拍者为了探听竞争对手的出价甚至还会派出商业间谍。

（4）在线拍卖。随着人们工作、学习、生活各方面对互联网依赖程度的提高，以及互联网、流媒体和区块链等技术的发展和深入运用，珠宝拍卖也走向线上，使珠宝拍卖过程大大简化，也丰富了珠宝拍卖形式，使竞拍者更能感受到拍卖的刺激与娱乐。例如，前面所提及的嘉德在线、雅昌、盛世收藏、中国珠宝网等是我国在线珠宝竞拍网。在线拍卖没有时空限制，不同区域买家均可以利用网络参加拍卖。目前，在线拍卖成交的高价拍品数量日益增多。例如，澳大利亚线上钻石拍卖行以 220 万澳元（约合 160 万美元）成交一颗 2.00 克拉圆形紫粉钻（Fitzpatrick Pink）（折单克拉价格达 110 万澳元，创澳大利亚粉钻拍卖纪录），说明人们在线拍卖的参与度日益提高，线上竞拍相关技术日益完善，人们对在线拍卖信心更加充足。

（5）无底价拍卖。无底价也被称为零底价，即不设最低价格底线。无底价拍卖可以以最低竞价幅度起拍，或者允许竞买人自由报价，第一口价若无人竞价便可落槌成交，若有人竞价则由出价最高者竞得。无底价拍卖适合于委托人急于出手、对拍品难以定价或交易量下滑、买家信心不足的市场调整期的情况，无底价拍卖也可以帮助拍卖行聚拢人气。在近几年拍场中，很多拍卖行开始大打低价牌，无底价拍卖越来越多地出现在大型拍卖行和春秋两季大拍中，中国嘉德、北京保利等都推出了不少无底价拍品，古代书画、当代书画、瓷器和珠宝玉石等板块都有所涌现。例如：北京保利分别 2017 年秋、春两拍场中，推出数量诱人的无底价拍品 100%成交；中国嘉德 2017 年秋季拍卖会"瑰丽珠宝与翡翠"专场中，40 件无底价拍品最终成交 38 件，成交率达 95%。由于无底价拍卖没有保留价限制，能有效提高成交率，这也是无底价拍卖的优势。

无底价拍卖采用了"价格躲闪"策略，指有经验者通常把底牌掩藏起来，注意倾听对方的谈话，在充分了解对方心理后再亮出底牌，价格躲闪是商务谈判中常用的策略。无底价拍卖能够激起很多"捡漏者"踊跃参与，在不知不觉中将价格追高，反而更容易拍出高价，形成起拍价越低成交价越高的"弹簧现象"。例如：2012 年，上海泓盛纸杂文献专场推出的倪瓒款《乐圃林居图》以 100 元人民币起拍，成交价高达 575 万元人民币；北京保利第十九期精品拍卖会推出的八大山人款《荷塘双鹤》以无底价拍卖，以 339 万元人民币夺得专场榜首。可见，无底价"价格躲闪"策略，不仅能提高成交率，也能够提高成交价。

2. 过程

珠宝拍卖流程与一般商品拍卖流程几乎一样，主体也经历（拍卖方）委托拍卖、（拍卖行）印制拍品图录并预展、（拍卖行）发出拍卖公告、竞买人领取竞拍号码牌、拍卖（有些在线拍卖）、拍卖成交并履行相关手续等步骤。只不过鉴于珠宝的美丽和独特性（如设计独特、独特的文化寓意或故事），需要在拍卖前对拍卖珠宝做详细介绍并预展，拍卖现场对珠宝拍品图片进行清晰的播放。

（1）（拍卖方）委托拍卖。如卖家想要将自己的贵重钻石首饰拍卖，首先可联络拍卖行，或拍照寄至拍卖公司。公司要将首饰做鉴证及估价，然后选择最适当的拍卖场合以达到最佳效果。拍卖公司可协助保险、保存、运输等各方面工作，以确保珠宝拍品完好无损，由此产生的费用由卖家承担。

（2）（拍卖行）印制拍品图录并预展。每件拍品的底价由公司顾问与卖家一起决定，对珠宝拍品印制非常精美的拍卖图片目录（简称图录，包括拍卖条件、时间、地点及最后付款等），并通常在拍卖前 3 周寄给有关人士，也可供一般公众订购。对买家来说，拍品图录是非常漂亮的消息函件，有利于吸引买家。图录中的拍品顺序有讲究，前段拍品一般起拍价比较低，末尾拍品起拍价较高，而封面和封底是最重要拍品，估价也是最高的。

（3）（拍卖行）发出拍卖公告。拍卖公司在大众媒体上以广告或公告形式将拍卖时间、地点、标的物及其他相关事宜〔如拍卖师、估价师（测量师）、仲裁师、拍卖金交付时间〕公示于众，珠宝拍品偏向于在奢侈品、时尚、生活品位类等大众媒体上宣传，并在拍卖前几天公开展览拍品，以吸引买家，营造氛围。而对竞买者来说，去预展看实物十分重要，因为大部分珠宝拍卖图录为了让拍品美观悦目，吸引竞买者，一般都会做出些许润色，何况珠宝专业性很强，仅看图片，很难了解拍品内在特征；此外，竞买者还需要留意查看珠宝证书，一般钻石会有美国 GIA 证书，彩色宝石多伴随有瑞士 GRS、Gubelin 等证书，查看证书可以帮助竞买者了解一些肉眼观察不到的拍品的物理特征，同时也为竞拍增加信心。

（4）竞买人领取竞拍号码牌。确定要竞投的珠宝拍品之后，需要登记，办理竞买手续，缴纳保证押金，办理领取竞拍号码牌。有两种竞投方式，一是亲临现场举牌竞投，二是委托拍卖行工作人员以电话竞投。若没有时间，可以选择第二种，工作人员就会在拍卖前电话联系买家，根据买家指示在现场举牌；当然，若事务繁忙没有时间和精力，也可以设置自动竞投，给工作人员一个心理价位作为上限。

（5）拍卖（有些在线拍卖）。这是拍卖会的主体，买主按照事先登记号码对号入座，主持人介绍拍品，结合所拍珠宝特征，拍卖现场会配合模特展示拍品，或现场播放拍品图片，一般采取一介绍一竞拍，以使参加者十分清楚目前的珠宝拍品及其特征。竞买人应价，采取英式拍卖，以最高应价成交；采用荷兰式拍卖，则由最高的起拍价逐级下调，直到有人应价的价位成交，工作人员及时记录出价买主的座位号，向主持人提示台下出价者，当然，买家不一定亲自出马，可委托拍卖公司工作人员替他出价，也可通过电话在现场叫价或委托别人替他竞价。拍卖会现场还会有拍卖行经理参加，协助主持人，为主持人出谋划策。

（6）拍卖成交并履行相关手续。买方填写一份成交确认书并签字，以表示拍卖正式达成，通常在拍卖后 3 天内，买方交款取货；拍卖公司普遍按卖价抽取 10%～15%佣金（拍卖成交价与佣金率成反比），而其他费用和税务问题由卖方承担；竞拍双方办理过户手续，最后买方验货、提货，出具发票。至此，拍卖的货物成功出售，卖方一般在约 1 个月收到应得款项。

拍卖作为买卖双方交易的场所，可视为一种终端渠道，但它与一般终端零售渠道不同，它带有刺激性和娱乐性，拍卖前的准备工作也与一般零售不同。一场珠宝拍卖华彩绚烂，看似只是短暂一周的预展和几小时的场上竞拍，其实，背后需要长达半年甚至一年的策划。

扩展阅读：赌石和公盘

本章小结

本章主要围绕珠宝连锁经营模式及拍卖展开介绍。连锁经营部分，从连锁经营模式本身的概念、类型和特征以及优势与风险展开；在此基础上，结合珠宝及其市场特征，介绍珠宝连锁经营模式的类型和特征及其在我国的产生与发展；然后探讨了直营连锁和加盟连锁两种经营模式成功实施的关键要素。珠宝拍卖部分，主要在阐述拍卖特征及过程基础上，分析了拍卖级珠宝的条件，我国珠宝拍卖概况及发展趋势，以及珠宝拍卖的主要方式及过程。

连锁经营主要有直营、特许经营、自由连锁三种模式。珠宝连锁经营模式包括单一模式、混合模式和复合模式，针对珠宝及其市场特征，以混合模式为主，混合模式又主要以直营连锁和加盟连锁混合为主。直营连锁和加盟连锁在适合的市场层次、总部的要求存在差异：从珠宝企业的实践可以看出，直营连锁主要用于一二线城市，加盟连锁用于三四线城市；直营连锁对总部资金要求更高，加盟连锁对总部加盟管控能力要求更高。直营连锁和加盟连锁实施条件或关键成功要素上的差异为珠宝企业科学选择连锁模式提供了依据。

珠宝拍卖作为珠宝流通和价值实现的一种独特模式，伴随人们珠宝收藏、鉴赏和投资意识及能力的增强而逐步发展，它有利于促进珠宝市场的流通与发展，推动珠宝设计的发展和珠宝文化的宣传。作为拍卖级珠宝，需要具备一定的条件，包括稀有、设计独特、品牌知名、具有文化故事。珠宝拍卖方式包括英式拍卖、荷兰式拍卖、密封拍卖及伴随互联网发展的在线拍卖和无底价拍卖五种，无论哪种方式，大体经历（拍卖方）委托拍卖、（拍卖行）印制拍品图录并预展、（拍卖行）发出拍卖公告、竞买人领取竞拍号码牌、拍卖（有些在线拍卖）、拍卖成交并履行相关手续等步骤。我国珠宝拍卖兴起在20世纪末，经历近20年的发展，结合消费需求变化和相关技术发展，呈现出"无底价"拍卖风行、在线拍卖日益增加、千禧一代成为拍卖市场新生力量等发展趋势。总体来说，我国珠宝拍卖市场潜力大，整体走向成熟，逐渐成为我国珠宝市场的一个重要组成部分。

即测即练

自学自测

扫描此码

173

思考题

1. 简述珠宝主要连锁经营模式（直营连锁和加盟连锁）的特征。
2. 简述珠宝连锁经营的关键成功要素。
3. 简述拍卖级珠宝的条件。
4. 简述与一般商品拍卖相比，珠宝拍卖的不同点。
5. 简述珠宝直营连锁相比于加盟连锁的主要特征。

案例讨论

六福珠宝发展路上的连锁模式

六福集团于1991年成立，并于1997年5月在香港联合交易所有限公司主板上市（股票代号：00590.HK）。六福集团（国际）有限公司（本公司）及其附属公司（统称本集团）由一群资深的珠宝专才创办，汇集各始创股东逾50年的珠宝业经验，无论采购、销售、行政、财务和市场推广各方面均群策群力，成绩斐然。

该集团主要从事各类黄金铂金首饰和珠宝首饰产品之采购、设计、批发、商标授权及零售业务。集团现在在全球拥有约2500个零售点。本集团将继续关注国际市场新商机，以配合六福珠宝发展的愿景。

该集团早于1994年进军内地市场，开设首间六福珠宝店铺。至2002年，集团于内地开设逾2440家分店。除一二线城市外，集团亦积极将零售网络延伸至其他城市。此外，集团亦于重点地区开设旗舰店，以深化内地市场的渗透率。

为进一步提升成本效益及生产效率，本集团自2003年起已于广州市南沙区兴建总面积逾31500平方米的大型珠宝加工厂，新厂房全面运作后，总产量倍增。珠宝加工厂房令六福集团的产品能做到一条龙生产模式，为全球六福珠宝店铺提供优质产品，在确保货源稳定之余，亦可更容易控制产品质量要素。该厂房于2008年获得ISO 9001质量管理系统认证，并于2009年通过ISO 14001环境管理系统认证，足证其质量保证系统和产品质量标准已达国际水平并获专业认可。

本集团对质量严格把关，从原材料采购、生产以至售后服务均一丝不苟，于1996年成立全资附属公司——中华珠宝鉴定中心（以下简称本中心），由资深的宝石鉴定师统筹营运，提供钻石鉴定、评级、翡翠及有色宝石鉴定和珠宝质量检测等服务。本中心于2005年通过香港认可处的考核，成为首批符合ISO 17025的宝石鉴定所，并获得硬玉质翡翠测试认证，2009年成功获取钻石鉴定及评级认证；2015年，成功取得黄金纯度检测国际标准ISO 11426，可签发国际认可的黄金检测报告，成为香港唯一同时符合硬玉质翡翠测试、钻石鉴定评级和黄金纯度检测的珠宝鉴定中心。此外，本中心是中国香港首间成功考核中国国家标准GB/T 9288黄金检测方法认证之珠宝鉴定中心，充分说明六福连锁模式发展过程中对产品质量的重视及取得的成效。

　　本集团于2013年设立维多利亚宝石学院，业务主要为珠宝鉴定及专业培训，并于内地设立鉴定中心，为珠宝业界和大众消费者提供服务。维多利亚宝石学院已通过美国国家标准协会——质量学会（ANSI-ASQ National Accreditation Board，ANAB）的ISO 17025考核及国际实验室认可合作组织（International Laboratory Accreditation Cooperation，ILAC）的认可，可签发国际认可的钻石评级报告、翡翠、红宝石、蓝宝石及祖母绿检测报告。

资料来源：https://www.lukfook.com/sc/page/about-lukfook/corporate-profile.

讨论题：

1. 六福珠宝是否为连锁经营？主要采取了怎样的连锁经营模式？依据是什么？

2. 六福珠宝在质量检测上做了哪些努力？是如何实现统一管理的？

3. 请结合珠宝行业现状，为六福珠宝连锁模式的进一步发展提出建议。

案例分析思路

第 10 章

珠宝店面零售

◇ 本章学习目标：

1. 了解珠宝店面零售的内容及意义。
2. 掌握珠宝店铺设计、产品陈列以及营业员业务能力培训等实务操作。
3. 掌握主要的珠宝店面零售策略，熟知其中基于新技术的新型策略。
4. 掌握珠宝店面营业推广策划的原则和程序。

◇ 关键术语：

店面零售（in store marketing）；视觉营销（visual marketing）；体验营销（experience marketing）；专业营销（professional marketing）；情感营销（emotional marketing）；营业推广（sales promotion）；珠宝门店装饰（jewelry store decoration）；营业员基本业务（basic business for salespeople）

◇ 引导案例：

周大福门店重塑服务和体验

现如今，传统珠宝门店受到不断创新的网络营销的冲击，生存和发展空间受到挤压。周大福为了直面这些挑战，在门店零售中应用新科技，实现了门店零售的创新，给顾客带去细致服务和独特的购物体验。

周大福在北京拥有近百家门店，每个门店的销售情况与货源不尽相同。有些客户看到心仪的珠宝款式，有可能遇到店里没有现货或需要定制珠宝的状况。在以往，需要客户再跑一趟或门店安排人送货，这样就浪费了顾客和商家的时间。2018 年 1 月，周大福与闪送达成合作，顾客只要在北京的任意一家周大福店确认所购珠宝的型号、款式，就不需要再次来店亲自取货，而是由周大福通过闪送平台，将顾客所购珠宝通过闪送员送达，这么做既快速又安全，能确保货物递送的服务质量。

"场"作为零售三要素（人、货、场）之一，也引起了周大福的重视，周大福重视店铺形象及店内设计的创新重塑，体现店铺差异化，提升顾客购物体验感。

香港 YOHO MALL 周大福体验店为了宣传最新年轻系列品牌，两位设计师暨创始人罗灵杰、龙慧祺选择了甜蜜的粉色调，打造出温馨又充满时尚质感的空间，用礼物盒子的意象定义浪漫氛围，打破了品牌的固有刻板印象。店铺内散落着相同大小但不同颜色和质料的盒子，踏进店铺，顾客感觉就像置身于一大堆礼物中：玻璃制的礼物盒用作展示珠宝，顾客可以坐在色彩缤纷的布制礼物盒上，慢慢地选择心仪的珠宝。设计师选用有着各种花纹、不同物料的布料模仿彩色的礼物纸。店铺内设有电子屏幕，用来播放与产品相关的图像，除了能让顾客了解产品的设计，也能建立新潮和数码的感觉。此外，在入口处有几个拼接屏播放短片和图像，以营造店铺的整体气氛。

而周大福另一体验店，则以保险库作为主题，突出珠宝的珍贵。在呈现一个高贵、创新的购物空间之外，更希望向大家传达把珍爱的珠宝代代相传的核心思想。体验店内的墙被分割成一个个的长方形，就像铺天盖地的保管箱，特别有趣的是每个灰或粉红的保管箱上都绣有数字，数字为一年 360 多天的日期，还有一些广东话、普通话以及英文里带有爱情相关寓意的数字组合，买珠宝送给挚爱的同时更多了几分心意和仪式感。整个店铺运用了自然、舒适而又柔和的粉红色调，夹杂着粉灰色的搭配，更易吸引顾客进店。

资料来源：黎志伟，欧阳勇军，王先庆. 珠宝新零售：互联网背景下珠宝流通新模式[M]. 北京：人民邮电出版社，2019.

随着新零售模式的不断成熟和渗透，珠宝品牌也需要不断根据目标顾客需求变化营销方式。对于新零售模式下的实体门店而言，除了重新审视自身的定位及珠宝本身质量，还需要升级消费购物体验和提升服务质量。例如，上述引导案例中的周大福结合现实情况和顾客需求，在货品送达和购物环境上独具匠心，给顾客提供了贴心服务和独特的购物场景体验。此外，周大福结合互联网云技术，推出了"云柜台"，不仅带给顾客别样的购物体验，也为新零售模式的实施提供了有效途径。

店面零售即实体店营销，简单来说，指在固定营业场所进行商品销售和服务提供以获取利润的活动。互联网的快速发展带来了电商行业的迅速崛起，实体店受到了极大的冲击，以致人们认为传统的店面零售似乎已经进入了寒冬，失去了生存的空间。然而，一些知名电商却开始踏入线下业务。例如：国美和苏宁的电商业态与线下实体店融为一体；亚马逊和当当分别开起了实体店；淘宝也不甘落后，开起了淘宝体验店；京东更是将店面开到了农村。这些充分说明线下实体店并非处于人们所认为的"摇摇欲坠"的窘境，相反，线下实体店仍有大展宏图的空间，关键是如何迎合当今消费者购物中对"享乐"体验的要求，走近消费者心智，转换思路，寻求突破口。

广义上讲，门店也包括线上门店，考虑到第 11 章珠宝新零售将侧重探讨线上门店部分，本章的店面零售仅指线下店面（也叫实体店）零售。线下实体店在新零售中仍占据半壁江山，为此，线下实体店应发挥自己的特点，提供别具一格的"实体体验"和"细致贴心服务"，弥补线上无法体验和非完美服务的不足，以此推动新零售发展。那么，如何系统地思考珠宝店面零售呢？本章将对此展开分析，具体包括珠宝店面零售内涵及内容、珠宝店铺设计及产品陈列、营业员业务能力培训、珠宝店面零售策略以及珠宝店面营业推广策划。

10.1　珠宝店面零售的内容及意义

珠宝店面零售是珠宝企业实现利润的重要环节，而珠宝销售人员的服务质量、店面的设计与客户的整体视角感受、体验等因素又决定着产品销售的成功与否，因而对珠宝企业实现利润至关重要。那么，结合珠宝产品特征、珠宝消费心理，珠宝店面零售应包括哪些内容？能为珠宝企业、珠宝消费者带来什么？

10.1.1　珠宝店面零售概念及内容

1. 珠宝店面零售概念

店面从古至今在商业交往中都有着非常重要的地位，从消费者行为和购买偏好来看，很多消费者是在店面里看到商品以后才做出购买的决定。店面作为一个企业的形象，是企业销售的最前端，是企业文化和理念的传播者，因此有着不可替代的重要作用。

店面零售又称店头营销、店头行销，具体指店铺内、外部的经营，围绕着光临或路过的流动顾客所做的促销手法。店头零售是流通零售终端所特有的行销方式，它除反映企业及商品活动、商店促销之外，还要体现其行销力及服务力。店面零售以门店为一个点，沿着市场需求和时间纵深展开，它强调销售员的主观能动性、店面设计及氛围、事件处理和时效延续性。因而，店面零售具有不同于其他渠道形式的营销内容及意义。

随着我国人均 GDP 不断增长，消费者更加注重消费体验，尤其是珠宝类商品，其营销策略越来越受到重视，虽然网络、邮购等方式在珠宝市场所占份额逐渐加大，但是传统的店面销售仍然是高端珠宝的主要销售方式。尤其是高端珠宝，由于其价格不菲，消费者更加关注其质量、档次的真实可靠性及佩戴适合性，加上消费者的非专业性购买，因而，消费者在很大程度上会选择到能给予真实体验和专业服务的实体店购买。

以店面零售内涵为基础，结合珠宝产品特征及珠宝消费需求，珠宝店面零售可界定为结合珠宝产品及珠宝消费需求特征，珠宝门店围绕提升珠宝消费体验和服务以促进珠宝销售所采取的一系列活动策略。它表达了以下几层意思：一是店铺内外齐发力，强调内外风格、格调、气势的协调一致，使顾客产生由表及里自然一致的购物心境。这其中，可充分借助互联网等技术，烘托珠宝绚丽、高贵，因故事而情意绵绵、因故事而神秘、因故事而向往，展开消费者的无限遐想的意境。例如，周大福科技赋能，给零售店配置

"云柜台"，留住顾客脚步，激发购买欲。二是以消费体验为核心。相对于其他产品，珠宝消费更是一种"体验式消费"，客户很难在完全没有体验的前提下购买珠宝，因而必须运用"体验"撬动珠宝品牌传播和销售。三是多种创新营销策略的有机组合。网络营销的冲击，消费需求的多元化和个性化，使得线下实体店营销方式不能局限于传统的营销策略，必须结合珠宝消费特征，整合线上信息资源和先进网络技术，综合运用体验营销、场景营销以及专业营销等。四是强调专业服务，因珠宝产品专业性强，绝大多数消费者是非专业的，消费者围绕珠宝饰品的佩戴、保养、维护和售后提出问题，希望得到专业而细致的解答和服务，线下门店相对线上网店而言，恰恰具有这方面的优势，为此，发挥门店服务本能优势为顾客提供优质服务、提升顾客好感度就成为线下门店义不容辞且能做好的重要内容之一。

2. 珠宝店面零售内容

根据以上对珠宝店面零售的界定，珠宝店面零售应包括如下内容。

（1）门店场景设计。包括店面设计和店堂设计。珠宝诉求品质，演绎经典，引领时尚，因而，门店场景应很好地衬托珠宝的这种"高大上"形象，同时展现珠宝品牌风格，保持店面到店堂的一体设计，从视角上带给消费者高贵、品位、时尚的视角感受，令行人驻足留步，促进销售，图10-1是周大福门店设计，从店面到店堂给人金碧辉煌的视觉感受，大气、祥和，衬托出中华传统节日的气氛。门店设计具体内容见本章"10.2 珠宝店铺设计及产品陈列"。

图 10-1　周大福门店整体设计

（2）销售人员培训。店面销售与网络销售的区别之一在于店面有营业员面对面对珠宝产品进行专业解说，解答顾客提出的问题和疑惑，提高顾客对珠宝产品的专业体验；能够运用一些小工具将珠宝的某些特征加以展示，能够帮助顾客试戴珠宝产品并温馨提示佩戴和保养中的一些细节；能够把握时机适度赞美顾客佩戴珠宝后的各种美。这些行为令顾客从中感受专业、细致的服务和情感上的满足，增强体验感，强化购买欲望，实现购买行为。销售人员的专业服务能力、沟通能力、适度赞美需要系统的培训和不断的实践才能练就。本章第 3 节中的内容将具体介绍销售人员培训。

（3）整合多类营销策略。前面提到珠宝门店珠宝品牌可信度和体验对顾客购买决策和购买行为产生显著影响，品牌可信度和体验需要运用不同层面的营销策略共同作用加以实现。例如，品牌可信度来自珠宝产品信息的客观呈现（如珠宝鉴定证书、店堂内张贴的科普知识画）、营业员专业解答及店堂装饰。此外，顾客追求个性和多元化，也需要整合运用侧重点不同的营销策略，以吸引不同需求的顾客。因而，珠宝门店应综合运用不同营销策略，结合珠宝及珠宝需求特征，可考虑运用视觉、体验、专业等方面的营销策略。

（4）营业推广活动策划。营销策划是一种具有创意性的实践活动。随着市场竞争日益激烈，营销策划工作也逐渐受到社会的关注。聚焦珠宝企业从建立、宣传、经营到后期的有序发展，每个过程都离不开营销策划工作。好的营销策划能够准确、独特、及时、有效、经济地传播信息，以刺激需求，引导消费，促进销售，开拓市场，使企业获得最大的经济效益和社会效益。那么，具体到珠宝门店，营销活动策划如何进行？这将在本章"10.5 珠宝店面营业推广策划"具体展开。

10.1.2　珠宝店面零售的意义

1. 扩大珠宝品牌知名度

店面零售利用各种传播媒介向公众传播店面的有关信息以及改变公众的态度、意见和行为，扩大店面的社会影响力，形成对店面有利的舆论环境。店面根据媒介性质、形象定位、公众特性、目标定位、宣传费用、店面经营战略、市场战略等，选择适当的宣传媒介，组建最佳的媒介体系，在最恰当的时机策划推出媒介宣传作品，以期取得最佳的宣传效果。例如，DR 求婚钻戒品牌凭借一生只能定制一枚求婚钻戒，购买时需要绑定身份证号的营销卖点，成功俘获了众多顾客。

珠宝固定店面还可以通过赞助公益性、慈善性、服务性、娱乐性以及弘扬我国传统的大众文化为主题的社会活动展开宣传，成就品牌知名度。例如，源于 1848 年慈溪望族费汝明于上海南市创办的凤祥裕记银楼的老凤祥，跨越 3 个世纪延续至今，历史积淀深厚，其店面形象、整体风格和商品样式极具中国风（图 10-2），引起人们对我国传统建筑风格以及相关历史文化的回顾，在众多商铺中别具一格，给行人留下深刻印象，再加上其深厚历史，在中国具有很高的品牌知名度。

图 10-2 老凤祥裕记银楼

2. 增强顾客体验感和好感度，带动线上销售

前面提到珠宝消费更是一种"体验式消费"，客户很难在完全没有体验的前提下去购买珠宝。店面凭借其区别于线上虚拟购物环境的实体特征，带给珠宝消费者线上购物无法拥有的体验感。现今，新零售已启动，珠宝新营销也蠢蠢欲动，开始捕获新零售带来的红利。新零售可简单地解读为"线上＋线下"，物流助力，线下实体店占据新零售的半壁江山。线下门店在新零售中的重要角色担当应该是发挥自己的特点为顾客提供线上没有的"实体体验"，补足线上体验的缺陷，带动线上销售，实现珠宝新零售。例如，周大福于 2020 年在武汉 K11 艺术购物中心开启了华中区首家也是周大福全球最大的"礼"主题体验店（图 10-3），馆内楚人凤鸟、编钟、古琴台等武汉文化标志以及武汉码头文化、纳凉、热干面和过早文化等被艺术地呈现，引人思绪万千，奢华珠宝、艺术、地域文化交相辉映，在顾客心中留下对于"礼"的深刻印象；更值得一提的是，"云柜台"自助购物区，AI 机器人"小 C"与顾客智能贴心互动，无论是 D-one 定制珠宝，还是 DIY 包装体验区，每位顾客都可以在这里打造出独一无二的幸福勋章，舒心、自在，体验感十足。

与此同时，门店还具有服务优势，对珠宝这类消费非专业性，又佩戴讲究、体验要求高的一类商品来说，门店服务优势更大，所产生的作用也更强。对珠宝产品来说，顾客对门店服务的要求重点体现在专业解说、佩戴常识告知、消费问题及时专业解决（如脱落、磨损、断裂等）、售后服务（如改款、清洗、保养提醒）上，这些服务基本上贯穿于售前、售中、售后，顾客会感受到整个购物过程中专业又有温度的服务，提高对品牌的好感度。线下门店的美好经历，会增加消费者线上下单的积极性和踏实感，从而带动线上消费。

（a）外观　　　　　　　　　　　　　　（b）内观

图 10-3　周大福武汉 K11 艺术购物中心"礼"主题体验店

3. 促进珠宝企业成长

店面销售的目标是获得最大的销售业绩，对一般消费者所做的广告宣传和各种促销方案都是为了吸引更多顾客。精致店铺布局、礼貌待客、用心服务等细节能给予顾客好感，给顾客留下深刻印象，进而提升企业知名度和企业形象。尤其在珠宝行业普遍采用的连锁经营模式下，各连锁门店统一设计、统一营销策略、统一销售服务、统一营业员销售规范要求，更能够壮大珠宝品牌气势、提升品牌知名度，同时，经历大量的店面零售实践，能够锻炼和提高珠宝企业营销管理能力与水平，促进珠宝企业成长。

10.2　珠宝店铺设计及产品陈列

珠宝消费者对珠宝首饰的选择过程、产生购买行为的决策过程以及营业员对消费者的推销和劝导过程，都是发生在购物环境中。因此，购物环境中存在的各种因素，都会对消费者的购买行为产生或多或少的影响，包括积极作用、消极作用，有些因素影响消费者对珠宝产品的认知过程，有些因素则影响购后评价。

10.2.1　珠宝门店设计

精心设计后的珠宝门店是时尚和美的结合体，出色的珠宝门店设计离不开环境的帮衬，对于珠宝门店环境而言，可以分为内部环境和外部环境两种：外部环境包括门店选址、门面装饰、周围环境等；内部环境包括店铺内部装修、柜台及商品陈列、橱窗设计、POP 广告摆放等。

1. 珠宝门店设计基本要求

好的店铺装修设计有利于提升店铺形象，帮助珠宝企业带来人流量。为了好的店铺设计，店铺装修设计应符合基本要求。

（1）适宜的店铺造型。店铺的立面造型与周围建筑的形式和风格应基本统一，墙面划分与建筑物的体量、比例和立面尺度的关系较为适宜；店铺装饰的各种形式应做到突出重点，主从明确，对比变化富有节奏和韵律感。

（2）突出橱窗与店铺标志。门店入口与橱窗是珠宝店铺的重点区域，其位置、尺寸和布置方式要根据商店的平面形式、地段环境、店铺宽度等具体条件确定。店铺入口和橱窗与匾牌、广告、标志和店徽等的位置尺度相宜，且应有明显的识别性与导向性。

（3）利用好店铺的边缘位置。充分利用并组织好店铺的边缘空间，如店铺前沿骑楼、柱廊、悬挑雨篷下的临街活动空间等。这些边缘空间是店铺室内空间的向外扩展，又是室外商业街道的向内延伸，是商场内部与外部环境的中介空间，也是人流集散、滞留和街巷人行步道系统的空间节点。这种空间应具有开敞、灵活、方便购物并可供人稍事休憩和观览的功能特点。

（4）店铺色彩。珠宝店铺装饰的色彩处理，对店铺的造型效果起着重要作用。应充分运用色彩的对比与和谐的搭配，以达到加强造型的艺术特点、丰富造型的效果，创造较理想的视觉魅力。在一般情况下，店铺的色彩基调以高明度暖色调为宜，同时因目标群体的不同而有所差异。例如，本章引导案例中周大福为年轻珠宝品牌设计了粉色调。店铺匾牌、标徽图案及标志物等采用高纯度的鲜明色彩，增强视觉冲击力，给人醒目之感。珠宝柜台灯饰可以采用单一色的搭配，用同一种基本色下的不同色度和明暗度的颜色进行搭配，可创造出宁静、协调的氛围。

（5）营造轻松如家的氛围。受网络店铺的冲击，现在线下门店强调体验和服务的优势，着力打造舒适、惬意、放松的购买环境，提高顾客购买体验感。珠宝需求特征决定了即使顾客事先做了较成熟的购买计划，但在门店中仍然需要仔细看、详细了解、多轮权衡，这就需要舒适、放松的店堂环境，而"家"是最放松自在的环境。因此，在店堂面积宽裕的情况下，不妨留出一点空间，摆上茶几、座椅、茶杯、饮水机，再配置具有个性化的花草，突出如家的舒适感，为留住顾客、让顾客放松选购创造基本条件，弱化纯商品购买的感觉。同时，也可使顾客了解门店经营者的生活情趣、精神品位、审美观，加深顾客对门店的印象和好感。

（6）打造专业的氛围。鉴于珠宝属非专业性消费，顾客对珠宝产品材质和价格的可信度不足，影响消费信心。因此，店面专业性氛围的打造有利于减弱顾客的这种心理。可通过展示珠宝证书、张贴或悬挂店主身份标志（如获得珠宝鉴定师 FGA、GIC 证书，成为 DTC 看货商）、珠宝知识科普画等，在顾客心目中留下"专业"的印象，从而增加其消费信心。

2. 珠宝门店外部设计

珠宝店的外部环境，即珠宝营销过程中的"硬件"部分，其外部环境的好坏，对营销的成败起着举足轻重的作用。

（1）地理位置选择。珠宝店所处的地理位置与营销有着十分密切的关系，最明显的是地理位置的优劣直接影响客流量的大小，因此，珠宝门店位置选择应注意以下两点。

一是选择繁华路段。繁华路段易于引流，同时体现珠宝在人们心目中的"上档次"形象。例如，珠宝商选择如上海的南京路、四川路，北京的王府井、西单，天津的滨江道、和平路等繁华路段开店。同时，繁华路段也是交通、物流、娱乐、配套设施及服务完善的路段，从而方便顾客到达、购物和连带娱乐、休闲。

二是周围环境和专业氛围。珠宝店周围的环境，可以影响消费者对该购物环境的辨认、购物的方便程度和选购空间。如果销售同类商品的商店相对集中，他们就可以相互影响、相互作用，产生一种集聚效应，形成该区该类产品的知名度。例如：武汉市洪山区鲁磨路中国地质大学（武汉）所处的"珠宝旅游文化一条街"，仅珠宝大楼A座（商铺为主）就分布着39家珠宝商铺（图10-4）；另外，同处"珠宝旅游文化一条街"上的中国地质大学（武汉）西门1到西门2外侧约200米路段，两旁共聚集69家珠宝门店（图10-5），合计108家门店。不到1千米的路段就集聚了上百家珠宝门店与商铺，产生了相当高的集聚效应，增强了"珠宝旅游文化一条街"珠宝旅游文化氛围。尽管地方政府和地方珠宝行业未对"珠宝旅游文化一条街"做宣传，但这条街在武汉市民心中有相当的知名度，被人们喜称为"地大珠宝一条街"，大多数购买珠宝首饰的顾客（包括收藏者）通常都会先来这条街。之所以在短短距离内集聚上百家，是因为该路段的珠宝专业氛围。第一，中国地质大学（武汉）珠宝学院设有珠宝鉴定和珠宝设计两个本科专业，还培养珠宝领域的硕士和博士研究生；第二，此处设有中国地质大学（武汉）珠宝检测中心暨湖北省珠宝质量监督检验站，为珠宝品质论证，提高消费信心起到关键作用；第三，中国地质大学（武汉）珠宝检测中心为加强人员培训，成立检测创新、珠宝制造技术创新等方面研究中心（图10-6），每年都会承担国际珠宝学术年会，在珠宝领域具有很高的知名度和声誉度，被尊称为"培养珠宝人才的黄埔军校"。

图10-4　珠宝楼A座1楼北和2楼侧大厅

图 10-5　鲁磨路珠宝旅游文化一条街

图 10-6　中国地质大学（武汉）珠宝检测中心

（2）门面装饰设计。门面的装饰（招牌）是用以识别商店、招揽生意的牌号，它可以加强消费者对商店的印象，同时也可起到广告的作用。具有高度概括力和强烈吸引力的招牌，对消费者的心理会产生重大的影响，好的门面装饰应遵循以下原则。

第一，引起消费者的注意与兴趣。一些形式新颖独特富含艺术性与形象性，具有文化素养的招牌，能迅速地抓住消费者的视觉，给人以美的享受，诱发其浓厚的兴趣与丰富的想象。例如：采用灯箱、霓虹灯等立体化形式的招牌，使用不同色彩，不同的运动形式，闪烁的招牌常让人百看不厌，过目不忘，增添热烈气氛；采用铝片、有机玻璃等材料制作的造型美观、醒目的大型招牌，衬映店内陈列的珠宝，吸引消费者目光，引起消费者极大的注意、兴趣甚至动机，使其走进店铺浏览与购买。

第二，利于记忆，易于传播。一些设计独特、易读易记的招牌，可以给消费者留下深刻的印象，在消费者中广为流传，起到商业广告的传播作用。

3. 珠宝门店内部设计

理想的购物环境应该尽可能为消费者提供方便购物的条件，使消费者在这个环境中得到最大限度的满意，并且能使消费者购物后，将其得到的良好体验告诉其他消费者，从而把珠宝门店体现的良好企业形象传播出去。

珠宝店想要达到这样的效果，必须做好内部设施的布置。商店内部装饰包括柜台的布置、墙壁、地板、天花板、吊顶等一系列的设计以及内部照明、音乐、气味和温湿度的调节与控制等。成功的内部装饰可以促进消费者的购买行为和购买体验，提高营销效果。

（1）柜台布置。珠宝消费大多为理性消费，消费者在购买珠宝商品时，一般都愿意花较多的时间事先进行周密的考虑，制订相应的购买计划，因此，珠宝柜台陈列的商品，必须摆放整齐，以充分显示珠宝产品的个性特点、美感和质感，强化美好的视角感受，方便顾客对照购买计划进行浏览、挑选，同时，顾客也可能被其中某些独特款式吸引而进行计划外购买。

柜台布置的基本要求主要包括：①与整体购物环境相协调；②便于货品的陈列；③方便消费者观看和选购；④便于营业员拿取货品；⑤有效利用营业空间，增加展示商品的数量。

（2）颜色调配。不同的色彩可以引起人们不同的联想，产生不同的心理感受。因此，商店内部装饰颜色调配是否得当、宜人，对消费者的购买活动与营业员在销售工作中的情绪调节具有很大的意义。颜色调配得当，可愉悦、放松顾客心情，使顾客在温馨的环境下欣赏珠宝饰品，强化消费者的购买欲望，起到事半功倍的效果。

不同色调给人不同的视角和心理感觉。例如：蓝色给人寒冷、冷淡的感觉；紫色给人神秘的感觉；红色给人热情、喜庆的感觉；绿色给人恬静、新鲜的感觉；白色给人神圣、纯洁的感觉；黑色给人文雅、庄重的感觉等。因此，应根据珠宝产品和品牌特征展示的需要组合选择颜色。

各种颜色的不同混合或在不同光源照射下产生的色彩效应，也能给人以不同的心理感觉。例如：玫瑰色给人以华贵、高雅的感觉；嫩绿色给人以雏静、柔和、明快的感觉；橘黄色给人以兴奋、庄严的感觉。颜色光波的长短，会对人造成不同程度的视神经刺激，直接影响消费者的心理活动，并由此引起消费者选购情绪的变化。例如：红色刺激较强，会促使人的心理活动趋向活跃，激发情绪高涨；蓝色刺激较弱，会促使人的心理活动趋向平静，控制情绪发展，使人安宁。颜色调配过分艳丽，会使人产生不安的感觉，情绪烦躁；颜色调配过分素淡，会使人产生疲乏的感觉，情绪低落。珠宝店铺宜选择催人产生积极向上情绪的暖色为好，可调动顾客选购的积极情绪，同时又不乏高雅、温馨，令顾客身临其境而产生身份和生活品位的优越感。

（3）内部照明。设计适当的照明系统，对珠宝门店来说，是展示店容、树立商店形象、宣传商店、招徕顾客、方便选购的不可缺少的手段。商店内部的照明可分为基本照明、特殊照明和装饰性照明几种类型。

基本照明也称作一般照明，是为了保证消费者能清楚地观看、辨认商品而设置的照明系统，一般布置在商店的天花板上，以白色灯光为主。基本照明除给消费者提供辨认商品照明之外，基本照明的不同灯光强度，也能影响人们的购物兴趣。一般来说，在商店最里面配置光度最大，前面和侧面光度次之，中部光度最小。这种比例配置的基本照明度，不仅可以增加商店空间的有效利用，使商店富有朝气，还可以使消费者的视线本能地移向明亮部位，吸引顾客从外到内把商店走遍，并始终保持较大的选购兴趣。

对于珠宝门店来说，特殊照明对凸显珠宝的美丽至关重要，不仅有助于消费者观看欣赏、选择比较，还可以显示出珠宝产品的珠光宝气，再加上珠宝本身所特有的光泽，起到交相辉映的作用，给消费者以高贵稀有的心理感觉。珠宝门店特殊照明系统通常配置柜台内的聚光灯和柜台上方的吊灯等来实现，配置过程中，应充分考虑珠宝本身的特殊性，尽量借助灯光烘托不同珠宝的独特美，由于大多数宝石都是有颜色的，因此应避免使用有色灯光照射宝石，以免使宝石本身的颜色发生改变，而影响消费者选购。灯光和珠宝的搭配原则将在本节第二部分"珠宝门店首饰陈列"中介绍。

（4）POP广告设置。POP是point of purchase的英文缩写，POP广告即"购买点广告"。商店内能促进销售的广告皆属于POP范畴，包括设置在商店营业现场的橱窗、柜台、货架、壁橱里的广告。POP广告能代替营业员传达商品情报与活动信息。制作精良的POP广告是促进消费者产生购买行为的最佳工具。POP广告设置在购物现场，有助于唤起消费者潜意识中对商品的记忆。还可以向消费者传递商品信息和促销信息，起着重要的信息传递的作用。例如，戴比尔斯为了开拓中国的钻石销售市场，为许多珠宝零售商提供制作优良、印刷精美的POP广告，在POP广告中，介绍钻石的基本知识和保护方法，达到促销的作用。优美的POP广告，还可以美化购物环境。

（5）店内音乐。珠宝店内音乐选择需要迎合店铺的整体风格。一方面，恰当的音乐对消费者的听觉器官有较强的刺激力，使顾客在观赏和选购商品过程中，感到典雅、舒适、和谐，始终保持兴致勃勃的情绪；另一方面，恰当的音乐使营业员精神饱满、情绪高涨，充满服务热情，从而提高工作效率和服务质量。

音乐与店铺整体风格的搭配，实际上也是不同珠宝与不同类型音乐的搭配。例如：搭配东方气韵类珠宝的音乐有《夜宴紫禁宫》《旧时堂前燕》《故宫之神思》《临安初雨》《空山鸟语》《故宫的记忆》《象王行》等；搭配钻戒类首饰的音乐有《梦中的婚礼》《秋日的私语》《秋的思念》《卡农》《月光奏鸣曲》等。

10.2.2　珠宝门店首饰陈列

珠宝店铺首饰陈列指利用现有的道具，采用一定的方法和手段，向消费者介绍、展示珠宝首饰，以方便顾客观看和选购，从而提升顾客购买欲的一种方法。珠宝商店珠宝首饰样品的陈列，不仅可以吸引顾客进店，起到引流的作用，同时也可以反映珠宝店铺珠宝首饰的特色、风格、实力和气势。

1. 首饰陈列基本原则

人们往往会被第一眼看中的东西打动。所以，珠宝首饰陈列最重要的一点就是将珠宝产品的美丽、光彩最大化，惊鸿一瞥间，抓住顾客的视线，进而突出产品亮点，向顾客传达珠宝之美，提升产品价值，最终达到提高店铺销量的目的。此处的陈列包括珠宝店用来展示珠宝的所有陈列方式，具体有立式橱窗陈列和柜台陈列。前者大多贴近门面玻璃而立，起到吸引路人眼球的作用；后者通常方便顾客选购。

在店铺首饰陈列与营销中，一般需遵守以下六大原则。

（1）定位原则。如何有效地使门店在周围众多门店中脱颖而出？可以选用醒目的广告牌和橱窗珠宝陈列展示吸引路人的注意，保证路人在很远的地方就被吸引，这一过程被称为远观展示的定位处理。

（2）定点原则。当顾客被吸引，在门店徘徊时，就需要用近观展示的手段使顾客信服、喜欢而不由自主地进入店铺内。从而到达"观望—进入"的购物心理空间。

（3）定线原则。清晰的顾客流动线路，完整的产品线，利于促成客户的二次消费。客户经过终端体验，随后做出购买决策，最后达成交易，在这个过程中，会经过各种珠宝展台，这些展台的设定应重在吸引目光，留住客户，刺激顾客再次产生购买欲。当顾客在店内走动时，合理安排流动线路，留住顾客花更多时间购物是关键。以流线为脉，以形象为骨，在"骨与脉"的相辅相成中，最终完成商业销售目标。

（4）定面原则。适当的点缀，有主次的珠宝产品展示、陈列，会产生良好的效果。顾客有着自己的购物习惯，根据黄金右转法则，客户进厅后习惯右转，挑选自己喜欢的产品，然后到收银台付钱，据此，应当将最热销的珠宝首饰、主推款放置于右侧。

（5）三性原则。三性原则包括代表性、系统性和应季性。代表性指顾客进店就能看到他想买的珠宝首饰的位置。系统性指把一些在使用上有关系的珠宝首饰，按顺序系统地摆出来，以引起顾客联想，方便连带选购。季节性指根据季节变化，把应季珠宝首饰摆放在醒目的位置，较大范围地陈列。季节对于珠宝首饰陈列的影响很大，因为即使是最好的珠宝首饰，如果与季节所需不同，也会滞销。

（6）定色、定光原则。将传播画面、传播物料与陈列珠宝首饰色系结合，从视觉效果上传递出干净整洁的舒适感；同时，使不同色系颜色有序地过渡和连接，浑然成一体，使顾客不由自主地顺着设计的路线走到店铺的最里面，甚至逛完整个门店。

灯光对于珠宝门店来说是非常重要的一个部分，灯光中的特殊照明主要用来显示珠宝的珠光宝气。一般来说，要求特殊照明的光线柔和，有助于衬托珠宝首饰的色泽，强化珠宝优美的感觉。灯光光色分中性光、冷白光、正白光和暖光，不同光色适合不一样的珠宝产品。例如：冷白光和正白光适合钻石、银饰、K金；中性光适合翡翠、玉石、彩宝、琥珀和蜜蜡；暖光适合黄金。当然，有时为了提升灯光对珠宝产生的效果，也可对灯光进行搭配。比如：灯珠是一白一黄，或者一白一中性等。因此，应根据珠宝展示柜陈列的产品选择相应的灯光。LED灯条因光线柔和、均匀为珠宝商所青睐，是使用最多的一种灯具。LED射灯和LED支杆灯也用得比较多。例如，DR珠宝展柜用的都是LED支杆灯。支杆灯和射灯会有聚光和散光之分，可以把光源集中照射在产品上，可放大珠宝的光芒，根据想要达到的效果来选择和组合。

2. 首饰陈列基本方法

珠宝首饰陈列的目的是展示、宣传珠宝，方便顾客观赏与选购，借此刺激消费者购买欲并提升产品和品牌形象。珠宝首饰陈列分为推销陈列和展览陈列。推销陈列是为了让顾客产生购买欲望，出售珠宝首饰；展览陈列则是供人观赏，展示样品。两种陈列方式各有相应的陈列方法。

（1）推销陈列。推销陈列主要目的是使顾客将珠宝首饰作比较，进而做出选择。推销陈列的方法主要有5种。

①依种类分类陈列。大多数珠宝专卖店在做推销陈列时，依照珠宝首饰种类分类，这种分类无论统计货品还是进货都很方便，也方便顾客在同类对比基础上选择。

②依用途分类陈列。将珠宝饰品按照订婚、结婚等不同用途分类摆放。这种陈列方式比较少见，主要在钻戒中有所使用。

③依对象分类陈列。一些珠宝首饰商店会将商品按购买者的类型分类摆放。这种陈列方法适合玉器，特别是玉手镯的陈列，因为不同年龄段的顾客对玉手镯有不同的需求。

④依价格分类陈列。便于顾客根据预算锁定重点选购范围，进一步在选购范围内依据价格比较珠宝的"质"与"价"。

⑤依材料分类陈列。顾客购买时一般不受这种陈列方式的影响，因为大多数顾客在购买珠宝首饰时，都是在计划内选购，材料只是一个参考因素，主要还是看原计划的购买种类及支出预算，因此顾客对珠宝品类和价格比较关心。

此外，小件珠宝首饰适用支架、托板、立体板面，组合套箱、柜台平板等编组摆放、堆码或吊挂，并做到排列整齐，层次清楚，品名、商标、装饰图案一律面向顾客，方便顾客观赏、选购。

（2）展览陈列。展览陈列的目的是引起人注意，使人产生兴趣、联想，激发购买欲望，因此展览陈列必有一定的专门技巧，展览陈列的方法主要有4种。

①开放型陈列。展览陈列多采取开放型，使展品与观众直接接触，顾客直接参与演示操作，接触体验，这种展示是一种具有较高实效的功能的陈列方式。

②左右对称构成法。将珠宝首饰按对称原则陈列，细分为轴对称法、中心对称法。轴对称法以柜台台面中线为对称轴，两侧珠宝首饰一一对称，常见的图案有矩形、梯形及各种组合型。中心对称法是指珠宝首饰围绕某中心对称排列，常见的图形有圆形、放射形。

③配套陈列法。将有关联的珠宝首饰组合成一体，配套陈列。例如，成套首饰加上小摆设、装饰画、插花等，组合于同一展览空间内，显得别具一格。

④特写陈列法。根据展出需要，将重点展品或细小展品放大为数倍的模型，或扩放成大尺寸的特写照片，方便顾客观看珠宝细节部位，同时冲击视觉、调节气氛、烘托气势。

此外，珠宝展览陈列时，不宜摆得过低或过高，应以视平线的位置为宜，否则，会影响人们对展览珠宝的观览、鉴赏。

10.3　营业员业务能力培训

竞争优势也来自实实在在而又恰如其分的无形服务。在顾客面对琳琅满目的珠宝首饰犹豫不决时，或担忧自己会陷入消费陷阱时，营业员都应及时为顾客提供建议和帮助。目前，越来越多高档的珠宝企业加强对营业员的培训，其最终目的是为消费者解惑，增加消费者信心，促进珠宝产品销售。

10.3.1　专业销售能力

有人认为，珠宝首饰营业员的职责就是想方设法地把珠宝首饰卖给顾客，于是经常会发生这样的情形：顾客一上门，珠宝首饰营业员就满腔热情地接待，而且总能说出无数的理由说明所售珠宝首饰多么适合顾客，然而顾客不是被过分的热情吓跑，就是稀里糊涂地掉进商家的陷阱而后悔不已。实际上，珠宝首饰营业员的主要职责是为顾客讲解珠宝知识，为顾客提供完善和恰当的服务，而不是追着顾客过分热情，让顾客感到很不自在，产生想要马上逃避而放松的感觉。

珠宝销售过程中，营业员有着至关重要的作用，营业员通过掌握的销售技巧，帮助顾客挑选满意的产品，提供顾客恰当的服务。那么，一名优秀的营业员，应该具备哪些专业销售能力呢？

1. 熟悉企业及珠宝产品

作为珠宝销售人员，首先要熟悉企业的历史、规模、目标、组织、人事、财务以及运作模式、销售政策、规章制度。一方面，有利于规范销售操作，提升销售人员在顾客心目中的业务水准；另一方面，向顾客展现了销售人员对所属企业的热爱和忠诚，这种心态会感染顾客，使顾客产生心理认同，增加交易成功的概率。

作为珠宝销售人员，还必须学习专业知识以便解答顾客可能存在的疑问。对答如流可以消除顾客疑虑，使客户对企业产生信任感。许多高质量的珠宝产品"出师未捷身先死"，究其根源是珠宝销售人员对珠宝饰品不了解，回答顾客问题时支支吾吾，不够自信和坚定，无法让顾客产生信任，无法相信购物后能得到可靠的售后保障，严重地影响顾客购买信心、购买欲望的产生。

2. 提高业务质量

对于珠宝企业来说，珠宝产品的质量与设计是企业的第一生命线，业务质量是企业的第二生命线，业务质量的高低最终取决于珠宝销售人员素质的高低。一位优秀的珠宝营业员应该具备思想道德素质、业务素质、良好的个人素质及基本能力。具体内部将在

"10.3.3 珠宝营业员的职业道德素养"介绍。

10.3.2　洞察和沟通能力

做销售人员，一手牵着产品，另一手牵着顾客，能背专业知识的人很多，但是会察言观色掌握高效沟通技巧的人却极少。比如：如何了解顾客真实需要（顾客告诉你的不一定是真实的）？如何判断成交信号？如何做连带销售？如何处理客诉？这些能力的提升有赖于营业员个人的悟性、沟通、洞察力和大量的实践。

沟通是双向的、互动的，它可以传递信息，也可以联络情感，还可以帮助建立关系。通过沟通，客户可以了解品牌及其产品，同时营业员也能发现顾客对产品的期望和现状；在掌握顾客需求基础上，为顾客推荐契合其需求且令其满意的产品，会增进顾客对本店及营业员的好感，增进彼此情感，密切双方关系，由此惠及本店产品，增强顾客对本店产品的偏好，最后实现购买行为。

1. 常见销售问题的沟通话术

珠宝销售中，经常会碰到"这个价格高，超出了预算""差不多的，为何这儿价格高啊？"之类的问题，这些问题触及顾客利益，顾客期望营业员给予明确的又能接受的回答，营业员的回答将在很大程度上影响顾客的购买决策。因此，这类问题的回答十分需要技巧，称得上是沟通上的战术。下面列举常见的珠宝门店销售遇到的问题，感悟不同沟通话术带来的不同营销效果。

顾客问题之一："款式过时了！"提问原因有两种，一种情况是真的过时了！另一种情况是顾客看错了，将新款看成过时款了。

对于第一种情况东西确实过时了，顾客说的没错。此时营业员可以这样回答。

回答1："所以现在买最实惠！" 默认是过时款，同时传达了比原先价格低的信息。

回答2："这是经典款，好东西永远流行！"或"是的，好东西才会卖这么久！"既没有否定顾客的判断（不是新款），而且也把珠宝的优点（经典）阐明。

对于第二种情况，顾客看错了，把新品看成过时的，营业员在回答时要注意：一是不能否定顾客的判断，二是不能承认这是老款，因为它确实是新款！

针对这一状况，营业员可以这么说："是的，这一款确实和以前的那一款有些类似，只是我们在这里做了一些创新……在这里也做了一些创新……在这里还做了一些创新……"最后让顾客自己得出结论：这是新款！

启发：不要否定顾客，即使顾客是错的，也要先认同，再引导！

顾客问题之二："超出我预算了！"当营业员给顾客推荐一款自认为不错的商品时，顾客也觉得不错，但感觉就是太贵了。

常规处理：有些营业员会转介绍其他商品，大多数营业员会说："这边有便宜的，您这边看一下！"

结果：顾客随便看两眼，然后离开，因为顾客没有感到被尊重，好像自己只能买便宜货，有种被侮辱的感觉。

启发：一定要顾及顾客的尊严，不要轻易推荐便宜款式而让顾客心感不爽；另外，转介绍是最后一招，不要轻易使用。

针对这一状况，营业员可以说："先生（女士），您的预算是多少？"并根据其所报数字做下一步打算。

如果顾客看中的款式的商品价格是 1000 元人民币，顾客预算是 800 元人民币，那顾客的意思是想便宜 200 元人民币。此时可以继续向顾客介绍此款商品，引导顾客通过构图、触摸等去感受珠宝产品的"亮点"，让顾客觉得物有所值。

如果顾客预算就是 800 元人民币，那么就真的超出预算了，就可以转介绍其他款式的商品。不过转介绍时不要说："这边便宜，可以这边看看。"因为这样会伤害顾客尊严。为此，营业员可以说："这边有一些新款，我来帮您介绍。"当顾客过去一看是便宜的，就会明白你这么说是照顾了他的面子，顿时对你产生信任，将交易达成推进了一步。

顾客问题之三："我在前面那家店也看到这个一样的款式，但价格比你们便宜。"首先，分清顾客所说的是真是假，很多顾客利用这种方式获取折扣；其次，分析既然价格低，顾客为什么不在那个商店购买。

对这一状况，营业员可以这样回答："您说的那个店也不错，里面的东西也不错，只是您先试试这件合适不。即使同样款式，因为工艺不同，戴在手上也会有不同效果，先看看效果如何？如果效果不好，你肯定不会要的！"

启发：不要诋毁那个商店，毕竟是同行；回答时，不要说那个店的名字，因为每说一次，就会加深那个商店在顾客脑海里的印象，用"那个"来代，达到淡化处理的目的。

2. 善意地关切顾客的需求

珠宝消费属理性消费，且程度较高，消费者做出购买决策前，会有明确的购买理由，对价格范围、珠宝档次、款式类别等一般会有较成熟的购买计划。因此，作为营业员，在销售沟通中要设法掌握顾客本次购买的理由、期望，朝着帮助顾客达成期望的方向与其对话。

以下是两则门店销售沟通实例。

实例1：成功的"虎口夺食"。故事发生在一个手表卖场，经过店员介绍后，一个38岁左右的男士决定在"菲亚达"手表专卖店买下一块名贵的手表，正当他走向收银台，路过一家名气并不大的手表专卖店时，一位售货员上来轻轻地对这位男士说："先生，请问您是买手表给老年人吗？"这位男士很惊讶："对呀，我给父亲买块手表的。"售货员说："给老年人买手表，要注意三个方面。"男士很好奇，站着认真听她说。"先生，你父亲真的很幸福，儿子这么孝顺，给他买'菲亚达'手表。"男士笑了笑，感觉很自豪。

"请问先生，你父亲的视力是不是不好？"男士说："对，父亲老了，视力不怎么好。"售货员马上说："视力如果不好，最好用大表盘、白底黑针的手表。"男士说："哦，我选了个金表盘、金指针的。""其实，很多老年人虽然有了手表，但是他们在洗手或洗澡的时候，会把手表脱下来，加之视力不够，就会到处找手表，如果手表是防水的，老人就不会有这样的麻烦，或者麻烦会减少。"男士说："对呀，难怪我妈妈常常埋怨老爸动不动就叫她帮忙找手表，原来是这样。"

双方沟通得很好，最后男士决定不买菲亚达手表，转在第二家手表专卖店选了一款。这倒不是因为菲亚达手表不好，也不是菲亚达手表没有白表盘、黑指针和防水的功能，而是因为他信任第二家专卖店的售货员，能细致地关切到他的需求，并提供满足这些需求的手表。当然，适度的赞美也是此次交易成功的小小因素，赞美使顾客感到舒服和有成就感。

以上实例，一是表明了沟通在销售过程中的好处；二是销售沟通中，营业员善于从顾客角度，掌握其购买理由并发掘顾客的需求，同时给予真诚的关注，会使顾客产生被尊重的感觉，从而产生信任，为交易达成打下关键的基础；三是对顾客有兴趣，热情相待，适度赞美，有利于创造良好的谈话氛围、建立起良好的关系。

实例2：买李子老太太的三种"待遇"。一位老太太提着篮子，到家附近的水果市场买李子。她来到第一家水果店，售货员亲切地说："我这里专卖李子的。"老太太说："我要买好的。"售货员说："我的李子又大又红又甜。"同时递给老太太一个削了皮的李子，老太太试吃了说："哦，果然又大又红又甜！"然而，老太太说完转身就走，没有买下一颗李子。老太太来到第二家水果店，售货员说："老人家，有什么可以帮到您吗？"老太太说："后生仔(粤语，年轻人之意)，我想买李子。"售货员说："我的李子品种可多了，甜的酸的、国外的国内的、本地的外地的、大的小的，品种齐全，您要什么样的都有。"老太太说："我要买酸的李子。"售货员说："我这里有酸的，你看。"于是，老太太就在这个店子里买了一斤酸李子。随后老太太来到一个水果摊档，售货员说："老人家，想买什么样的水果呢？"老太太说："买李子。""想买什么样的李子呢？"售货员马上接着话。老太太问："你这里有酸的李子吗？"售货员问："老人家，为什么要买酸李子，不买甜李子呢？"老太太说："我儿媳妇怀孕了，想吃点酸的。"售货员说："呵呵，恭喜恭喜。所谓'酸儿辣女'嘛，让媳妇多吃点酸的，说不定给你生个白胖孙子了，所谓'酸'就是'孙'。老人家你可要多买点给她吃哩。"老太太说："你真会说话。"售货员说："老人家，孕妇最需要的是什么营养，你知道吗？"老太太说："不知道。"售货员说："专家说，孕妇最需要的是维生素。老人家，你知道什么水果含维生素最多吗？"老太太说："什么水果？"售货员说："专家说，是苹果。你儿媳妇如果多吃苹果，维生素补充够了，说不定给你生个双胞胎。"老太太乐开怀了："哈哈，是吗？"售货员说："我这里有上好的苹果，你看。"最后，老太太在这个店子里又买了一斤李子，同时称了两斤苹果。临走时，售货员说："老人家，我每天都在这里摆水果摊，您尽管来，我给您优惠，我卖的都是上好的苹果、李子哩。"老太太说："好、好、好。"欢天喜地地回家了。果然，这位老太太成为了这个水果摊档的常客。

以上实例出现三个售货员，第一位售货员仅从常人喜欢甜李子出发向老太太推荐，自然不能满足老太太的需求，而没有达到营销效果；第二位售货员，提供给顾客足够选择空间，让老太太对应选择，但仅此而已，并没有去挖掘、去延伸可能有的连带消费；第三位售货员很会沟通，重在设身处地为老太太着想，且很会把握推销的度，不让顾客因他竭力推销而反感，而是在尽量激发老太太心中所需时才适时进行推销，且见好就收，亲切、自然，很快就获得了老太太的信任。

综合以上例子，可以体会到：沟通本质是双方互动，有来有往，一方的强势或牵制会导致对方都得不到满意的沟通结果；如果不理会顾客的感受，不把握顾客的需求，不诚恳、热情，销售沟通就很难成功；在与客户沟通过程中，要尽量问出顾客的现状及其期望，现状到期望之间便是顾客所需要的，即需要＝期望－现状。为此，只有当门店适合的产品或服务能够迎合这一部分需求时，客户才会对产品或服务感兴趣。

那么，对珠宝销售来说，关键在于如何去发现顾客的需求。有些顾客有较强的戒备心理，不愿向营业员多透露，此时营业员要用多种方式消除顾客的戒备心，让顾客产生信任。例如：消费现状中遇到哪些问题？需要怎样的帮助或解答？即营业员接待顾客的出发点应是怎样帮到顾客，而不是怎样成交。在整个接待过程中，与顾客之间不是卖者和买者的对立关系，而是把顾客当朋友，将自身调整为今天多认识一位朋友也很开心（即使最后交易不成）的自然状态；另外，见到顾客的开场白也很重要，一开始，不要在客户面前一味张扬自己的珠宝如何独特和实惠，令顾客反感和恐慌，有种受压抑而恨不得马上离开的感觉。因此，开场白要自然、亲切，聊聊别的。例如，看到顾客提着刚买的时尚衣服，可与她饶有兴趣地聊聊服饰，拉近双方距离，消除顾客戒备心理，接下来转入店内珠宝话题也就很自然了。

绝顶的珠宝销售高手，应把销售融入自己的日常生活，也就是说，即使不在店内，不在工作时间，也都会抓住任何与顾客接触的机会，发展人际关系，拓展人脉，发掘潜在客户，把销售修炼成一种习惯。

10.3.3　珠宝营业员的职业道德素养

职业道德规范是每一个从业者所应遵守的行为准则，也是评价职业活动行为善恶的准则。作为珠宝行业的业务员，应遵守以下职业道德规范。

1. 诚实守信、遵纪守法

诚实就是真实无欺，对顾客开诚布公，不欺骗、引诱顾客去购买特定的珠宝，不为了自己的私利而欺瞒顾客；应忠诚于所属企业，维护企业信誉，保守企业秘密；遵守职业纪律以及与职业活动相关的政策、法律法规。珠宝营业员每天接触大量的金银珠宝和钱物，遇到各种各样的消费者，因而珠宝首饰营业员要自尊自立，做到清廉履责，不趁工作之便侵占门店珠宝产品及其他物品。

2. 爱岗敬业、忠于职守

爱岗敬业作为最基本的职业道德规范，是对营业员工作态度的一种普遍要求。热爱本职、忠于职守是职业道德的主要规范。作为珠宝首饰营业员，热爱本职，也就是热爱自己的工作岗位，树立干商业、爱商业的职业情感。营业员只有具备了健康、正确的职业情感，才能将这种积极的情感传递给顾客、感染顾客，使顾客对营业员产生好感，继而对门店和产品产生好感、信任，有利于顾客购买行为的达成。忠于职守就是要忠于珠宝首饰营业员这个特定工作岗位的各项职责，自觉履行和维护这些职责，具有强烈的事业心和职业责任感。

3. 文明礼貌、热情服务

文明礼貌是珠宝营业员的基本素质，也是塑造企业形象的需要。俗话说："做好生意三件宝，人员门面信誉好。"诚哉斯言，门面装饰得漂亮、人员讲文明礼貌、经营有信誉，是生意人的"三件宝贝"。在珠宝行业更是如此，门面装饰、营业员素质、经营信誉决定着门店生意的好坏。对于珠宝营业员，要求做到在工作场合保持礼仪端庄、语言规范、举止得体、情绪饱满、待人热情；处处尊重顾客，即使顾客最终并未购买任何产品；当顾客提到其他品牌的优势时，不要贬低（特别是没有依据的贬低）这些品牌或讽刺顾客头脑简单，而是要从本品牌优势切入，并加以充分展示，引导顾客与其他品牌进行比较。

10.3.4　珠宝营业员业务能力培训内容及方式

对于珠宝门店来说，珠宝产品质量与设计是第一生命线，营业员素质是第二生命线。一位优秀的珠宝营业员应该具备以上所介绍的专业销售能力、沟通能力及职业道德素养，本部分探讨营业员业务能力的具体培养，包括培训内容、培训法则及培训方式。

1. 培训内容

专业销售能力、沟通能力及职业道德素养是珠宝营业员培训的内容项目，具体包括柜台业务知识，宝石学基础知识，沟通、礼仪，职业道德素养。

（1）柜台业务知识。

①营业环境准备。珠宝首饰的营业环境应整洁、明亮、高雅、舒适，让顾客一走进来就感受到一种温馨、高贵、典雅的氛围，一种浓浓的艺术气息。营业场所应做到空气清新流动，温度适宜。同时，营业场所应干净卫生，整齐有序。另外，在修饰方面，珠宝营业员需要提前调整好所要求的灯光，摆放一些花卉、盆景等饰物。

②物质准备。包括商品准备及销售工具准备，是珠宝首饰销售得以顺利进行的物质基础和前提条件，充足而有序的物质准备可以缩短销售时间，加快成交速度，使销售工作顺利进行。

③珠宝首饰营业员仪表、仪容准备。珠宝首饰营业员的仪容美、仪表美、仪态美属于软环境之美，会给整个购物环境带来一派动态之美。软环境之美能对顾客产生更强的感染力和吸引力，是商品得以销售的潜在动力。营业员衣着大方、整洁、清新，化淡妆，既是对顾客的一种尊重，也是提升珠宝门店的服务层次和水平的因素，可以美化门店在顾客心目中的形象。

④售货过程。售货过程是柜台服务的中心环节，有条不紊地开展售货活动是珠宝首饰营业员的基本功。按照售货操作规范，售货过程一般可以分迎客、接触、拿递、展示、介绍、成交、附加推销、开票收款、包装、递交、送别、售后服务 12 个阶段。

⑤打烊期间的工作。打烊期间的工作是每日营业程序中的最后一个环节。营业员在闭店下班铃响时，对在店内购物的顾客应继续耐心接待，并以语言示慰，不得催促、草率或怠慢顾客，更不能拒绝出售珠宝首饰；对外面欲进店或刚进店的顾客，应婉言相告，请明天再来，不得言辞冷硬，下逐客令；对个别确有急事、情况特殊的顾客，也可认真迅速接待。下班铃未响，临近下班时，售货员一般不得做下班准备，如盘点、整理珠宝首饰、整理货款、记录、结账等，以免冷落、怠慢顾客，影响售货。当顾客陆续走出商店之后，才可开始做下班工作。

（2）宝石学基础知识。宝石学基础知识通常包括贵金属、镶嵌类饰品和翡翠玉石等三大类珠宝首饰的知识，每一大类又有具体细分（表 10-1）。

表 10-1　珠宝营业员宝石学基础知识培训内容

类　别	贵金属类	镶嵌饰品类	翡翠玉石类
内容	黄金、铂金首饰知识	镶嵌类饰品珠宝知识： 1. 钻石 4C、产地、工艺、镶嵌、切工、特性等 2. 红蓝宝、碧玺、水晶等产地、种类、价值分析 3. 欧泊产地、鉴赏、价值分析 4. 托帕石、橄榄石、石榴石等	翡翠玉石类珠宝知识： 1. 翡翠来历 2. 翡翠的品种、特性 3. 翡翠 A／B／C 货鉴别 4. 中国四大名玉鉴赏及价值分析
	黄金珠宝未来发展趋势	镶嵌类饰品价格及发展趋势	翡翠玉石价格及发展趋势

（3）沟通、礼仪。营业员应有良好的交际能力，这是优质服务质量的体现。

①言语有礼。常用的礼貌用语分称呼用语和接待用语两部分。称呼用语是珠宝首饰营业员和顾客说的第一句话，给顾客的第一印象，对交易能否成功有重要影响。珠宝首饰营业员应当根据顾客的年龄、性别、职业变换不同的尊称，如"女士""美女""先生"等称谓，尽可能地符合顾客的身份。珠宝首饰营业员在接待顾客中用得最多的是接待用语，接待用语应根据不同情况和不同场合灵活运用。

②语调柔和，发音清晰。珠宝首饰营业员单有礼貌用语也是不足的，还需要语调柔和，发音清晰。语调是否柔和是通过声音的高低、强弱和节奏快慢来判断的。语调柔和会使顾客听得既清楚又舒服；声音太高或太强、太重，会显得粗暴生硬，容易使顾客认

为销售员存在厌烦、不满的情绪，影响购买心情。所以，珠宝首饰营业员除了礼貌用语，还要掌握好语调。

③表达恰当，恰当赞美。珠宝首饰营业员在柜台服务中会接触到社会上各种各样的顾客，他们身份不同，年龄各异。为了做好接待、服务工作，保持人与人之间的互相理解与和睦关系，就必须做到言语表达恰当，基本要求是准确、生动、亲切、简练。要做到这些，珠宝首饰营业员应下功夫学好语言文字。此外，营业员还要注意说话分寸，不要说与营业售货无关的话，不过多评价顾客的容貌、衣饰和用品，不要刻意打听顾客的职务、年龄、婚姻状况等隐私，不礼貌，容易引起顾客的误会。此外，在顾客穿戴珠宝时，应适当地赞美顾客，让顾客产生愉悦的心理，最终产生购买行为。

④使用普通话。我国地域广阔，民族众多，方言种类多。珠宝首饰营业员首先必须掌握全国通用、推广的普通话，才能有效地进行语言沟通；其次，还应尽可能多学点方言，以便更好地为不同顾客服务，与顾客拉近距离，增强亲切感；最后，最好还能掌握一些柜台外语，为外国客人服务。

（4）职业道德素养。职业道德素养包括诚实守信、遵纪守法、爱岗敬业、忠于职守、文明礼貌、热情服务等。

2. 培训法则

根据一些珠宝企业培训珠宝店员的实践，总结出以下珠宝员工培训的法则。

（1）对刚进公司的员工，着力于教导行业知识、产品知识、基本礼仪、工作态度等基本事项。

（2）不以老眼光、旧想法去看待员工，以平等态度与员工进行沟通。

（3）以举例的方式提示员工应注意的事项，避免说教的形式。

（4）只说明工作的基本内容和性质，留给员工自主发挥的余地。

（5）严格要求年轻员工，以高标准衡量员工的工作。

（6）主动与员工协商工作进程、工作进度、报告时间等事项，以加快员工工作节奏。

（7）坦诚相待，不加掩饰地指出员工的缺点，重视倾听员工的心声和建议。

（8）善于运用新颖培训手段，提高培训的趣味性和效果。

3. 培训方式

如何才能让员工有效地进行店面零售，提高店面的销售额呢？首先要求珠宝营业员遵守相应的职业道德，其次要求珠宝首饰营业员参加培训、自学以及向高级珠宝首饰营业员进行学习。

（1）单位组织培训。珠宝首饰营业员可以参加考试获得相应的资格证书，珠宝首饰营业员考试共设三个等级，分为初级（国家职业资格五级）、中级（国家职业资格四级）、高级（国家职业资格三级）。通过对从事珠宝首饰及工艺品销售的人员进行培训，使营业员掌握基本的珠宝首饰营业接待、销售、商品管理、法律法规等知识与技能，在专业讲师和实训专家的指导下，能独立从事珠宝首饰品营业和销售服务。

此外，珠宝企业可以根据员工需求以珠宝门店为单位进行员工培训。可以从珠宝首饰商业基础知识、职业道德、柜台业务管理、柜组核算、计量常识、宝石基本知识、常见珠宝首饰常识、常见宝石、贵金属、贵金属首饰等方面进行培训。

（2）高级珠宝首饰营业员做培训与指导。由高级珠宝首饰营业员言传身教，对营业人员进行指导和纠正，这种培训内容多为高级珠宝首饰营业员平时销售中积累的经验与技巧，实践价值明显，可操作性强，对其他营业员尤其新员工意义更大。

（3）老带新。对新进员工而言，许多工作事宜仍有赖于他人教导，店长不一定能有大量时间教授新员工工作中的细节，因而，新进员工充分利用工作中的便利及时向老员工请教、学习，内容包括销售方法、技巧、待人接物、和谐共事等。老带新学习时，还要注意以下事项：①不管是新员工还是老员工，学习和传授的态度一定要忠诚、友善、谦虚；②不可过于依赖老员工，新员工要有自我尝试、创新的意识，老员工仅为指导；③要形成"相互为对方争光"的师徒关系，提升教与学互长效果。

（4）小组培训和情景模拟。小组培训的目的是树立参加者的集体观念和协作意识，教会员工自觉地与他人沟通和协作，齐心协力，保证公司目标的实现。小组培训的效果可能在短期内不明显，但必须坚持，且要有小组培训方式的规划，使小组培训成为一种例行方式。门店员工身处模拟的门店工作环境之中，按照其实际工作中应有的权责来担当与其实际工作类似的角色，模拟处理销售工作事务，其中可有意识地设置一些棘手或突发的事件情境让受训员工进行处理，以培训门店员工灵活应变、协调和沟通能力以及处事不惊、沉着、泰然的心理素质。通过这种方法，员工能较快熟悉自己的工作内容，掌握必需的工作技能，强化心理素质，以尽快达到实际工作的要求。

10.4　珠宝店面零售策略

珠宝企业营销不仅要求珠宝企业生产适销对路的产品，制定适当的销售价格，以适当的销售渠道提供给消费者，而且还要通过各种方式让消费者及时地了解企业及其产品，使消费者对本企业产品产生购买欲望，使企业的产品得以畅销。

珠宝店面作为渠道的终端形式，在营销策略中，产品、渠道没有可策略的空间；同时，鉴于珠宝经营中普遍采用连锁模式，这种模式下，为了得到价格优势，总部对连锁门店统一定价，各连锁店价格调整也必须经总部批准，因而珠宝门店对价格的决策空间也十分有限。由此，在营销组合传统四要素中，珠宝门店在促销组合上有一定的操作空间。传统的促销组合四要素中，人员推销被归纳在上一节"营业员业务能力培训"中，公共关系并不局限于珠宝店面销售，因而，促销组合四要素方面，本节介绍广告和营业推广。鉴于新技术在珠宝领域的逐渐渗透，本节还简单介绍基于新技术的珠宝门店零售策略。

10.4.1　POP 广告

"10.2 珠宝店铺设计及产品陈列"部分从珠宝门店内部设计角度简要介绍了 POP 广告的积极作用，包括传递信息、美化环境及促进销售。本小节将从 POP 广告作为店面零售策略角度，进一步介绍 POP 广告作用过程及类型。

1. 作用过程

几乎大部分的 POP 广告，都属于新产品的告知广告。当新产品出售之时，配合其他大众宣传媒体，在销售场所使用 POP 广告进行促销活动，可以吸引消费者视线，刺激其购买欲望，最后达成交易。首先，顾客走近珠宝门店，会注意到珠宝门店的广告牌，广告牌会提示顾客店内的新产品或热销品；其次，唤起消费者的潜在意识，让顾客脚步停留在自己的商品前吸引顾客注意，引发兴趣；再次，顾客会产生购买的欲望，顾客会考虑购买的条件及服务；最后，顾客完成购买行为。即遵循 AIDMA 路径产生作用。

2. 类型

按位置分为室内 POP 广告和户外 POP 广告。

（1）户外 POP 广告。户外 POP 广告是珠宝售货场所门前以及周边的 POP 广告，包括商店招牌、橱窗布置、商品陈列、招贴画广告、传单广告、广告牌、霓虹灯、灯箱等。

（2）室内 POP 广告。室内 POP 广告指商店内部的各种广告，如柜台广告、珠宝首饰陈列广告、室内电子和灯箱广告。柜台广告又称 POP 小型展示卡，是一种灵活的、小型化的 POP 广告形式，用于展示商品和宣传内容，应用于商品促销的各个方面。柜台 POP 广告包括展示卡与展示架：展示卡可放在柜台上或珠宝旁，其主要功能是标明商品的价格、产地、等级等，文字不宜太多，以简短的三五个字为好；展示架放在柜台上，起说明商品的价格、产地、等级等信息的作用，展示架与展示卡区别在于展示架上必须陈列少量的珠宝，但陈列珠宝的目的，不在于展示珠宝本身，而在于以珠宝直接说明广告的内容，陈列的商品相当于展示卡上的图形要素。灯箱广告又名"灯箱海报"或"夜明宣传画"，可用于室内和室外。

10.4.2　珠宝门店营业推广

1. 作用

（1）有利于吸引新顾客，维系老顾客。由于营业推广发出的促销信息对消费者有比较强烈的刺激，能吸引广大顾客的注意，使其因追求某些方面的利益而转向购买本企业的产品；同时，对老顾客的优惠措施（如免费的售后服务、更多的优惠待遇、赠送礼品等）会保持其与企业的长久联系和增进信任关系。

（2）有效抵御和击败竞争对手。若同其他珠宝企业相比，本企业产品能够提供给顾客更多的利益，必定会吸引更多追求实惠的消费者，提高市场占有率；而当竞争对手加大促销力度时，营业推广也是抵御和反击市场竞争的有力武器。

（3）加快资金周转，推出新产品。珠宝首饰是时尚产品，企业在长期的经营活动中，由于款式的不断更新、流行趋势的不断变化，不可避免地会造成一些产品的积压，利用各种营业推广措施可以快速处理积压产品，促进新产品入市。

2. 主要方式

珠宝店面直面珠宝消费者，因而更应深入分析消费者的购买心理，把握好销售促销时机，采用适合的营业推广方式促销，使顾客产生"机不可失，时不再来"之感，刺激和强化顾客的购买欲。总体来说，珠宝店面营业推广有以下几种方式。

（1）赠送礼品。向消费者赠送小礼品或奖品，是介绍新产品最有效的方法，缺点是成本高。赠品选择要符合季节的需要，尽量选择一些当季需要的物品，因为赠品的价值在于即买即用，如果在使用上还需要等待的话，顾客就比较容易失去耐心，觉得赠品不实用。

（2）折价券。在顾客购买珠宝首饰时，持券可以免付一定金额。在移动终端普及后，越来越多的珠宝企业采用微信公众号、小程序等方式发送折价券，消费后直接可抵消一部分金额。

（3）抽奖促销。顾客购买一定的珠宝产品后可获得抽奖券，凭券进行抽奖获得奖品或奖金，抽奖可以有各种形式。

（4）捆绑促销。将两种产品捆绑起来的销售和定价方式，并不是珠宝与任何产品和服务都能随意地"捆绑"在一起。成功的珠宝捆绑促销，一是要遵循"1+1>2"的效果原则，因而，珠宝与"捆绑产品"必须协调和相互促进；二是要正确制定"捆绑"策略。

10.4.3 基于新技术的零售策略

当今大数据、智能化、云技术、区块链等技术为营销活动创新带来技术支持，珠宝企业逐渐将这些技术运用于营销活动中，创新营销方式，给顾客带去不一样的购物体验，促进了珠宝产品销售。

1. 智能化

在O2O模式和新零售模式逐渐渗透的珠宝市场，实体店的功能不再只有产品的展示和销售，更多的应该转向珠宝服务、购物体验和珠宝文化展示。珠宝智能导购是集导购方法、系统、设备和计算机可读存储介质于一体的系统，其流程大体包括：接收用户操作指令，用于获取所述导购机器人前方的摄像区域内用户的脸部图像；根据脸部图像分析用户脸部特征；根据用户脸部特征查找导购机器人的匹配数据库，以获取与该脸部图像相匹配的多个可选的珠宝，并将该多个珠宝的图像显示于所述显示屏上；接收用户的点击指令，用于获取用户点击所选定的珠宝，以及根据所选定的珠宝从珠宝数据库中获取与该选定的珠宝相关的知识，并显示于所述显示屏上。珠宝智能导购可以将人工从不断重复的珠宝销售及珠宝知识介绍中解放出来，其导购效果较好，能有效帮助用户选择到一款与之最匹配的首饰并获得该首饰的相关知识。

周大福于 2014 年在武汉光谷打造了首家珠宝科技体验店，融合多重科技元素，向消费者提供了前所未有的珠宝消费新体验，其中店内设置的互动橱窗、电子迎宾、3D 导购机等电子设备以智能化高科技手段提供专业的珠宝服务；此外，周大福 2020 年 12 月在武汉 K11 艺术购物中心开启的"礼"主题体验店内，AI 机器人"小 C"与顾客的智能贴心互动，均展示了智能导购等服务在珠宝领域的运用。

珠宝智能导购对顾客和珠宝企业均产生价值。具体来看，在顾客层面上，智能化服务既能够模仿人工服务特征提供相应服务，又很好地适应了当今人们越来越喜爱自助触摸的选购方式以及对新鲜和新奇事物或方式的好奇心和体验愿望，从而增强门店对消费者的吸引力和消费者对门店的好感度。在企业层面上，智能导购可以有效帮助顾客了解整个门店珠宝饰品类别、价格、销量、新旧款等信息，增进购买欲望和方便顾客做出购买决策；同时，通过分析顾客点击记录，了解顾客的兴趣点、消费偏好及关注点，有助于门店及时调整营销策略，促进成交率提升。

2. 云柜台

新零售可简单地解读为"线上＋线下"，物流助力，线下实体店占据新零售的半壁江山，其在新零售中的重要角色担当是发挥自己的特点为顾客提供线上没有的"实体体验"和贴心服务，补足线上体验和服务的缺陷，带动线上销售；同时，线下必须联动线上，充分挖掘和发挥线上优势和功能，使线下实体店专业服务和规范性以简洁、易用的属性最大限度地得以延伸。一方面，简化珠宝柜台服务人员的营销活动内容，从程序性、例行性的初级服务中解放出来，有更多时间和精力专注于如何获客、提升专业服务水平和增长珠宝知识上，构建珠宝门店营销的大格局，促进门店销售；另一方面，适应当今人们选购时对网络的高度依赖性，提升购物便捷性和娱乐性，从而提升门店的偏好和好感度。截至 2020 年 9 月 30 日，周大福在内地至少 1000 个零售店配置了云柜台，以此促进线上和线下联动效应。

珠宝云柜台所需的技术有专门公司或机构提供，珠宝门店所需要做的是思考云柜台的使用要求：希望云柜台解决什么？希望达到怎样的结果状态？现在已有公司（如翡标奢品科技股份有限公司）提供"互联网+云购体验店"的相应技术和服务支持，使线下体验和线上云端下单直接融合，为顾客提供电商的性价比和实体店的线下体验。

3. 微信泛会员体系

借助互联网技术发展和移动端的普及，微信群这一虚拟社区越来越受人欢迎，企业利用微信社交平台的便捷性、互动性、传播性、聚类性开展营销，通过扫门店二维码，将用户沉淀在珠宝门店自有微信服务号，通过客户智能管理系统将顾客数据永久保存在珠宝门店后台，通过分析这些数据，掌握顾客消费行为、习惯，平常所关注的事物，为营销策略调整提供依据。

同时，通过微信会员体系中推送门店新上产品、促销活动，增加线下门店引流效果，然后，配合线下门店导购、移动支付、到店提货等便捷的服务方式，让微信珠宝泛会员一直保持较高的活跃度；线上活动的奖品以二维码礼券的形式发送给微信泛会员，二维码礼券可用于线下门店消费，同样增加了线下门店的引流效果。可见，线上和线下形成了互促互进的效应，形成 O2O 零售闭环。

4. 3D 技术助人性化定制

珠宝作为一种高附加值，以美化、装饰为主要消费功能的商品，珠宝的个性定制，本身就有天然的优势，能够增加产品和服务的附加值，更好地满足个性化消费需求。如今，伴随着互联网快速发展而成长起来的年轻消费群体，追求个性成为主流，所以从主观上和客观上讲，珠宝个性定制是珠宝营销的重要趋势。

3D 打印是快速成型技术的一种，它是一种以数字模型为基础，运用金属粉末或塑料等可黏合材料，通过逐层打印的方式来构造物体的技术。求美是珠宝消费者普遍追求的基础需求，然而珠宝价格并不菲，在追求美化自身的过程中，消费者越来越渴望符合自己个性需求的珠宝产品；然而，门店柜台所展示的珠宝产品可能并不符合个性化需求，此时，能够将个性需求实体化，即时试戴以评估是否符合消费者个性化需求及满足程度，以便做针对性的调整就很有现实意义。3D 打印技术特点及其所具有的功能，使 3D 能实现以上目的。具体来讲，3D 打印技术在珠宝首饰业中又被称为"3D 首饰数字技术"，包括两个方面：3D 首饰数据模型设计和 3D 首饰打印技术，即先做模再打印。建首饰模型需要相应的软件编程知识技术；打印即是将制作好的 3D 首饰数字模型文件导入 3D 首饰打印机，3D 打印机与电脑连接后，通过电脑控制，对 3D 首饰模型数据进行分析分层，加热粉末成液体，通过打印头挤出，通过逐层叠加方式构造首饰，最终将数据模型变成实物。3D 首饰数字技术的特点在于即使是很复杂的首饰都可以制造出来，所以 3D 打印技术是一种实实在在重要的制造技术。

3D 首饰数字技术相对于传统模式有以下优势。首先，一件原始实物模型在传统手工起版模式下需耗时一天甚至一周（复杂款），而在数字设计 3D 模式下能够实现即时输入即时打印，效率大为提高。其次，电脑可以精细地控制模型厚度，实现数字控制的精致、准确。例如，3D 喷蜡打印机可以精确到 0.016 毫米，那是人工测量不可能做到的。最后，实现专属定制的高性价比。3D 打印技术改写了传统珠宝首饰业只有大规模生产才能降低成本的状况，3D 打印技术下可以通过生产少量甚至单件首饰，就能以批量的成本获得高质量的定制产品，以最优供应商实现个性化需求的满足。

5. 区块链

2021 年 3 月，我国《中华人民共和国国民经济和社会发展第十四个五年规划和 2035 年远景目标纲要》将区块链列为"十四五"七大数字经济重点产业之一；2021 年 5 月 27 日，工业和信息化部、中央网络安全和信息化委员会联合发布《关于加快推动区块链技术应用和产业发展的指导意见》（以下简称《指导意见》）正式对外发布，表明国家对区块链的高度重视，区块链发展的"政策红利期"即将来临。《指导意见》界定区块链是新一代信息技术的重要组成部分，是分布式网络、加密技术、智能合约等多种技术集成的新型数据库软件，通过数据透明、不易篡改、可追溯，有望解决网络空间的信任和安全问题，推动互联网从传递信息向传递价值变革，重构信息产业体系。区块链具有以下特征：分布式数据库，区块链上的每一方都可以获得所有数据及其完整历史记录，没有哪一方可以控制数据或信息；点对点、独立点之间可以直接通信；有限透明，有权进入系统的用户都可以看到每一项交易及交易价值；记录不可更改，一旦交易结束，账户信息就会相应更新，且更新记录无法改变。

基于这些特征，区块链对珠宝营销带来以下功能：①增强珠宝产品可信任度。运用区块链可实现宝石溯源，使消费者了解一颗宝石从开采到中游加工再到面向市场的每一步。②建立珠宝品牌消费者信任。区块链使不同层次珠宝品牌的真实性和公开性得到保障，这有利于非专业的珠宝消费者对不同珠宝品牌的识别，增强消费信任和购买信心。③减少交易中间环节，降低成本。基于区块链，珠宝买卖双方

扩展阅读：基于区块链的珠宝溯源流程

将需求和供给信息以各自账本形式上传，双方可直接获取对方的真实原始信息，然后比对自己的供或需信息，确定能否成为自己的交易对象，从而越过了不必要的如中间商等服务环节，从而免去佣金，降低了成本。

除以上店面零售策略外，鉴于珠宝新零售兼具线上和线下属性，其中线下门店具有专业服务、体验优势，弥补了线上体验的不足，是珠宝新零售的后盾。因此，要充分发挥门店在珠宝新零售中的重要作用，对此，有必要对珠宝线下店面进行升级，珠宝线下门店升级成为珠宝企业增强新零售体验的重要途径和策略，具体如何进行珠宝线下门店升级，本书将在第 11 章中介绍。

10.5　珠宝店面营业推广策划

营业推广（活动）策划是公司或企业在短期内提高销售额和市场占有率的有效行为。一份创意突出且具有良好的可执行性和可操作性的活动策划案，无论对于企业还是品牌知名度的提升，都将起到积极的作用。

10.5.1 策划原则

策划原则包括战略性原则、信息性原则、系统性原则、时机性原则、权变性原则、可行性原则、创新性原则及效益性原则。

1. 战略性原则

营销策划需要从战略的高度出发，对企业营销进行整体性、长期性、层次性、动态性的规划和设计。策划方案完成后，将为企业提供长期的营销活动指导，即企业在完成营销策划案的设计后，企业后续的营销工作都需要依此方案进行。因此，企业必须站在战略的高度来进行营销策划。例如，在对钻石饰品进行营销策划时，不仅要关注婚嫁需求和非婚嫁需求，更应该关注自我奖励、纪念日等类别的需求，还要关注未来市场情况。

2. 信息性原则

企业在进行珠宝饰品营销策划设计前需要掌握大量有效的营销信息，如行业新规、市场实际需求、竞争对手情况等，如果没有这些信息，将导致企业的营销策划的盲目性和误导性。即使完成了策划案前期的设计，在后期进行方案调整时，也需要在充分调研的基础上进行，只有掌握了大量的珠宝市场信息，营销策划的成功编制和实施才能有所保证。

3. 系统性原则

企业营销策划是一个系统工程，其系统性包括两点：一是营销策划工作是企业经营活动的一部分，因此珠宝饰品营销策划工作的完成需要包括设计部门、生产部门在内的诸多部门支持和帮助，从而保证产品的品质、款式类别等与市场需求相匹配；二是进行营销策划时要全面系统地考虑各种因素的影响，如政治、经济、社会、技术等宏观因素以及消费者、供应商、竞争者等微观因素。

4. 时机性原则

企业营销策划要把握好重要节点时机。例如，钻石饰品作为婚庆需求的重要标配，其节点时间是企业在进行钻石饰品营销策划设计时要重点考虑的。例如，在我国传统农历制下，2019年没有立春，称为无春年，传统风俗不宜结婚，受从众心理影响和老一辈干预，这一年结婚登记人数大幅下降，年登记人数首次跌破1000万对，这使得钻石饰品销量大幅减少。2016年同样是无春年，这一年间我国结婚登记人数增速下滑6.6%，导致随后两年我国婚庆需求才有所反弹，增速回升4.9%，钻石饰品销量在这一时期内也受到很大影响。

5. 权变性原则

珠宝市场竞争十分激烈，珠宝饰品市场的权变指在动态变化的复杂环境中，及时准确把握消费者不断变化的需求、行业不断推出的新标准等，从而预测市场可能发展变化的方向，并以此为基础进行策划设计和调整。例如，各大品牌针对"千禧一代""Z 世代"对珠宝悦己属性、情感属性的需要，不断改变营销策划。

6. 可行性原则

可行性原则指策划方案在技术、资源、方法等方面的可行性和可操作性，所以出于可行性原则考虑，在进行策划设计时要从实际出发。例如，周大生"LOVE 100"星座极光系列，正因为周大生切工技术达到要求，最后才能取得成功。如果当时切工技术不达标，而盲目认为可以完成 100 个切割面，最后只会影响品牌在消费者心中的形象。

7. 创新性原则

创新性原则要求企业运用创新思维，针对目标市场提出新创意、新方法，甚至创造新的生活方式和消费观念，从而吸引更多消费者，把潜在消费者转换为现实消费者。例如，戴比尔斯、宝格丽等公司在钻石饰品的类别上，做出了创新，推出钻戒以外的手链、项链、腕表等创新的钻石饰品。

8. 效益性原则

和其他任何市场营销策划一样，珠宝饰品市场营销策划的目的同样是以最小的投入获得最大的收益。因此，企业在进行营销策划时不能忽视成本、收益等财务方面要求。

10.5.2　策划程序

1. 明确目的和主题

对珠宝门店来说，营业推广活动主要是吸引客流，提高门店和品牌知名度，从而促进销售。围绕这一目的，可选择不同的主题。选择一个具有吸引力的促销活动主题就是一个成功促销活动的开始，"功夫在策划，效果在主题"，好的活动主题可以向参与者传递活动精神和吸引消费者眼球。好的活动主题首先要表达这次活动能为消费者带来什么好处，且这些好处是目标消费者所期待的，如高性价比、经典款、DIY+优惠购买等。

2. 确定活动时间

看似简单的时间确定，其实内含时机把握的问题，如"情人节"（中式、西式）、"母亲节""国际妇女节"（三八妇女节）等就是合适的珠宝促销活动可把握的时机。

3. 撰写营销策划书

在完成市场调研分析和营销战略战术策划后，企业便可以根据已有资料撰写营销策划书，并以此为基础进行企业的营销活动，一份策划书框架总体如表 10-2 所示。

表 10-2　策划总体框架

执行摘要
1. 策划问题及目标 2. 市场调研及分析：市场宏观环境分析，主要竞争对手、微观环境分析，SWOT 分析 3. 公司 STP 战略分析：消费者需求分析、市场细分、目标市场选择、市场定位与差异化 4. 公司行动方案设计：目标、行动方案、过程评价指标 5. 营销活动执行评估：营销活动过程记录、重大营销活动汇编 6. 方案执行建议

4. 营销策划的实施

根据撰写完成的营销策划书，企业就可以按部就班地进行营销活动，在此阶段，企业还需要做好组织、控制、协调等工作。

5. 策划评估与修正

营销策划的实施并不意味着营销策划的所有工作已经完成，完整的营销策划还需要完成策划的评估与修正，即将营销策划实施的结果与营销策划之前明确的策划目的、策划重点和策划主题进行比较，分析实际结果和预期结果的差别，并以此为根据对营销策划方案进行修正。

10.5.3　策划案

以国际妇女节某次珠宝推广活动为例，介绍珠宝推广活动的策划案。

1. 活动主题

活动主题是推广活动的第一个要素，主题应该鲜明，如 A 品牌第一届、第二届、第三届换款节等，能在消费者心目中留下该品牌坚持持续创新的独特记忆，从而达到提高品牌美誉度和知名度的效果。

2. 活动时间

很多时候因为节假日不同，或者要做的活动类型不同，珠宝企业做一次完整的活动时间也不尽相同。当珠宝企业制定活动时间时，主要考虑以下因素。

（1）活动内容。它决定了活动时间的长短，一般情况分为 3 天、5 天、7 天、10 天四个档次。对于国际妇女节，活动时间可以做到 7 天。

（2）时间段。活动时间段选择主要考虑两个因素：一是节日本身的时间点；二是竞争者节日期间的营销活动，将根据竞争者活动时间来调整本企业的活动时间。

（3）自创型活动的时间段选择。珠宝门店有时会因为冲业绩、清库存、回馈老客户等举办一些自创型活动，如开业、周年庆、老顾客回馈、展销节等，这类活动的时间段一般设置在销售淡季，周期为一个周末到下一个周末。

假设开业、周年庆这类大型自创型活动的预期时间与节假日重合（例如，周年庆遇上了"七夕"），那么珠宝门店一般会将自创型活动时间提前，而不采取一起举办的方式，原因有以下两个方面：第一，这些活动本身拥有莫大的吸引力，放在普通日子里竞争对手想要阻击就非常困难；第二，可以在节日做第二波的业绩冲刺，尽可能地创造营销的机会。

3. 活动内容

活动内容要有主内容和搭配性质的辅助内容。没有鲜明的主内容就没有办法形成一个独特的活动。例如，国际妇女节的活动方案要先以换款为主。例如，"全城黄金 0 元免费换"，这个主题很鲜明，能够取得顾客的信任，但是它不足以支撑门店的业绩。因为黄金免费换不是活动最终的目的，那么门店就需要做一些辅助性的活动内容，如让换黄金的顾客能增购更多的黄金。这时就需要有一些相对应的黄金类的辅助性活动，如"买 1 克黄金送 1 克银""黄金每克直降 40 元""买 1 克黄金送 1 桶油"等。门店需要围绕着类似免费换款的主题，注重系列性的延伸，才可以使活动更饱满，从而提高门店业绩。

当门店制定活动内容的时候，一定要设置辅助性的活动内容。主活动是为了吸引人气，要有话题度、吸引力，辅助活动则是对主活动的延伸和辅助，来让活动达成珠宝门店想要的目的和转化率；另外，辅助活动还可以让主活动的内容更加鲜明。

4. 连带的引导激励

为了达到活动目的，门店会给员工相应的引导和激励。例如，换款一直是珠宝门店非常有话题度的活动，但是达成交易、获得利润才是门店的核心目的。因此，为了能让营业员达成更多的业绩，适当的激励就很有必要。

5. 增值服务

很多活动都会搭配一些礼品，由此产生连带的增值服务。例如，1 克黄金降价 20 元远远没有降价 10 元再加一个成本 10 元钱的礼品这种"折扣＋礼品"的形式更诱人、更吸引顾客，这一举例说明活动中植入一些增值类活动方案的意义。

本章小结

本章围绕珠宝店面零售，介绍了店面零售的内容及意义，对其中重要的门店设计、产品陈列、营业员业务能力培训及店面零售策略，最后从操作实务角度，对珠宝店面营业推广策划的原则、程序作出分析。

店面零售是相对于网店和批发而言的一种销售模式，它具有扩大珠宝品牌知名度，增强顾客体验感和好感度，带动线上销售、促进珠宝企业成长等作用。珠宝店铺设计、产品陈列和营业员业务能力培训是门店零售的三大主要内容。店铺设计包括选址、店外和店内设计，每个方面均有具体要求和遵循的原则。为了更好地呈现珠宝的独特美，珠宝饰品陈列有讲究，并且不同类别珠宝都有与其特征相适应的具体要求。营业员培训内容主要包括职业道德、业务能力、沟通和礼仪等方面的培训。随着新技术发展和运用的不断扩大，除传统的店面广告、促销信息展示和营业推广外，智能技术、新媒体技术、云技术和3D打印技术在珠宝门店零售中得到运用，创新出一些新的珠宝店面零售方式，如智能化、云柜台、微信泛会员系统、3D打印技术助个性化设计及区块链等。相信通过实践运用和不断总结、优化，这些新零售策略的效果将不断提升。

实务方面，阐述了珠宝店面营业推广策划，包括原则、程序，程序指明了珠宝店面营业推广策划的系列步骤和应执行的内容及注意点，为珠宝店面营业推广策划实践提供依据。

即测即练

自学自测　扫描此码

思考题

1. 为什么要进行店铺（零售）营销？
2. 珠宝门店应该从哪些方面展开营销？这些营销类型如何影响消费者行为？
3. 珠宝门店零售策略有哪些？哪些新技术在珠宝门店营销中得到运用？
4. 珠宝门店设计应包括哪些方面？应把握哪些原则？
5. 阐述珠宝门店营业推广策划应遵循的流程。

案例讨论

男保安和秀丽女保安迎宾的不同效果

在荷兰阿姆斯特丹市，有一家大珠宝商店。该店研制了一批新奇华丽的金银珠宝首饰，商店决定在店前最显眼的地方新建两个大型橱窗，在橱窗中将布置上千万美元的珠宝首饰。根据商店的决定，该店经营部主任着手这项工作，三个月后在新建的两个大橱窗中经过一番布置，放进了各种珠宝饰物。这些珠宝饰物瞬间使橱窗显得珠光宝气、金碧辉煌。

开业的第1天，经营部主任为安全起见，派了4位人高马大的保安在两座橱窗前守护。尽管如此一番布置，在世界上这座著名的珠宝城阿姆斯特丹市，单凭新款首饰并不可能引起较大的轰动效应。虽然该店曾登广告做了大量的宣传，但来参观购买者的人数并非像期望的那样多，又因门外站了 4 位警卫注视着前来参观购物的顾客，给人的第一印象就不太好。一个星期过去了，这家珠宝店的生意并没有多大起色。

这时，这家珠宝店的商务经理耐尔斯克从非洲归来，见到这种情况十分生气，叫来了经营部主任，让其撤掉了 4 位保安，换上了两位秀丽的女迎宾站在橱窗前，满脸笑容的迎接顾客，并不时为前来观光的人们讲解有关珠宝首饰的问题，其实这两位女迎宾，也是训练有素的保安人员。这名商务经理又让人打开他从埃及购来的笼子，将 4 条眼镜蛇放进两个橱窗内。

眼镜蛇是世界上最毒的毒蛇之一，对欧洲人来说确实很罕见。"有一家珠宝店将 4 条眼镜蛇放进橱窗，替换 4 个保安守卫大量的珠宝首饰"，这本身在当时就是一件新闻，引起了当地各种媒体的兴趣，并纷纷予以报道。随着媒体大量报道，珠宝店人气便可想而知。

其实，用眼镜蛇搞珠宝首饰促销的办法，并非这家珠宝店商务经理所发明的。在古代，埃及人早就用过这一手段来促销珠宝了。古埃及商人在放珠宝的专柜中放进几条眼镜蛇，不光可以吸引好奇的顾客前来观看，并且还能守护珠宝，防止偷盗，一举两得，真可谓秘招一条。

资料来源：珠宝营销案例 关于珠宝营销的 2 大经典案例分析. 珠宝营销[EB/OL]. [2018-05-25] (2022.11.07). https://m.fei123.com/u/40103.shtml.

讨论题：

1. 该案例说明珠宝门店设计时要注意什么？

2. 4 位人高马大的男保安和两位秀丽的女保安迎宾，却带来明显不同的效果，说明了什么？

3. 文中"随着媒体大量报道，珠宝店人气便可想而知"，试分析媒体报道后，珠宝店人气会有怎样的变化？是如何产生的？进而会带来什么效果？

案例分析思路

第 11 章

珠宝新零售

本章学习目标：

1. 了解新零售概念。
2. 了解珠宝新零售的基础设施。
3. 掌握珠宝新零售战略。

关键术语：

数字营销(digital marketing)；新零售(new retailing)；人工智能(artificial intelligence)；大数据（ big data ）；区块链（ block chain ）；云计算（ cloud computing ）

引导案例：

深圳金嘉福珠宝有限公司新零售业务

深圳金嘉福珠宝有限公司是深圳市一家从事设计、研发、生产、销售多种业务的民营企业，该公司成立于 2005 年，目前在全国 31 个省份拥有 400 家加盟店。公司坚持朝着新零售企业发展，并用 3 年时间研发了四大零售系统，包括会员智能管理系统、ERP智能系统、珠宝仓智能物流系统和珠宝仓智能营销系统，实现了货品管理、配货、爆款砍价、卡卷营销等 12 项智能化应用功能。该智能系统将零售资源全面融合打通，促使传统店面升级改造。全国加盟商借助公司提供的平台，能够将珠宝管理数字化，实现零售业务转型升级。金嘉福珠宝的新零售模式对传统资源进行了重构，从而催生出全新的商业态。珠宝商业流通环节数字化，提高了零售业务的运行效率，顾客服务能力也有效得到了提升。

11.1 珠宝新零售的模式

珠宝行业正在发生一场变革，国际高端珠宝品牌也面临关店的抉择。珠宝行业在经历了30年高速发展之后，真正面临生存与发展的危机。电子商务消费顾客人数发展增速放缓，珠宝线下实体店也遇到重大问题，经营十分困难。以往，人们认为是电子商务冲击了实体经济，有人预言未来线下店铺将全部被线上店铺取代。然而，随着新零售时代的到来，人们发现把线上和线下结合起来才是最好的零售模式。因此，珠宝企业需要了解和掌握新零售的知识，掌握新零售的运营技巧，学习新零售的成功经验，从而为珠宝行业发展以及企业自身的发展提供新动力、新动能。

11.1.1 珠宝新零售的演变

珠宝新零售是珠宝零售的新模式，通过大数据、互联网、云计算、人工智能等手段，以顾客需求为导向重构资源，实现珠宝产品与顾客的紧密对接。新零售的概念不断演进，其内涵也在不断发生变化。但是新零售的本质始终是通过互联网数据，将企业和客户连接在一起。珠宝新零售就是打破时间、空间限制，为消费者提供全天不间断的服务。

国内新零售模式最先在盒马鲜生零售店出现，随后电商平台京东、国美、苏宁，以及国外电商平台亚马逊和沃尔玛都开始布局新零售。我国珠宝行业正是在这一个浪潮中，进入了一个新的历史阶段。一些传统线下珠宝品牌积极探索新零售业务模式，其中周大福的电商业务屡创新高。

佐卡伊是一家以钻石经营为主的电商企业，在新零售的冲击下开始布局线下市场，走进百货商场开设专柜（图11-1），近距离接触顾客提供优质服务。佐卡伊董事长吴涛认

图11-1 互联网钻石品牌佐卡伊进军线下实体

为，珠宝注重情感价值的行业特性，决定了珠宝行业体验消费的重要性。同时，珠宝的高客单价和视觉化的产品特性，决定了线下体验的必要性。目前，佐卡伊在北京、上海、深圳、杭州、武汉、成都等城市，开设300多家以"钻石定制馆"为主题的门店。佐卡伊通过线上管理模式管理线下，数据化运营，分析新零售模式中的各个环节。

零售业最核心的本质就是为消费者服务。随着互联网时代的发展，消费者购物习惯发生了巨大改变。手机、计算机已经成为消费者消费的重要入口，新零售就是在互联网发展下应运而生的一种新的零售业形态。电商与实体店相互融合将形成更好的发展模式，珠宝零售应该积极地拥抱新零售，结合珠宝的特点和消费者的发展水平，快速向新零售转型。

新零售从诞生之日起，经过不断演化，如今已经走过三个发展阶段。

第一阶段，阿里上线了盒马鲜生，打通线上线下市场。这一时期，阿里积极收购超市，并形成新零售队伍；京东提出无界零售，创立了七鲜（7 fresh），入股永辉超市。这一阶段，电商平台的触角延伸到线下，与实体结合搭建新零售的销售场景。这一时期的电商企业利用互联网的方式来做传统产业的事情。电商们提出的口号是"消费升级"，产品质量不断提高，鼓励人们产品更新换代。

第二阶段，随着社交电商的发展，拼多多企业以低价打进市场开启了新零售第二阶段。我国广大农村地区居民消费水平远低于城市人口，低价和新的促销手段吸引了广大低收入群体。互联网的普及让低价趋势发展得更快，原本消费能力较低的群体消费欲望被激活。同时，质量较差、价格却较低的产品，也被这一群体购买。

第三阶段：短视频、直播平台带货快速发展。人们在观看视频时，接收到大量植入的营销信息，从而产生购买欲望和行为。视频内容成为市场营销的重要手段，这种营销方式被社交账号、博主广泛使用。这一阶段的特点是去中心化营销，每个有直播账号的人都可以直播，平台不再是必需要素。疫情影响了线下市场整体增长，消费市场下沉成为各家必争之地，直播平台"货真价实"的宣传点成为当下消费者选择珠宝的核心，直播带货鼓励主播和粉丝加强互动、建立感情，并以透明化的价格、生动的展示让更多消费者能以平价购买到喜爱的珠宝商品，各个购物平台的直播间俨然已成为一片火热的疆土，成功让整个珠宝行业迎来了新的发展（图11-2）。

11.1.2 珠宝企业的新零售转型

珠宝企业经历了从线下到线上零售的转变，在开展线下店面销售的同时，还在网上开展网络零售。网络零售指借助互联网信息技术开展零售活动的一种零售形态，网络零售通过互联网进行的信息的组织和传递，实现了有形商品和无形商品所有权的转移或服务的消费，买卖双方通过电子商务实现线上线下相容。随着科学技术的不断发展变化，零售业朝着多渠道跨界合作社交化方向发展，珠宝企业从传统经营模式向新零售发展的过程经历了四个阶段。

图 11-2　直播珠宝带货现场

第一阶段，个人桌面计算机发展阶段。消费者通过桌面计算机接入电商网站购物，实现人与产品直接接触。珠宝企业借助淘宝、天猫、京东、亚马逊等电商平台，实现珠宝产品营销。

第二阶段，移动终端零售阶段。消费者在日常生活、工作中需要移动，不断改变地理位置，移动终端购物的体验会更好、更便捷。

第三阶段，社交电商阶段。珠宝企业开始关注消费者的社交需求，并把这一需求引入商业交易活动中，给网络营销带来了新活力。随着微信的普及应用，微商的出现标志着珠宝行业进入社交电商阶段，社交电商市场快速发展。

第四阶段，珠宝新零售阶段。技术的进步为珠宝市场营销带来变革，企业依托电子商务生态系统，通过运用互联网、大数据、人工智能等先进技术手段对珠宝产品的生产、流通与销售过程进行改造升级。

传统珠宝行业成功实现新零售转型并非易事，实际上运营新零售非常复杂，传统珠宝企业往往不具备这种能力。在渠道中做内容获得用户群体，进而要留住用户并转化为消费者。新零售要有数字化的库存管理、物流管理、产品管理、促销管理技术，这些都是传统珠宝企业的短板。跨平台运作技术壁垒较高，传统珠宝企业的转型面临巨大考验。一些新零售软件即服务（software-as-a-service，SaaS）供应商可以提供服务，帮助珠宝企业获得新零售的技术。SaaS 平台供应商向用户提供服务，收取一定费用，阿里的翱象、腾讯的智慧零售战略、京东到家的海博系统，都是新零售 SaaS 系统。企业统筹小程序、直播、社群运营、会员营销形成营销资源，线下企业通过直播间互动，有效把互联网用户转化成顾客。

11.1.3　珠宝新零售时代特征

第一，消费场景化。工业时代的商业模式以企业、产品为中心，由于消费者信息获取难度大，以顾客为中心的个人对企业（customer to business）模式更多是口号。新零售时代以顾客为中心的消费模式广泛运用，消费需求在消费者与企业动态互动的过程中被持续地挖掘、持续地满足、持续地涌现。消费的场景化是基于特定场景中的消费者心理状态或者是需求下产生消费行为。场景化营销，是基于具体场景下消费者所具有的心理状态和需求而开展的营销行为。珠宝消费是注重体验感的消费，场景是唤醒消费者心理状态或某种需求的手段。工业时代，珠宝店面线下购物是主流，线下场景的体验成为连接珠宝消费者的重要环节。

在工业时代线下购买体验中，珠宝产品本身是最主要的场景因素。消费者非常看重珠宝本身的款式、材质、设计、工艺等因素，企业把更多的精力放在产品研发生产上。新零售带动了线上线下一体化的全渠道模式，产品、服务、社区，都是提升消费体验的重要因素。珠宝企业需要关注如何打造产品的消费场景，不断创新并引发消费需求。

随着移动互联网的发展，人们的时间和注意力逐渐被手机占据，在这种场景下，信息量较大的沟通方式不再实用。短小精悍、内容有美感的内容更适合人们日常生活场景。直播方式传播内容、获取顾客，在电商平台交易的模式，受到珠宝消费者的青睐。消费场景和体验密切相关，为了提升消费者体验，珠宝企业需要做两件重要的事情：一是设计场景，二是设计体验。珠宝企业必须明确消费者是谁、在哪里、在做什么事情，以及如何向消费者传播内容？

此外，实体店也是场景的重要组成部分，线上、线下场景要产生协同效应。实体店具有环境优势，能够弥补消费者在线上体验不足的缺陷。同时在珠宝消费场景中，手机一直是顾客的重要工具，在整个消费活动中都发挥重要作用。商品信息呈现在手机上，能够有效地引导消费者线下购物活动内容。

第二，体验极致化。新零售时代企业可以无限接近顾客，并且以较低的成本快速发现顾客需求，为他们提供多品种、小批量、快速供应的产品。网络化的协同方式能满足这种模式，实现企业和消费者"双赢"。商业智能化的快速发展，高速算法替代人脑的低效学习，使产品和服务持续加速优化。顾客驱动在珠宝新零售中得到实现，创造出极致化的体验。顾客能够得到全天候消费服务，个性化消费需求得到关照。不需要人工在线来处理顾客需求，机器学习可以直接将数据转化成决策，决策能够自动完成客户需求。

第三，内容电商化。珠宝新零售的关键就是打造产品和刺激，引发消费者需求和行为。在不同场景下人的消费欲望完全不同，通过内容传播传递消费者花钱理由。新零售场景要求打造富有吸引力的视觉内容，形成珠宝消费场景。珠宝视觉营销是将展示技术、视觉呈现技术与珠宝营销彻底相结合，将商品提供给市场加以展示销售的方法。新零售环境下，珠宝企业通过网站页面的布局设计、色彩运用、文字设计、多媒体的运用等，进行有效的视觉传达设计，以提高该网站的流量和转化率，从而提高销售额；精心设计页面布局，规划视觉元素，营造出宽敞整洁的视觉空间，从而改变有限的屏幕空间带来的局促和不适，以便消费者进一步关注珠宝产品。页面色彩的设计决定了页面整体氛围，决定了消费者对该页面的第一印象，网页的合理配色不仅影响了视觉吸引力，还影响了网页的艺术性。网页文字的排版与设计给消费者传递印象，表达特定情感。积极传递情感更能吸引消费者，使用户投入感情。页面的视觉传达设计是影响消费心理的重要因素，视觉效果的好坏直接影响到消费者对该商品、品牌形象的认同感和信任。

第四，供应链网络化。珠宝的新零售模式是一场对工业时代供应链的变革，它打破了垂直封闭的供应链系统。社会化的协作整合上下游资源，供应链系统从线性方式转变成网络化方式。新零售珠宝企业采用大数据和人工智能算法，整合了消费需求和产品供给。一方面，对消费者需求做出快速反应，为消费者提供满意的产品或服务；另一方面，通过互联网整合生产组织按需、按量生产和供应产品，促使上游企业转变成数字化、智能化生产企业。特别是移动互联网的发展和人工智能的加速变革，以社会化、智能化供应链为依托的商业模式的快速智能化，供应链体系模式将从传统的线性结构被重组成开放的网状协同结构模式。珠宝生产制造商、渠道商、物流商、零售商、品牌商、电商平台，都需要往这个新的方向去演化。

11.1.4 新零售与传统零售、电子商务的区别

新零售，顾名思义，就是零售的新形态。从零售角度看，新零售、传统零售、电子商务有着很多联系及共同点。从企业角度看，这些都是为顾客服务建立起来的零售方式。在实际运营过程中，都会产生物流、资金流、信息流，商品流动方向都要经过制造商、中间商、零售商，最终达到顾客手中。这些零售方式对效率的追求也是相似的，从各个环节考虑降低成本、提高效率，最终实现盈利。从顾客角度看，顾客享受到的产品和服务本质上并没有太大变化，货品种类也没有太大差异，区别在于商品从不同的渠道送到消费者手上。

新零售是在传统零售和电子商务基础上发展演变而来，因而也表现出了差异性。与传统零售相比，新零售具有如下的特点：①经营理念差异。新零售是互联网思维下的产物，具有强烈的创新性和包容性。它整合了线上资源和线下市场，拓展了零售渠道，形成全渠道模式。传统零售渠道单一，服务模式过于本地化，缺乏渠道创新性；对于新技术、互联网技术缺乏关注，甚至有排斥的心理。因此，传统零售向新零售转型过程中，经营者需要更新思想观念，并愿意采取创新行动。②用户体验存在差异。传统零售是消费者到店交易，这种购物场景适合就近消费，消费者的选择范围受限于店面商品品种。新零售是采取终端线上浏览商品，采用电子支付方式购买、收快递包裹的模式。新零售调动了外部供应链、信息技术等资源协同为顾客服务，方便顾客快速浏览海量商品；购物不受时间和空间限制，有需要能马上采取行动，快速实现购物。

新零售与传统电子商务也存在较大差异，两者并不完全等同。区别在于：①商品呈现方式不同。新零售是在传统电子商务基础上升级换代的产物，更加注重融合线上、线下资源全方位展示商品。消费者的购物体验，也能够通过社交媒体等方式呈现给公众。

相比之下，传统电子商务主要展示商品信息，通过精美图像、文字、视频引发消费欲望。这种方式形式比较单一，顾客很难仅凭商家提供的信息全面地了解商品。②平台权利分配不同。新零售利用先进的技术手段，全方位跟踪商品生产、运输、消费各个阶段，它可以有效掌控商品品质和体验。新零售线上、线下结合的方式，充分挖掘了实体店体验功能，赋予消费者对产品和服务更多的权利，一方面可以充分体验商品，另一方面可以在线下更换线上购买的有质量问题的商品。可以说，新零售对商品的质量管控权，比以往零售方式更加有力。传统的电子商务是中心化形式开展业务，由平台单方面控制产品品质，势必会产生疏漏。发生质量问题时，消费者和商家还要回到平台集中处理。这种业务模式效率较低且资源消耗大，容易给消费者带来负面体验。③功能多样性不同。新零售不仅能够满足消费者购买产品和服务的需求，同时还有社交体验功能；而传统的电子商务只是一个购物的渠道，不具备社交功能。

11.2　珠宝新零售系统

珠宝新零售依靠互联网，利用大数据、人工智能等技术重构生产、流通、消费过程，打造珠宝企业新的管理体系和生态系统，实现线上、线下全渠道经营的新型零售方式。珠宝新零售的核心是融合线上的电子商务平台和线下的实体店终端，实现珠宝行业全方位的优化升级。珠宝新零售得以实现，需要前台、中台和后台的系统基础设施支撑，协同运作来达到消费者购物过程的高效衔接。

11.2.1　珠宝新零售前台

珠宝新零售前台主要面向顾客，通过交互、推送引发购物行为的平台。企业自行搭建平台直接与消费者互动，可以选择小程序、微信、门店等载体作为互动前端。一些热门平台也可以作为引流平台。例如，淘宝、京东、抖音、快手和今日头条等平台有较多的流量，珠宝企业可以充分利用这些平台开展营销活动，将外部顾客引流到企业。前台部分的关键是获取顾客，流量在哪里前台就应在哪里。

如今，迪奥、蒂芙尼、卡地亚等奢侈品广告高频率地出现在微信朋友圈。2017年七夕节，迪奥启动礼品卡小程序，消费者可以在小程序内选购一定金额的礼品卡并赠予好友，受赠方通过微信卡包入口进入小程序商城兑换礼品。高端珠宝奢侈品品牌卡地亚也在朋友圈推送了视频信息流广告，消费者点开新品手镯的广告卡片，将直接跳转到卡地亚的七夕精品店（图11-3）。年轻一代的消费者对"当季"珠宝更偏爱，并且追求快捷、顺畅的购物体验。新零售中，微信、小程序、京东、抖音等平台前端能满足消费者更快、更便捷的购买需求。像迪奥、卡地亚等品牌基于微信开设品牌精品店，打通营销链条，实现了全场景、多触点、线上线下全覆盖的消费模式。

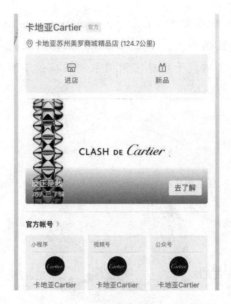

图 11-3　卡地亚珠宝微信平台搜索页

11.2.2　珠宝新零售中台

开展珠宝新零售业务要有强大的中台系统，为前台提供数据服务支撑体系。中台部分不与消费者直接接触，但它是消费者购物体验提升的核心。中台系统包括业务中台系统和数据中台系统，将企业的各种数据进行汇总和统一管理。业务中台系统主要功能是为企业管理运营一体化提供服务，通过这一平台将各种数据整合、汇总、存储，避免出现"数据孤岛"，真正实现不同系统之间的互联互通。业务中台系统包括商品中心、订单中心、库存中心、会员中心，提供产品管理、订单管理、库存管理和会员管理四大功能。业务中台系统能够快速搜集和处理信息，对市场变化做出快速反应，降低企业运营成本和市场风险。

业务中台系统帮助企业实现全渠道管理，全面整合线上、线下用户信息，全方位接触消费者。业务中台集中处理市场营销、零售交易、供应链数据，形成消费者会员购物行为数据，从而为企业提供给消费者更好的服务做好数据分析。线下门店也可以利用中台系统提供的信息，提供以消费者为中心的优质服务。业务中台能够让企业开展以用户为中心的营销，基于数据分析形成消费者画像，最终实现精准营销。

案例一

千 叶 珠 宝

千叶珠宝在新零售数字化发展中最重要的一项工作是建立企业数据仓库。千叶珠宝目前所有通过商业行为、渠道得到的数据都会进入千叶的数据仓库，千叶珠宝投入了大量的精力和成本上线客户关系管理（customer relationship management，CRM）系统（图11-4）。通过系统的数据管理，千叶珠宝官方微信粉丝获取的速度是以往的11倍，会员的获取速度是以往的3倍。千叶珠宝利用系统数据，不断与消费者之间建立更多的触点，包括线下的渠道、电商渠道。

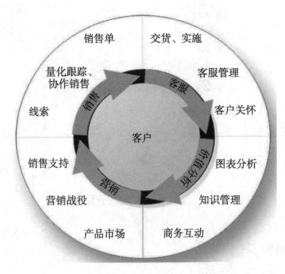

图11-4　CRM系统模块示意图
（system applications and products，SAP/enterprise resource planning，ERP）

案例二

潮　宏　基

潮宏基是珠宝行业首家上线线上数字化企业资源管理系统的企业，2016年进一步全面升级中台业务系统，通过内部和外部实施一体化信息管理系统。2020年年初，潮宏基智慧云店系统正式上线，同步ERP、中台和员工、客户微信端等多个系统，建立更完善的系统协同能力，使得营销能力不但能在线上灵活应用，同时也完全适配于线下场景，不仅实现新零售销售方式，满足终端员工24小时销售服务，同时实现全国所有门店的库存共享，延长了门店的营业时间，也打破了门店终端的物理空间，充分提高用户全渠道购物体验，增加了销售机会。

数据中台系统功能是对数据进行采集、计算、加工、存储，形成大数据资产，为提升服务品质服务。数据中台系统将跨领域数据进行整合处理，为前台服务提供支持。数据中台的核心部分是应用程序接口（application programming interface，API），它是连接前台和后台的关口。数据中台把处理后的数据结果，通过API提供给前台。因此，一家珠宝企业需要六种能力才能打造数据中台，成为数据驱动的智能化企业。这六种能力包括数据资产的规划和治理、数据资产的获取和存储、数据资产的共享和协作、业务价值的探索和分析、数据服务的构建、数据服务的度量和运营能力。

（1）数据资产的规划和治理能力

珠宝消费者每天产生大量数据，但很多数据都是无用数据，只有对新零售业务开展有用的数据才能成为数据资产。企业需要对数据进行有效规划、梳理，对有价值的数据进行提取，最终形成数据资产。

（2）数据资产的获取和存储能力

新零售珠宝企业首先要采集数据，只有获得精准的消费者数据，才能够保证处理的结果真实有效。在开展业务过程中会产生大量的实时数据，这些数据必须妥善地存储起来。

（3）数据资产的共享和协作能力

要确保珠宝企业开展新零售的数据安全，在此基础上要能够实现共享和协作。不能够共享的数据不能实现其价值，对相关业务人员和产生服务开放的数据才能产生企业效益。

（4）业务价值的探索和分析能力

数据中台要帮助营销人员挖掘数据价值，提供个性化数据分析结果；还要具备一个功能完善的结构，为其他前端系统提供数据结果是必要的。

（5）数据服务的构建

数据中台是各种数据的集中地，业务产生的各种数据不断堆叠累积。珠宝企业要对数据进行有效的整理，构建数据记录、跟踪、审计、监测等系统，将数据结构化才能产生好的应用。

（6）数据服务的度量和运营能力

数据中台在把数据结果传递给业务员后，还需持续跟踪业务进展，实时关注数据的应用情况。系统会自动分析数据中台提供数据的使用频率、类型、使用时间等信息，了解具体业务部门需要数据的类型、频率、强度，结果将用来优化数据中台的服务。

11.2.3　珠宝新零售后台

新零售后台系统包括仓储、物流、供应链、采购、商品管理、结算等功能，是业务开展的基础保障。后台系统以中台数据输入为基础，为前台业务开展提供服务，真正实现对消费者的服务。无人机送货、3D打印等技术等后台支持系统都能有效地提升顾客体验。

区块链能够为新零售业务赋能，通过去中心化的记账系统和不可篡改的特征让新零售业务增加了新属性。区块链已经被广泛应用于产品溯源、票据、司法存证等多个领域，在营销领域也得到有效的应用。酩悦-轩尼诗-路易·威登集团利用"维链"为其生产的箱包提供溯源服务，保障了产品的真实性和独特性。

11.2.4　珠宝新零售下的生产方式——3D打印、AR、VR、MR技术

新零售所需的智能技术发展和信息系统的全面建设使整个珠宝行业的积极推进获得巨大的动力，珠宝的新零售需要柔性化的生产方式协助，打造顾客个性化体验。

1. 3D 打印技术

目前 3D 打印技术已经应用于珠宝领域，通过 3D 打印技术可以生产出有创意的个性化产品，实现小批量、大规模个性化定制服务。传统珠宝需要起版、压制模具、种蜡树、浇铸、执模等多道程序，程序复杂，耗时较长。3D 打印又称为增材制造，可以根据数据建模直接激光烧结制成珠宝首饰，不仅满足了消费者对珠宝个性化创意的需求，同时也减少了生产成本。3D 打印珠宝提升了珠宝产业链智能化水平，还可以实现远程定制，这是珠宝产业未来发展的重要方向。

2. 虚拟试戴

消费者不再满足于只通过平面图像、视频和文字描述选择商品，实时互动的购物方式更能让消费者了解并体会全面逼真的商品信息。虚拟现实（virtual reality，VR）、增强现实（augmented reality，AR）和混合现实技术（mixed reality，MR）通过数字化视觉技术和交互技术，带来更真实的产品信息，提升新零售顾客的体验。它能够让顾客在虚拟世界中，欣赏定制化首饰或现有商品佩戴效果，能够激发人的情感，产生用户黏性。通过接口与新零售系统相连，可以实现展示、体验、下单的一体化购物体验，新技术的运用能够为珠宝企业降低库存，提高业绩。

珠宝行业使用 3D 扫描仪重构首饰的 3D 模型，高清摄像机同步获取无偏差的材质图像，上传到 3D 虚拟购物平台运营商的服务器上，终端客户通过虚拟现实设备甚至裸眼 3D 技术可以全方位查看和试戴产品。美国顶尖的珠宝公司 Gabriel & Co 在 2018 年自主研发了应用程序 Gabriel Magic，该程序利用现代 VR 技术，让客户可以在线上更好地了解物品在现实生活中的样子。用户可以通过现代 VR 技术在设计过程中使用虚拟部分，并在 Gabriel & Co 集合中创建任何部分的自定义版本并查看逼真的 3D 图像以及完整的360°全景图，甚至还有佩戴后的版本。

周大生利用了 AR 交互技术在深圳开设了首家"智能魔镜"体验店（图 11-5），帮

图 11-5　周大生全国首家"智能魔镜"体验店

助消费者对珠宝饰品进行"虚拟试戴"。"魔镜"可以自动识别试戴者身体的佩戴位置，简单操作后将对应的首饰显示在屏幕中人像的佩戴部位；"魔镜"还可以为消费者提供搭配建议，在消费者模拟佩戴时"魔镜"会结合款式库自动弹出对应设计搭配的珠宝款式作为参考；"魔镜"还可以通过屏幕摄像将消费者的体验截图上传分享至社交平台。

11.3　珠宝新零售策略

在新零售背景下，珠宝企业可以根据用户数据提供的信息，绘制出清晰的画像，抓住消费者需求内容、结构和变化，在市场营销中做出积极应对，制定出科学合理的营销策略。

11.3.1　柔性供应链战略

柔性供应链指让用户参与到产品的研发设计，实现产品差异化，利用新技术将产品制造商和用户需求进行有效链接，制造出用户满意的产品。在新零售条件下，企业需要更加重视产品定位，提高珠宝品牌的知名度、辨识度。

先进的信息化手段是实现柔性供应链的保障，将顾客需求数字化、具体化，再传输给制造部门。3D打印技术、数字化制造等先进制造手段，能够根据顾客的需求快速制造出个性化产品。产品通过外部物流系统或者终端店面，按照指定的时间送到顾客手上。

数字化、智能化始终是珠宝新零售的重要组成部分，打造专属的柔性供应链，能够满足现代消费者个性化、多样化的需求，在市场竞争中取得竞争优势。

11.3.2　构建情感价值

新零售产生的主要原因是生产过剩和互联网的发展以及多元的个性消费需求。一方面，产品卖不出去，另一方面，消费者又找不到适合自己的产品。在这种背景下，运用新零售模式提供一个比较合适的解决方案，那就是通过技术迅速匹配消费需求和产品供给，让消费权利回归到消费者手上。珠宝企业要坚持以用户为中心的经营理念，在营销战略上注重构建情感价值。

首先，增进与消费者的情感价值，构建信任关系。只有以用户信任为基础的客户关系才是有价值的，为此，必须把握消费者的需求，重视消费者购物体验，优化服务环节。

其次，提升商品价值，提高商品质量。用户的需求呈现多样化，谁不能满足消费者，谁就没有价值。珠宝企业必须打破产品同质化的困局，将产品价值充分展示给消费者；充分利用企业资源开展产品创新，生产出具有个性化、差异化、附加值高的珠宝产品。最后，构建良好的购物体验，建立消费者和珠宝企业的关系。珠宝零售市场的竞争就是购物体验的竞争，谁能为珠宝消费者提供细致周到的服务，谁就能赢

扩展阅读：红宝石

得消费者的青睐，建立起长期的客户关系。

在梵克雅宝珠宝典藏展览中，隐秘式镶嵌的珠宝不下数十件，其中较有名的 Pastilles 红宝石钻石胸针完成于 1951 年，由隐秘镶嵌的红宝石构成环形花瓣，长阶梯形切割钻石作为装饰。原本难得一见的技艺一同呈现，成为梵克雅宝珠宝典藏展览的最大看点。

梵克雅宝面向对爱充满美好憧憬的年轻一代，更希望理解年轻人对珠宝的喜好。他们认为年轻的消费者对珠宝首饰也有很高的要求，年轻消费者注重精湛的工艺和高品质的宝石，这要求品牌选择非常好的设计图案，以达到刺激这部分客户群的目的。为了使年轻消费者了解并喜爱梵克雅宝，梵克雅宝选择在上海当代美术馆开设展览，展出百年珠宝和配饰。同时运用互联网技术等数字化的渠道，让无法到现场的消费者可以在网上 360°观赏到梵克雅宝的作品，甚至可以通过 iPad、iPhone 等移动端看到展品，通过线上、线下多渠道使客户更好地欣赏精美的珠宝。

11.3.3 平台引流策略

新零售模式下，有消费者聚集的地方就是开展业务的地方。传统电商模式下，消费者和商家聚集在一个平台上，平台完全掌控流量和交易数据。而新零售则是社交化、内容化和去中心化的平台模式，珠宝企业与消费者直接联系，买卖成本更低，效率更高。企业直接到流量大的平台开展营销活动、实施企业引流战略。微信、微博、今日头条、抖音是四个主要平台，珠宝商在平台上展开市场竞争。

1. 微信

在我国，微信的使用十分广泛，注册用户量增长迅速。微信公众平台每天发出信息，用户的阅读量十分庞大。在未来相当长的一段时间，微信都是珠宝企业引流的重要平台。微信小程序是微信上的应用程序，新零售珠宝企业小程序对珠宝新零售企业引流起到重要作用。小程序不同于手机应用程序，它只需要在微信中点击即可轻松使用。小程序在不脱离微信的环境下即可使用，支付方法也和微信支付共享通道，十分方便。小程序的特征让它在微信平台上迅速获得大量用户，微信上的广大用户群都有可能成为珠宝企业的潜在消费者。

小程序具有以下多个优势，能够与新零售的发展相契合。第一，在微信庞大用户群的支持下，微信小程序拥有超过 9 亿名用户的流量。巨大的用户量给企业引流带来机会，同时还能节省在其他平台投放广告的费用。第二，小程序可根植于微信社交网络，能够实现快速裂变，提高品牌传播的效果。第三，小程序可以有效连接企业线上和线下业务，帮助企业实现两种业务的延伸，让珠宝零售企业顺利转型为新零售企业。第四，小程序开发周期短，成本低。小程序的开发周期通常为 1~2 周，后期维护成本也非常低。第五，连接小程序的方法多样。用户可以通过打开微信进入小程序，也可以通过线下扫码、微信搜索、公众号关联、好友推送等方式进入，这种方便实用的特征进一步提升了小程序的使用率和推广率。

2. 微博

珠宝企业将新零售业务放在微博上，有利于用户进行访问、沟通、互动和关注等操作，珠宝企业通过微博平台，能够提高用户对珠宝企业主页的访问量，激活不活跃用户。微博是新零售网络营销平台，有效运营账号能提升品牌知名度和美誉度。微博平台用户群体庞大，这也为新零售业务开展提供了有利条件。运用微博平台开展珠宝新零售业务具有以下优势。第一，易于操作。微博是一款被广泛应用的社交工具，操作简单方便。第二，个人或企业用户注册后，可以在微博上发布相关信息，包括图像、文字和视频等。企业通过微博可以与用户互动留言，及时获得用户的反馈信息。第三，运营维护成本低。企业不需要向平台缴纳费用就可以申请账号和维护微博，日常维护主要是信息发布、审核、更新、删除等操作，简单、方便、快捷，成本也较低。第四，容易得到忠实的粉丝。关注企业微博的用户，大多是对企业感兴趣的人。企业可以针对这些用户开展营销推广，相比传统广告方式更具针对性。第五，传播力强。微博注册用户众多，触达范围广，话题更新速度很快，用户黏性高。微博平台会实时推送消息，将企业信息及时传达给订阅用户，使企业达成规模化引流，进而有利于将微博用户转化成消费者。

3. 今日头条

今日头条具有功能强大的基于算法和数据挖掘的推荐引擎，它能向注册用户推荐有价值和个性化的信息。平台能有效连接人和信息，其实用性吸引了大量注册用户。该平台月活跃用户达到 3.2 亿人，平均在线时长为 120 分钟，是我国发展速度最快的社交平台。今日头条拥有巨大流量，作为新零售营销平台具有以下优势。第一，精准定位。珠宝企业在今日头条投放广告时，能够自主设置城市、兴趣类别、投放时间、广告展示时间等，达到精准投放的效果。第二，今日头条对用户进行了深度挖掘，精准定位分类，用户兴趣标签数量已超过 220 万条。珠宝企业在今日头条平台投放广告时，可以基于用户的兴趣标签找到合适的精准用户。第三，信息平台包含海量丰富信息，今日头条是一个信息搜索引擎，它对用户的信息需求信息抓取能力很强，信息来源非常广泛。

4. 抖音

抖音是一款短视频移动社交软件，用户在手机上下载抖音 App，注册账号就可以通过该款软件拍摄短视频并上传分享给他人。目前抖音注册用户量已经突破 3.2 亿人，日活用户超过 1 亿人。抖音算法强大，能够根据用户兴趣推荐视频。个性化功能引来大量用户，抖音也成为许多企业发布广告的新平台。抖音作为珠宝新零售平台具有如下优势。第一，抖音个性化社区运营能力强。明星在社区建设中发挥了吸引用户的作用，带来粉丝经济，明星佩戴珠宝首饰能够引发粉丝模仿带来成交量。第二，算法机制先进。抖音为新用户推荐视频的功能强大，凭借功能优势快速在社交平台领域成长。很多其他平台的用户也被吸引，网红在抖音开设账号，带来流量和一大批优质用户。第三，内容运营经验丰富。抖音的运营团队还善于以轻松的、生活化的方式进行内容营销，这种形式令用户耳目一新，对用户形成较强的黏性。第四，与品牌合作。抖音会与理念契合的品牌进行合作，面向年轻人开展营销活动，为新一代个性化营销开创了新的道路。抖音对营销内容管理严格，注重内容的创意性，使企业广告变得富有乐趣。用户不再对广告产生反感情绪，而是被富有创意的广告内容吸引，同时轻松地接受来自品牌的信息传达。抖音新的营销方式给市场营销带来活力，也会对珠宝新零售引流发挥平台的积极作用。

11.3.4　社群运营策略

传统零售是工业时代条件下的商业模式，新零售时代商业逻辑和表现形式都发生了很大变化。在传统零售模式下，珠宝企业和消费者的关系简单，难以进行密切沟通。消费者离开购物场所后，企业便很难获取消费者信息，企业和消费者不能进行互动。而移动互联网时代的新零售模式打破了这种局面，企业和消费者能够实现零距离实时互动，社群的价值也得到了体现。

社群新零售运营有三个关键要素，分别是商品引流、社群经营和增加服务内容。在新零售环境下，企业将重心放在了社群经营方面。社群经营指围绕需求构建起来的新的商业模式，企业以消费者为中心建立起社群，通过高频互动沟通增强消费者对社群的认同感和消费体验。这种模式实际上是结合了传统的零售业、电子商务和社群经济的模式，被称为社群新零售。

产品和个性需求密切相关，企业必须注重消费观念，才能满足消费者的需求并获得消费者认可。想要将社群模式和珠宝行业结合起来，就必须增加用户的体验度。珠宝企业社群经营的对象要实现从产品到消费者的转变，才能够从产品当中持续获利。那么珠宝企要找到潜在消费者的引流入口，然后把用户吸引到企业的平台上，当消费者达到一定规模之后，就形成了社群。社群的模式由传统的线性模式向网络模式演变，社群的拓扑结构更加复杂；珠宝企业、消费者和合作企业全都是网络节点。珠宝社群是基于人们的审美兴趣和价值观形成的，人们在社群中获得最大的满足。经营新零售社群，也是经营和维护与消费者的关系。

在新零售环境下，传统的企业如果想重塑与消费者之间的关系，就必须考虑新的连接方式，构造出有黏性的社群系统。在传统零售模式中，零售商处于核心位置，负责设计、搭建、运作和控制整个流程。零售商与员工是雇佣关系，存在利益冲突矛盾，这种模式下很难实现长期的合作共赢。社群新零售业务模式将零售商的角色转变为社交场景化的组织者，负责组织协同各方共同完成价值创造。它不同于以自我为中心开展业务的传统零售模式，社群新零售方式转变为将消费者同质化需求聚合到平台上，平台参与者都是合作者。珠宝社群新零售对企业资源整合能力有较高要求，要求企业能够协同多个主体构建一个共享型网络供应链。从消费者、员工和供应商三个方面入手，将消费者转变成参与者，员工转变为价值创造者，供应商转变为合作共赢伙伴。

首先，在珠宝新零售社群里，消费者真正参与到价值创造中，成为业务运营的中心。珠宝商基于对大数据分析，构建社交场景，有针对性地提供珠宝产品。社群运营中消费者的行为数据被精准获取，企业基于数据分析结果优化改变产品和服务。其次，珠宝社群新零售对员工管理方式完全不同，注重以人为本，尊重员工的个性，激发员工的活力和创造力。根据员工的兴趣爱好，围绕产品搭建场景，将员工变成价值创造者。员工与珠宝消费者沟通紧密，且拥有更大的自主权。最后，社群新零售模式让供应商和消费者距离拉近。双方可以跳过零售商直接进行沟通，从而减少信息在传递过程中发生丢失或传递不及时的情况。供应商可以根据获得的信息，有针对性地进行产品研发设计。

珠宝新零售企业开展社群营销需要以下步骤。

第一，聚焦消费群体。传统零售和新零售都需要对消费者进行精准划分和定位，在新零售模式下，精准的内涵更加丰富。它包括精准定位消费人群、精准策划消费场景及精准推送珠宝产品。

第二，长期维护消费者群体，将其转换成忠实的粉丝。企业必须接近珠宝消费者，与他们产生直接连接。社群的形式有很多种，微信、微博、头条、公众、贴吧和直播等线上社群，还包括线下社群。新零售时代，珠宝社群运营是为小众服务的。珠宝企业必须针对小众人群进行深度挖掘，加强产品的独特设计拓展利润空间。

第三，利用爆点经营社群。粉丝是对有影响力的事物保持长期关注并产生追随的一类人群，他们非常感性，能无条件支持、信赖和包容社群；他们购买珠宝产品时注重情感寄托和情怀表达，产品质量好坏和价格高低是处于第二位的。所以，品牌拥有了自己的粉丝社群，必然会取得良好的销售业绩。珠宝企业应该利用爆点来经营粉丝社群，实现与消费者的情感链接。情感营销是珠宝社群新零售的重点，它是一项培养人与人之间感情的复杂工作。

第四，注重社交。珠宝企业需要了解社群消费者的生活习惯。设计产品使其贴合消费者社交身份需求，让消费者认为这是他们最需要的产品。要深度了解珠宝消费者需要什么样的产品，是什么能给他们带来惊喜或让他们产生兴奋。可以是增加珠宝的佩戴场合、个性化包装服务或独特的购物体验，尽可能地将这些独特的卖点做到极致，引发消费者的兴奋点。社群消费者喜欢通过社交媒体分享消费体验，这会给企业带来更多的流量。抓住社交需求这一社群经营的关键点，创造消费者兴奋的产品和服务、让消费者有更多的社交体验是经营社群的关键。

案例

周 大 福

周大福在引导消费者入群的环节设置了可选项，除了常见的珠宝福利群，还设置了九类兴趣社群（图11-6），涵盖宠物、穿搭、美妆、旅游、健身、亲子等领域。消费者依照自己的兴趣选择入群，从而实现了以兴趣为维度的用户社群分类。不同的兴趣社群根据各自的主题组织了各具特色的活动。例如，美食群的"万物皆可蘸酱"抽奖活动，周大福社群运营员工会在群内发送包含生成随机数的 H5 抽奖网页链接，群内会员将抽到的页面截图发送到社群，数字最高的几位将获得餐具、保温杯等小礼品。

图 11-6　周大福微信兴趣社群

活动会设置标准作业程序（standard operating procedure，SOP），自动发送，自动统计。各个社群提供的小礼物也会根据社群的兴趣点灵活调整。比如，爱猫群的小礼物是宠物睡垫，爱美群赠送的是初秋的围巾等。活动群发预热、用户参与、公布结果都是以周为单位。每周上线新活动的高频率，保证了社群用户的高度活跃。

在多种多样的活动之外，周大福社群的常态化运营也做得井井有条。用户入群，会自动推送欢迎文案和社群简介，并为社群粉丝第一时间送上入群专属优惠券。社群内提供官方实时金价的查询服务、珠宝保养售后咨询，这类系列常规运营服务让周大福社群在向兴趣化、多样化发展的同时，也保持了品牌专业的、有温度的服务。

11.3.5　消费者定制策略

消费者定制模式是由用户产生需求后，企业围绕需求展开一系列营销活动，并提供个性化服务。在这种模式下，用户始终处于中心地位，他们不是被动的接受者，而是掌握话语权的主导者。随着互联网的持续发展和新零售的快速发展，消费者定制模式将成为珠宝新零售的趋势。

珠宝消费者定制策略有三种路径：聚合定制、模块定制和深度定制。

聚合定制是将用户的需求汇集起来，再由企业进行生产。珠宝企业可以开展预售活动，提前收集用户需求信息，从商家角度来讲，这种方式从一开始就瞄准珠宝消费者群体进行精准生产，节省生产与库存成本，缓解资金投入压力，加速周转，提高资源利用效率。

模块定制指珠宝企业将用户的个性化需求融入产品设计。这种模式能够有效平衡顾客的个性化需求与规模化生产之间的对立，找到两者结合的平衡点。一方面，企业可以通过提前进行规模化生产，缩短订单到出库的周期，也可以享受到规模化的成本优势；另一方面，消费者的个性化需求得到满足，产品设计中体现出消费者个性化主张。

深度定制是一种参与式定制模式，企业以珠宝消费者用户需求为参考进行产品设计和生产，这一模式服务于有个性化需求的消费者。消费者可以根据自己的需求提出对款式大小、宝石种类颜色风格的要求，从而满足自身对珠宝首饰的心理预期。

在深度定制模式下，个性化定制与批量生产之间存在对立，使珠宝企业生产难以抉择。随着技术进步，一些珠宝企业在经营过程中充分发挥互联网和信息技术的作用，运用先进的管理系统优化生产结构，从而为用户提供个性化珠宝首饰服务。

在定制技术方面，3D打印珠宝具有广阔的发展前景。3D打印已经成为科技领域的新宠，在食品、航天等领域都得到广泛应用。它改变了人们对制造业的固有观念，3D打印珠宝在定制模式下逐渐发展，如果能够进行大规模定制化生产，就可以打开珠宝行业生产新格局。

11.3.6 门店升级策略

传统店面具有良好的线下沟通和体验优势，能够弥补线上体验的不足，从而给企业带来竞争优势。对珠宝线下店面进行升级，是目前珠宝企业实现新零售体验的重要途径和策略。第一，珠宝新零售具有线上属性，能够简化商品挑选和销售流程，具有较好的便利性。第二，珠宝新零售具有线下属性，珠宝新零售要以实体店作为后盾，给用户带来真实的购物体验。

传统珠宝店面升级有三步。第一步，企业需要针对自身进行优劣势分析，对企业的核心竞争力、能力优势、企业劣势、竞争地位等进行全面分析并明确方向；第二步，系统构建软件和硬件设施，将企业发展朝着社群新零售运营方向转型；第三步，实施新零售策略，以消费群体验为核心，提升顾客满意度。升级过程中，珠宝企业需要凝聚企业力量为社群成员服务，增强客户黏性，让品牌和消费者之间建立持久的联系。文化要素是店面升级过程中要考虑的重要因素，线下店面应该主动提升社群文化对消费者的吸引力，从而实现精准营销，提高社群转化率。

线下店面要精准定位社群意见领袖，得到这一群体的认同。线下店面应有效地利用线上引流机制，如微商、自媒体平台等。在得到流量之后，线下店面要积极采取措施留住消费者，让他们能够沉淀下来，成为品牌忠实的拥护者。因此，线下店面转型升级过程中要注重品牌建设，将品牌打造成具有独特情感特征的人性化品牌，激发顾客情感，引发共鸣，增强用户对品牌的黏性。例如，发售不同主题的产品配合线下场景体验：在"520"告白日重点售卖爱心款式的产品，线下门店进行主色调为粉色或红色的装饰布置，线上线下均可为情侣顾客配合产品发起以"爱""告白"为主题的活动；在儿童节发售卡通联名产品并配合童趣的装饰等。

另外，商家也可以根据企业文化和品牌底蕴确定主题，品牌的服务和营销方式都围绕该主题设定，提高消费者的文化场景体验程度。例如，莱绅通灵珠宝是中国与比利时合资的企业，莱绅通灵珠宝旗下所有实体门店都以西欧风为基调，门店内播放比利时的经典音乐，店铺放置比利时的香氛，购物后还礼赠比利时当地的巧克力（图11-7）。像这种结合文化的场景消费体验，既提升了企业自身的文化内涵，又可以无形地影响消费者的原有消费行为，让消费者同时拥有了商品和文化，很大程度地提升了消费者的满意度。

图 11-7　莱绅通灵珠宝精品门店装修风格

本章小结

本章围绕"珠宝新零售"的概念，先后向读者介绍了传统经营模式向新零售转型的四个发展阶段，从中发现和传统电子商务相比，新零售从商品呈现方式、平台权利分配和功能多样性三方面体现出差异。新零售以顾客需求为导向，通过大数据、云计算、人工智能等技术手段和衍生工具的应用，最终实现以消费者为中心的柔性供应链、情感营销、平台引流、社群运营等新型市场策略。

在新零售的环境下，机遇与挑战是并存的。传统的电子商务模式已经无法满足飞速发展的市场现状和顾客多样化增长的消费偏好，珠宝企业需要聚焦零售终端，关注消费升级，打通线上线下资源来打造珠宝新零售的赋能平台。相关从业人员也应该加强对新产品、新平台、新技术、新营销等环节的探索和研究，争取提出具有建设性的优化方法，推动珠宝行业科学地发展新零售模式。

即测即练

自学自测　扫描此码

案例讨论

周大福新零售招数

　　周大福是一家有90多年历史的珠宝企业，在新零售模式的探索上走在行业前列。首先，周大福没有强调自己悠久的历史，而是利用6000多家全国各地门店大数据分析消费者的需求，打造出细分市场品牌，创建周大福艺堂、周大福荟馆、Heats on Fire、T Mark、So in Love、Monologue等品牌满足不同消费者的品位偏好。其次周大福珠宝集团在珠宝原料、设计、生产、零售方面实现全覆盖，通过数字化运营提高企业运营效率。业务模式涵盖原料采购、钻石切割、产品研发、设计、首饰制作、零售、电子商务，由于发展需要，周大福于2017年推出D-ONE珠宝定制线上平台，甚至设立用户直连制造（customer-to-manufacturer，C2M）智定随心中心，让顾客能够亲身参与珠宝的定制工序。最后，周大福推出云商365和自行研发的Smart Tray线上销售平台，线上销售人员可以通过平台向顾客推荐产品。周大福作为传统珠宝品牌，在新零售时代依然走在时代前列，不断探索创新。

讨论题：

1. 周大福如何获得消费者需求信息？
2. 大数据时代，周大福做了哪些创新，企业是如何保持竞争优势的？

案例分析思路

第4篇

珠宝营销策略应用
——品类营销

第 12 章

黄 金 营 销

◆ **本章学习目标：**

1. 了解黄金首饰的基本特征。
2. 了解黄金首饰需求特征。
3. 掌握黄金首饰 4H 体现。
4. 理解 4H 理论与 STP 的融合。
5. 尝试运用 4H 理论制定黄金首饰的营销策略。

◆ **关键术语：**

足金（pure gold）；市场细分（market segmentation）；目标市场（market target）；市场定位（market positioning）；社群营销（association fansor/association friends）

◆ **引导案例：**

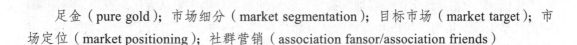

周生生——携手百年故宫文化，打造璀璨珠宝新程

周生生源自我国传统典籍《易经》的哲学，"周而复始 生生不息"是创办人周芳谱先生命名品牌的理念，也是品牌的核心精神。自 1934 年品牌成立以来，周生生一直保持着打造"优质产品"的初心，80 余年来对于珠宝的热诚丝毫未减，不仅坚守保持传统的优秀品质，同时也在不停注入创新意念，致使品牌及产品多年来广受爱戴，傲视同侪。

针对当前黄金市场年轻化、个性化的趋势，周生生于紫禁城建成 600 周年之际，携手这一百年文化 IP 推出"故宫宫廷文化"系列产品，以"筑""宫""守"为三大创作主题，将传统文化与创新设计融入珠宝作品中，打造出一系列针对年轻消费群体的全新黄金首饰，对紫禁城的雅致之美、文化内涵进行全新演绎。

"筑"主题产品灵感来自紫禁城的建筑物和建筑图案元素。以"中华第一殿"太和殿上的"屋脊兽"为灵感，周生生针对有送礼需求和自身佩戴需求的人群推出屋脊兽系列转运珠，寓意吉祥如意，护脊消灾；"官"主题产品灵感来自故宫博物院馆藏文物和文化元素，以多款经典馆藏为设计灵感，运用细腻独特的制金工艺，周生生为追求雅致的人群推出文化祝福系列足金金片书签；"守"主题产品灵感取材自漫画《紫禁御喵房》的核心思想"守护"，根据紫禁城中人气超高的"喵星人"，针对年轻一代消费群体，打造出萌趣暖心的"紫禁御喵房"IP。

周生生将创新理念注入传统品牌，针对不同需求的用户群体，打造出集独创性、美观性、实用性为一体的黄金首饰，呈现出一场"生生不息"的璀璨珠宝旅程。

资料来源：http://cn.chowsangsang.com/.

黄金可用于投资、首饰和高档工艺品及工业。其中，黄金首饰依然是黄金消费的主力军，2020年黄金首饰消费量占黄金总消费量的59.8%，2021年半年上升至63.7%，黄金首饰成为黄金消费增长的主要动力。因此，本章主要从黄金首饰角度探讨黄金营销。

消费者主导论是营销的真谛，把握消费者需求并加以满足是珠宝营销必须遵循的营销规则。首先，要明确为谁提供珠宝产品，其需求特点如何。同是黄金首饰需求者，但不同需求者的需求特征并不同。例如，引例中周生生针对年轻消费群体提供适合年轻一族的萌趣暖心的"紫禁御喵房"的"守"主题黄金产品。其次，面对竞争，如何塑造有别于竞争对手，同时又能满足消费需求的独特产品定位。除了一般产品定位的依据元素，凭借"珠宝消费实质是文化消费"的理念，黄金首饰定位还应从文化切入。例如，周生生巧妙地运用紫禁城的雅致美和深厚文化推出"故宫宫廷文化"系列产品，将宫廷文化融入品牌，赋予黄金首饰独特的风格。

传统4P为差异性定位"着地"提供了独特的框架。第3章从奢侈品视角，运用4H理论从享乐、高价值、历史和传承四个方面诠释珠宝的独特性，这四个方面将影响珠宝营销的各个环节。本章基于4H理论，在黄金首饰需求特征分析基础上，解读黄金首饰的4H表现；针对黄金首饰消费需求特征，结合"3.2 基于4H的STP理论"，融入4H理论，分析黄金首饰市场的市场细分、目标市场选择和差异化塑造（市场定位）及其4P营销策略。

12.1 黄金首饰特征

黄金是一种贵金属，且价值含量比较高，"金碧辉煌""真金不怕火炼""书中自有黄金屋"等赞美词句无不表达黄金在人们心目中的崇高位置。金色永远是收获和希望的象征，拥有太阳般的力量。所以，黄金不仅成为人类的物质财富，而且成为人类储藏财富的重要手段，受到人类的格外青睐。

黄金作为最早的全球性流通货币，直至今日仍在国际贸易市场上发挥着无可替代的作用。作为具有流通性的一般等价物，黄金在拥有商品特征的同时，也兼具首饰的特征。目前，黄金作为商品消费的50%～70%来自首饰业，其余消费主要集中在电子工业、医疗等其他工业用金方面。

12.1.1 黄金的商品特征

黄金是极为稀有的矿产资源，从地下开采出后经过一系列处理加工，就成为具有使用价值的商品。与其他商品一样，黄金是为交换而生产的劳动产品，是社会分工的结果，因而黄金具有明显的商品属性。

1. 储藏价值

黄金的历史地位让其成为了最重要的避险商品。黄金是人类最早普遍接受的商品，历史上相当长一段时间，世界各国都把黄金作为最为重要的货币形式；在时局动荡时，黄金作为全球性的通用货币，能够被所有人接受。因此，黄金成为全球公认的避险贵金属。

2. 投资价值

许多国家遭受通货膨胀的困扰，即货币价值贬值，人民购买力日渐降低。黄金作为贵重商品，会随着通货膨胀而上升，抵消通货膨胀的损失，保证了投资者的资产不会被通货膨胀侵蚀，投资黄金是应对通货膨胀的有效手段，因而投资者偏好购买黄金进行投资。

3. 稀缺性

黄金是一种贵金属，是一类不可再生矿藏资源，具有稀缺性。随着黄金的开采，黄金的稀缺性更加明显，开采也越来越困难，黄金供应量持续减少；同时，由于黄金延展性、柔软性极好，化学稳定性又极高，在工业上广为应用，加上首饰黄金的用量，人们对黄金的需求量上升，导致黄金供需矛盾日益增大。

4. 4H 属性

结合第 3 章 4H 理论可知，黄金还具有享乐、高价值、历史和传承等特性，将在"12.3 黄金首饰的 4H 理论解读"中做具体分析。

12.1.2 黄金首饰特征

由于黄金本身色泽金黄，且具有良好的延展性、可锻性，自古以来黄金就被锻造成首饰，黄金首饰兼具装饰审美、彰显身份、保值收藏等多种功能。

1. 黄金的成色

黄金是一种金黄色、柔软、抗腐蚀的金属，是人类最早发现并利用的金属。市场上按黄金成色和纯度不同，大致可分为足金、千足金和 K 金。国家标准 GB 11887—89 规定，每开含金量约 4.166%，据此各开金含金量分别如下。

24K——目前市场偶见标有"24K"的黄金首饰，根据国家标准，24K 金含量理论值应为 100%，但金无足赤，因此严格来讲 24K 并不存在，销售中标有"24K"金是不正确的。

千足金——含金量≥99.9%，由此可见，理论上的 24K 金与千足金仅差 0.1%，基本上是相当的，可以把"24 金"和"千足金"看成是同义语，基本是同等交换。

足金——含金量≥99.0%。

18K 金——含金量≥75.0%。

目前市场上以千足金和 18K 金为主。K 金颜色有多种，通常有黄、红、白之分，其中白色 K 金，实际上是黄金与镍、锌、铜等元素的合金，但它不是通常所说的白金，白金指贵金属铂（Pt）。

2. 功能特征

黄金不仅具有普通装饰审美、彰显身份的功能，还具有一般等价物的特性，故兼具投资、保值收藏、传承等功能，在我国首饰交易市场中占据重要地位。

（1）装饰审美功能。金项链、金戒指、金耳环、金手镯等首饰以时尚或美感为载体，给人以美的享受。例如，周生生线上旗舰店中销量第一的黄金首饰"爱情密语系列羽毛黄金吊坠"，以独具匠心的设计与精巧的工艺，满足佩戴者装饰审美功能。

（2）保值收藏功能。黄金是财富的象征，具有保值收藏功能。消费者将黄金首饰视为重要财产，甚至传给下一代，成为家庭财富的重要组成部分。特别是在我国这个乐于为子孙后代积蓄财富的国家，黄金作为能够对抗通货膨胀等危机的"硬货币"，成为家庭财富储备的不二选择。

（3）传承功能。黄金作为几千年来文化传承的载体，不少家族的长辈都会收藏有文化价值的黄金首饰作为家族遗产传承，更赋予该产品为"传家宝"之称。另外，我国许多地区仍保留这样的文化习俗：在婴幼儿满月或周岁时，长辈送宝宝金生肖、金手镯、金锁，以祈福小孩健康、平安成长。其实，这些黄金饰品小孩很少佩戴，更多是作为长辈留给晚辈的礼物被收藏而传承下来。

扩展阅读 12.1：买黄金首饰就是买黄金，就是投资黄金？

（4）彰显身份等社会功能。黄金以其璀璨的外表、珍贵的特性、高昂的价格，起着象征身份地位的重要作用。古时，只有王公贵族才能使用金器，随着社会不断进步发展，黄金也逐渐"飞入寻常百姓家"，成为珠宝首饰消费市场中的领军品类。

12.2　黄金首饰消费者画像及需求特征

12.2.1　消费者画像

本书"5.2.2　不同类型珠宝消费者用户画像"对黄金首饰消费者用户画像进行了分

析，这里进一步归纳为以下几个方面。

（1）年龄分布。在我国，黄金类珠宝消费者年龄大多在 24 岁以上，一年内购买过金饰和打算在未来一年内购买金饰的消费者只有 18～24 岁年龄段未达到世界平均水平。

（2）区域差异。一二线城市的黄金类珠宝消费者偏爱有设计感、时尚感的黄金珠宝，而三四线城市的消费者注重黄金的纯度与重量。

（3）消费动机。黄金类珠宝的购买动机多出于婚庆和自己日常佩戴，尽管受钻石婚戒的冲击，但我国黄金婚庆消费仍具有刚性需求特征，尤其在三四线城市和更下沉的城镇，婚庆购黄金比购钻石更盛行。近几年来，出于悦己动机购买黄金用于自己佩戴的行为日趋成为消费主流，同时，悦己消费并非年轻人的专属，各年龄段消费者都喜欢随心购买，只为让自己更开心、愉悦。值得一提的是，我国各地都有新生儿满月或周岁送黄金首饰祝福的习俗，因此，随着我国"二孩政策"落地和稳步执行，新生儿满月、周岁黄金首饰市场增长空间巨大。黄金类珠宝降价优惠在一定程度上强化了黄金消费动机，因为在消费者看来，黄金有显著的保值、增值功效。

（4）购买渠道。线下仍然是消费者购买黄金首饰的主要渠道，近年来，黄金珠宝城（黄金零售）占比大幅减少，而因为聚客效应蓬勃发展的商场珠宝专柜成为消费者选择的热门渠道；随着互联网技术不断发展和移动终端不断普及，已有不少消费者开始尝试线上购买，直播间购买黄金类珠宝的方式成为线上购买的"新宠"，中国黄金、周大生、老凤祥等已布局直播，线上直播带货将为我国黄金珠宝领域开启新的增长空间。

（5）工艺偏好。近些年，古法工艺类黄金产品和硬金类黄金产品越来越受消费者欢迎，黄金类珠宝消费者也越来越追求产品的时尚化、个性化。

12.2.2　需求特征

不同消费群体、不同消费场景下的需求存在差异。

1. 中年群体需求特征

目前我国中年人口规模不断增长，2020 年，中年人口（40～65 周岁，不包括 65 周岁）达 82.598 万人，约占全国人口 58.5%。中年消费主力偏爱"真金白银"，对黄金首饰保持高度消费热情。中年群体更看重黄金的保值收藏功能，在购买黄金首饰时往往更注重黄金首饰的克数及纯度，整体需求呈现出投资、收藏特征，并兼具彰显身份、收藏传承等需求心理。中年群体偏向购买具有传承价值的大件足金饰品，趋向于老牌、大牌的黄金首饰，且集中在线下门店购买。一二线城市购买能力较强，同时，三四线城市购买能力不断增加，整体消费情况与收入水平相对应。

2. 婚恋市场需求特征

目前，婚恋市场仍是我国黄金首饰最大的消费市场。我国自古以来就有在结婚时购买黄金的习俗，针对结婚新人祈求幸福、吉祥的需求心理，众多黄金品牌推出"三金""五金""婚庆九宝"等产品。"三金"指的是圆形的金戒指、金项链和金耳环，而圆形代表的是婚姻能够圆满幸福；"五金"则是在"三金"的基础上加上金手镯和金脚镯；"婚庆九宝"是结合我国传统婚庆习俗中送嫁或迎娶的礼仪，从我国传统文化精髓中提炼出九个最具代表性的吉祥、富裕寓意的物件，取"长长久久"之意。在婚恋市场中，新人们更偏向于从网上获取信息后在线下进行购买，即时观察效果，即时选购。同时，每年的五一国际劳动节、国庆节、情人节等节假日是结婚的高峰期，商家也因此瞄准这些时机加大宣传促销力度，提升销售量。在购买水平上，城市消费额普遍高于农村，且购买"三金""五金"的档次也较高。

3. 婴儿群体需求特征

在我国，有在满月、周岁时送予新生儿黄金首饰的习俗，多为长命锁，印有"福""禄"的金手镯等，寓意多福少难。新生儿抵抗力弱，长命锁取"锁"之意，意思是"锁"住生命，是我国传统的吉祥物。民间认为，小孩戴长命锁就是借百家的福气，可以避凶趋吉、辟邪安神、长命百岁；金手镯上的雕刻富有美好寓意的、吉祥传统的图案（如"福""禄"等字），希望给宝宝带来健康。在求平安、求福气的需求心理下，商家可以此进行产品开发和宣传，如开发对应婴儿属相的长命锁、平安镯。同时，由于婴儿群体的特殊性，购买渠道多为线上线下相结合。农村更注重传统习俗的延续，因而在婴儿消费群体中，农村消费市场有着较高的比重；同时，城市消费市场也存在较大的开发空间。

4. "Z 世代"消费群体需求特征

年轻人对黄金首饰个性化、性价比的重视程度日益提高，黄金首饰的消费属性增强。"Z 世代"消费群体的消费习惯发生转变，他们更加注重产品品质、个性化设计及服务体验，设计风格、款式、工艺也日益被看重。消费升级以及消费主力人群的切换，使得黄金首饰需求呈现出个性化、定制化需求心理。作为年轻一代，Z 世代消费群体更偏向于网上获取信息、网上购买，因此，商家可加大网上宣传，利用平台优势进行全渠道销售；在年轻群体中，单件首饰消费额并不高，但购买频率较高，以保证款式新颖，适应不同场景佩戴，因此，商家可以开发一些性价比高、有设计感的成套黄金首饰，吸引年轻消费群体。

12.3　黄金首饰的 4H 理论解读

12.3.1　黄金享乐属性解读

黄金的首饰特征决定了黄金产品带给人们心理、精神上的满足和愉悦，表现出"享乐"属性。

1. 满足心理需求

在我国，佩戴黄金首饰已有数千年的历史，人们长期以来崇尚足金首饰，讲究金饰的成色，保值观念也根深蒂固。在婚嫁、小孩满月或周岁时，长辈们送上黄金首饰，带上美好的祝福，寓意小辈今后生活富足、衣食无忧、幸福美好。黄金自古以来是一种寄托美好愿望的载体，满足着人们对美好生活前景的心理需求。

尽管时下年轻人结婚流行赠送铂金钻戒，但黄金首饰仍是我国百姓婚庆的主选饰物。随着黄金首饰工艺和设计的完善与创新以及黄金经营者的营销努力，黄金在婚嫁领域的地位将进一步提升。除结婚之外，生日、情人节、母亲节等特殊时刻，人们也会选择黄金首饰作为礼物赠送亲人。一件设计独特的黄金首饰为佩戴者增色不少，能够赢得周围人的羡慕和祝福，使佩戴者倍感喜悦和幸福，心理需求得到极大的满足。

2. 满足精神需求

黄金历来就被视为财富和权力的象征。在古埃及人的眼中，黄金是"可以触摸的太阳"，是太阳神的象征；在古罗马人眼中，黄金是黎明女神的名字。古埃及的历代法老用黄金打造自己的宝座；古代欧洲国王手持黄金权杖，以此作为权力的象征……同时，黄金因其耐久性、高密度以及外观上的诸多独特特性，在3000年前就成为人类的货币，即使在通货膨胀时期，黄金也不会贬值，至今黄金依然是各个国家储备的重要部分，用来规避外汇储备的风险。所谓"盛世古董，乱世黄金"，在面临金融危机、地缘政治战争等特殊时期，人们都会买入黄金来避险，抵抗通货膨胀和风险，为此，黄金也被称为投资者的"避风港"。这些有关黄金的应用充分显示了黄金的财富象征功能。随着生活水平的提高，黄金及黄金首饰越来越多地成为寻常百姓的装饰品，尤其是高品质的黄金首饰，再加上精妙的设计，使佩戴者优越感、财富感油然而生，精神上得到极大的满足。

黄金的财富价值和风险规避性，使黄金成为世界上公认的最佳保值产品，因而人们趋向黄金投资，拥有了黄金，就等于拥有了财富，且不必担心贬值问题，为黄金投资者带来财富踏实感；同时，如果投资成功，又会使人产生成就感，使投资者的精神得到进一步满足。

值得一提的是，黄金艺术品不仅体现了高价值，还因为其设计完美、制作精湛、设计独特和深厚的文化内涵，而极具欣赏、传承和收藏价值，拥有者自然从中得到精神上的满足和享受。

12.3.2 黄金高价值属性解读

黄金高价值主要体现在经济价值、艺术价值、社会价值。

首先，黄金是一种稀有的贵重金属，物以稀为贵，自古以来黄金就被视为"五金之首"，号称"金属之王"。历史上，黄金成功地履行了包括价值尺度、流通手段、储藏手段、支付手段和世界货币在内的所有货币职能，是许多国家官方金融战略储备的主体。

自古以来,黄金作为对抗通货膨胀的主要投资产品,是极好的避险工具,表现出了极高的经济价值。

其次,黄金首饰融汇众多奇巧工艺。例如,花丝镶嵌,要依靠堆、垒、编、织、掐、填、攒、焊八大工艺,工序烦琐细致,成品精美绝伦,黄金技艺在"燕京八绝"中位居前列。历史上黄金首饰一直是皇家御用之物。黄金首饰的匠心设计和精湛工艺体现了黄金首饰的艺术价值。

最后,"真金不怕火炼"这句对黄金的赞美之词表达了黄金在人们心目中的崇高位置。黄金是财富和权力的象征,也是收获和希望的象征。在我国历代封建王朝中,黄金更是皇权的象征。不要说黄金,就连黄金色彩的黄色,也成为皇室的专用色,而现在黄色也被许多珠宝店用作门店装饰的主色调。

12.3.3　黄金历史属性解读

黄金色泽华丽,恒久不变,稀少珍贵。从我国出土的历代金制品中可以看出,黄金一直被人们视为首饰的最佳材料而盛行不衰。商代的金臂钏、金耳坠,厚拙古朴;唐朝的柳叶形金饰,质朴无华;明朝的金丝蟠龙翼善冠、凤形金簪、金盘、金杯,雕刻精细华美;清朝的金镯、金扁簪,工艺精湛,制作精美。

就我国黄金史而言,中华人民共和国成立初期,国家为了稳定金融和保证外汇储备,实行黄金"统购统配"的管制政策,就连普通的黄金首饰在市场上都很难见到。1982年,国家开始恢复黄金首饰供应,在恢复供应的前两年里,连接深圳和香港的中英街掀起了一股席卷全国的"黄金热",购足金饰品成为内地居民到中英街购物的首要目标,"黄金"字眼充斥着人们的生活,黄金首饰成为当时时尚、富贵的象征,也带动了首饰行业的迅速发展。20世纪80年代末至20世纪90年代初,在最火热的时期,黄金销量甚至达到350吨/年,相当于当年全世界矿产黄金的16%。但是到了20世纪90年代后期,随着铂金和钻石首饰宣传推广攻势的迅速铺开,黄金逐渐淡出了人们的视线,几乎被挤到了柜台的角落,成为二线产品。2001年"9·11"事件后,金价开始上涨,黄金似乎又开始受到关注。中国黄金协会开始推广结婚金饰,如喜福婚庆系列;内地到香港的自助游使香港黄金珠宝首饰热销,仿佛当年"香港购金热"的场面又重现;随后,贺岁金条、个人黄金投资、K金、文创产品相继出现,令人感觉黄金又"热"回来了!

目前在我国大城市里,铂金和钻戒已悄悄挤占了原先黄金的地盘,占比超过了黄金,但在中小城市的首饰柜台里,足金仍是主打商品,因为中国人买金的观念根深蒂固,黄金首饰在中国依然肩负着保值、投资、炫耀财富和装饰的多种功能。为了迎合不同消费需求、拉动黄金首饰市场,2016年,周大生推出了独家研创的"情景风格珠宝"产品体系,包括优雅、浪漫、迷人、摩登、自然五大产品风格,精准定位活力女孩、怡然佳人、知性丽人、魅力精英、星光女神五个细分人群,有效聚焦表达情感、表现自我两大需求方向,满足消费者对于黄金装饰的差异化需求。

可以看到，从皇冠到普通人的首饰，从投资避险品到承载着祝福的礼物，从炫富到自我情感的表达，都在述说着黄金的发展历史。黄金用它特有的色泽和性质传达着人类对财富、地位、吉祥、幸福等美好愿望的追求与向往。

12.3.4 黄金传承属性解读

黄金的传承的属性主要体现为技艺传承和文化传承。

1. 技艺传承

明代万历年间的金丝蟠龙翼善冠（图 12-1），历经百年仍熠熠生辉，展现了万历年间我国金匠的高超工艺。传统黄金手工工艺中的搂胎、花丝工艺、錾刻等被列入国家级非物质文化遗产保护目录，在现代黄金首饰制作中被传承发展。

图 12-1　明金丝蟠龙翼善冠

黄金首饰延续到现在，从传统的搂胎、花丝工艺、錾刻等技术中提炼精华，结合现代的制作技术，使黄金首饰的设计制作工艺得到极大提升，黄金首饰不再只有传统的造型，还演绎了现代黄金合金技术、镀金技术、黄金编织技术、搭配彩色宝石所制作的首饰造型等，更为独特漂亮。

传统工艺越来越受到人们的重视，我国传统工艺焕发出强大的生命力，各个品牌纷纷将其渗透进产品开发和营销中。搂胎、花丝工艺、錾刻等传统手工工艺被运用到现代黄金首饰制作中，使传统手工工艺得以传承光大，也使现代黄金首饰蕴含古典美。例如，周大福推出"传承"系列古法金饰品，以千年前的符号、图案、文化为元素，结合现代的审美、结构、佩戴习惯进行时尚创作，采用"古法铸型、手工细金、手工修金"三大工艺，打造的黄金首饰兼具收藏价值和传承寓意，深受消费者喜爱。

2. 文化传承

以黄金为载体来传承传统文化，此时的黄金也叫"文化黄金"，包括黄金材质工艺品和文化黄金首饰。文化黄金所承载的传统文化包含东方哲学思想与审美情趣。

文化黄金首饰就是以黄金材料作为载体，以首饰蕴含的文化寓意来传递各种民族文化信息。例如，文化黄金首饰"喜福"金饰融合了中国古老的婚庆文化（图 12-2），在工艺上做了全面的创新，不仅在图案上做了艺术回归，工艺上也区别于一般传统首饰，整体寓意和文化挖掘让人眼前一亮。令人不仅可以领会到它的吉祥、美好的文化寓意，而且可以看到了黄金的时尚表达。

图 12-2 喜福金戒指

12.4 黄金首饰市场细分及目标市场选择

"3.2 基于 4H 理论的 STP 理论"从 4H 理论进一步阐释 STP 理论，体现了 4H 理论在珠宝领域的结合运用，使珠宝 STP 策略能够从 4H 属性角度得以更合理地制定。本节将在"3.2 基于 4H 理论的 STP 理论"基础上，结合黄金首饰特征，分析黄金首饰市场细分及目标市场选择。

12.4.1 黄金首饰市场细分

根据可衡量性、可盈利性（市场开发的效益性）、可进入性（可实现性）、差异性（可区分性）原则展开黄金首饰市场细分，细分依据除传统的细分因素地理、人口统计特征、心理和行为外，还依据本书提出的 4H 属性做进一步细分。

1. 基于传统依据的细分

消费者市场主要的细分依据是地理变量、人口统计变量、心理变量和行为变量，可单独或组合使用这些变量。

（1）地理细分。地理细分指按照消费者所处的地理位置、自然环境来细分市场。地理细分的主要因素包括国家、地区、城市、农村、气候、地形等。根据地理要素，黄金首饰市场可简单分为农村市场与城市市场，一二线城市与三四线城市。在农村市场中，人均黄金消费量较少，竞争较小；在城市市场中，人均黄金消费量高，但竞争较为激烈。在一二线城市中，品牌数和门店数已经趋向饱和，进一步扩大在一二线城市的市场难度较大；在三四线城市中，外资、部分港资和内资品牌也开始布局，争夺这一具有极大发展潜力的市场。

（2）人口统计特征细分。人口细分指按人口调查统计的内容来细分市场。人口细分的主要因素包括年龄、性别、职业、收入、受教育程度、家庭人口、家庭类型、家庭生命周期、国籍、民族、宗教、社会阶层等，涵盖范围广阔。我国黄金珠宝市场人口统计特征细分的主要依据为性别、年龄和收入。从性别上看，目前我国黄金首饰的消费人群主要为女性；从年龄上看，各个年龄阶段均有涉及；从收入上看，主要消费群体为中高收入人群。在不同年龄阶段，消费者有着不同的消费需求：幼年阶段多为满月、周岁送礼需求；青年阶段消费主要集中在首饰装饰；中年阶段，消费者需求主要集中在婚庆、收藏、投资方面。运用综合因素细分方法，黄金首饰市场可综合年龄和收入做进一步划分。

（3）心理/动机细分。心理/动机细分指依据消费者的心理/动机将市场划分为不同的子市场。心理细分的主要因素包括社会阶层、生活方式、消费习惯等。即便为同一人口因素群体，人们也可能会有不同的心理构成。在黄金首饰市场中，具有较时尚开放的生活方式与生活习惯的人群更偏好黄金首饰的装饰审美功能；性格保守者则会更多地倾向于购买自己熟悉的老字号产品；高社会阶层往往经济地位高，购买力强劲，更加看重自己在别人心目中的形象、品位，因而更看重黄金产品的投资、收藏和传承功能。

（4）行为细分。行为细分指按照消费者的购买行为来细分市场。行为细分的主要因素包括购买时机、追求利益、使用者地位、产品使用率、忠诚程度、购买准备阶段、态度等，可见细分的依据繁多。以购买时机划分为例，消费者购买黄金珠宝的时机大多集中在节日期间，如元旦、春节、五一国际劳动节、国庆节等，且中国传统佳节前后常常是结婚男女首选日子，将婚庆市场作为主要目标市场的黄金珠宝企业，可在此时加大宣传力度，制定相应的营销策略。

2. 基于 4H 属性的细分

细分本质是区分需求异质性，将消费者细分为不同需求的群体（子市场），因而引起需求异质性的因素可作为细分依据，即细分依据应能够引起需求的差异。传统细分要素（地理、人口统计特征、心理和行为）都与人自身的状况紧密相关，地理虽然不同于其他三个因素，但指人所处的地理区域，所谓"一方水土养一方人"。为此，地理通过影响人们需求的差异而成为细分依据之一。

"3.2 基于 4H 理论的 STP 理论"从 4H 属性角度阐释 STP 理论，表明了 4H 理论的四个属性层次也可作为珠宝市场细分的依据。但 4H 属性作为细分要素与传统细分要素不同，它通过珠宝产品呈现出来的 4H 属性引起人们对这四个珠宝属性方面的需求，从而分化出不同的珠宝需求群体。例如，珠宝高价值体现为珠宝的艺术价值、情感价值、收藏价值、社会价值，那么对以上价值的不同追求就划分出黄金艺术品消费群体、情感需求群体、黄金婚嫁消费群体、黄金收藏群体。

（1）基于享乐属性的细分。结合黄金首饰功能特征，黄金首饰通过装饰、彰显身份、投资保值、传承等功能带给人们情感、心理或精神上的享受。据此，可将消费者细分为装饰审美需求群体、彰显身份需求群体、投资保值需求群体、传承需求群体。不同需求群体对黄金需求存在差异：装饰审美需求群体对饰品的设计、款式提出更高要求；彰显身份群体则对饰品重量、成色（纯度）和品牌有着独特要求；投资保值群体偏爱投资型金条，但不看好黄金首饰，因为黄金首饰经加工而成，工厂和商家在金饰品的款式、工艺上已花费了成本，购进价格中包含附加值，因此保值功能相对减少；传承需求群体则对独特设计所饱含的特殊寓意感兴趣，因而对寓意独特的黄金艺术品更感兴趣。

（2）基于高价值属性的细分。黄金高价值主要体现为收藏价值、艺术价值、社会价值，因而相应细分为收藏保值群体、追求社会价值群体和追求艺术欣赏群体。

①收藏保值群体：黄金本身独特的贵金属特征使黄金成为保值投资的载体。收藏保值群体购买黄金作为保值、投资时，会十分看重购买时机，同时关注收藏保值的形式，是首饰还是金条、金币。如果同时兼顾收藏和日常佩戴，会选择购买黄金首饰；如果单纯收藏，可能更多关注金条或金币，关注这些金条或金币是否限量发行，因为限量发行的金条收藏价值更高。此外，这类群体对黄金投资相关的行业资讯会十分关注，也有更高要求，毕竟黄金投资、保值会受许多相关因素的影响。

②追求社会价值群体：在古代，黄金是帝王和统治者的专属物品，金首饰、金器皿、金装修等显示贵族们的社会地位和权力。尽管黄金逐渐从宫廷、庙宇走向民间，由达官贵人们的特权变成大众消费，但黄金彰显社会价值的功能一直沿袭至今。追求黄金社会价值的群体会追求成色好、款式精致、寓意独特的大黄金首饰，以此作为其高社会价值的体现。

③追求艺术价值群体：黄金艺术价值主要体现在黄金艺术品中，黄金艺术品要符合五大条件。一是以黄金为原料，且成色越高越好；二是设计完美，制作精湛，如运用传统手工技艺制作；三是国家级大师设计和制作；四是有深厚的文化内涵；五是限量版。追求黄金艺术价值的群体会对以上五个方面有较高的要求，但具备这五个方面的黄金产品并非经常可遇的，因此，这类群体会选择专门的渠道寻觅黄金艺术品。例如：对文物黄金艺术品，则选择古玩、古董市场及拍卖场等；对当代黄金艺术品，则通过艺术精品博览会、黄金艺术品公司等途径寻求购买。另外，这类群体对黄金艺术品信息也十分关注，并经常科普黄金艺术品知识如何鉴别、欣赏和收藏等。

（3）基于黄金历史属性的细分。黄金从古代皇冠到现今普通人的首饰，从投资避险品到承载着祝福的礼物，从炫富到自我情感的表达，在传达着人类对财富、地位、吉祥幸福等追求与向往的同时，也反映着黄金产品的历史变迁。在我国，自1982年国家开始恢复黄金首饰供应后，我国掀起了一股"黄金热"，但20世纪90年代后期，受铂金和钻石首饰宣传推广攻势的影响，黄金被人们冷落，所幸的是，2001年中国黄金协会（以下简称协会）成立，协会以振兴中国黄金首饰产业为使命，参与黄金首饰和以黄金为原料的相关产品的开发及推广工作，培育民族品牌，增加金饰的需求，重塑黄金文化，推广"中国风"黄金首饰婚庆、举办黄金首饰设计全国比赛等活动，有力地推动了黄金首饰市场。如今贺岁金条、个人黄金投资、K金、黄金文创产品相继出现，人们对黄金首饰的消费热情增长，同时表现出不同的需求动机，并划分出古代黄金制品需求群体和当代黄金制品需求群体。

①古代黄金制品需求群体：该群体主要收藏古代黄金艺术品即文物黄金艺术品，对

承载历史的古代黄金产品（如古玩、古董）感兴趣，因而也叫寻根需求群体。该群体特征在前面"基于高价值细分"部分已作分析，由此也说明了不同细分标准下的子市场可能会有重复，同时也印证了"3.2.1 市场细分"中提及的 4H 高层次属性（主要指历史和传承）往往蕴涵着多种复杂的消费者心理感受，很难依据单一因素加以较清晰地划分。

②当代黄金产品需求群体：根据该群体对黄金首饰需求动机的不同，又可以分为情感需求群体、艺术价值需求群体、社会价值需求群体等，这分别在前面"基于享乐属性细分"和"基于高价值属性细分"中均已涉及。此外，当下人们对黄金的需求不再单纯地用于婚嫁、庆生等，还用来自我奖励、适应不同的心境或场景。例如，周大生"情景风格珠宝"产品体系就很好地说明了现代人们对黄金首饰的不同场景需求。

（4）基于传承属性的细分。基于黄金传承属性，可将消费者细分为追求黄金技艺传承群体和追求文化传承群体。

①追求黄金技艺传承群体：这类群体重视古代手工工艺（如古法金技艺）在饰品中的运用，对融入经典、归于质朴风格的需求更为明显。例如，周大福推出的"传承"系列古法金饰品，采用"古法铸型、手工细金、手工修金"三大工艺，就很好地适应了该群体的需求。

②追求文化传承群体：该群体对黄金首饰的文化内涵特别重视，成为购买决策的首要因素。例如，周生生推出的"故宫宫廷文化"系列产品，以千年前的符号、图案、文化为元素，将传统文化融合于系列产品中，很好地满足了该群体的需求。

其实，技艺和文化紧密相关，这充分体现在黄金艺术品中，黄金艺术品的五大条件中就包括了文化和技艺。用黄金传统工艺制成手感好、可把玩的黄金首饰，同时融入文化元素来倾心传递以及承接着黄金最真挚的祝福，这类综合打造的产品备受消费者的青睐。

12.4.2 目标市场选择

以上基于传统标准和 4H 属性标准细分得到的子市场均可成为目标市场选择的基础，依据目标市场选择原则评估每个子市场的吸引力程度，然后结合企业资源、优势和目标选择进入一个或多个细分市场，这些子市场即为目标市场，目标市场选择是市场细分的直接目的。

"3.2.2 目标市场选择"中介绍了目标市场选择原则及选择策略，本节运用这些原则和策略，针对黄金首饰消费需求特征，介绍黄金首饰目标市场选择类型。

1. 市场全面化

市场全面化指企业力求用各种产品满足各种顾客群体的需求，即以所有的细分市场作为目标市场。一般只有实力强的企业才能采用这种策略。创始于 1848 年的民族品牌老凤祥，经过几代人的奋斗，品牌知名度和实力不断提升。公司集研发、设计、生产与销售于一体，拥有完整的产业链、多元化的产品线，旗下生产了黄金、白银、铂金、钻石、白玉、翡翠、珍珠、金镶玉、有色宝石、珐琅、红珊瑚等多品类首饰以及 K 金眼镜、钟表、工艺旅游纪念品等，满足了不同人群对不同珠宝产品的需求，称得上是市场全面化的领头企业。

2. 选择专业化

市场全面化需要企业有足够实力，而一般企业可有选择地专门服务于几个不同的子市场，尽力满足不同子市场消费群体的不同需求。例如，针对老年顾客专门设计足金首饰，针对新生儿设计长命锁，针对新婚夫妻设计"三金""五金"婚嫁套装等。黄金首饰公司可以对不同的子市场采取不同的营销手段，有利于分散企业经营风险，目前大多数中小型黄金珠宝企业均采取此种策略。此外，从 4H 属性角度来看，不同子市场的不同需求体现为：对黄金首饰装饰审美和情感表达的"享乐"需求，这类是基础的大众化需求；对黄金首饰所蕴涵的社会价值、艺术价值（尤其艺术黄金产品）的需求；对黄金首饰的"历史"或"传承"寓意的需求。以上需求中，越接近高层次，需求规模越有限，对需求的满足也越有难度，如对"历史"或"传承"寓意的需求，但从长远来看，未必不是有发展潜力的子市场，所以企业可以选择关注并尝试为这类子市场提供产品和相应服务。

3. 市场专一化

市场专一化指企业专门服务于某一特定顾客群，尽力满足他们的各种需求。例如，企业专门针对婚嫁群体提供结婚常备的黄金首饰三件套（戒指、项链、耳环）或五件套（戒指、项链、耳环、吊坠、手镯），但一旦这类顾客群体的需求特点发生变化，如转向钻石结婚套件，则企业将大量流失顾客，会承担较大风险。在实际市场选择中，这类选择方式并不常见。

从 4H 属性角度来看，对黄金历史、传承属性的演绎情有独钟的群体，对黄金首饰的文化寓意有热情追捧，目前"新生代"对注重文化内涵表达的文创黄金首饰有热度，使文创黄金首饰逐渐成为市场热点就是很好的说明，企业可考虑专注于"新生代"这一群体，探索中国传统文化与文化创意的融合，并将其融入黄金首饰的设计和营销中。

4. 产品专门化

产品专门化指企业集中生产一种产品，并向所有顾客销售这种产品。由于黄金首饰市场顾客需求的多样化和个性化，这种选择在黄金首饰市场中也并不常见。

12.5　黄金首饰市场定位——差异化塑造

根据"3.2.3　市场定位"，市场定位即企业产品能在目标顾客心目中占有一个独特的、有价值的位置，其本质是占有预期客户的心智资源，因而定位是塑造能够占据目标顾客心智的企业产品的独特性。通过市场细分和目标市场选择，不仅可以明确某一细分标准下有哪些子市场，而且可以把握各个子市场的需求特点，因而，市场定位是差异化塑造的重要依据。黄金首饰差异化塑造途径主要有产品差异化、服务差异化、文化（寓意）差异化、价值差异化、品牌差异化及情感体验差异化。

12.5.1 产品差异化

产品差异化包括款式、材质和工艺三个方面的差异化。

1. 款式差异化

我国流行的各类黄金首饰类型选择的比例大致为：优雅型占 30.3%，简约型占 25.48%，时尚型占 18.65%，华丽型占 9.3%，活泼型占 8.76%，前卫型占 3.5%，其他占 3.94%[①]。以上类别可描述为：喜欢优雅，却不带奢华与繁复；喜欢简约，却要求简洁而不简单；喜欢时尚，却个性有度，唯恐过头。这些看似矛盾的审美观点，表现了我国消费群体传承中华文化的认知倾向。那些含有中国元素的创意新颖、不易过时的设计被消费者普遍看好，消费者更看重中国元素的主题、细节、色泽、构图、比例、节奏、点线面、视觉效果等，并希望借鉴工业设计、服装设计、平面设计、动漫设计等不同设计理念和风格，融会贯通于黄金首饰。款式差异化为黄金首饰差异化塑造提供了很好的依据。企业可根据自身经营资源、发展战略和竞争对手定位状况，选择其中一类或多类黄金首饰类型，融合多类设计，赋予黄金首饰以创意。

2. 材质差异化

黄金产品主要靠纯度来区分，黄金可简要分为足金和 K 金两种。足金的特点是含金量高、具有保值功能，但硬度较低，不适合镶嵌。婚庆市场消费者以及老一辈消费者更注重黄金的纯度和克数，关注黄金的保值属性，企业可以此推出大气古朴、净重高、纯度高的饰品款式。

K 金又称彩金，是黄金与其他金属熔合而成的合金，特点是含金量少、成本低又可配制成各种颜色，且硬度高，不易变形和磨损，这与当代都市女性的独立、自强、真实、个性和情感多元的特质有着异曲同工之处，她们之所以成为这个时代的宠儿，是因为她们身上真实而又多样的个性和情感以及承担的多种社会责任和角色，她们坚定的人生态度与黄金的千古魅力也相吻合，毫无疑问，K 金受到新时代女性的偏爱。因此，企业可挖掘 K 金功能特色，将其大放异彩。

3. 工艺差异化

黄金首饰之所以美丽，关键在于工艺，没有经过表面处理的黄金首饰，无法绽放出

---

① 金报网. 中国流行的黄金首饰款式有哪些 [EB/OL]. (2015-05-19)[2022-11-07]. https://www.cngold.org/baike/gold01/3282969.html.

闪耀夺目的光泽。同时，不同的工艺又能展现黄金首饰的不同特点。总体而言，黄金首饰有 10 种工艺，不同工艺造就黄金首饰不同的美，企业应根据不同消费群体对饰品效果的不同要求选择相应工艺，迎合不同消费者的不同需求。例如，目前流行的古法金饰品即采用花丝、錾刻、搂胎、锤摞、镶嵌、修金等工艺制成，其中不少工艺已经被列入我国非物质文化遗产，工艺相当复杂，需要技巧熟练的匠人投入大量的精力才能制成，制作时间通常是普通金饰的几十倍，因此古法金饰品价格也是比较贵的，但这种工艺造就黄金首饰的哑光质感，使人们在看多了传统

扩展阅读 12.2：黄金首饰的 10 种工艺

金饰"闪闪土豪爱"后产生别样欣喜之感：纹理平整均匀，古色古香，吻合东方女性的气质。因此，有些企业以古法金来塑造黄金首饰的工艺差异化。

12.5.2　服务差异化

从产品整体概念角度来看，服务是产品整体的一部分。服务在整体产品中的地位和作用逐渐提升，越来越得到企业的重视。服务差异化讲究服务形式的独特性，且是消费者乐意接受的。

作为国内世纪老品牌，老凤祥一直将"丹凤朝阳，服务至上"作为不变的承诺，代代传承，并发扬光大，在顾客心目中留下深刻印象。老凤祥十大特色服务之一"回购黄金"中，标有"两个'吉'"字金条作为可回购金条（"吉庆金条"和"吉祥金条"），自购买 3 个月之内，凭金条完好无损的包装、金条原件和发票，可去老凤祥原购买银楼进行回购，以上海黄金交易所前一天的收盘价为回购价。尽管回购黄金服务在如今被越来越多的企业效仿，但最早是老凤祥在行业内首先推出的。此外，老凤祥银楼借鉴"医院名医坐堂"，推出"名师坐堂"定制服务，国家级和市级工艺美术大师及优秀青年工作者，每天轮流坐堂，接受咨询和免费设计，为个人消费者定制首饰等。到位而贴心的服务，托起了老凤祥这百年品牌，拉近了与消费者之间的距离，给公众留下深刻印象。

扩展阅读 12.3：老凤祥的量身定制贴心服务

实现服务差异化，企业首先要有创新意识，服务方式、服务手段、服务项目都是可创新的范围。同时，及时收集顾客对服务的反馈，扬长避短，使服务更贴心于消费者，凸显企业及其品牌差异化的价值。

12.5.3　文化（寓意）差异化

结合当前黄金首饰消费的"文创化"趋势，强调注入某种文化内涵于黄金首饰及其品牌中，形成文化上的品牌差异。这种文化定位结合了 4H 理论中的"历史"和"传承"属性，凸显"历史"和"传承"背后所承载的文化元素，不仅可以大大提升品牌品位，而且可以使黄金首饰品牌形象更具特色，更好地向顾客传达珠宝品牌背后的故事和精神内涵。例如：老庙黄金尝试传统文化与现代美学的"碰撞"，以"新中式"概念引领品

牌升级发展，在黄金首饰布局上融汇"福禄寿喜财"五运文化，以文化创意为主要呈现内容的老庙景容楼文化旗舰店推出主打产品"古韵金""玲珑锁""时来运转"等五运全系列；周大福则将宫殿、如意、瑞兽等诸多故宫文化元素融入首饰中，推出"故宫"系列，受到不少故宫"粉丝"的追捧。融汇深厚文化底蕴、贴近日常生活场景的黄金文创产品，逐渐成为珠宝首饰消费市场的一片"蓝海"。

12.5.4　价值差异化

"12.3　黄金产品 4H 理论解读"中提到黄金高价值主要体现为收藏价值、艺术价值、社会价值。每类价值均可成为差异化的来源。

收藏价值。明确消费者因什么而收藏黄金首饰，即收藏动机；同时，关注主要竞争对手是否也从收藏价值作为差异化的切入点，并了解竞争对手从哪些方面体现黄金首饰收藏价值及特色；然后结合品牌自身资源、条件及战略规划，确立从哪些方面来体现收藏价值，同时区别于竞争对手具有的特色。

艺术价值。主要体现为黄金首饰的设计艺术和工艺艺术。例如：老凤祥的独特设计赋予黄金首饰艺术溢价，平均每克价格远远高于市场价；基于黄金首饰的 10 种工艺，进行创新和组合，提升黄金首饰的制作工艺价值。

社会价值。从黄金成色、重量、设计和工艺综合体现黄金首饰的社会价值。

12.5.5　品牌差异化

品牌差异化，不仅仅是企业要给自己的产品设计和注册一个不同的品牌名称，而且更要强调这个品牌名称必须能够让顾客对企业或企业的产品产生有效的联想。品牌在消费选择中占据着首要地位，因此，黄金首饰应根据消费者的黄金需求特征和黄金首饰特征，塑造黄金首饰品牌独特形象，并通过各种活动加以展示和宣传。

老凤祥品牌给人的形象是高贵、典雅、底蕴深厚、华贵雍容、大方、柔美及上海情结，为了凸显老凤祥品牌的这一形象，老凤祥选择了与品牌形象相匹配、优雅大方、具有东方人韵味的明星——出演《上海滩》的赵雅芝为品牌代言人。赵雅芝的形象和气质与老凤祥品牌形象和内涵得以相互辉映。

老庙黄金誓将"弘扬民族品牌，传承珠宝文化"的使命作为发展的动力。作为传统文化继承者，老庙黄金在弘扬宗教文化、城乡文化基础上，融入中华民族自古以来的好运文化精髓，为人们传递对生活、对家庭的美好期待和祝福。老庙黄金首饰突出福瑞，蕴含着百年的祥瑞与好运。"给您带来好运气"广告语把中国人素有的购金保值、压邪、求吉的习俗表达得淋漓尽致，也为老庙黄金注入并积淀了深厚的品牌文化。老庙黄金围绕品牌文化，形成以"老庙"为核心品牌的多品牌、子品牌、延伸品牌共同发展的品牌运营体系，如针对送礼收藏人群的"老庙好运"金条，针对结婚恋爱人群的"AMOUR真爱"系列，针对高档消费群体的"九天名玉"精品玉器翡翠等。老庙黄金对不同品牌的定位，说明了品牌差异化塑造必须针对目标群体的需求，使消费者从品牌形象中就能感受到自身需求的特点、风格。

12.5.6　情感体验差异化

"12.1　黄金首饰特征"分析提出黄金首饰具有装饰审美、保值收藏、传承和彰显身份等功能，这些功能带给消费者不同的情感体验：装饰审美满足人们求美心理，使人产生愉悦，增添自信；保值收藏满足人们追求财富的心理，带给人们投资成功的成就感；传承满足人们将好的家风和愿望得以沿袭和发扬的心理，带给人们几代人之间血脉、情脉相连的心理安慰；彰显身份满足人们社交中受人尊重的心理，提升自豪感、优越感和成就感。为此，黄金首饰企业可以围绕以上不同情感体验进行黄金首饰独特性的塑造。

一方面，以上类别中选择企业最擅长的类别进行重点打造，从黄金首饰类别上有别于其他企业的黄金首饰。例如，老凤祥为了强化品牌印象，增强消费者的情感体验，掀起了"国潮韵""世代的中国风""中国风就是世界风"等系列活动，着力演绎国潮风和现代潮流风的碰撞，试图在黄金的装饰审美和传承功能上带给人们不一样的情感体验。

另一方面，可结合黄金的传承功能来强化黄金首饰带给消费者的情感体验。父母对子女的期许、祝福、牵挂是我国传统文化的体现，父母希望在特殊日子（如孩子18岁生日、本命年）送给孩子值得珍藏的礼物，这些礼物常作为幸福、平安的寄托，亲情的载体。黄金作为幸福、吉祥、好运的象征，自然成为人们选择的目标。由此，许多商家试图以此作为营销的卖点和突破口。例如，老凤祥从18岁生日对年轻人的重要意义出发，以"守护每一位少女的闪光"作为情感营销的主题，延伸出有仪式感消费场景——妈妈赠予女儿的成年礼礼盒"18岁礼盒/守护礼盒"，表达了母亲对女儿的期许以及女儿对母亲的感恩和承诺的情感体验，体现了黄金对中华传统文化的传承。

12.6　基于 4H 理论的黄金首饰营销策略

黄金首饰作为一种非刚性需求产品，其与强调功能性的必需品不同，黄金消费更强调消费时所带来的在身份地位、装饰审美、情感等方面的需求；由于黄金所具有的独特的储值投资属性，反映黄金的高价值和消费者对黄金的投资需求；黄金有其传承性和历史性，一件黄金首饰不仅仅是具有装饰审美功能的首饰，更包含着消费者的祝福、期望等心意，可以一代代传承。黄金首饰的四种属性（享乐、高价值、历史和传承）要求在制定黄金首饰的产品策略时能够充分加以体现；传统营销组合中的其他三类策略（价格、渠道和促销）也应该能够体现黄金首饰的这四种属性。也就是说，在设计黄金首饰营销策略时，应该考虑并体现黄金首饰的 4H 属性特征。

12.6.1 产品策略

1. 展现黄金首饰的享乐属性

针对顾客悦己享乐的需求，可针对性设计相应的策略，如产品定制化、推出不同情景风格的饰品、与热门 IP 相结合等。

（1）针对顾客需求，进行产品定制。定制营销（customization marketing）指在大规模生产的基础上，将每一位顾客视为一个潜在的细分市场，并根据每一位顾客的特定要求，单独设计、生产产品并迅捷交货的营销方式。一件黄金首饰不仅仅是具有装饰审美功能的首饰，更包含着消费者的祝福、期望。作为礼品赠送时，黄金首饰包含着送礼者的心意与祝愿；作为婚庆金件时，包含着新人对美好生活的期许；作为自购首饰时，包含着消费者对自己的嘉奖与鼓励。因此，企业可针对顾客不同的需求，推出定制化服务，赋予珠宝情感的温度。目前，周大福、周生生、老凤祥等老牌黄金首饰店都有定制化服务，消费者可以选择刻字，甚至可以根据自己需求指定产品样式。

（2）针对不同情景风格，推出相应产品。在黄金首饰市场上，消费者在年龄、兴趣爱好、生活方式、消费水平等多因素影响下，消费群体多元化、差异化趋势明显。针对消费者佩戴首饰的不同场合，企业可针对性推出对应场景下合适的产品。不同情境下的珠宝能更精准地定位消费人群，满足不同群体的差异化需求，提升不同群体的享乐感。例如，定亲、结婚、结婚周年等细分化的场景，满月、周岁场景，旅游场景，犒劳场景等消费者对黄金首饰的需求存在差异，企业可根据这些差异性需求推出相应产品，更好地满足不同场景下的消费需求。

（3）打造热门 IP，赋予产品文化属性。IP 可以理解为所有文创（文学、影视、动漫、游戏等）作品的统称，一个好的 IP 能够依靠自身的吸引力，挣脱单一平台的束缚，在多个平台上获得流量，进行分发。因此，IP 也可以说是能带来效应的一款产品。黄金首饰企业可以针对不同群体关注的 IP 内容，购买版权，进行跨界合作，开发热点 IP 形象产品。例如，周生生与热门二次元手游"阴阳师"合作，以"生生相约，与君结缘"为宣传热点，为年轻一代二次元消费群体推出"结缘红绳"等系列产品。结缘红绳以红线连接缘分，象征"缘结成花，神缔良缘"，编织满满祝福，寓意着美好的姻缘，与当下年轻人的审美观、爱情观相契合。

2. 展示黄金首饰高价值属性

黄金的高价值不仅仅体现在其投资和收藏上，良好的设计所带来的装饰审美价值在黄金首饰中同样重要。

在黄金的消费中，黄金纯度越高，价值越高，对应价格也就越高。同时，黄金兼具装饰审美的设计价值，精巧的设计能大幅提升黄金首饰的价值。老凤祥凭借其独出心裁的设计，在 2020 年荣获"年度杰出珠宝设计"奖，其黄金首饰的平均克价，远远高于市场上黄金克价，这就是设计赋予黄金首饰的附加价值。

黄金的高价值还可以提升黄金首饰的艺术性。黄金高价值体现在艺术性上，黄金艺术品的价值并不是以普通黄金首饰的计价方式来核算的，其所蕴含的艺术价值有些是不可估价的，如古代黄金艺术品，而艺术性有赖于工艺、设计及文化内涵。周大福的福星宝宝系列、黄金婚嫁系列、小熊维尼系列、"传承"系列古法金饰品等不同程度地强调了饰品的设计、文化内涵及工艺，提升了黄金产品的艺术性，由此带来了周大福品牌价值的提升。

3. 彰显黄金首饰历史、传承属性

（1）基于技艺、文化传承的产品策略。目前，传统文化与传统工艺越来越受到人们的重视，中国传统工艺焕发出强大的生命力，各个品牌乘势而上，以文化传承、工艺传承及两者并蓄为切入点。有些金行巧妙地运用记载我国姓氏发展的特殊历史文献——《百家姓》推出"姓氏金条"：金条正面印有姓氏特有的图腾，令人仿佛置身宗族典礼之中，给人以庄严郑重的意境感受，金条背面则印有金行标志、金条重量、纯度及编号以标志金条"身份"和质地，使姓氏金条更具有收藏价值和历史文化传承意义。此外，还可将生肖文化、礼仪文化、核心价值观等嵌入黄金产品设计中，运用古代手工工艺将这些文化以古朴、典雅的方式展现出来，塑造黄金产品的独特风格。

（2）塑造中国特色黄金文化的产品策略。黄金文化是黄金行业相关社群为了生存和发展，对黄金相关的环境所产生的有关价值因素、信念因素、道德因素和心理因素等的适应方式和特有文化形象。所以，黄金文化首先是一种群体行为，这个群体是参与黄金产业建设和黄金市场发展的人或物；其次，黄金文化是黄金存在于人类社会中的灵魂，在形态上表现为一种观念、一种认识、一种习惯和一种群体意识；最后，黄金文化是凝结在黄金之中、又游离在黄金之外，是能够被传承的有关黄金的历史、地理、风土人情、传统习俗、生活方式、文学艺术、行为规范、思维方式、价值观念等内容。按所对应的载体和活动主体的不同，黄金文化划分为四种，分别为黄金社会文化、黄金产业文化、黄金市场文化和黄金产品文化。

黄金文化具有浓厚的时空特点，因而要以动态和空间格局的眼光审视、分析、应用、创新黄金文化，在此基础上指导黄金产品的开发创新。在历史长河中，我国黄金文化不断积淀，尤其自新中国成立后，从产业到市场、从商品到金融、从国内到国外、从原料到艺术品，黄金文化内容不断丰富，内涵不断深化（表 12-1）。

表 12-1　我国黄金文化的发展

发 展 层 面	主 要 特 征
产业走向市场	黄金产业文化"一枝独秀"到黄金产业文化和黄金市场文化"花开并蒂"；由单纯的透支自然环境"挖金银"向环境保护"要金银"转变；黄金市场交易和投资不断规范
黄金产品多元，走向金融衍生品	黄金原料到黄金工艺品和收藏品，产品形态多元化；黄金投资的品种和渠道不断丰富，丰富着黄金产品文化

续表

发 展 层 面	主 要 特 征
从国内走向国外	我国黄金国际交流从封闭状态走向快速发展，黄金产业和市场的国际地位日益提升，黄金社会文化突显在多个群体领域，政策、产业结构调整、国际化建设等组成了黄金社会文化。黄金市场融入了更多的国际化元素，如"中国国际黄金大会"和"上海金"
黄金产品文化着地	"藏金于民""盘活民间存量黄金""传播传统文化精髓"等社会、产业、市场黄金文化现象均以黄金产品文化落地而展开

资料来源：金研院. 如何塑造中国特色的黄金文化？[EB/OL](2020-01-03)[2022-11-07]. https://finance.sina.com.cn/money/nmetal/hjzx/2020-01-03/doc-iihnzahk1813118.shtml.

扩展阅读 12.4：古法金

在黄金文化中，黄金产品文化离我们最近，主要表现在黄金实物或黄金金融衍生品之中，因而最容易被我们理解和接受，是人们物质生活富裕后情感和精神需求的载体。黄金首饰经营者应贴近人们对黄金产品的情感和精神需求，创新设计有文化厚度的黄金首饰。2021年 12 月 18 日，首届"中国（莆田）国际黄金珠宝文化论坛"指出了黄金珠宝"文化落地"的七个方面，包括谐音文化、生肖文化、风水文化、宗教文化、祈福文化、民俗文化及红色文化，这七个方面为黄金产品基于文化创新、推出不同系列产品提供了思路，如推出"国潮风""国潮热""中国风"首饰系列和"核心价值观金条""红色精神金条"等金融衍生品。

12.6.2　定价策略

1. 基于享乐属性的定价

基于享乐属性定价实际上运用了营销中的心理定价法，可依据享乐模型为依据来展开。享乐模型表明商品价格取决于商品各方面属性给予消费者的满足程度，在经济学上指人们从消费商品或服务上获得的效用程度。获得的效用程度越高，则定价越高；反之则越低。从这一点上讲，影响消费效用的因素均可作为享乐定价的依据。

（1）效用定价。兰开斯特（Lancaster）在消费者理论中指出，所有商品的需求不是源于商品本身，而是源于这些商品所体现的特征要素。人们购买商品，实际上是想将这些特征要素转化为某种效用，效用大小取决于这些特征要素状态，如数量和品质。由此，可以认为效用定价最终回归到决定效用的那些属性要素上。就黄金首饰而言，这些属性要素包括款式、工艺、纯度、寓意、重量、品牌。但不同消费者从同一黄金属性中得到的效用价值是不同的。例如，同是一块纯度高但设计一般的黄金产品，投资者得到的效用要高于佩戴者得到的效用，对这一黄金产品，前者接受的价格要高于后者。因此，定价时要结合消费者所追求的效用，而非仅从黄金产品可能带给消费者的效用来定价。

（2）设计、工艺定价。不同设计、工艺的黄金产品有着不同的文化内涵和制作水平，带给人们不同的效用满足，从而产生不同的享乐感受。黄金艺术品有着独特设计和古代手工工艺，其价格非一般黄金产品定价方式所能核算的，反映出黄金艺术品的艺术价值和独特工艺的附加值。例如，古法金产品的克单价就比普通工艺明显要高。

一块普通的黄金，通过不同的设计和工艺，传递不同的情感和意境，带给消费者美好的想象以及心理、情感和精神的安慰与满足，消费者对这件黄金首饰的心理价位就会升高，这为定高价提供了有力的依据。

（3）销售场景定价。在社群营销视角下，场景感也是影响消费者所获得的消费效用的一个因素，因而是享乐定价依据之一。"场景感"意味特定场合或某种情景给消费者带来的特定感受或消费效用的满足。随着人们消费水平的提高和互联网技术的普及，场景营销已经广泛地运用在包括珠宝行业在内的众多行业中。2017年，周大生携手天猫打造智慧门店——周大生智能体验店，用"智能魔镜"导购设备，嫁接 AR 交互技术，实现线下场景虚拟试戴线上产品，真实呈现虚拟货品试戴效果。这种场景不仅推动了珠宝新零售的柔性化生产，增强顾客个性化体验，而且它以一种娱乐性、智能性的销售场景带给消费者新鲜感，消费者对其中附加值提高的敏感度降低，由此愿意接受增加的价格。

2. 艺术品、收藏品定价

黄金艺术品以黄金为载体，经高超的传统技艺加工制作而成。黄金是被人们看好并当作幸福和财富象征的贵金属，因此人们过多关注它的货币价值，而忽略了它无与伦比的艺术价值。在古代，黄金艺术品为皇家贵族所尊崇喜用之器，历来即居大雅之堂，受官府掌控，民间百姓极少见到，更谈不上用来传世收藏了。如今，随着人们收入水平的提高，以及对黄金艺术品收藏或投资的意识增强，现代版的黄金艺术品不断走向市场、走向民间。无论是古代黄金艺术品，还是现代黄金艺术品，黄金艺术品常常成为收藏的对象。

（1）古代黄金艺术品价格。古代黄金艺术品不仅是不可多得的收藏品，其中有些还是价值连城的珍稀之宝。我国黄金艺术品兴盛于汉唐。唐代帝王为了追逐黄金艺术品的极美佳品，令招全国金器技艺高超工匠入宫，成立了专门的"金银作坊院"，不惜工本专门为皇家制作黄金艺术品，供其享用。该朝代黄金艺术品代表作有鸟兽纹莲瓣金碗，后人称之为"大唐第一金碗"，雍容典雅，气质高贵（图12-3）。我国精美的黄金艺术品多出现于明清，特别是到了明代，成熟的花丝镶嵌技艺使黄金艺术品的精美程度达到了新的境界：设计完美，技作高超，制作精细。明十三陵出土的金丝翼善冠使用花丝镶嵌技艺（后人称为"皇家技艺"）制作而成（图12-4），堪称一代杰作，不可估价，十分珍贵，是禁止出国展览的国宝之一。清代黄金艺术品发展到了典雅华丽的顶峰，制作有高超精美绝伦的黄金艺术品，如故宫收藏的金瓯永固杯和南京博物院收藏的七级金佛塔（图12-5）。

古代黄金艺术品不仅反映了黄金制作工艺的发展，也印记着历史文明和历史文化，具有显著的历史价值和文化价值，是考古的重要素材，通常在博物馆收藏、保存，其价值也并非通常层面的价格所能体现的。古代黄金艺术品民间极少流通，仅有少量以拍卖形式交易。由于古代黄金艺术品稀少，人们将目光投向了当代黄金艺术品。

图 12-3　"大唐第一金碗"

图 12-4　明代金丝翼善冠

(a) 清代金瓯永固杯

(b) 七级金佛塔

图 12-5　黄金艺术品

（2）当代黄金艺术品、收藏品价格。黄金艺术品与普通黄金制品区别在于五个方面条件，分别为原料、设计、制作技艺、文化内涵和限量。黄金艺术品五大条件中，制作技艺最为重要，这也是黄金艺术品的收藏价值所在。现代黄金艺术品中的传统手工技艺通常通过口授、行为影响、师徒传承、家族传承等行为方法传播和传授下来，是黄金加工技艺能传承的关键所在，也是现代机械制造黄金制品无法与之媲美的原因所在。所以，艺术品的制作技艺成为定价的重要依据。例如，黄金艺术品运用了搂胎技艺、錾刻和花丝镶嵌三种最具代表性的传统手工技艺，则价格会明显上扬。例如，北京工美金作工坊制作的吉祥门海、葫芦万代基业长青、吉祥观音等，运用传统手工技艺制作，有着深厚的文化内涵和艺术价值，加上款式限量，所以价格一路上扬。其中吉祥门海重 500 克、纯度 99.9%，2009 年销售价 16.6 万元人民币，2011 年涨至 31 万元人民币。包括花丝、錾刻、搂胎、锤揲、镶嵌、修金等传统工艺的古法黄金，每克价比普通工艺黄金贵一百多元。

当代黄金艺术品除了工艺精湛，其设计和文化内涵也往往令人称赞，使得价格再高一筹。所以，当代黄金艺术品在定价时，工艺、设计和文化寓意占主要因素。

除了黄金艺术品的工艺，还要考虑黄金艺术品的重量、纹饰、印迹，这些方面共同决定了现代黄金艺术品不仅带给拥有者艺术欣赏、修身养性、陶冶情操的享受，同时又能满足保值增值的心理需求，使当代黄金艺术品带给消费者较高的收藏认同感。

3. 基于文化传承属性的定价

黄金无论在国内外，均都有着几千年的悠久历史。它承载着几千年的历史文化精华，一部黄金的历史便可以是一部人类文明发展的发展史。而我国的黄金艺术品用凝结着历史文明与人类灵性的黄金作为材料，以文化为主，材料为辅，将我国的传统文化与现代文化精华融入黄金首饰的设计理念和营销观念之中，对于弘扬我国灿烂的历史文化具有深远意义，黄金也就成为文化黄金。

长期以来，人们偏重黄金保值、投资和装饰审美等功能，却轻视了黄金艺术制品所具有的文化和艺术的价值，而这恰是商品附加值的主要构成部分，黄金首饰一度缺乏文化厚度。庆幸的是，我国政府采取得力措施，如将花丝镶嵌、錾刻等传统黄金手工技艺列入《国家级非遗保护名录》，并给予政策上的大力支持，一些传统手工技艺作坊在复活。2008 年，《中国黄金报》就"中国风"将成为未来几年珠宝首饰流行风向达成了共识，我国的珠宝企业在 2008 年巴塞尔珠宝展（是世界各地珠宝品牌的一个展示秀，也是世界各地珠宝品牌走向国际的一个舞台）上，"东方神韵"系列大放异彩，就连国际著名品牌卡地亚也推出"龙之吻"系列，足以说明"中国风"对世界的影响力和中华文化在世界上的崛起。以此为契机，我国珠宝企业可以推出融合谐音文化、生肖文化、风水文化、宗教文化、祈福文化、民俗文化及红色文化等黄金系列产品，并适当定高价，增加产品附加值。

图 12-6 老庙守护龙鳞凤羽古法金吊坠

图 12-6 是老庙鸿运升升系列中的古法金吊坠，吊坠上的守护龙鳞凤羽象征祥瑞、吉祥和谐，龙、凤自古就是我国文化的重要元素。整个吊坠金重量为 23.3 克，价格超出 1.27 万元人民币，黄金克单价为 545 元/克，而当时（2021 年 12 月）老庙足金单价为 471 元/克。可见，文化（寓意）及工艺价值在黄金首饰价格中的占比还是十分显著的。

12.6.3 渠道策略

渠道是产品从生产者到消费者手中所经历的通路，传统意义上，渠道策略用于消除产品和服务与使用者之间的距离，在使消费者的需求得到满足的同时，使企业的经营目标得到实现。现今，随着人们购物途径的多样化和直接化，渠道在不断压扁和缩短。例如，人们越来越习惯的网购，实际上就构筑起了产品从生产者直接到消费者的通路，就连珠宝这类非专业性消费明显的产品，其销售方式也经受了网销网购的洗礼，网络销售模式不断成长、迭代，线下门店受到冲击。但对于非专业性明显且对实物佩戴和感官触摸有明显要求的珠宝产品来说，线下门店必须存在，且应充分发挥其在体验和服务方面的优势，为吸引顾客或线上流量的转化提供有力的保障。由此看来，线上和线下不是分割的，而应综合运用，取长补短，应提倡线上与线下联合的全渠道格局。

1. 线下门店渠道

线下门店相对于线上门店，在体验和服务方面具有相对优势，因而线下门店主要从这两个方面加以建设、完善。

购物不只是单纯购买商品，还可以用来放松心情、了解时尚、增长知识以及满足感官享受，因此，购物场景"享""乐"功能的打造十分重要。如此，才能使消费者在基本购物需求满足前提下，更好地体验"逛""购"过程中所带来的乐趣，带来情绪上的愉悦、精神上的放松甚至知识上的积累（通过店堂触摸设备、图片以及营业员对相关知识的介绍），也才能提升顾客对门店好感度。

珠宝门店享乐体验和服务优势源于购物场景氛围、购物硬件设施、店员服务质量，这里专门针对黄金首饰对这三个方面进行分析。

（1）店堂布置舒心、放心、温馨、祥和。店堂风格、视觉效果与门店设计和产品陈列直接相关，门店设计包括店内和店外设计。

需要指出的是，珠宝门店购物不仅要舒心，还要放心，放心不仅指财物安全的放心，更重要的是对珠宝产品品质的放心，保证消费者不被蒙骗、不被欺诈，店铺不缺斤少两、不以次充好。毕竟大多数消费者对珠宝属于非专业性购买，同时珠宝价格往往又不菲，所以消费者特别期望品质和价格上有保障。产品有保障，性价比可接受，顾客就会感到踏实，对门店就会产生信赖和好感，从而促成购买行为。

门店温馨、祥和的氛围与黄金首饰幸福、吉祥寓意是一脉相承的。具体包括门店整体造型，门店外部设计风格、色调、橱窗与店铺标志及 POP 广告，门店内部整体格局、颜色调配、灯光、音乐、首饰陈列等。在古代，黄金的黄色是皇家专用的，代表尊贵，在我国传统文化习俗中，黄色表达祥和、温馨、喜气、祥瑞、财运，如今黄色也被用于黄金门店装修。黄金首饰门店整体颜色要与黄色不同程度地相关。例如，老凤祥门店内部和外部以黄色为主色调，给人尊贵、喜气、祥和、温馨之感，尤其在寒冷的冬天，就算是人们无逛店计划，也愿意进店"蹭"个温暖，感受温暖气氛。

（2）购物硬件设施。消费者在购物过程中，需要自助的空间，而不是一直被导购员或营业员推销。对于黄金首饰消费者也是如此，消费者希望有属于自己独立思考和决策的空间，尤其当多人结伴而来时，一般会在同伴间有交流、探讨，当遇到问题和咨询诉求时，才希望有专业的针对性的解答，因此，黄金门店要精心打造放松、自助的购买环境，提高顾客购物体验感。

门店可配备茶几、座椅，上面放有门店宣传册和店内主要产品的图片及介绍，供顾客休息，使顾客有属于自己的、随意的独立思考和同伴间探讨的空间；桌上还可摆放如绿萝、水仙等精致的碧绿植物，打造自然、惬意、轻松的购物氛围，留给顾客如"家"的感觉，而"家"是最令人放松自在的地方，这为弱化纯商品购买、放松顾客心情、留住顾客创造了基本条件。

科技发展带来购物过程中的智能化、娱乐化、私密化和便捷化，其实，现在出现了许多"科技控""自助控"消费者，他们享受于自己对新手段的敏感和上手的快速，生活中善于使用科技手段似乎成为一个人与时俱进、跟随潮流的象征。对此，不妨在门店内设立如智能导购、云柜台、魔镜、3D 导购机、3D 首饰打印机等设备，增强购物自助性、趣味性和科技性。其中 3D 首饰打印技术还可通过顾客对首饰的个性需求打印珠宝模型试佩戴，不满意还可以再修改、再打印、再试戴，从而能够真正实现个性化需求的满足，为黄金首饰定制提供有力的技术支撑。

上述如"家"氛围的构建和高科技手段的配置使用，使得顾客感受到门店经营者"顾客至上"的理念、生活情趣、对科技潮流的把握与运用能力等，加深顾客对门店的印象和好感。

（3）店员服务质量。鉴于黄金珠宝是非专业性消费，消费者对黄金品质、工艺、重量以及维护、保养等方面十分关心，希望得到满意的解答和帮助，这有赖于门店提供的服务。店员服务态度、服务水平、服务能力影响服务质量，从而影响消费者购物过程的享乐度。对黄金门店来说，店员服务质量的提高也依赖于对营业员专业销售能力、洞察能力、沟通能力和综合素质的培训。只不过要结合黄金物理特征和黄金消费需求特征有针对性地对营业员做专业知识培训，同时让营业员熟知黄金历史、文化传承、工艺沿革、不同款式/图案所代表的文化寓意，拓宽营业员知识面，在向顾客讲解时应能丰富和加深内容，提升门店专业水平，提高顾客对营业员乃至门店的信任度和好感度。

2. 线上渠道

黄金企业通过发挥线下优势，拉动线下客户到线上发展，增强客户对企业的黏性；同时保证线上和线下活动相互辅助和映射，使渠道价值最大化。因此，在珠宝线下渠道运行过程中，必然要求或推进线上渠道的适配性发展。

互联网和移动终端的进一步发展为线上渠道提供了关键性支撑。众所周知，手机作为最普及的移动终端，已经成为人们生活中不可缺少的产品。一个人如果出门忘带手机，整个人就像掉了魂似的，似乎什么事都无法干成。通过移动终端购物已经变得十分普遍，尤其经历了 2020 年的新冠肺炎疫情，所有行业的线下销售发展受阻，线上购物成为多数人习惯的购物方式。基于此，黄金经营者顺势而上，选择知名购物 App 平台如京东、天猫、淘宝等，开通线上通道。对于线上渠道，主要应解决以下三方面问题。

（1）如何快速推广获客。首先，美化并输出企业形象。拥有良好形象的企业更受消费者的信赖，每天推送的文章和海报也容易受到顾客的关注和偏爱，成为客户裂变的来源之一；其次，推文要及时更新，包括内容和表现形式，带给顾客新鲜感，也使顾客感受到企业每天都有收获、每天都有感悟，感受到企业充满朝气和活力，容易赢得客户的好感和对转发推文的积极性，而顾客转发产生的裂变又为企业带来新流量；最后，及时做到留言管理，最好分回复留言、精选留言、置顶留言进行分类设置和管理，提升留言管理质量。

（2）快速响应顾客需求。个性化需求是目前需求的一大趋势，年轻人对黄金首饰的需求强调个性、自我表达，因此，黄金个性化定制成为黄金经营者打造的特色之一。线上个性化定制已不满足于单纯的选材后进行拼凑的加工方式，而是让顾客从设计、选材到成型全程参与，因此，必须强化客—商间的有效沟通，保持客—商间的黏度。比如：利用小程序中的微商城实时给客户推荐产品款式，当客户浏览整齐有序的商品列表时，经营者就可以通过雷达实时分析客户的意向度，及时抓取客户在款式、材质上的需求，从而为客户推荐最适合的产品款式；而聊天工具（instant messenger，IM）更是帮助经营者及时了解顾客的定制需求，如定制背景、设计元素等，通过聊天沟通让顾客选择决定，从而实现及时、精准向客户推荐合适的产品款式，收获客户的信任。

（3）随时"拼"人气。"拼"在当前业界是高频用词，但似乎与"低劣"联系在一起，似乎多用于日常生活必需品，那么，在人们心目中有一定层次的，位居"雅"之列的珠宝产品要不要"拼"？未尝不可拼，不过拼团模式要与通常商品有差异，使顾客感受到珠宝与一般产品的不同。"拼团人数""拼团时间""拼团有效期"都要根据黄金产品特点和顾客需求心理、动机进行精心设计，并根据实施效果及时总结调整，提升拼团整体效果，聚集人气，扩大销量。同时，不要急于求成，配合每天定期推文、海报、企业活动、黄金资讯、黄金科普等动态信息留住并滋养潜在顾客。

3. O2O 渠道

O2O 包括"线下到线上"和"线上到线下"。

（1）线下到线上

运用于企业在品牌形象推广和营销阶段，拉动线下顾客在了解企业及其品牌后，到线上发展，引导顾客体验"互联网+"的商业模式，放大线下推广效果。

（2）线上到线下

运用于产品销售阶段。可以通过优惠的价格鼓励客户线上支付。线上支付有利于企业收集用户信息。通过信息分析，了解客户的需求、关注点、喜好等，然后针对客户的这些特征进行精准的推广和营销。

在电商时代，珠宝 O2O 更多采取"线上下单、线下体验"的模式。黄金企业依托现有的实体店铺，开展网上平台订购业务：客户可以在当地的实体门店体验自己有意向的珠宝，如果确定购买就可以在网上平台下单。消费者下的订单直接发送到企业总部，由总部将客户订购的珠宝送往实体店铺，然后消费者再到实体门店交付取货。

但是这种模式也存在不足，随着线上网络订购平台的逐渐成熟，为了压缩渠道成本，实体门店的珠宝展示面积将可能缩小，更多的利益直接流向企业总部，门店经营者（加盟商）的作用被削弱、利润空间被压缩，最后基本成为珠宝实物展示场所和负责售后的机构。这种背景下，部分加盟商可能选择退出，从而导致线下渠道萎缩，影响O2O渠道成效。

O2O提供了一个大思路、大框架，具体运用中，企业要结合自身实际情况，实现线上与线下无缝对接，使线上与线下形成利益共同体，使线上平台成为加盟商或直营店强大的盈利工具。

4. 知名珠宝展

伴随着珠宝行业的发展，珠宝展销会成为珠宝销售越来越重要的渠道之一，珠宝展显著地推动着珠宝行业的发展。

国际上著名的珠宝展有：①美国纽约 J.A. 国际珠宝展（Jewellery Trade Show of America）；②瑞士巴塞尔欧洲钟表珠宝展；③意大利维琴察（Vincenza）Orogemma 珠宝钟表展；④德国 Inhorgenta 珠宝钟表展（慕尼黑）；⑤比利时 Jedifa 珠宝钻石及钟表展；⑥英国伦敦国际珠宝钟表及银器展；⑦瑞士巴塞尔国际珠宝展。

我国举办珠宝展的历史并不长，但展览层次在不断升级，从省会级、国家级再到国际级，其作用也是有目共睹。我国每年举办的上海、深圳、北京三大国际珠宝展，已经成为国内最权威的珠宝展览会，在不断提升行业的整体形象的同时，也为企业塑造品牌、展示文化与实力提供了最佳的平台。因此，黄金企业应利用好这一平台渠道，提前策划参展的黄金产品、品牌经营成果、独特的黄金文化思维等，以此吸引参展者的关注，提升企业和品牌的知名度。例如：七彩云南设计团队在 2018 年中国国际珠宝展上，展示品牌研发和原创定制的精美珠宝，如为私人定制的东方美学系列、旅行记忆系列、绿野仙踪系列、爱之乐章系列以及品牌研发的本命福佑系列、孔雀系列、萌犬护平安系列等，成为此次展览最大的亮点，吸引了从业者和收藏人士的关注。

12.6.4 促销策略

促销的传统四个要素为广告、人员推销、公共关系和营业推广，结合 4H 各属性的特征，广告可以融入 4H 的各属性中，公共关系可以融入 4H 的历史和传承中，营业推广则融入享乐属性。

1. 基于 4H 理论的广告策略

表 12-2 展示了黄金首饰主要品牌的广告语，可以看出，各类品牌大多从黄金首饰带给人们的美化功能、情感满足功能（如婚嫁、祈祥瑞）来激发消费者购买欲。然而，黄金首饰除美化、情感等享乐功能外，还有投资、收藏和艺术等价值，因此，不妨从投资、收藏、艺术等价值进行广告设计，强化人们黄金投资消费和艺术欣赏的需求意识，拓宽需求市场。对黄金艺术品，其促销广告应强调蕴含的艺术价值，可以从工艺绝技、图案解读、背后故事等层面加以挖掘、凝练。

表 12-2　黄金首饰主要品牌广告语

黄金首饰品牌	广　告　语
周大福	心有眷恋，一花倾念（婚恋季）
周生生	周而复始，生生不息；愉悦，是深情的告白
老凤祥	同行镏金岁月　相伴金华人生；老凤祥首饰，三代人的青睐
老庙	老庙黄金，给您带来好运气；拥有老庙黄金，要多幸福，就多幸福
谢瑞麟	一生的宠爱

此外，黄金首饰广告增加传承和历史的表达和彰显。例如："周礼传承、大德载物、福祉共享"，反映了黄金品牌对我国传统礼仪、厚德和祈福文化的表达；老凤祥的"百年老凤祥，经典新时尚""跨越三个世纪的经典时尚""百年传承，精细依旧"表达了老凤祥品牌的悠久历史和对时尚、品质的追求。

2. 彰显黄金历史和传承的公共关系策略

通过传播普及黄金知识、历史、文化和工艺传承等内容，拉近与公众的距离，树立企业良好形象，提高企业及其黄金首饰品牌的知名度、美誉度和好感度，从而赢得顾客偏爱。

黄金首饰企业在公共关系活动中，弘扬黄金文化和工匠精神，有助于推动社会文化建设和传递正能量，是黄金首饰企业践行企业社会责任的重要体现，也是推动我国文化自信的重要途径之一。因而以传承黄金文化开展公关活动的方式值得企业倡导。

公共关系活动方式上，可采用线上形式，因为现今人们习惯于通过网络来获取相关资讯，知乎、喜马拉雅 FM、得到等知识平台的快速发展就证明了这一点。利用在线平台如直播、听书等形式使人们利用碎片化时间了解黄金基本知识，促进大众在丰富黄金知识的同时，也对黄金产品产生偏爱，对活动主办方加深印象、产生好感。2020 年 11 月，金隆金行集团正式加入中国黄金协会，该集团以"塑造绿色矿山与黄金产品的中国形象""打造一流黄金增值服务运营商品牌"为愿景，于 2020 年策划了"金隆说金"黄金文化直播节目，每周二、周六 20:00—21:00 播出，从最初黄金知识分享、黄金故事传播，到探寻黄金文字诗词之美，再到以人生感悟传递黄金价值观和正能量、弘扬工匠精神、传承中华黄金文化，不仅展现了较高的思想性和艺术性，也弘扬了我国的黄金文化，推动了中国文化自信，收获了较高的收视率和点击量，赢得了观众的口碑，使金隆金行知名度和美誉度不断提升。

3. 基于享乐属性的线上+线下推广

鉴于互联网发展和在营销中的广泛使用，黄金首饰营业推广场所包括线下、线上和线上+线下三大部分。

（1）线下部分：可以构建线下的实体社群和惯常使用的 VIP 客户群，根据购买频率、饰品类别、消费额度等划分顾客为不同档次，提供不同的营业推广方式，如生日问候和生日礼物、特殊节日（国际劳动妇女节、情人节、七夕节）礼物、积分分档兑礼品、免费试戴 3D 打印的新款饰品等，密切维护顾客关系，满足消费者的个性化需求，提高消费者获得的品牌总价值，增加消费者品牌忠诚度。

（2）线上部分：企业应充分利用 App、公众号、各大社交软件等平台将消费者组织在一起，平时可以在群里介绍一些黄金知识，节假日来临可以在群中进行预热促销，还可以为多次购买的用户提供 VIP 会员服务，如生日定制饰品、节假日祝福等。同时，还可以在社群中推出新品预告、限时秒杀、社群游戏互动、满减活动、单品折扣、社群专属福利日等内容吸引顾客，为顾客提供价值。

（3）线上+线下部分：发挥线上、线下推广的优势，如线上、线下优惠互换使用；礼品可线上选择，线下提取；线上积分，线下双倍使用等。逐渐完全打通线上和线下营业推广方式，实现线上、线下互促，放大营业推广带给顾客的价值，为新零售奠定基础。

此外，也可以借助政府和行业力量进行推广：①建立黄金产品销售合作伙伴网络，推出一系列崭新黄金产品系列（如生肖金条、金币），刺激黄金需求量；②由中国黄金协会牵头组织开展重塑黄金文化的一系列举措，如"中国风""国潮风"黄金首饰婚庆系列产品设计及推广大赛、组织设计和工艺专家团队创新黄金产品与中国传统文化结合的方式、中国黄金首饰宣传语征集，每年举办黄金首饰设计全国比赛等活动，营造黄金消费、鉴赏、收藏的热潮，踏踏实实地开展黄金文化的发掘、重塑与推广；③挖掘国内知名珠宝展的功能，精心策划每届展览主题，给黄金企业产品创新、品牌经营、文化传承等方面的成果提供足够的展示平台和交流机会。

本章小结

本章对黄金营销进行了整体介绍。主要内容包括黄金商品特征和首饰特征、黄金首饰消费者及其需求特征、解读黄金首饰的 4H 属性、黄金首饰市场细分、目标市场选择及差异化塑造，以及基于 4H 理论的营销策略。

首先，在介绍黄金商品的储藏、投资和稀缺性基础上，结合第 3 章 4H 理论，对黄金 4H 属性做了简要分析，在此基础上从黄金首饰成色、功能介绍了黄金首饰特征；其次，从年龄、区域分布、场景消费三个维度构建黄金首饰消费者画像，分别分析中年群体需求、婚恋市场需求、婴儿群体需求及 Z 世代消费群体需求的特征，从而较全面地勾画出黄金首饰需求特征。为 STP 提供基础，12.3 部分对黄金产品的 4H 属性进行解读；最后，在依据传统标准细分后，结合 4H 属性对黄金首饰市场进行细分，发现不同细分标准下的子市场会有所重复。

差异化塑造是营销策略的依据，融入 4H 理论，归纳并分析了产品差异化、服务差异化、价值差异化、文化（寓意）差异化、品牌差异化和情感体验差异化六类差异化形式，将黄金首饰的享乐、高价值、历史和传承四大属性有机地渗透到差异化塑造中；本章末尾基于4H理论，分析了黄金首饰的4P营销策略，发现黄金文化是当今可进一步挖掘的空间，传统黄金手工技艺提升了黄金的艺术价值，同时拓宽了黄金首饰的创新空间。

即测即练

自学自测　　　　扫描此码

思考题

1. 同是黄金首饰需求者，不同群体的需求特征有何不同？
2. 面对竞争，黄金首饰企业如何塑造差异化？
3. 如何结合4H理论运用于黄金首饰的产品策略中？
4. 如何解读黄金的传承属性？
5. 基于高价值属性，黄金首饰市场可以细分出哪些子市场？

案例讨论

老字号演绎"国潮、国凤、国韵"——老凤祥"喜事荟"

2021年9月，老凤祥第20届国际首饰文化节在上海举办，首推"凤祥喜事荟"，以"国潮、国凤、国韵"演绎老字号品牌文创新成果。

随着年轻一代消费者逐渐成为消费主力，消费需求开始向个性化、本土化转变，产品所蕴含的文化价值成为重点关注的内容。年轻消费者更喜欢能够彰显个性、有文化的产品。"国潮"将传统文化与时下潮流相结合，既符合年轻消费者对时尚的认知，又能展现他们对文化价值的认可，引发年轻消费群体的情感共鸣。针对"国潮风"的兴起，老凤祥推出"国潮、国凤、国韵"系列产品，以"国潮、国凤、国韵"演绎老字号的品牌文创新成果。

此次首饰文化节涵盖了三大主题产品，"绣凤华—点羽""古法藏宝金"及"凤祥喜事"，展示了老凤祥在黄金工艺上的高超技法和匠心品质。"绣凤华—点羽"弘扬我国传统文化精髓，焕新品牌技艺，融古韵与现代国潮于一体。历经3年研发，老凤祥将点羽、刺绣、古法和珐琅等工艺集一体，以绝美翎羽装点华贵金饰。"古法藏宝金"采用古老铸造工艺，重现独特韵味的黄金技艺，经典产品"龙凤佩"蕴意吉祥、和谐美好。老凤祥还取材中国传统婚嫁文化，不仅主打婚庆市场，还延伸了大众美好生活所有"喜事"，打造中国人喜事必备"凤祥喜事"系列产品。"凤舞九天金凤冠"采用古法工艺，结合现代精工科技创新研发，尽显"国潮时尚风"。

首饰文化节期间，获"上海品牌"认证的"金匠工作室"主打大师坐堂、名师高定、金匠服务和个性设计等特色服务，汇聚我国工艺美术大师、上海市工艺美术大师和新锐设计师、技师团队力量，为市民免费提供各项首饰维护保养和咨询服务。

资料来源：叶薇，卢晶.2021年，老字号演绎"国潮、国风、国韵"，老凤祥首饰文化节新推"喜事荟"[EB/OL].（2021-9-17）[2021-10-7]. https://paper.xinmin.cn/.

讨论题：

1. 针对当今消费市场年轻化、个性化的趋势，老凤祥是如何进行差异化塑造，满足新一代群体消费需求的？

2. 解读老凤祥"国潮、国风、国韵"产品系列的 4H 属性。

3. 老凤祥如何体现其品牌的层次和实力？

案例分析思路

第 13 章

钻 石 营 销

本章学习目标：

1. 了解钻石"4C"标准特征和 4H 属性体现。
2. 了解钻石需求特征。
3. 掌握基于 4H 属性的钻石首饰市场的细分、定位。
4. 掌握基于 4H 视角的钻石饰品营销组合策略。

关键术语：

"4C"标准（4C standard）；克拉重量（carat weight）；净度（clarity）；色泽（colour）；切工（cut）；市场细分（market segmentation）；消费者画像（consumer portraits）；千禧一代（millennials）；Z 世代（generation Z）；目标市场（target market）；市场定位（market positioning）；社群营销（community marketing）；营销策划（marketing planning）

引导案例：

DR 钻戒入驻巴黎卢浮宫，浪漫与永恒邂逅

巴黎，是一座时尚之都和象征爱情的浪漫之都，有着浓厚的文化底蕴和强烈的恋爱气息。卢浮宫坐落于法国巴黎市中心的塞纳河岸，宫前的金字塔玻璃入口，为巴黎增添了耀眼光彩。卢浮宫金字塔拥有世界最为稳固的结构，三角面和底座达到约 52°自然角，既不易被外力摧毁，也不容易改变外形。

巴黎时间 2018 年 10 月 18 日，下午 5:20，DR 求婚钻戒"DR PARIS 52°"系列在 DR 巴黎卢浮宫门店首发，全球限量发售 52 枚。该系列的灵感就源于卢浮宫，卢浮宫是高贵的象征，在巴黎这座浪漫的城市，这样的戒指本就是浪漫与高贵的最好的代名词。而 52°是自然界最稳固的角度，也是坚定不移的象征。DR 的"一生只爱一人"的品牌理念与之不谋而合，一生的坚定，一生的浪漫与高贵。真爱恒久，承诺永恒，用最浪漫的戒指见证最高贵的爱情。

资料来源：www.darryring.com.

"钻石恒久远，一颗永流传。"这句广告词尽人皆知，并在人们的脑海中留下了关于钻石的思想烙印，也成为 20 世纪 90 年代最成功的珠宝广告词。而如今，在互联网模式下，创立于 2010 年的求婚钻戒品牌 DR 不仅重新定义了钻石的含义，更引领了新时代下时尚的求婚文化。这样一个成立不久的求婚钻戒品牌，为什么能在互联网时代引起轰动效应，甚至成为"90 后"心中的真爱信仰？究其原因，是 DR 成功抓住了"90 后"这一年轻消费群体的个性诉求及情感表达，即既要展现与众不同求爱方式又要呈现真爱唯一的价值观念。在个性与共性中精准把握新时代消费群体对于爱情一生一世的向往，这与 DR 钻戒"一生·唯一·真爱"的品牌寓意不谋而合。

本章立足消费者主导论，从分析钻石需求入手；同时，把握钻石最高硬度的矿物特征和人们对永恒爱情的向往相结合，突出钻石饰品对人们情感需求的满足。鉴于钻石需求从爱情满足外延至自我奖励、个性张扬，因而本章融入 4H 理论，从珠宝的享乐、高价值、历史和传承四个属性诠释钻石饰品；进而分析钻石饰品市场细分、目标市场选择及市场定位（差异化塑造）及其 4P 营销策略。

13.1　钻石首饰特征：4C 及 4H

现代首饰抛弃了以往附加在首饰上的功利观念，获得了自由表现空间，开始追求纯粹的主观意象空间构形，这种对造型单纯审美意象的表现，成为现代首饰的重要特征。同时，现代首饰包含了一定的思想和文化内涵，设计师专注于创作的理念、意义和艺术造型的充分表达，而佩戴者也关注所佩戴首饰能否显示自我的个性、精神及兴趣和品位。钻石纯洁透明、经久不变，是纯洁爱情的标志，象征了对爱情的永恒追求和忠贞。根据颜色划分，钻石可以划分为无色钻石和彩色钻石两个类别；根据形成方式划分，也可以将钻石分为天然钻石和合成钻石两大类。

通常用 4C 描述钻石的特征，为了给本章钻石市场细分及差异化塑造提供依据，本节在描述钻石 4C 的基础上，结合第 3 章 4H 理论，解读钻石的 4H 属性，以更全面地认识钻石。

13.1.1　钻石的"4C"标准

钻石是在高压、高温条件下形成的一种由碳元素组成的单质晶体，是天然矿物中的硬度最高的，由于钻石具有高折射率和强色散，成品钻石都会呈现出璀璨的光泽。目前天然钻石价值的界定已经有了较为成熟的体系。例如，国际上权威宝石鉴定证书包括 GIA 钻石证书、IGI 钻石证书、比利时钻石高层议会（Diamond High Council-HRD，HRD）证书、欧洲宝石学院实验室（European Gemological Laboratory，EGL）证书、中国地质大学珠宝学院（Gemological Institute China University of Geosciences，GIC）证书、国家珠宝玉石质量监督检验中心（National Gemological Training Centre，NGTC）证书。其中认可度最高，运用最广泛的评价标准是 GIA 制定的"4C"标准，其旨在简化和统一钻石的评级流程。戴比尔斯旗下珠宝品牌 Lightbox 品牌为合成钻石品牌，该品牌表示合成钻石可批量生产，因此评级意义并不大，目前也没有针对合成钻石的成熟的评价标准。

钻石的"4C"是克拉重量（carat weight）、净度（clarity）、色泽（colour）、切工（cut）的缩写，这四大要素共同决定了钻石的珍稀程度和价值，是影响钻石饰品价格的重要因素。

1. 克拉重量

克拉是钻石的重量单位，1 克拉等于 200 毫克。该词汇源自"角豆"（carob），因为古代用角豆种子计算钻石重量。大克拉的钻石较为罕见，也更受追捧，因而价值更高。但两颗相同克拉的钻石，其价值也可能因为净度、色泽、切工等要素产生差异。

2. 净度

天然钻石在地底深处受极端高温高压的作用，历经数百万年甚至数十亿年才得以形成，因此几乎所有钻石内部都含有矿物质或非结晶碳等物质，统称为内含物。净度即钻石的天然内含物含量多少的评判标准，钻石的内含物越少，则净度越高。目前国际上常用的净度分级体系为 GIA 分级，它将钻石净度分为六个类型，11 个等级。六个类型分别为无瑕级（flawless，FL）、内部无瑕级（internal flawless，IF）、极轻微瑕级（very very slightly included，VVS）、轻微内含级（very slightly included，VS）、微内含级（slightly included，SI）、内含级（included，I）。

3. 色泽

白钻可细分为多种色调，从极其罕有的纯净无色到带有些许黄色的暖白色，根据 GIA 标准，钻石成色等级表将钻石颜色从无色到浅黄色划分为 D～Z 等 23 个等级，其中 D 为最高级别，D～F 是无色级别，G～J 是近无色级别，从 K 往下钻石就会逐渐偏黄，价值也逐步下降。

4. 切工

在"4C"标准中，唯有切工不是钻石的天然属性，但切工对钻石的亮光和闪耀程度影响极大，经过专业切割打磨的钻石，其切面准线角度均排列对称，才能释放极致的璀璨。为了描述所有质量的切工，GIA 的切工等级体系分为五个切工等级：极好（excellent）、很好（very good）、好（good）、一般（fair）、差（poor）。

13.1.2 钻石的 4H 属性

1. 享乐属性

钻石的享乐属性与钻石的情感属性、悦己属性密不可分，钻石的享乐属性可以理解为钻石的情感消费、悦己消费带给消费者的一种满足和愉悦。

享乐满足除被钻石经营者普遍关注并大为渲染的男女间的浪漫爱情外，还包括奢侈级钻石的珍贵、奢华带给拥有者社会身份和地位方面的满足，设计独特或工艺考究的收藏或鉴赏级钻石带给人们心灵、精神上的满足，以及将钻石作为成功时的犒劳品或奖励品所带来的成就感的满足。除此之外，随着"千禧一代""Z 世代"成为主要消费者，这一代消费者购买钻石动机除了自我奖励、日常装饰外，还追求好玩、新颖、个性表达等带来的享乐感受。可见，钻饰带给人们享乐感的缘由是多元的。

2. 高价值属性

钻石是唯一一种集最高硬度、高折射率和强色散于一体的宝石品种，它光芒四溢、璀璨夺目，在宝石中脱颖而出；同时，钻石资源稀少，当今世界宝石级钻石的产量约为 1500 万克拉，而加工成为成品仅有 400 万克拉（800 千克），相当于体积只有 60×60×60 立方厘米。物以稀为贵，这自然带来了钻石的经济高价值。例如，颜色为 D 级、净度为 SI1、切工为 EX、重量为 1 克拉（0.2 克）的裸钻，上柜价即达到 51 920 元，还不是成品，可见它的经济高价值。

钻石经济高价值为钻石投资奠定了基础，再加上钻石与其他财富传承工具相比，在保值增值、风险隔离、税务优化、隐私保护等方面有很大优势，使其具有了较好的投资价值。

也正因为钻石昂贵，因而佩戴钻石能彰显自己的财富；同时，自古以来，钻石一直被人类视为权力、威严、地位和富贵的象征。因而，钻石，尤其高端钻石标榜着拥有者的身份、权力和地位，具有社会高价值。

3. 历史属性

20 世纪 80 年代以前，彩色钻石的价值并未被普遍认识，20 世纪 70 年代末澳大利亚阿盖尔钻矿的开采，使市场上彩钻的供应逐渐增多，特别是该矿所产的一颗仅 0.95 克拉的粉红色钻石——汉珂克红钻（Hancock）于 1987 年美国纽约拍卖出 88 万美元的高价（未算佣金）使全世界为之轰动，引起了人们的广泛关注，从此奠定了彩钻的市场地位。彩钻具有颜色分级，消费者可根据自己偏好与服饰、心情等选择不同颜色的钻石，彩钻的选择度和搭配度均较强，使得彩钻需求群体日益扩大。此外，鉴于钻石稀缺性和环境保护的需求，一些品牌利用材料合成技术，推出了合成钻石，尽管还没有得到市场的普遍认同，但也是钻石发展历史上的一个重要节点。

聊起钻石品牌，令人们不得不想起戴比尔斯。自 1888 年戴比尔斯联合矿业公司在南非成立，至今已有 135 年历史。戴比尔斯是全球知名的大型原钻公司，集钻石的勘探、开采和销售于一体，产品以其精湛的切工与独特设计而著称。戴比尔斯通过在各国设立贸易公司，控制了全球的钻石交易，自创立以来，始终位于行业先锋地位，被称为"钻石帝国"。自 1888 年创立起，戴比尔斯就开启了钻石世界的传奇旅程。1939 年，戴比尔斯与 GIA 合作，共同引入了钻石行业的首个通用钻石分级系统——4C 标准；1947 年，N. W. Ayer 广告公司为戴比尔斯创作了流传至今的经典广告语 "A diamond is forever"（钻石恒久远，一颗永流传）。2000 年，为庆祝千禧年的到来，戴比尔斯首度公开了戴比尔斯千禧之星钻石，重达 203.04 克拉，以水滴形切割最大限度地释放钻石美感，预示着戴比尔斯集团将创立全新高级珠宝品牌，就在 2001 年推出了戴比尔斯珠宝品牌（De Beers Jewellers）。戴比尔斯珠宝设计师秉承钻石作为大自然艺术杰作的理念，打造出一系列新颖独特的珠宝作品，淋漓尽致地展现了钻石的璀璨之美，且在每一颗超过 0.20 克拉的钻石上，印上戴比尔斯印记和独立编号。2005 年，戴比尔斯推出首个以天然原钻打造的珠宝系列——Talisman 系列，融合天然原钻与抛光钻石，共同绽放自然之美。戴比尔斯采用古老的"凿点金工"镶嵌工艺，无须爪镶即可将未经打磨的原钻和抛光钻石镶嵌于金属中，使钻石呈现出比实际更大的视觉效果。2013 年，戴比尔斯推出全新订婚钻戒个性化定制服务 "For You, Forever"。通过这项服务，顾客有机会亲自挑选钻石、戒指设计和镶嵌方式。2019 年，戴比尔斯推出 Horizon 戒指，奠定了品牌全新美学理念，这款戒指的设计融合了现代风格与丰富趣味，成为无拘无束、自由个性的象征。

除了戴比尔斯，我国也出现了钻石品牌新秀，如引例中的 DR，还有金伯利、通灵珠宝 TESIRO、钻石小鸟及 I Do 等，这些品牌定位及营销模式颇具特色和创意，很值得探讨和持续关注，也值得其他珠宝企业深思和借鉴。

4. 传承属性

钻石的传承属性主要从其本身特性和寓意进行解读。钻石的摩氏硬度为 10，是迄今为止人类所发现的最硬的天然物质。与其他宝石相比，钻石镶嵌在首饰上更能够抵抗一切物质对它的磨损划伤，永不磨损，常戴常新，因此一旦拥有钻石，便可世代流传，这成为钻石传承的依托。但钻石本身特性只是钻石品牌传承的一个立足点，更多还是因为钻石的诸多文化寓意和情感属性。

我国有着优秀的传统文化，希望优良家风和门风得以传承，并成为家庭文化的核心。自古至今，民间仍保存着传家宝的习惯，以至于一些电视剧都会选择以传家宝为主线展开情节，为迎合这股习惯引发的需求，有些珠宝企业开始以传家宝为品牌主题推出系列产品。例如，通灵珠宝"为下一代珍藏"的品牌定位就准确把握住了我国消费者重视家庭及传承的情感需求，将消费者对珠宝饰品的选择从单纯的美化需求转向长期的情感珍藏——给下一代留下"传家宝"，也突破了钻石作为爱情信物的局限性，用来寄寓一种"家"的情感，值得消费者珍藏与传承。

钻石长久以来被国际奢侈品牌包装成为"稀有、珍贵、奢侈"的代名词，尤其戴比尔斯公司的 "A diamond is forever" 在 20 世纪 30 年代开始，就将"男人在结婚前必须为女人购买订婚钻戒"这一价值观

扩展阅读："粉红之星"的身世

深深地印在了每个人的脑海中,让人们以为只有钻石才是爱情长久的象征,钻石似乎成为爱情的代名词。不止于此,钻石的这种捆绑爱情的文化价值观也进一步发展,由订婚和结婚的必买之物延伸到结婚 60 周年纪念物,将结婚 60 周年称为钻石婚,夫妻两人相互扶持走过了人生中重要的 60 年,两人情感就如钻石一样"恒久远",钻石自然成为最值得拥有和珍藏的情感礼物。

13.2　钻石饰品消费者画像及需求特征

13.2.1　消费者画像

"5.2.2　不同类型珠宝消费者用户画像"中,介绍了钻石类珠宝消费者用户画像,钻石类珠宝消费者用户画像大体可归纳为以下几点。

(1)人口统计特征方面。钻石类珠宝消费者多为"80 后""90 后"和"00 后"中的成年人,女性居多,大多来自沿海或经济发达地区。以上特征的多数人出生在物质条件充裕的时代,生活消费由必需品向享受型消费过渡,对奢侈品的购买频率较高。

(2)购买动机。通常购买钻石是为了结婚、订婚、犒劳自己,若用于犒劳自己,则购买的钻石饰品钻石克拉数都不大,价格也不会特别高。

(3)购买关注的重点。年轻钻石类珠宝消费者更关注钻石的品牌形象,同时兼顾价格、保值和产品意义。

(4)消费者的生活标签。钻石类珠宝消费者多关注娱乐热点,热爱并追求品质美好生活,他们往往是美好事物、美好生活的拥护者,追求精神上的愉悦、满足,关注光鲜亮丽的生活,追求生活品质,喜欢时尚、娱乐与美的事物,都是这类消费者的生活特征。

(5)对钻石饰品设计和工艺的要求。消费者会依次考虑钻石饰品的工艺复杂性、舒适度、特殊工艺和高科技元素的融入及品牌美誉度。

13.2.2　需求特征

消费者对钻石饰品的需求主要包括婚嫁需求和非婚嫁需求两种,婚嫁需求一直都是各国钻石消费需求中最重要的一部分(图 13-1),但随着"千禧一代"和"Z 世代"成为钻石饰品市场消费主力,珠宝消费也逐渐具有了爱情元素之外的元素。例如,悦己元素等非婚嫁需求不断增加。

1. 婚嫁需求

20 世纪 90 年代,随着外资和港资珠宝品牌进入内地市场,随着"钻石恒久远,一颗永流传"的广告词从香港进入内地,掀起了一轮钻石消费热潮。从此之后,钻石珠宝开始越来越频繁地出现在中国人的订婚和结婚场景中。根据戴比尔斯 2017 年《钻石行业

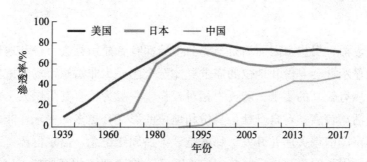

图 13-1　钻石珠宝在美国、日本、中国婚嫁场景中渗透率

资料来源：戴比尔斯 2017 年《钻石行业洞察报告》

洞察报告》的数据显示，在我国，钻石珠宝在婚嫁场景中的渗透率从 1990 年的接近 0 显著提升至 2017 年的接近 50%。得益于"千禧一代"和"Z 世代"消费者进入或即将逐步进入婚姻，虽然我国结婚总人数呈现持续下滑的趋势，但婚戒的渗透率呈现持续提升态势，2017 年时我国也有将近一半情侣在结婚、订婚中使用钻石首饰。与此同时，婚戒在美国和日本 2017 年婚嫁场景中的渗透率也高达 75% 和 60%，婚嫁需求一度成为各国钻石消费需求中最重要的一项。

婚嫁市场钻石消费的动机十分明确，消费者认为钻石是爱情的信物，用钻石来表示彼此对爱的忠贞不渝，重在拥有，重在仪式，因而对钻石的品质并不十分苛求，量力而行就好，但比较看重款式、设计，在预算范围内争取最好。

2. 非婚嫁需求

除了婚嫁需求，钻石消费的婚嫁之外的情感表达需求和获得成就时的自我奖励需求日益突出。"80 后""90 后"以及"00 后"从小的成长环境、受到的教育和接受的消费观念等都与"60 后""70 后"有很大的不同，"千禧一代"和"Z 世代"更加追求情感需求，购买珠宝首饰不仅仅为了结婚需求，也成为各种纪念日表达感情的载体，如结婚纪念日、生日、情人节、七夕、母亲节等各大节日。在日常生活中，"千禧一代"和"Z 世代"对于珠宝首饰的需求也越来越高。例如，拥有不同的心情、搭配不同的衣服、出席不同的场合、会见不同的对象等都需要佩戴不同的珠宝首饰。同时，他们对自我奖励和社会地位感也越来越重视，如奖励自己的认真、奖励自己的升级晋升、成功之后的犒劳。

在 20 世纪 80 年代以前，消费者购买钻石的动机大多都与婚嫁有关，而随着"千禧一代""Z 世代"成为市场主力军，消费者购买钻石的动机有了很大变化，越来越多的消费者出于情感表达、自我奖励、日常装饰等原因购买钻石饰品；此外，还有一股潮流需要引起珠宝企业的高度重视，那就是年轻消费群体开始对钻石饰品好玩、新颖、张扬个性等方面产生需求，这类群体对钻石品质不会有过高的要求，但对款式有较高要求，追求独特风格以适应个性化需求，偏爱搭配灵活性和适配性更高的彩钻以及价格低但有创意的人造钻石。

由于钻石珍稀、贵重，因而钻石消费会带给拥有者显示社会身份和地位的满足感。以钻石饰品来显示社会身份和地位的需求群体至今已成为非婚嫁市场的重要部分，这类群体对钻石品质有较高的要求，购买力相对较强，一般为社会高阶层人士，他们日常社会活动或商务活动较多，对自身社会身份和地位的彰显有更多的要求。非婚嫁市场上，还有一类潜在市场值得关注并开发，那就是"结婚周年纪念"需求群体。不同珠宝类别对应于不同结婚周年纪念，钻石为 60 周年纪念石。夫妻两人相互扶持走过人生中重要的 60 年，表明两人情感的"深"和"恒"，是人生最为珍贵、最为喜庆的婚姻纪念日，需要好好借用承载物来珍藏，钻石是世界上最为珍贵和坚硬的宝石，自然成为该盛典最值得拥有和珍藏的礼物。迎来结婚 60 周年纪念日的夫妻双方均已达 80 多岁，在我国，该年龄段老人均有节俭意识，因此他们不追求 60 周年纪念钻石的品质，强调拥有和有仪式便好，不求显阔，但如果是子女们孝敬老人的、买给老人的，则对品质有明显要求，他们愿意选择高品质钻石来充分表达对父母的感激、感恩之情。

13.3　钻石饰品市场细分及目标市场选择

13.3.1　钻石饰品市场细分

在进行钻石饰品市场细分时，应把握可衡量性、可盈利性、可进入性、差异性等原则。除了依据传统的细分标准，还可以依据 4H 属性进行细分。

1. 基于传统依据的细分

（1）地理因素。按地理因素细分市场是根据消费者的地理位置和自然环境对市场进行细分。不同地理环境下的消费者对珠宝的需求、偏好、审美观念和购买力有所不同，他们对产品种类、风格、价格、最终渠道和广告等营销等因素的反应也不同，这是根据地理因素细分市场的科学性所在。从世界范围来看，可以将市场分为美国市场、中国市场及其他市场。依据我国上海钻石交易所 2019 年数据来看，美国钻石消费量位居世界第一，占世界钻石总消费量的 47%，已接近世界钻石消费量的一半，在长期的钻石消费中，美国钻石市场饱和率已经很高，消费者对钻石的偏好也与其他地区市场有所不同。而中国市场目前的钻石渗透率还较低，且处于快速增长时期，消费者特征与其他地区市场也有所不同，因此可以细分为独立的市场。具体就中国市场来看，无论是钻石购买率还是渗透率，在一、二、三线城市均存在一定差距，这与不同线级城市消费者的消费特征有很大关系，因此可以将国内市场细分为一、二、三线钻石城市市场。

（2）人口因素。按人口因素细分市场是根据人口调查和人口统计的内容对市场进行细分。人是构成市场营销的基本要素之一，同时也是企业营销活动的最终对象。根据人口因素进行市场细分时，不仅要分析目标市场区域的总人口，还要研究其人口构成，包括人口数量、性别、年龄、职业、收入、教育水平、民族、宗教等。

无论是国内市场还是世界市场，按人口要素对钻石市场进行细分，最值得关注的就是性别和年龄。在消费者画像中，可以看到"千禧一代"以及"Z世代"与父辈有着截然不同的消费特征，他们是钻石饰品市场的主要消费人群。因此，从年龄角度来看，可细分为"千禧一代""Z世代"市场和其他市场；从性别角度来看，男女对钻石饰品的消费观念、偏好不同，因而可简单细分为男性市场和女性市场。

（3）心理因素和行为因素。进行市场细分时，心理因素和行为因素常常被分开考虑，但消费者的购买动机是一个内在的心理过程，不同的消费心理会导致不同的购买行为。因此将心理因素和行为因素同时考虑进行市场细分。从心理因素和行为因素出发，可以将钻石饰品市场细分为婚嫁市场、非婚嫁市场、投资收藏市场。前两类市场的需求特征在"12.2.2 需求特征"中已做介绍。至于投资收藏市场，它不同于前两个细分市场，该市场并非用于日常佩戴，而是出于增值、鉴赏或特殊纪念含义而购买钻饰，因此，投资收藏市场的消费者对钻石品质、独特性有较高要求。

2. 基于4H属性的细分

（1）基于享乐属性的市场细分。钻石享乐主要体现为情感消费、悦己消费带给消费者的一种满足，具体包括浪漫爱情、社会身份和地位需求的满足，收藏或鉴赏带来的满足，自我奖励带来的满足以及个性表达的满足。显然，这些因不同钻石消费动机带来的满足都会带给消费者享乐体验，因此，可以认为基于享乐属性的细分与基于动机和行为的细分市场相同。例如，细分为婚嫁需求市场、鉴赏需求市场、自我奖励/犒劳等细分市场。

（2）基于高价值属性的市场细分。钻石高价值包括经济价值、投资价值及社会价值。对这三类价值的追求，意味着消费者对钻石品质都有较高的要求，尤其是投资群体。但以上三类高价值的具体内涵存在差异。例如：追求社会价值的群体对钻石饰品的品质、款式、设计、工艺都有较高要求，以更充分地彰显自己的地位、身份和财富；追求投资价值的群体对钻石品质有相当高的要求，对款式、设计等则并不苛求，这类群体可能会追求彩钻，其中更看重颜色，因为彩钻4C重要性遵循"6-2-1-1法则"，即颜色60%、切工与荧光20%、净度10%、重量10%，可见颜色对彩钻的重要性。投资彩钻的4C条件以颜色呈现为核心，彩钻颜色等级包括颜色、颜色饱和度（浓度）、色调（修饰色，也叫颜色纯度，颜色越纯价值越高。例如，纯色粉钻就比粉中带其他颜色的粉钻要高）三个维度来描述。每个维度又分若干级别。例如，颜色按价值由高到低依次为红钻、蓝钻、粉钻、绿钻、橙色钻石、金黄钻、无色钻、茶色钻，即红钻最昂贵，茶色钻最便宜。GIA将彩钻颜色饱和度分为9级，价值由高到低分别为艳彩（fancy vivid）、深彩（fancy deep）、浓彩（fancy intense）、暗彩（fancy dark）、中彩（fancy）、淡彩（fancy light）、淡（light）、很淡（very light）、微（faint）。三个维度均达到优良级的彩钻十分罕见：由于带有颜色，大多数彩钻净度普遍较低，而重量更是可遇而不可求，因为彩钻本来就十分稀少。综上所述，可以总结为高价值细分市场消费者先追求颜色、花式切工，不苛求净度和重量。当今珠宝加工工艺技术的发展及磁控金技术、珠宝芯片技术和镜像炫等新技术在珠宝设计中的运用，使珠宝更富有艺术性和情感性，提升了钻石价值，较好地满足了高价值追求群体的需求。

（3）基于传承和历史属性的市场细分。

①情感传承。以钻石饰品传承的不同情感来细分出不同的消费群体，主要有爱情传承和"家"情传承。

钻石饰品被人们更多地认同为爱情的象征和纽带，订婚、结婚以及婚后的 60 周年纪念庆，均与钻石饰品发生着紧密联系。钻石饰品担任着传承双方情感的要任，许多消费者对这类蕴含特殊含义的钻石饰品更多的不在于佩戴，而是珍藏着作为情感传承的载体。

"家"情传承俗称为"传家宝"，这类群体购买动机是用来寄托"家"的情感，给下一代留作纪念，但与黄金传家诉求相比，钻石在图案的文化寓意表达上受到钻石面积的局限，不如黄金首饰上寓意深刻、美好，有清晰可见的图案或纹饰。钻石用来"家"概念的传承，主要原因有两种：一是随着社会的发展，相对于传统的玉器、翡翠等传家宝，以钻戒为代表的钻石饰品更加时尚，年轻人接受度更高，因此长辈在祝福晚辈婚姻的时候，考虑到年轻人的感受和喜好，更偏好赠送钻石饰品甚至裸钻；二是钻石具有投资价值，随着钻石越来越稀缺，但需求量却持续增加，钻石价格呈上涨趋势，投资空间大，从这一角度而言，选择钻石传家的消费者同时还拥有投资增值这一动机。基于此，该群体对钻石品质和重量有一定的要求，一般会选择无色钻，不会考虑合成钻石。如果选择彩钻，则选择饱和度高的，但饱和度高的彩钻价格很高。例如，5 克拉以上最高等级的彩钻可达到每克拉 10 万～100 万美元，而 D 色无瑕白钻每克拉则达 20 万美元。如果传家时对投资功能更为看重，那么可能对裸钻的需求更为强烈，因为钻石饰品牵涉不同时代的风格，因而裸钻的流通性比钻石饰品大。从形状来看，对圆形钻需求更大，毕竟圆形更加经典，传承度更高。

②从切工传承角度看，不同切工对钻石光芒的展现程度不同，完善的切工使钻石光芒璀璨、艳光四射，呈现钻石迷人之处，是钻石吸引人们驻足的重要因素，所以钻石切工被视为钻石的"第二生命"，也正因如此，钻石切工被消费者在意。伴随工艺的发展，钻石除了标准圆钻切工钻石，还出现了多种特色切工，代表着不同寓意，包含八心八箭、九心一花、十心十箭等，从其命名便知钻石切工是极好的情感表达方式。八心八箭也叫丘比特式切割，是当前最为常见的切工之一，是婚嫁族的主选。九心一花与一般切工的不同之处在于每粒钻石均由冠部的 37 瓣及底部的 63 瓣共 100 个完美无瑕切割面构成，全部镶嵌环节选用欧洲专用工具及镶工，工艺流程认真、细致，比一般钻石用时高达 1 倍以上，九个心形代表着一段长期而永恒的爱，而中心的花代表生命中最闪耀的一颗星、唯一的最爱，是结婚周年纪念族的首选；十心十箭是一种高超的钻石切割加工工艺，比

八心八箭切割加工工艺更为优良，耗时更长，切面比八心八箭多出 14 个，火彩是八心八箭的 1.2 倍，是苛求完美爱情一族的选择。可见，不同切工代表着不同美好的情感寓意，满足拥有者对不同情感的诉求和表达，因而可作为细分的标准之一。

13.3.2　目标市场选择

基于传统标准和 4H 属性细分得到的子市场均可成为目标市场选择的基础，依据目标市场选择原则（见"3.2.2　目标市场选择"）评估每个子市场的吸引力程度，然后结合企业资源、优势以及目标选择进入一个或多个细分市场进入，这些欲进入的子市场即为目标市场，目标市场选择是市场细分的直接目的。"3.2.2　目标市场选择"中介绍了目标市场选择原则及选择策略，本部分运用这些原则和策略，针对钻石饰品消费需求特征，介绍钻石饰品目标市场选择类型。

根据细分后的市场和满足细分市场的产品两个维度可以建立目标市场矩阵，从而得出包括完全覆盖市场、市场集中化、有选择的专门化、产品专门化和市场专门化五种目标市场选择模式。

1. 完全覆盖市场

完全覆盖市场也称市场全面化，指企业将所有细分市场都作为目标市场，提供产品或服务以满足市场内所有顾客群体的需求，因而只有实力非常强大的企业才可以采用完全覆盖市场策略。依据是否考虑各细分市场的需求差异提供不同的产品，分为无差异覆盖和差别覆盖。

（1）无差异覆盖策略。指不考虑市场区划的差异性，对整个市场提供一种产品，采取广泛的销售渠道和统一的广告内容，以吸引尽可能多的用户，但这种策略忽略了不同市场区划的需求差异，因而一般只适用于市场供应紧张或者市场供应很少的产品。钻石为非刚需产品，前面需求分析中提到，现在对珠宝首饰的需求越来越高，人们根据心情、服饰搭配、场景等选择佩戴不同的珠宝首饰，钻石饰品除了婚嫁需求，还包括对自我奖励以及社会身份和地位显示的需求，因此，难以用一款钻饰满足不同消费需求。

（2）有差异覆盖策略。企业针对不同细分市场的需要，提供不同的产品，运用不同的广告宣传和销售渠道，以满足不同用户的要求，有利于企业提高经济效益、竞争能力和社会声誉，但对企业响应多元需求的能力提出了挑战。因此，采用此策略的企业市场响应能力和运营实力都必须非常强。例如，实力强劲的老牌钻石公司戴比尔斯采用的则是此类市场覆盖策略。

2. 市场集中化

市场集中化是一种单一目标市场选择模式。在完成市场细分后，如果企业发现某一细分市场存在巨大的利润空间，同时企业的资源也足以满足该细分市场的需求。企业则可以将这一细分市场作为目标市场，集中企业的各类资源为目标市场提供产品或服务。企业可以通过密集营销，更好地了解该细分市场的需求、建立良好的声誉，从而在该细分市场建立稳固的市场地位。DR 公司就是把握了"千禧一代""Z 世代"这一年轻消费群体的个性诉求以及他们对真爱唯一的追求，为消费者提供一生只能定制一枚的钻戒，满足了这一细分市场的需求，至今 DR 公司已在钻石饰品市场特别是婚嫁钻戒市场中占据了极大份额。

结合目标市场选择原则，除从依据传统细分标准细分的子市场中选择企业目标市场外，还可从依据 4H 属性细分的子市场中选择目标市场。例如，西安某钻石商通过专售低净度的钻石饰品而获得了相应的成功，这就是依据人们对钻石材质不同需求寻找到目标市场。同时，从 4H 角度看，DR"男士一生仅能定制一枚 DR"是在以情感传承的细分市场中选择了男女间爱情传承这个子市场作为目标市场，将钻石的情感传承发挥得淋漓尽致，颇受情侣们的喜爱。

3. 有选择的专门化

有选择的专门化是在完成市场细分后，整体市场中的多个细分市场都有吸引力，并且符合公司的经营目标，企业的资源也能适应这些细分市场的需求。此时，企业可以选择若干个细分市场作为目标市场。这些细分市场之间很少有联系，但都有可能盈利，因此企业可同时进入这些细分市场。在钻石饰品市场中，大多数钻石饰品公司都采用这类目标市场选择策略。例如，卡地亚、宝格丽等国际知名钻饰品牌基本上都同时选择了美国市场、中国市场、"千禧一代""Z 世代"市场等多个子市场作为目标市场。

4. 产品专门化

产品专门化指的是企业集中各类资源生产一类产品，或提供一种服务，向有不同需求的细分市场提供同类产品、服务，但随着市场的个性化和多元化加剧，这类策略必须实施升级，即根据不同需求提供有差异的产品或服务，此时，与有差异的市场覆盖策略十分相似。

上海金伯利专门提供钻石，为了避开激烈的市场竞争，金伯利选择市场竞争相对弱的中西部地区作为目标市场，根据中西部地区钻石消费者在钻石档次、质量、款式偏好需求上的差异，提供有差异的钻石首饰，很好地满足了中西部地区的钻石消费需求，从而获得成功。

5. 市场专门化

市场专门化指为满足某个特定的消费者群体的各种需求而设计公司的产品或服务。在消费市场中，消费者出于不同的心理产生不同的购买动机和购买行为。以市场专门化选择目标市场的企业应把握好该特定类别消费者群体的需求特征，以不同类型的产品或服务满足他们的需求。

根据国泰君安证券 2020 年的研究报告，国际品牌如卡地亚、宝格丽选择的是顶级珠宝等奢侈品市场，为高端需求群体提供高级的皮具、香水、腕表及高级奢华珠宝；我国包括周大福、周生生等港资品牌选择的则是中高端市场；绝大部分内地品牌选择的则是中偏低端市场。这样各执一隅，有利于行业资源有效配置，同时有利于各类市场中企业的发展和需求的满足。

前面细分中提到，依据 4H 属性也可将珠宝市场细分为相应的子市场，珠宝企业可从中为不同的子市场提供相应珠宝饰品。由于 4H 反映了珠宝的属性，因而依据 4H 属性细分市场比传统细分标准下的细分市场更能直接反映珠宝需求特性，由此更能够令珠宝企业把握细分市场需求特征提供相适应的珠宝产品，塑造产品差异化，从而获得成功。

13.4　钻石饰品市场定位——差异化塑造

与第 12 章中有关黄金饰品差异化塑造的思路相同，钻石饰品差异化塑造路径主要包括产品差异化、品牌差异化、服务体验差异化及渠道差异化。

13.4.1　产品差异化

从产品整体概念出发，产品整体各个层次包含的要素均可成为差异化的切入点。从核心产品、有形产品、附加产品，到期望产品和潜在产品五个层次，后两个层次差异化可延伸的空间更大，也更难被模仿，因而应成为钻石饰品企业产品差异化的趋势。

1. 品质差异化

从产品整体来看，品质属于核心层。钻石的品质和价值由钻石的 4C 共同决定。针对不同层次的市场，企业要选择合适的品质与市场需求相匹配。

4C 的四个要素均可作为差异化的途径。其中，切工与净度、颜色和重量不同，它是"4C"中唯一一项非天然属性，这一差异可以人为打造，企业应该格外关注。切工对钻石的亮光和闪耀程度影响极大，只有切工精湛的钻石，才能格外璀璨。周大生"LOVE 100"星座极光系列就是切工极好的钻石饰品典范（图 13-2），"LOVE 100"星座极光系列钻石拥有普通钻石所不具备的 100 个切割面，56 个亭部刻面和 44 个冠部刻面，由此使得光线在钻石内逗留时间更长，折射角度更多，从而使每一颗"LOVE 100"星座极光系列钻石都有着普通钻石无法比拟的极致璀璨。钻石重量大，则价值更高，大克拉钻十分罕见，更是珍贵。在其他要素相同时，钻石净度越高，品质也越高，由高到低为无瑕级 FL、

图 13-2　周大生"LOVE 100"
星座极光系列钻石

资料来源：www.chowtaiseng.com

内部无瑕级 IF、极轻微瑕级 VVS、轻微内含级 VS、微内含级 SI、内含级 I。但不同消费者对净度追求存在差异，因为毕竟一颗钻石，4C 都达完美级的极少，有些消费者追求其他要素如颜色而降低对净度的要求，因而低净度钻石也不是没有市场，也可以成为钻石品质差异化的思路之一。

2. 款式类别差异化

从产品整体来看，款式属于中间层。目前钻石饰品市场主要产品的类别仍然是钻戒，根据戴比尔斯的报告可以看出，2014 年和 2016 年钻戒在钻石饰品的市场占比分别为67%、49%，虽然两年间占比有所下降，但其仍然在钻石饰品市场中占据着重要位置。与此同时，钻石项链、钻石耳环的占比有所提高，这也从侧面说明了钻石饰品的需求正逐步从婚嫁场景转移到日常佩戴场景，市场需求正在发生变化。因此，钻石饰品企业在把握住钻戒市场的同时，还应该分散部分资源在钻石项链、钻石耳环等饰品市场。

3. 工艺差异化

工艺归属于 4H 理论的传承属性。钻石饰品不妨根据切工花式（八心八箭、九心一花、十心十箭）来定位，或以钻石切成后的外形工艺〔标准圆钻型、椭圆形、梨形、榄尖形、方形、心形、矩形、阶梯型（祖母绿型切工）和混合型（雷德恩切工）〕来定位，还可以钻石镶嵌工艺〔爪镶、排镶、包镶、埋镶、槽镶、卡镶、吉卜赛镶（也称抹镶、藏镶）、起钉镶〕来定位。以上不同工艺可以在不同需求群体中占据心理位置：包镶为年纪大的女性或者男性所偏爱；卡镶作为非常时尚的镶嵌方式而最受年轻时尚女性的喜爱；心形、公主方形、梨形、榄尖形等花式切工钻戒受到年轻时尚女孩的追逐。

此外，切面数量也可塑造钻石的与众不同。例如，"LOVE 100"星座极光系列比普通 57 切面钻石亮度可提升 30%，具有非常独特的工艺和收藏价值，深受收藏者的喜欢。

13.4.2　品牌差异化

从产品整体来看，品牌属产品的一部分，由于品牌对企业经营越来越重要，企业也更加重视品牌，把它作为一种重要的差异化手段，故这里单独对其分析。

品牌从本质上说，是一种传递信息的手段，一个品牌应能表达六层意思即品牌的六大属性，包括属性、利益、价值、文化、个性和使用者。这六大属性的每个属性均可塑造品牌的差异性，是品牌差异化的可取方向。结合钻石饰品和钻石需求特征，钻石品牌差异化有以下几种思路。

1. 卖点差异

卖点差异指在对目标群体需求研究的基础上，寻找钻石饰品特点中最符合消费者需要的且竞争对手所不能及的独特部分。

（1）"真爱"诉求。对于钻石婚嫁这一目标群体来说，他们希望在爱的征程中留下更加美好或独特的记忆，希望爱情浪漫而有新意，希望对方对自己忠贞不渝，成为每个女孩的追求。基于这一点，DR 求婚钻戒倡导"男士一生仅能定制一枚 DR"，加上其独特的营销体验（如真爱体验店、真爱婚礼），在女孩心目中树立了"拥有 DR，就拥有了对方给予的真爱""送 DR 钻戒的才是真爱"的观念。由此，DR 成了真爱照妖镜，以至于有段子说："怎么检验你男朋友是否真心？让他买个 DR 试试。"DR 以"一生只送一人"超越戴比尔斯"钻石恒久远"，将爱情见证玩出了新高度。不仅如此，DR 这一定位的另一层意思表达了 DR 是珍贵和稀缺的，以至于即使购买力超强的男士，一生也只能定制一枚，一语双关，使 DR 受到情侣们的热捧。DR 的这套"真爱文化"大获成功：2017—2021 年上半年的 4 年半时间里，DR 自营门店的数量从 130 家猛增到 375 家，海外门店还开到了巴黎卢浮宫附近，DR 母公司毛利率达到了近 70%。虽然戴比尔斯将爱情同钻石紧密地绑在一起，但 DR 作为一个新兴品牌，以每个女人都希望自己收到的爱情信物——钻戒是独一无二的为理念，从"真爱"卖点入手，开启了全新的钻石故事，相比于戴比尔斯的"钻石等同于爱情"，"真爱"诉求更能打动女人们的心，占据她们内心重要的位置。所以 DR 的"真爱"卖点十分有新意，也十分成功。

（2）"爱"的至高无上。对于男女来说，他们不仅期望拥有爱，还希望爱得有分量、有品质，既然钻石表达爱，那么钻石的品质则可表达爱的品质程度。追求有品质的爱就需要用有品质的钻石来代言，基于此，恒信钻石机构打造的 I Do 钻石婚戒，就强调品质至上的理念，I Do 成为目前专注于打造顶级婚戒的珠宝品牌，呈现出"高大上"经营路线。1999 年恒信就在北京东方广场建立了 1500 平方米超大规模的钻石宫殿，宫殿内拥有世界最全的钻石品类，且每一颗钻石均采自世界最好的钻石产地南非，赋以"世界切割工艺王国"比利时的完美切工，汇集来自意大利、法国、瑞士、日本的国际大师的灵感设计，创造出美轮美奂的璀璨钻饰经典，十分宏伟、有气势，成为全球最大规模的钻石零售概念旗舰店。

（3）"家"情的蕴藏与传承。似乎钻石饰品一面世，就注定与情感脱不了干系，情感被挖掘成为钻石饰品的卖点之一，除了爱情，亲情也从中"播种生芽"。在钻石细分市场中，分有"传家宝"需求群体，这类群体购买动机是用来寄托和传承"家"的情感，是钻石对"家"概念的传承，也是对我国优秀传统文化的弘扬。这种"家"情传递可以发生在不同年龄段。例如：第 12 章所提到的黄金作为父母送给子女的 18 岁成人礼物，是否可以用钻石替代呢？送礼讲究"投其所好"，现代年轻人对钻石颇具热情，父母完全可以迎合子女喜好选择钻饰；还可以是宝宝满月或周岁时，借用钻石是事业、财富、权力的象征，期许宝宝将来事业有成、兴旺发达；当然，还可以是在子女订婚、结婚之时作为喜庆日子的礼物送给子女。钻石与黄金不同，钻石在文化寓意的图案设计上受到钻石面积的极大局限，不如黄金首饰容易刻上寓意深刻、美好又令人清晰可见的图案或纹饰；但办法总比困难多，我国伊莉丝钻石（IRISGEM）作为一个新锐钻石饰品品牌抓住了传统钻石行业和传统母婴行业的转型机遇，创建了专注于新生儿胎发钻石定制与家庭情感文化交流的母婴钻石饰品品牌，伊莉丝钻石定制的每一颗钻石都融合了新生婴儿的胎发元素，通过实验室钻石培育技术与生物组织碳化技术，将宝宝的胎发嵌入其中，培育成耀眼夺目的钻石，将父母对孩子的爱全部蕴藏进钻石，是独一无二、不可复制的出生纪念礼物，意义非凡，是值得珍藏、传承的钻石饰品。

（4）致青春。上述三类卖点本质上聚焦于"情"，这也是钻石最本质的元素表达。随着 Z 世代女性个性越来越张扬，她们强调存在感，追求品质和颜值，不容许乏味单调的生活，猎奇性强，敢于尝试，喜欢给自己开心的理由来缓解生活、工作的压力。因此，她们对设计独特、释压、清新灵动、好玩、新颖、能张扬个性的钻石饰品产生兴趣。对此，戴比尔斯集团在 2018 年 9 月推出 Lightbox 全新轻奢珠宝品牌，定位于"让消费者觉得'好玩'的产品"，迎合了 Z 世代女性对整体形象搭配和以上独特的需求。消费者在找到新工作、获得晋升、更高的收入后，愿意为自己购买钻石饰品作为对自己的犒劳和奖励。同样，周大生推出"致青春"钻饰系列，不奢求大颗粒钻石的奢华美态，只在意设计的清新与跃动，去适配无上的青春年华。

（5）品位与成功。钻石在最初是皇家贵族所有，是权力和地位的象征。即使如今钻石走向普通消费者，但高品质的钻石仍是尊贵、财富的象征。于女性而言，钻石饰品能使其更加时尚精致和自信优雅；于男性而言，钻石产品象征其事业成功和令人羡慕的身份地位，因为钻石的坚硬象征男士的刚毅，钻石历经打磨方显璀璨光华代表了男士的奋斗历程和取得的成绩。在当下消费者普遍关注钻石情感诉求的背景下，钻石象征品位、品质生活与成功人生的寓意给消费者耳目一新的感觉，占据消费者的心智，因而成为钻石饰品差异化塑造的有效途径之一，值得珠宝经营者思考和尝试。

需要指出的是，卖点差异化还体现在表达方式的差异化，使卖点差异化效果锦上添花。钻石饰品企业可以通过微影视剧、事件借势营销、集体婚礼、品牌故事等形式，传递钻石品牌的卖点。I Do 和 DR 同样都是传递爱情，但二者表达方式就有所不同，前者追求设计师个人情感在钻石作品上的呈现，每一款产品讲述一个故事或叙述一篇情感短文，通过影视剧植入、明星夫妻专属婚戒定制、明星事件借势营销、明星微电影等娱乐营销模式传递"真爱、承诺"，同时也在向消费者传递社会正能量和积极的情感价值观；与 I Do 类似，日本专做钻戒的品牌 I Primo 给漂亮的钻石配上感人的爱情故事情节，加之细致、周到、贴心的服务，使得 I Primo 钻戒很受消费者欢迎；DR 则为了表达"真爱净土""婚姻的坚守如一"，别出心裁地规定男士用身份证限购一枚婚戒的方式，来笃定真爱的承诺。

2. 品牌文化差异

品牌文化是企业文化的一部分，品牌背后是文化，每个成功品牌的背后都有其深厚的文化土壤，都有一个传达真善美的品牌故事。同时，品牌文化是企业品牌的灵魂所在，品牌文化差异就能够使品牌从其他品牌中区别开来。我国传统文化源远流长，有许多璀璨文化流传下来，值得我国珠宝品牌在建设中加以借鉴和深度挖掘；同时，珠宝本身就有其文化和历史，且与我国传统文化息息相关。

品牌文化能增强品牌区分度，加深品牌在顾客心目中的印象，因而构筑独特的品牌文化成为钻石饰品企业品牌经营的重要内容。从历史悠久的世界名牌卡地亚到国内新锐品牌 DR，均展示了各有特色的品牌文化（表 13-1）：有宣扬奢华高贵的；有渗透中国重德、礼、仁传统文化的；有弘扬国学经典的；也有演绎爱情的……各有亮点，占领不同消费者的心智。

表 13-1 主要钻石饰品品牌文化比较

品　　牌	品牌文化特色
卡地亚	皇族文化：奢侈、华丽、高贵，被誉为"皇帝的珠宝商，珠宝商的皇帝"（爱德华七世）
周大福	周礼传承，大德载物，福祉共享，真诚、永恒，经营诚为本，买卖信为先
谢瑞麟 TSL	信则立，积极乐观，对未来充满信心，非凡工艺，潮流演绎
周生生	"周"而复始、"生生"不息、创新不息
I Do（恒信旗下婚戒品牌）	追求极致、不断创新
周大生	因爱而美，为爱而生
DR	传播时尚求婚和真爱文化

3. 品牌形象差异

品牌形象按其表现形式分为内在形象和外在形象：内在形象主要包括产品形象及文化形象；外在形象包括品牌标识系统形象与品牌在市场、消费者中表现的信誉。产品形象是品牌形象的基础，是和品牌功能性特征相联系的形象，和产品功能息息相关。

品牌内在形象和外在形象的各个要素都可以作为差异化的着眼点。就产品形象而言，可以考虑在目前钻石饰品以戒指、耳坠和项链为主的基础上，创新产品功能来突显品牌的产品形象。例如，融入智能技术推出智能型钻石饰品，迎合当今消费者对智能产品的偏好。例如：FashionTEQ 推出了名为"Zazzi"的智能可穿戴奢华珠宝，这款珠宝能够确保用户随时保持联系，提醒用户来电、短信以及邮件等消息，还具有防水功能；Ringly 厂商推出 RinglyLUXE 智能戒指和 RinglyGo 智能手镯，利用智能技术塑造区别于其他企业钻饰的产品形象。此外，钻石企业还可以结合传统文化和当前网络文化来塑造钻饰的品牌文化形象，引发消费者共鸣。

就品牌外在形象来看，品牌标识系统形象的品牌名、商标图案、标志字、标志色要与品牌文化相协调。比如，品牌文化强调奢华、高贵，凸显拥有者的财富和地位，则品牌名和图案要霸气，尤其图标。例如，卡地亚图标是一只镶钻的猎豹威严地跨站在蓝宝石上，豹身点缀着凸圆形蓝宝石斑点，神形十分威武、豪气；周大福在 2004 年庆祝 75 钻禧纪念时，启用了新双"C"图标，表达"经营诚为本，买卖信为先"品牌精神文化，同时也表达了周大福既拥有稳健商誉，又具备创意时尚的特质，进入了一个经典与时尚完美结合的崭新时代。

品牌信誉源于产品的信誉，是产品、服务、技术、管理等各方面共同努力的结果。因此，应当从产品品质和服务质量、技术等方面提升品牌信誉。例如，戴比尔斯和周大福利用基于区块链技术对钻石从矿场到零售进行系统的溯源，确保出售的钻石来源可靠，体现企业经营的诚信，也增强了消费者对品牌的高度信任。

13.4.3 服务、体验差异化

服务是产品整体中的附加层，与体验紧密相关，贴心、优质的服务往往提升消费体验感，是增强消费体验的重要途径。如今 O2O 模式和新零售模式下，实体店的功能不再只有产品的展示和销售，更多应该转向珠宝服务、购物体验和珠宝文化展示。钻石实体店围绕服务和体验构筑差异化的途径有以下几方面。

1. 钻石饰品可视化展示

包括钻石饰品工艺过程展示和成品的动画渲染展示。在钻石饰品实体店营销中，基于影视新技术，增加如钻石切割、镶嵌等珠宝加工工艺环节的三维可视化展示，提升顾客对钻石饰品生产过程的了解程度，感受加工过程的复杂、考究以及工匠们的精益求精，从而增强对钻石产品的好感度和购买信心；在珠宝门店或公共场所的大显示屏上，将钻饰成品进行高清视频的动画渲染展示，全方位演绎钻石饰品的绚丽多彩，美轮美奂，给人们极强的视觉冲击力和视觉体验，有利于激发人们的消费欲望。根据心理学相关原理，人们会顺势关注所喜欢的钻饰的品牌名字、图标等，从而加深对品牌的印象，有利于形成品牌偏好。

2. 概念体验馆打造

随着网络经济的发展，实体店经营受到巨大冲击，线下实体店与线上销售相结合是把握网络经济带来的机遇、走出实体店经营困境的重要途径。线下实体店相比于线上网店具有体验和服务强的优势，而珠宝特征及珠宝需求特点，决定了消费者特别强调购买过程中的体验和专业性的服务，因而，珠宝企业很有必要通过线下门店优质服务和良好体验推动线上销售。

对于线下门店来说，打造概念体验馆是实现线下珠宝消费者体验的重要方式。那么如何打造呢？一是利用当今高科技手段，将购物、休闲和欣赏融为一体，将珠宝之美、珠宝基本知识通过智能对讲、智能触摸方式供消费者自助调看和欣赏。二是运用智能、互动形式解答消费者选购过程中遇到的问题和关心的话题，提升选购过程中的自助感和轻松感，增强顾客体验。周大福珠宝 2014 年在武汉光谷打造了首家珠宝科技体验店，该体验店使用了当今最新科技手段，店内设有互动橱窗、电子迎宾、互动体验墙及 3D 导购机等电子设备，以智能化设备将珠宝体验和专业服务推向新的高度。三是结合钻石饰品定位营造消费场景体验，若钻石饰品定位与情感相连接，则消费场景营造情感表达的氛围。具有代表性的例子是 DR 为了营造"真爱"定位的情景表达，布置了真爱墙、求婚区、设立真爱博物馆，馆内陈列了 3000 多份真实情侣的 DR 真爱协议以及世界各地语言的"嫁给我"（图 13-3），营销了富有特色的"真爱"体验场景，吸引了无数年轻情侣。四是借用如 3D 打印技术，实现精准个性化定制，在第 12 章黄金营销中提到 3D 打印技术在珠宝模型打印试戴中的运用，这一技术同样适用于钻石饰品，可以在店内开辟"定制工作室"，运用 3D 打印技术，根据顾客个性化需求设计，打印珠宝模型，试戴、调整，直到满意为止，真正实现即时、精准的个性化定制，提升顾客体验感和满意度。

图 13-3　DR 广州北京路店："嫁给我"墙

资料来源：DR 官网 www.darryring.com

13.4.4　渠道差异化

钻石销售渠道包括传统线下实体门店、线上销售及线上+线下的"双模"形式，"双模"形式实质为新零售模式，它是当下被珠宝经营者普遍追逐，也将是未来珠宝行业发展的渠道模式。线下实体门店在"第 10 章　珠宝店面零售"已做介绍，这里简要探讨钻石饰品的线上+线下的"双模"形式，与"双模"形式相关的新零售已在第 11 章分析。这里结合第 11 章知识，来加深对这一部分的理解。

新零售借助线上与线下融合，实现线上和线下优势互补，解决以往在产品供应体系上的信息不对称问题，更好地满足消费需求，提高品牌知名度。线上经营模式相当于 24 小时营业，方便消费者随时、自主地查阅和选购，具有显著的便捷性，但在体验、服务、信任三方面较为欠缺；而线下门店能够提供专业的服务（包括售后）、切身场景体验和信息咨询服务，很好地弥补了线上模式的不足。钻石饰品经营者应尽可能创造条件，调整企业相关资源配置，将线下和线上相结合，实现新零售，使顾客在非专业性选购中出现的问题得到专业性的解答，同时实现佩戴体验，提高消费者对钻石饰品的消费体验感和信任度，从而提升消费者对品牌的好感度。线上模式包括微信模式、App 模式、线上向线下导流、抖音等新媒体模式。

13.5 4H 理论视角下的钻石饰品营销策略

13.5.1 产品策略

从 4H 理论视角来看，产品策略包括提升享乐体验、体现钻石的高价值、彰显钻石的传承和历史。

1. 提升享乐体验

钻石饰品能满足消费者对美化、品位、情感、地位、财富等方面的需求，从而带给消费者享乐体验，因此，享乐体验提升相应从提高钻石饰品对美化、情感、地位、财富、品位等方面的表达入手。

美化功能首先通过款式创新设计来实现。依托当今新科技对天然钻石进行人为干预，来达到想要的美化效果，即钻石的加工美化。例如：用高压、高温使天然钻石中的杂色消失，回复均匀色泽；用激光穿透钻石表面，直达小颗粒使其去除；用充填物将激光穿过并填满留下的裂隙，即裂隙填充加工法。但受当今加工美化技术尚不成熟的限制，加工成本还很高，市场价格随之提升，市场需求规模受限，但仍可作为追求的方向。

情感满足通过钻石饰品切工或外型（梨形、心形、方形等）及品牌来实现。从 14 世纪出现最早的钻石切工——尖琢型刻面，到现代最普遍应用的明亮式切割工艺，人们对钻石极致璀璨的追求从未止步。在钻石切工创新革命的催生下，八心八箭、十心十箭以及 2018 年玛丽莱（Dmallovo）拥有完美火彩的 101 切面"玫瑰花焰"，各种切割工艺不断刷新着钻石的闪耀度，满足人们对爱情无比珍视、追求至上的情感追求。

围绕钻石 4C，提高钻石饰品品质，满足消费者对地位、财富表达的需求，获取成就感和尊贵的享乐体验。

2. 体现钻石的高价值

钻石高价值包括高经济价值、投资收藏价值及社会价值。

高经济价值源于钻石饰品的 4C，提高 4C 级别，以此提升钻石饰品的经济价值。

投资收藏价值。用来投资、收藏本身就意味着高价值，因为收藏级钻石必须达到以下条件：首先，不是碎钻，而是克拉钻。钻石收藏价值与品质有关，30 分以下的米粒型碎钻一般是切割主钻剩下的边角料，多用于镶嵌，只有大块 1 克拉以上的钻石才具有保值增值功能。其次，从国际 4C 标准角度来看，收藏投资的钻石应达到 1 克拉以上、颜色 D 级、净度 VS 以上、切工完美。再次，形状和色彩方面，传统圆钻优于异形钻，因为圆钻在原石切磨时损耗率高达 47%，切磨出最闪亮的钻石后仅剩 53%，而异形钻在切磨完成后克拉重量可保留 55%～60%，故前者原钻成本更高。最后，同等大小纯色钻石，彩钻价格往往高于白钻，因为纯色级彩钻更加稀少。综上所述，达一定 4C 水平的大型、圆形、纯色彩钻是收藏级钻石的标准。显然，达到这样标准的钻石，价值自然不菲，这些标准也成为打造收藏级钻石的依据，收藏级美钻很少在市面上流通，在知名拍卖行才能看到其身影。钻石经营者随时留意收藏投资级钻石，并在门店或店铺首页（若有网上门店）展示其图片和特征信息，提升门店实力和档次，同时吸引投资、收藏爱好者。

如何彰显钻石的社会价值？钻石象征着拥有者令人羡慕的社会身份和地位，这类钻石品质一定上乘、设计独特、品牌知名。例如，卡地亚被冠以社会顶级阶层、超强实力的象征，拥有者也被贴上高社会地位、身份的标签。由此，钻石经营者在提升钻石品质和设计的同时，也应加强钻石品牌建设，提升品牌档次和知名度。

3. 彰显钻石的传承和历史

主要从钻石技艺和文化层面展开。

（1）传承技艺。回顾历史，在发明电灯前，人们在烛光下手工打磨钻石，当时的切割技术不如现在发达，但钻石成品却带有一种独一无二的古典美。例如，俄国女皇叶卡捷琳娜二世皇冠中镶嵌的 4836 颗钻石、英国德文郡家族钻石王冠中的钻石，均有着当时历史背景下独特的美感，那么是否可以像"古法金"一样，利用古代特有的手工工艺打造"古法钻"呢？比如，利用 15 世纪出现的台面切割、16 世纪出现的玫瑰式切割、19 世纪的明亮式切割或钻石转锯、金属盘蘸钻石粉磨削和抛光钻石，来制作承袭古代工艺的钻石产品，也许这是钻石创新的一个方向。

（2）承袭文化。基于文化传承的产品策略就是在已有钻石文化基础上，将钻石文化发扬光大，以此丰富钻石产品，给消费者更多的情感联想。一直以来，钻石的情感消费占据首位，因而钻石产品的设计、宣传也大多由情感出发。在今后，钻石产品文化传承策略中，除了继续传承钻石的情感文化，还应该宣扬钻石所包含的成功文化（男性钻石饰品）、奖赏文化和品位文化（女性钻石饰品）。这些文化将钻石的坚硬和璀璨与人们对事业的执着、不畏艰难，终获闪烁成果相联结；将钻石历经多道雕琢才闪闪发光，与人们历经锤炼才有今天的非凡价值相联结。使成功者阶段性目标达成时萌发以钻石来显现自己成就、自我肯定、自我奖赏的愿望，增强生活和工作的情趣和仪式感。

（3）再现消费历史。其实，最初的钻石并非用来承载情感。在 2800 年前，印度人认为钻石内包含一种驱邪的神奇法力，因而用来辟邪，而并不在乎其闪烁的外表。到了中世纪，钻石被用来象征拥有者的权力和地位，只有皇室、教士以及贵族才可以佩戴钻石，足见钻石的珍贵地位。直到 1947 年戴比尔斯提出 "A diamond is forever"（一颗永流传）广告词后，消费者的钻石消费动机才真正与爱情挂钩，由此开启了戴比尔斯的钻石传奇之路。"钻石恒久远，一颗永流传"中的"永流传"三个字使钻石在大部分人眼中变成了爱情的象征，所以持有者从心底抗拒销售自己持有的钻石，因为销售自己的钻石就等于卖掉了自己的爱情，这也是大部分珠宝商店都明确标出回收黄金首饰却几乎没有标回收钻石的原因。钻石一旦与爱情画上等号，便会受到少女们的热棒，有句调侃的话叫"无钻不嫁"，所以钻石饰品价格居高是钻石产品发展到当前情感消费阶段的集中表现。那么，现今的珠宝经营者们能否从再现钻石消费历史的角度，将初始的驱邪功能和权力/地位象征功能加以宣传和发扬光大，以此开拓新的钻石功能市场呢？能否掀起继"钻石恒久远，一颗永流传"后的又一次消费浪潮呢？

13.5.2　价格策略

基于钻石的 4H 属性展开价格策略，即钻石饰品价格如何反映其享乐价值、传承和历史承载的价值。

1. 基于享乐属性的定价

指根据带给消费者的享乐程度来确定价格，享乐又与需求满足程度有关，满足度越高，享乐度越高，消费者对高溢价的敏感度降低，愿意为之支付更高的价格，此时可以考虑高价策略。

消费者的满足度与场景（消费场景与购买场景）有关，享乐价格也叫场景价格，若消费场景属聚会、宴会、酒会、VIP 会、晚会等公开场合，人们对显示自己的财富、地位、实力、品位等有强烈的心理需求，希望佩戴的钻石饰品引起别人的关注、赞美和羡慕。例如，每届柏林电影节各大明星佩戴耀眼珠宝闪亮登场，在比拼美艳的同时，也炫耀着珠宝的奢华，引来人们的关注。用于这类消费场景的钻饰宜高端，采用高价策略。

对于旅游、逛街、休闲等场景，讲究特色、佩戴便捷、款式新颖，价格实惠，一般定价即可。另有一群消费者，出于心理暗示或心理安慰的需要（比如，消费者因玉能带来吉祥、平安、幸福而佩戴珠宝），这些消费者在意拥有便好，并不在意珠宝本身多贵，因而适宜定低价，且最好价格中含传统吉祥寓意的数字如"6""8""9"。

用于收藏保值场景的珠宝通常品质高、品牌好，适宜定高价。

2. 基于传承和历史属性的定价

以钻石高硬度特性作为立足点，延伸出如情感、执着、成功等诸多寓意。追求美好、吉祥是人们的天性，这为美好事物的高价策略提供了消费心理基础。

基于情感传承。其实大多钻石饰品品牌营销中，已经将钻石所承载的情感力量发挥得淋漓尽致。例如，戴比尔斯的"钻石恒久远，一颗永流传"、通灵的"为下一代珍藏"、I Do 的"真爱承诺"无不反映了对钻石情感传承的充分运用，并且这类情感被渲染得越浓，价格也可以定得越高。因为在人们心目中，价格与情感度可以画等号，这成为商家定价时可利用的一项参考标准。

基于工艺传承。钻石的切割工艺传承也是定价的依据之一，比利时"安特卫普切割"用钻石磨盘，以最佳的反光角度对称加工出钻石的 57 个切面，这种切割工艺备受推崇，沿用至今。通灵珠宝与比利时王室合作，开发了"安特卫普之星"系列产品，将比利时"安特卫普切割"工艺和 550 年的钻石文化加以很好地传承下去，使消费者将通灵珠宝钻石和比利时王室关联起来，增强对通灵珠宝品牌的认可和信任，也提升了通灵珠宝的美誉度。由此，通灵珠宝选择高价策略。

另外，钻石和其他产品一样，品牌溢价明显存在，且与品牌知名度成正比，如戴比尔斯、卡地亚、周大福等，钻石饰品定价更高，溢价也更大。

13.5.3　渠道策略

基于钻石 4H 属性的渠道策略可理解为渠道设计应有利于消费者体验钻石饰品的享乐功能，与高价值相匹配，又能够体现钻石饰品的历史与传承。此外，随着技术发展，基于新媒体的新型渠道也逐渐为钻石饰品企业所运用，被消费者认可和纷纷尝试，有些还成为消费者的惯性购物渠道。

1. 基于钻石 4H 属性的渠道设计

从享乐属性看，渠道设计时应能够渲染钻石饰品的情感表达。例如：DR 实体门店布置的"真爱体验馆"使情侣们在其中真切感受真爱宣誓、承诺的仪式感和神圣感，使钻石饰品情感功能得以升华；如果突显钻石饰品的身份和地位，那么门店整体风格则应高端、奢华，以匹配这类钻石饰品的高大上；另外，钻饰销售场所应该惬意、舒心、亮堂、富有艺术气息，没有压抑、嘈杂和急躁的氛围。

从高价值属性来看，体现艺术方面的高价值，则门店呈现艺术气息。例如，可选择博物馆的销售渠道，让参观者读懂钻石的艺术内涵，把握其中的艺术价值。为了体现钻石饰品的收藏投资高价值，可选择拍卖行、专卖店、古玩交易（线上和线下）市场等渠道，体现钻石饰品的高端。

从传承属性来看，门店风格和店堂摆设要能够烘托钻石的工艺传承和文化传承水平。门店由外而内分别摆放钻石切工史上具有代表性的切工作品，店堂内配合视频滚动播放，增强顾客对切工发展的直观感受；借鉴某些黄金首饰门店人工现场打金的场景，在店堂内设立顾客可参与的钻石模拟切割，包括画线、分割原石（分劈割、锯切、成型）、起瓣、抛光等，动手体验在天然八面体钻石原石上磨出尖、台面切割、玫瑰式切割、明亮式切割等步骤，在传承钻石工艺的同时，增强顾客体验感和娱乐感，提升门店知名度和吸引力；此外，还可以在店堂内张贴或电子屏互动有关钻石文化的传承史。至于线上店铺，可以在店铺首页设置"钻石传承与文化""钻石工艺流程""钻石切割工艺"等栏目。

从历史属性来看，为了体现钻石开始的辟邪历史，还原钻石原先的辟邪功能，不妨选择如少林寺、法门寺、白马寺、关帝寺等知名寺庙，作为高端旅游纪念品来销售。用来显示社会地位和权力的钻石宜首先选择高端品牌的门店，且最好选择线下门店，因为能出入这些高端线下门店，本身就是对外炫耀自己非凡身份的一种途径，同时便于体验专业的高品质服务。目前，新零售的线下+线上模式，让消费者既能广泛、便捷地获取信息，又能够享受专业服务和体验的需求，因而也是高端钻石饰品企业可选的一种销售渠道。

2. 基于新媒体的渠道模式

（1）微信模式。微信功能由简单社交、聊天发展出商务、培训和社群等更多功能。微信对于零售企业发挥三大作用：推广、销售和增强顾客黏性。要充分发挥这三大作用，必须系统研究、科学规划微信模式具体实施途径的组合。例如，微信公众号，除了珠宝企业微信公众号，各门店也有自己的微信公众号，方便顾客获取门店信息，加深门店与顾客间的互动对话，增强顾客黏性。保持公众号的价值和活跃度是公众号的核心，只有如此，才会被人们持久地关注。为此，可以根据目标群体需求确立公众号要体现的整体价值。如何保持活跃度？一是定期更新甚至每天更新动态。二是及时响应顾客所问所想，加强与顾客间的互动。例如，星巴克对"星巴克中国"公众号上用户发送的信息都会及时回复，即使是一个表情符号，即可获得星巴克《自然醒》音乐专辑，获得根据用户心情专门调配的曲目，带给顾客轻松时尚、趣味性高的体验，也体现了星巴克微信公众号的个性化制作。

（2）App 模式。App 作为智能手机上的第三方应用软件，在人们日常生活中应用越来越频繁，似乎成为人们生活的必备工具。App 的应用范围也越来越广泛，已包括效率办公、通信聊天、视频音乐、娱乐消遣、生活实用、摄影美图、新闻阅读、购物优惠、金融理财、旅游出行等。珠宝尤其是钻石饰品，作为人们心目中情感的信物或载体，居于人们心目中"高大上"的位置，很有必要创立一个独立的 App，并赋予恰当的 IP 形象，丰富 App 内容和提供精致在线资讯服务。鉴于珠宝非专业性购买特点，可提供"钻石形成史""钻石文化""钻石历史故事""顶尖级钻石欣赏""个性化 DIY"等栏目，给顾客带去一站式钻石相关信息的了解和欣赏；鉴于钻石之美和人们购买钻石时对实物感观和体验的要求，在 App 中全方位连续展示钻石饰品的各个细节并辅以同步解说，增强消费者对钻石饰品的真实感知和美好感受。同时，借助钻石饰品的 3D 模本，将顾客挑选的钻石饰品佩戴到顾客相应位置，如耳垂、脖子、手指，让消费者在下单之前预览佩戴效果。

（3）线上向线下导流。目的在于通过 O2O 模式为线下实体店导流，这是 O2O 模式的重要实践。美化装饰是珠宝的基本功能，因为消费者对珠宝属非专业性购买，所以眼见为实，亲身佩戴体验是重要环节。而实体门店具有强体验、细服务的比较优势，顾客线上看到的中意饰品，就可以在线下门店进行亲身体验和核实。由此看来，O2O 将线上和线下有机对接，顾客线上选择饰品，线下到店体验后提货，或线上捕捉到感兴趣饰品，到店进行实物感受和亲身体验，从而实现线上为线下导流。

（4）抖音模式。随着购物平台越来越多，像创立早、规模大的平台如淘宝、京东上的竞争也越来越激烈，于是越来越多的商家利用新媒体发展，开展新媒体营销，抖音便是其中使商家趋之若鹜、使消费者尤其年轻群体对之青睐的 App。许多商家利用抖音平台不停地形成了自己的流量池，因而珠宝商也可尝试利用抖音来拓宽产品的销售渠道。例如，湖北省十堰市竹山县于 2020 年下半年，在国际绿松石城建设年销售额 5 亿元人民币的绿松石抖音电商直播基地，并对直播人员进行电商技能培训，目前该基地已开始运营，"竹山绿松石"整体销量呈直线上升，部分主播日销已过百单，总日销绿松石工艺品达 1800 余单，销售额达 30 万元人民币。为了区别于其他珠宝商抖音，商家在创建抖音账号时要展现自己的个性差异。例如，抖音账号和头像既要符合钻石饰品定位，又要有个性特色，还要每天拍摄有原创的、备受消费者青睐的钻石饰品视频，这样才能带来持久的流量。

13.5.4 促销策略

1. 基于钻石 4H 属性的广告策略

钻石广告主题可定位于钻石的享乐情感、成功和品位象征、个性表达或钻石历史与传承等。戴比尔斯和 DR、I Do 广告语均定位情感；卡地亚的"美丽，由自己掌握；美梦，由自己实现"则折射出人们对梦想的追求似钻石般坚定、执着；金嘉利钻石"她历经百年而神采依旧"借钻石悠久和神秘的历史表达所爱的人永远风姿绰约；而"绕指柔情，代代相传"则表达钻石的传承价值。其实，4H 的各个属性均可作为广告诉求的切入点（表 13-2）。

表 13-2 基于 4H 属性的钻饰广告语（部分）

4H 属性	广 告 语
享乐	经典一颗，唯有钻饰；有爱、有钻、有真情；海枯石烂钻不变！十指紧扣钻相随；不变的爱，永恒的钻；钻石恒久远，一颗永流传；真爱礼物，一生只送一人；有我有世界
高价值	尚品奢华，璀璨一生；优雅新贵，钻定一生；时尚经典，优雅传世；恒久时尚，一生有钻；钻铸时尚，品味优雅；幸福女人，钻石人生
传承	绕指柔情，代代相传
历史	万年等待（以钻石经历地下漫长的形成过程来形容真爱的孕育过程）/灵动光彩（钻石光和色彩特征形容真爱光芒），凝聚真爱；真心如钻（钻石高硬度形容爱的坚定、长久），一世牵绊；岁月无痕 真爱无瑕（钻石晶莹剔透）；她历经百年而神采依旧（形容钻石漫长形成史及光芒永驻）

2. 基于 4H 属性的营业推广

面向终端消费者的传统营业推广方式包括赠送（样品或试用品）、折价券、包装促销、抽奖促销、现场演示、联合推广、参与促销。对于钻石饰品来说，包装促销、抽奖促销、现场演示促销、参与促销等比较符合钻石饰品特征。

钻石饰品的包装促销：自从将钻石与爱情联系在一起，就掀起了"无钻不嫁"的心理定势，因此，无论怎样也要创造条件拥有钻戒的爱情信物，并且从以前的女单戒到现在男女对戒。适应这种钻戒消费风向标的变化，珠宝商家采用了男女戒指组合包装策略，一方面体现包装本身所传达的"我俩永不分离"的象征寓意，满足顾客情感上的享乐和满足；另一方面组合包装为价格折扣提供了更大的空间，让利消费者，促进钻戒销售。

钻石饰品的抽奖促销：根据顾客的实际需要，可考虑与婚纱影社、鲜花店、婚庆公司等结婚中涉及的店铺合作，顾客购买钻石饰品后可获得这些合作店铺的代金券或优惠券，使顾客在得到爱情信物后，还可继续享受代金券或优惠券使用时所带来的结婚其他环节中情感的满足，构成结婚套餐。当然，所合作的婚纱影社、鲜花店、婚庆公司要有一定的档次，体现顾客的身份和地位，同时带给顾客高价值的情感体验。

钻石饰品的现场演示促销：将手模队引进门店，尽情展示各款钻石饰品之独特美和文化内涵，强化顾客购买欲；同时，展示中配以专业的讲解，重点向顾客传递本店珠宝的创新设计，为顾客提供独特元素、基于独一无二设计的钻石饰品，在顾客心目中建立起"限量版"意识，为防止"错失良机"而可能转化为现实购买行为。

钻石饰品的参与促销：这种方式意在通过亲身参与，增强体验感而激发顾客"想拥有珠宝产品本身"的感觉，所以其实质是体验式促销。DR 将顾客的参与促销发挥得淋漓尽致，设置真爱体验馆场景，让情侣在其中表达爱的承诺和许诺，整个氛围恰似婚礼现场的爱的表白和宣誓，再加上"男士一生仅能定制一枚 DR"的限量式购买理念的营造，在双方笃定对方就是真爱的情况下，情侣们十分希望能通过这样浪漫的体验方式来购买信物，这正是 DR 在短短几年来备受情侣们青睐，已在珠宝界小有名气的重要原因之一。为了答谢购买者、参与者，密切与顾客的关系，加深顾客对门店的印象，可对购买者、参与者赠送相关礼品，赠送的礼品一定要精致实用，又富有情调，如鲜花、创意请柬、男女毛绒布偶娃娃等，可延伸婚礼的浪漫情调，让情侣们感觉更加温馨。

3. 基于 4H 属性的公共关系

公关促销作为企业的一种促销方式，与其他三类促销方式不同，它并非直接推销某个具体产品，而是旨在利用公共关系的维护和宣传，展示品牌形象，使公众对企业有充分了解，密切与公众的关系，扩大企业的知名度、信誉度、美誉度，为企业营造一个和谐、亲善、友好的营销环境，从而间接地促进产品销售。结合 4H 属性，珠宝企业应主要通过宣传钻石的文化、历史、传承及其与环保的关系，增强人们对钻石的了解，提升企业在公众心目中的良好印象，如公益印象、环保责任意识形象等。

（1）讲述钻石历史故事，树立公众好感度。钻石有着悠久、神秘的历史，企业应以多元形式（如微电影、电子书、展览馆）讲述这些历史，普及公众对这一大自然馈赠珍品的了解，进而对钻石产生情感和渴望，同时提升企业知名度。世界知名品牌卡地亚发布全新钻石系列微电影《Diamonds》，展现钻石令人无法抵挡的超凡魔力，辅以重新编排的《钻石是女人最好的朋友》歌曲，全片氛围欢快雀跃，以现代场景巧妙展现出风情万种的女性佩戴卡地亚钻石时的愉悦心情，卡地亚经典标志猎豹不时出现，更强化了该品牌在公众心目中的印象；此外，剧中主角凯伦·埃尔森不仅才华出众、事业有成，还致力于贡献个人力量，担任"救助儿童会"（Save the Children）及公益宣传项目 "No Child Born to Die" 的形象大使，凯伦的亲民形象为该剧的公益性加分不少，使卡地亚的公众好感度锦上添花。

（2）营造独特"空间"，拉近与公众的距离。营造独特"空间"，带给公众艺术感受和高雅意境，方式上可向高格调、娱乐化靠拢，增强活动对公众的吸引力，拉近与公众的距离。年度艺术权力榜被誉为艺术界的"奥斯卡"，I Do 早在 2018 年就以"I Do | 洹艺术生活空间"入选这一榜单，是唯一入选该年度榜单的商业品牌。I Do 艺术生活空间

在带给人们美好享受和思考的同时，也带给人们艺术上、灵魂上的启迪。拉近艺术与社会公众的距离，带给人们精神上的满足。例如，周大福定期举行高级 vip 秘密沟通会，通过传播企业的使命、愿景、创新思维，使公众感受企业的追求和成长的活力，增强公众对品牌的美誉度和信任度，密切与公众的关系。

本章小结

本章主要内容包括钻石首饰特征、钻石饰品消费者画像及需求特征、钻石饰品市场细分、目标市场选择和差异化塑造以及基于 4H 理论的 4P 营销策略。

本章从钻石包括克拉重量、净度、色泽、切工在内的"4C"标准入手，对钻石的首饰特征进行了初步介绍。除此外，本章还结合第 3 章的 4H 理论，解读了钻石的 4H 属性。在对钻石的首饰特征进行了解的基础上，从年龄结构、性别结构和地域结构角度刻画消费者画像，明确了钻石首饰消费者两大需求特征，即婚嫁需求和包括情感消费、悦己消费在内的非婚嫁需求。

根据"3.2　基于 4H 理论的 STP 理论"，结合钻石饰品特征，分析了钻石饰品的市场细分及目标市场选择。除了依据传统的细分要素（地理、人口、行为、心理等），还依据 4H 属性展开细分。接着，探讨了完全覆盖市场、市场集中化、有选择的专门化、产品专门化和市场专门化五种钻石饰品的目标市场选择模式。

在市场细分和目标市场选择基础上，从 4H 理论视角阐释了产品差异化，品牌差异化，服务、体验差异化和渠道差异化，重点探讨了产品差异化和品牌差异化，指出从 4H 理论视角下的产品策略是如何提升钻石饰品的享乐价值、体现高价值、彰显传承及再现历史的，提出在重视情感元素同时，关注钻石对社会地位和身份的象征意义、对成功和品位表征，回顾钻石开始时的辟邪功能，来拓宽产品创新空间；渠道策略除了从 4H 属性的角度设计渠道，还探讨了基于新媒体的渠道模式，包括微信模式、App 模式、线上向线下导流及抖音模式。

即测即练

自学自测　扫描此码

思考题

1. 钻石的 4H 属性如何体现？
2. 从 4H 属性角度，钻石首饰市场应如何细分？

3. 钻石首饰的差异化途径？

4. 如何将 4H 属性结合到钻石促销策略中？

5. 钻石饰品消费者需求有哪些特征？

案例讨论

"A diamond is forever"

"A diamond is forever" 作为 20 世纪最为经典的广告语，如同一次爱情核爆炸，响彻全球。其中所传达的钻石文化理念至今仍渗透在每对即将步入婚姻殿堂的新人的脑海中。这句广告词出自全球最大、历史最悠久的钻石矿业公司——戴比尔斯。

1938 年，第二代戴比尔斯的领导人哈里（Harry）亲赴美国，拜访了一家叫作艾耶（Ayer）的美国广告公司，而后达成合作关系。戴比尔斯与艾耶的合作目的只有一个——打开美国市场。为了打开美国市场，合作双方采取了一系列策略。首先，艾耶聘请了一大批小说作家和写手，让他们编各种浪漫故事，剧情不重要，最重要的是，故事中一定要有一个情节：男女主角终成眷属，男主角把钻石戒指作为定情信物送给了女主角。其次，戴比尔斯不断赞助给美国的明星、名媛们钻戒，只有一个要求：让明星、名媛用钻戒来求婚，或者当众展示钻戒，然后通过媒体宣传，吸引更多人关注钻石。最后，艾耶派遣了数量众多的讲师，深入美国各大高中和学生团体，尤其女生团体，进行宣讲，内容只围绕一条——钻石是爱情的象征，钻石是不可或缺的定情信物。戴比尔斯和艾耶的上述措施，目的只有一个——把钻石从单纯的珠宝变成爱情的必需品，变成爱情的见证者。

在中国，戴比尔斯的营销同样成功，1990 年戴比尔斯在香港的文学鬼才黄霑的帮助下，将 "A diamond is forever" 翻译为 "钻石恒久远，一颗永流传"。从这句话进入中国起，钻石文化便在中国爆发式传播，被人们广泛接受，中国人婚庆佩戴黄金、翡翠的传统习俗在短短数十年间有了很大变化，而钻戒成为承载两人爱情最美好的物件。

资料来源：星星生活. 钻石背后的故事：历史上最成功的营销案例[EB/OL].(2018-03-22) [2021-10-05]. https://newstar.superlife.ca/2018/03/22/.

讨论题：

1. 戴比尔斯在营销过程中选择的目标市场包括哪些？

2. 分析戴比尔斯的市场定位。

3. 解读戴比尔斯钻石的 4H 属性。

案例分析思路

第 14 章

彩色宝石营销

本章学习目标：

1. 了解彩色宝石分类。
2. 掌握彩色宝石市场细分、选择、定位及营销组合战略。
3. 掌握基于 4H 理论的彩色宝石营销。

关键术语：

彩色宝石（colored stones）；营销；奢侈品（luxury market）；文化（culture）

引导案例：

ENZO 故宫主题助力开启红运新一年

2020 年春节期间，ENZO 以"故宫"为主题，从标志性的红色宫墙汲取灵感，在全国多地推出故宫主题限时店，店铺以代表故宫和新年的红色为主要基调，将故宫宫廷文化与 ENZO 携手打造的合作系列元素——如意、海棠、香囊、福禄设计融入在店铺的每个细节中，以全新的面貌为大家迎来崭新的一年。

店中的彩色墙面图案由"海棠纹"交错而成，地面花纹则沿用了经典的"如意"纹样，玻璃窗贴将"香囊"化身新年灯笼，饰以绽放的海棠和如意祥云，描绘出一份锦绣吉祥的春节美景，寓示着对新的一年"花开富贵、如意吉祥"的美好憧憬。

全新推出的故宫宫廷文化× ENZO 福禄系列珠宝在这一季，无疑是店内最应景也最时髦的送礼之选。葫芦形体优美，色黄如金，因其谐音为"福禄"，自古便被视为吉祥的象征。"福"是和谐幸福，代表的是家庭的平安喜乐；"禄"是加官进禄，代表的是仕途的平顺安稳。此系列以故宫博物院典藏珍品"大吉"葫芦摆件为设计灵感，选用母贝、玛瑙、孔雀石等天然宝石打造葫芦的优雅轮廓，产品正下方点缀一颗天然宝石，象征葫芦多子多福的祝愿，同时还在葫芦的背面增加了 ENZO 经典的如意图案，在福禄之上又增加了对吉祥如意的美好企盼，传递新的一年对"福禄吉祥"的美好向往。

资料来源：https://fashion.ifeng.com/c/7sizZgEHrWP.有删改

　　彩色宝石种类众多，且在国际市场上非常流行。我国彩色宝石市场处于起步阶段，人们对彩色宝石的认知水平并不高。沿海经济发达地区和一线城市的消费者最先了解彩色宝石，逐渐消费彩色宝石。彩色宝石营销最大的难点就是人们对其认识水平低，难以有效地开展营销活动。随着经济发展，企业家们认识到彩色宝石在我国的发展潜力并在这一领域开始探索开展彩色宝石营销活动的方式。彩色宝石作为宝石家族的成员，主要满足的是人们审美和装饰自己的需求；同时，一些名贵的彩色宝石逐渐进入人们的视野，成为投资、保值增值的理财产品。4H 理论表明，彩色宝石同样具有享乐、高价值、历史和传承特征，营销人员应从这四个要素充分地挖掘题材，做好彩色宝石营销并开拓市场前景。

14.1　彩色宝石市场概述

　　新冠肺炎疫情突然暴发给世界经济带来了严重冲击，全球贸易活动陷入停滞。为了响应加快构建以国内大循环为主体、国内国际双循环相互促进的新发展格局的战略举措，满足人民日益增长的美好生活需要，珠宝商品迎来了新一轮的消费高峰期。国家统计局数据显示，2021 年前三季度限额以上的单位，金银珠宝的销售总额 2246 亿元人民币，同比增长 41.6%，增幅位列于社会消费品首位，表明了广大人民群众对于珠宝的消费意愿正在不断地提升，但彩色宝石在中国珠宝市场份额仅为 5%，远远低于黄金、钻石和玉石等品类，近年随着消费者人均可支配收入的不断增加和彩宝知识的普及程度不断提高，彩宝消费群体不断扩大，彩色宝石发展前景看好。尽管市场发展势头较好，但彩色宝石在中国珠宝产业中的影响力仍有待提高。

14.1.1　彩色宝石市场概况

　　我国彩色宝石市场开始于 20 世纪 90 年代，在沿海和内陆一线城市兴起。随着经济发展，彩色宝石逐渐传入内地，并越来越受到大众的喜爱。国际上将钻石以外的其他宝石统称为彩色宝石，彩色宝石品种丰富，但是与钻石相比，彩色宝石的知名度和普及率并不高。知名的彩色宝石品种有蓝宝石、红宝石、祖母绿、碧玺、石榴石、水晶和珍珠等，消费者对这些宝石的认知程度相对不高，企业需要通过宣传和引导，让更多人们接受和偏好彩色宝石。

　　我国拥有世界上最有潜力的彩色宝石消费市场，人们购买力趋势逐年上升。我国彩色宝石以进口为主，哥伦比亚、斯里兰卡、缅甸、泰国、马达加斯加、巴西、印度等是进口彩色宝石的主要来源国。高档红宝石、蓝宝石、祖母绿等传统彩色宝石是消费的主流产品，但这些宝石价格昂贵，相对便宜的碧玺受到消费者青睐。历史上我国有着彩色宝石的消费文化，清朝慈禧太后钟爱西瓜碧玺，这也成为后世消费碧玺的重要原因。

彩色宝石的产地对其价格影响很大，缅甸红宝石、哥伦比亚祖母绿都因产地而闻名，价格也比较高。一些国际鉴定机构在宝石证书上，提供了产地鉴定说明。随着莫桑比克红宝石的发现，由于其颜色媲美缅甸红宝石且价格较低，近些年开始受到消费者欢迎。低价宝石替代效应非常常见，坦桑石外观酷似蓝宝石，因而成为蓝宝石的替代消费品。当彩色宝石出现供应短缺或者价格过高的时候，消费者就会选择替代品消费。

彩色宝石销售渠道有很多种，国际品牌专卖店、拍卖市场、传统店面、网络都是彩色宝石营销的渠道。高端彩色宝石市场主要由国际奢侈品品牌占领，蒂芙尼、宝格丽、卡地亚、迪奥、梵克雅宝等一线品牌彩色宝石产品受到时尚人士青睐。奢侈品企业拥有知名设计师、产品研发团队、品牌运营队伍，管理具有成熟的经验。有一些高端宝石通过拍卖行进入市场，竞品售价是行业风向标，影响到当年彩色宝石行情。传统的柜台销售是彩色宝石不可或缺的渠道，其主要优势在于能够近距离接触消费者，销售员可以直接搜集市场需求信息。随着新零售的兴起，网络销售平台成为彩色宝石重要的营销渠道。线上营销的关键是与消费者建立信任关系，具有线下门店的企业更容易建立消费者信心。

彩色宝石和时尚密切相关，颜色、款式、搭配和个性化设计等要素构成产品的卖点。研究显示，中国消费者受到传统的影响，在选择彩色宝石的时候偏爱蓝、红和绿色的宝石，因此蓝宝石、红宝石、祖母绿在国内市场非常受欢迎。彩色宝石与人们生活的关系越来越紧密，不同的彩色宝石可以满足不同的佩戴场合、个人心情和社交环境。颜色、款式、档次不同的彩色宝石，都能够找到相应的使用场景；同时，彩色宝石首饰设计新颖，受到时尚人士的欢迎。

14.1.2　彩色宝石市场分类

1. 消费市场

彩色宝石消费市场较大，消费的宝石种类很多，最常见的宝石有水晶、欧泊、橄榄石、海蓝宝石、坦桑石、摩根石、月光石、日光石、石榴石、托帕石、葡萄石、青金石、玛瑙、碧玺、琥珀、尖晶石、金绿宝石、锂辉石等，这些宝石价格较低，颜色丰富多彩，非常适合大众消费。彩色宝石大多具有玻璃光泽，晶莹剔透，惹人喜爱容易引发消费兴趣。

琥珀、玛瑙是中国传统消费的宝石。《中华诗词鉴赏》中含有玛瑙的诗句有 78 首，佛教中玛瑙是七宝之一。琥珀在古代诗词中也多有出现。例如，唐代韦应物写了《咏琥珀》，李白《白头吟》就有"且留琥珀枕"的诗句，李商隐《咏史》中写道"何须琥珀枕"，古代人对琥珀早就非常熟悉。

彩色宝石最吸引消费者的是颜色，自然界的基本颜色在彩色宝石中都能够找得到。彩色宝石颜色丰富多样，亮度和饱和度千差万别，内含物产生的多种光学现象，都对消费者产生强烈的吸引力。消费者市场的活跃带动了彩宝行业上游的发展，设计师们利用彩色宝石这个载体创造出绚烂多彩的作品。不同颜色、不同色调、不同形状、不同风格的彩色宝石，都能够创造出富有灵感的作品。

彩色宝石首饰是宝石与贵金属的组合，时尚灵动的造型吸引了各个阶层目光，每年国际高端珠宝品牌推出新款设计，在公司品牌管理团队运营下，推广到全世界各个主要城市。彩色首饰给大众带来享乐价值、高价值、历史价值和传承价值，满足了消费者不同的偏好，为企业带来丰厚的利润。

我国的珠宝消费市场中，彩色宝石消费占比份额不高。彩色宝石的营销需要企业大力推广，提升消费者对彩色宝石的认知程度。彩色宝石种类比较多，但缺乏如钻石的标准体系，因此很难产生规模化效应。此外，彩色宝石供应体系不健全，货源的稳定性和可靠性都没有保障，这些状况都会增加企业推广彩宝的难度。

2. 彩色宝石投资与收藏市场

品质等级较高的彩色宝石是投资市场的重要标的，具有保值和升值性质。红宝石、蓝宝石、祖母绿、金绿宝石在市场上比较受欢迎，知名度较高；这些宝石的性质也很好，硬度高、化学性质稳定、有历史文化内涵，作为投资产品容易在市场上流通和变现，且价值不菲。例如，洛克菲勒蓝宝石拍卖成交价达 303 万美元（图 14-1）。颗粒较大、颜色较好的宝石在市场上的价格也较高，是高价值投资的主要选择。随着普通大众的投资需求增加，一些价值较低的宝石也可以作为投资标的。尖晶石、海蓝宝、摩根石、碧玺、钙铝榴石、红柱石、葡萄石等宝石，这些宝石物理化学性质比红宝石、蓝宝石要低一些，知名度也略低，因此历来被人们看作"半宝石"，价格较低。此外，有些宝石的颜色会因为物理、化学性质不稳定，在一定条件下产生褪色的现象，也导致市场上接受度不高。但是随着投资市场

图 14-1　洛克菲勒蓝宝石

的扩张，高档、中档彩色宝石都成了人们投资的新宠，也预示了彩色宝石在市场上的巨大的潜力。

彩色宝石家族中有些宝石的品种比较稀有，收藏者是这类宝石的主要消费者。例如，赛黄晶、符山石、蓝锥矿、榍石、塔菲石、蓝晶石、异极矿，这些宝石在自然界中存量较少，消费者对其认知度不高。购买这类宝石的消费者主要是了解相关知识的专家，宝石的稀少性、独特性和品质是吸引这类消费者的主要因素。

矿物晶体是一个独特的市场，产品主要是自然产出未经人工加工的天然晶体（图 14-2）。矿物晶体受到内部元素和结构的影响，具有独特的外观和物理化学性质。自然界适合晶体生长的环境充满随机性，很难形成完美的晶型或者较大的晶体，因此，晶体的晶型完整性、造型美观性、个体的大小、特殊的现象等要素，就形成了矿物晶体的

价值。矿物晶体的市场是彩色宝石市场中非常独特的市场，消费者大多是专业人士或者是热爱大自然的人。矿物晶体经过打磨就是彩色宝石，除做成佩戴的珠宝外，还可以做成各种工艺品（图 14-3、图 14-4）。

图 14-2　湖南郴州矿物珠宝展上的菱锰矿晶体

图 14-3　彩色宝石晶体雕件

图 14-4　紫晶洞

14.1.3　彩色宝石市场特征

彩色宝石市场是一个充满机遇的市场，随着人们认知的提升，这个市场会有更大的发展前景。

第一，彩色宝石品种丰富，色彩丰富。彩色宝石的颜色是区别于钻石的重要特征，自然界光谱中的颜色都可以在彩色宝石中找到。彩色宝石能够以丰富色彩满足消费者审美需求，给珠宝行业带来新的灵感和产品创新。

第二，彩色宝石文化丰富，亟待人们深入挖掘。各种宝石在不同文化中的象征意义多种多样，具有了丰富的文化内涵。不同国家和民族都有悠久的宝石文化，为彩色宝石的推广提供了深厚的文化基础。全球化的条件下，彩色宝石作为文化交流的代表物，能够丰富人们的生活，同时给人们带来异域文化，为文化交融创造出前所未有的机遇。无论是已经形成共识的大众文化，还是独特的小众文化，都能够给消费者对彩色宝石个性化消费带来新的选择。

第三，彩色宝石价格范围广泛，能满足不同类型消费者需求。彩色宝石档次高低决定了其价格，高档宝石在高端消费市场受到欢迎，中、低档宝石可以满足大众的消费需求。消费者可以根据自身情况，选择适合自己消费水平和偏好的彩色宝石，形成不同的细分市场。

以红宝石、蓝宝石和祖母绿为代表的高档彩色宝石品类，仍是市场的消费热点，消费需求有增无减。新冠肺炎疫情期间，上游供应链受到影响，导致产能下滑，推动了国内高端彩色宝石价格持续上涨。受其影响，2021 年高品质的祖母绿、红宝石和帕拉伊巴碧玺等品类价格涨幅较大，较疫情前增长了 30%～40%，高品质的蓝宝石保持年均 20%的增幅。

中档彩色宝石种类较多，市场表现呈现出不同的个性特点。碧玺、坦桑石、月光石等品类过去是热销品，也产生大量库存，导致上游市场销售量持续下滑，交易处于长期低迷状态。价格较低的宝石，如海蓝宝、尖晶石、芬达石和摩根石等品种，在疫情后年迎来了市场消费热潮。高品质的尖晶石价格上涨 30%，海蓝宝、摩根石、芬达石等中档珠宝也得到了市场关注，价格也有了显著增长。

低档宝石在直播电商等数字化营销模式的带动下，以其价格低廉、款式多变、搭配丰富等特点，获得了三四线消费群体的关注，但由于低档彩色宝石品类繁多，企业规模较小，市场推广无法聚集，价格战仍是低档彩色宝石保持市场的主要竞争手段。

第四，彩色宝石市场的生产主体多样化。国际上奢侈品珠宝品牌有彩色宝石产品线，是高档彩色宝石珠宝的创造者。它们凭借自身的品牌影响力，提升了消费者对彩色宝石的认知度，开创了奢侈品市场。这些企业的努力，也带动了中、低档宝石的消费。经营彩色宝石的传统中小企业紧随其后，不断推出价格较低、款式新颖、时尚性较强的彩色宝石产品。彩色宝石生产主体呈现多样化态势，各自发挥优势，共同推进彩色宝石在珠宝市场中的影响力。

第五，互联网技术有利于彩色宝石推广。彩色宝石在直播电商的带动下，实现了较快的市场推广。彩色宝石是直播电商的重要出售产品，借助互联网上信息传递直接、产品展示多方位、立体化的特征，彩色宝石商家与消费者之间距离拉近，促进了产品的传播与销售。同时彩色宝石天然的颜色、自然成因和丰富的文化，使其成为小红书、哔哩哔哩等内容社区中受消费者关注的珠宝产品。越来越多的年轻消费群体逐渐认识彩色宝石，形成了彩色宝石的消费理念。

14.2　彩色宝石基于 4H 理论的营销

彩色宝石消费是人们追求精神文化生活的方式之一，是物质文明和精神文明发展的必然现象。早在远古时期，人类祖先就开始用兽骨、贝壳装饰自己的身体，用来愉悦身心或者取悦异性。对美好事物的追求是人们与生俱来的本性，是人类自我实现的重要手段。对彩色宝石的热爱也是源于人们对美好事物的追求，是内在冲动的外化行为。

14.2.1 彩色宝石基于享乐属性的营销

1. 彩色宝石的享乐要素

彩色宝石外观瑰丽，是大自然赐予人类的美好事物。自然界中发现 3000 多种矿物，能够用来制作宝石饰品的种类不过 200 余种。即便是同一个宝石品种，也不是所有宝石都可以做首饰，刚玉中净度高、颜色好、颗粒达到一定程度的宝石能够成为珍贵的宝石，而不透明、杂质多、颜色差的刚玉只能用于工业磨料。彩色宝石首饰用的宝石具有较好的宝石性质，颜色鲜艳、均匀、纯正，透明度高、干净、硬度高、物理化学性质稳定、重量达到一定水平，能够经得起加工，而且产量较为稳定。不能满足这些条件的彩色宝石，就不能成为市场所接受的宝石材料。

消费者购买彩色宝石是为了满足对美追求心理，从消费中享受到乐趣。彩色宝石的宝石性质，符合消费者的预期，满足人们的消费需求主张。

（1）彩色宝石有丰富的颜色。彩色宝石的颜色分布在整个光谱的谱系，红、橙、黄、绿、蓝、紫、黑都有相应的宝石。颜色明度、饱和度、色调的差异，更让彩色宝石呈现出五彩缤纷的外观，非常容易引发消费者的欲望。

（2）彩色宝石有特别的内含物。彩色宝石独特的内含物，也同样令人着迷。例如，晶莹剔透的水晶里面生长出一条条丝线，经过宝石学家鉴定内含物是金红石针，这样的水晶被称为发晶（图 14-5）。

图 14-5　发晶

（3）彩色宝石净度高。净度是评判彩色宝石是否美丽的重要因素，晶莹剔透的石头能够激发人们无限的联想和对美好事物的向往（图 14-6）。白色水晶最吸引人的点就是它的透明和纯净，且白色水晶的价格不高，拥有广泛的顾客群体。在其他条件相同的情况下，干净无瑕疵的宝石要比有包裹体的宝石价值高。以蓝宝石为例，在颜色相同的情况下，内部干净、均匀无瑕疵的蓝宝石非常稀有，价格也很高（图 14-7）。

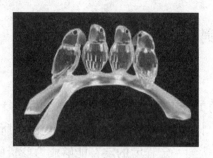

图 14-6　水晶鹦鹉

图 14-7　内部干净的蓝宝石

图 14-8　切割完美的
红宝石亮度较高

（4）彩色宝石的亮度。人们喜爱亮闪闪的事物，同样，彩色宝石的亮度也是其品质的体现。亮度较高的彩色宝石需要有较高的折射率，并且后期加工中切割、抛光工艺都要达到很高水平才能实现。钻石的光泽最亮，在宝石中是王者。彩色宝石中刚玉的光泽度较高，其他宝石会呈现出玻璃光泽。较高的光泽让宝石外表光彩夺目，具有摄人心魄的效果（图 14-8）。

（5）彩色宝石有美丽的花纹。彩色宝石美丽的花纹是消费者关注重要特征，常常作为营销的卖点展现出来。例如：琥珀蜜蜡中有似云团状的结构，得到了市场上消费者的竞相追逐；玛瑙中美丽条纹是天然形成的，如同自然界的鬼斧神工，让消费者十分着迷（图 14-9）。

（6）彩色宝石有独特的光学现象。含有独特光学现象的彩色宝石，在市场上备受欢迎。星光效应是彩色宝石的独特效果，当宝石内含物定向排列时，经过特殊的加工工艺就会形成星光效应。缅甸产红宝石的星光效应非常有名气，价格也比较高，在市场上非常受追捧（图 14-10）。

（7）彩色宝石文化内涵。彩色宝石丰富的文化内涵能带给消费者独特的享受，消费者因文化象征意义而消费这类宝石。橄榄石是一种自地球深部产出的绿色宝石，在一些文化中它代表着生机与活力。消费者认为彩色宝石能够带来精神慰藉，产生愉悦的文化消费体验（图 14-11）。

图 14-9　玛瑙中美丽的花纹

图 14-10　缅甸星光红宝石

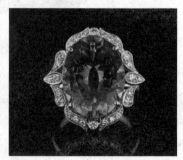

图 14-11　橄榄石戒指

2. 彩色宝石的享乐需求

彩色宝石的外观、文化都能够给消费者带来享乐的体验。不同文化背景的人对宝石颜色的心理体验存在差异。例如，黄色在佛教中广泛存在，因此黄色的宝石在信仰佛教的国家很受欢迎，但在伊斯兰教国家却不怎么受到欢迎。

消费者不仅从宝石颜色中获得消费乐趣，还会从彩色宝石的内含物、花纹、透明度、特殊光学现象等方面获得心理满足感。一些宝石命名就包含了颜色特征的描述词汇，如青金石、海蓝宝石、祖母绿、翡翠、白玉、黄水晶、西瓜碧玺。消费者购买祖母绿，看中的就是绿色；星光蓝宝石，欣赏的就是神秘的星光。这些特征是消费者享乐需求的内容，且决定了宝石的价值和商品特征。

彩色宝石做成首饰成品，款式也会影响消费者的购买需求。首饰设计是根据宝石材质，结合市场潮流元素以及设计师和品牌企业的创意，制作出形态各异珠宝首饰。享乐除了来自宝石本身，还来自文化性、时尚性、趣味性、适用性等多种性质。

3. 彩色宝石的享乐营销策略

消费者感知彩色宝石之美丽主要来自光源、彩色宝石首饰、眼睛和大脑四个要素，因此，彩色宝石营销主要从这四个要素着手，围绕消费者享乐体验设计营销策略。

（1）彩色宝石光源效果。颜色是由于光到达宝石，产生选择性吸收后剩余未被吸收的光折射或透射后形成的现象。光源对于彩色宝石呈现的颜色具有重要的影响。商家根据宝石种类选择入射光源，突出显示彩色宝石的美学特征，刺激消费者的购买欲望。企业展示彩色宝石，更应考虑光的作用。国际上著名品牌珠宝公司，在产品陈列时都会非常注意光的运用，营造良好的氛围。变色的宝石在营销展示的时候，必须采用不同的灯光分别进行照射，完美呈现出不同的体色（图14-12）。

图 14-12 亚历山大变石在不同光源下呈现不同体色

（2）彩色宝石品质营销。宝石体色是宝石美丽颜色的源头，颜色等级越高的宝石带来的享乐满足感越强。色相、明度、饱和度构成彩色宝石的颜色，三个要素的合理搭配能够产生最赏心悦目的彩色宝石。顶级的颜色会产生美感，显著提升彩宝价值，蓝宝石中的矢车菊蓝、红宝石的鸽血红、祖母绿的沃顿绿和翡翠的帝王绿等都是彩色宝石中的顶级颜色。从色彩学角度看，之所以会有顶级的颜色，是因为这种颜色的饱和度适中、明度适当、色相纯正。颜色没有偏色现象，明暗度既不会太高显得颜色白，也不会很低显得颜色偏暗，饱和度过高会让颜色偏浓而暗，低饱和度会让颜色过于平淡，因此过高和过低的饱和度都会让宝石缺乏美感。颜色美丽的宝石非常稀少，因而更能够满足消费者的享乐需求，市场价值和受欢迎程度也会更高。

（3）彩色宝石识别营销。彩色宝石的颜色通过眼睛识别，企业向消费者推荐宝石的时候，要注意让消费者裸眼查看珠宝首饰，避免墨镜等有色眼镜对彩色宝石颜色识别造成影响。

（4）彩色宝石认知营销。消费者的大脑是色彩感知的中枢，脑神经活动使消费者产生不同的心理状态。人的色彩认知受到成长环境、文化背景的影响。我国人对于红色、黄色等都有较好的认知偏好：红色代表红红火火，象征着生活富足和充满活力，家家户户贴上红色对联，挂上大红灯笼，昭示着红色对于中华民族的特殊意义；黄色是色彩最亮的颜色，在传统社会中是皇家的颜色，代表最高权力和财富，我国居民选择黄色作为吉祥颜色，是民族特色的具体表现。彩色宝石的内含物、光学现象等特征，都会非常吸引人，企业可以赋予这些现象以文化寓意，让人们产生彩色宝石消费的感官体验。

14.2.2　彩色宝石基于高价值属性的营销

1. 彩色宝石高价值特征

彩色宝石高价值特征是彩宝营销中常用的依据之一。彩色宝石本身特征是高价值的重要来源，颜色、净度、大小、切工等要素使宝石本身具有稀有性。颜色对价格的影响占到宝石价格的 50%～80%，因此，世界上一些著名的宝石实验室，对彩色宝石的颜色进行了分级。美国 GIA 对彩色宝石色彩进行了系统性分析，开发了颜色分级系统 GemSet。GemSet 的颜色样标由 31 种色彩组成，每个色彩分为 7 级别的明度和 6 个级别的饱和度，形成了 324 个颜色样标组成的系统。通过把宝石与样标进行对比来确定彩色宝石的颜色。

卡地亚设计的一款红宝石为主石的首饰，在拍卖会上以 78.25 万美元成交。这件作品是由每边 3 颗垫形琢型的红宝石，配上钻石和 18K 金打造的耳坠。红色宝石来自盛产高质量宝石的缅甸产区，GIA 宝石实验室为宝石出具证书。

彩色宝石的高价值还来自制造者，设计师、品牌也是高价值的重要影响因素。在拍卖市场上，其他条件相同的情况下，有品牌与没有品牌的首饰价格差异很大。国际知名的珠宝品牌的产品，在门店零售价格较高，同样在二手市场、拍卖市场、典当市场的价格也会很高。

2. 消费者对彩色宝石高价值的认知

消费者对彩色宝石价格的认知很困难，一方面是缺少彩色宝石的科普知识，另一方面是彩色宝石本身价格变化影响因素很多。价格是消费者衡量首饰品质的标准，这种认知与产品成本定价方法相类似，导致低廉的价格不一定能够吸引消费者购买彩色宝石首饰，相反会让消费者对首饰品质产生怀疑，适中的价格可以使消费者对首饰的品质有信心。消费者对高价值的认知途径判断主要基于市场上同类商品价格比较，或销售场景中陈列的不同价格产品的判断。有时消费者也会根据彩宝首饰的美观、重量、大小、包装、品牌、产地等线索，判断彩宝首饰的价格。

高价值商品是消费者社会地位和经济收入的象征，人们通常会把高价值珠宝同社会地位、经济收入、文化修养等联系在一起，认为高价值的彩色宝石首饰显示了消费者优越的社会地位、高收入水平和高文化修养，赢得社会的积极评价，获得心理的满足。相反，价格便宜会使人产生产品不符合自身社会地位的感觉，但奇高的价格会减少消费者购买行为，一般来说，高端珠宝交易购买的人较少。降低价格可以刺激消费者购买行为，使消费需求量增加，但是也有时候价格上升会使消费者预期未来价格升高，增加了消费需求；反之，价格下降时候，消费者产生降价的预期，减少了即期的购买量，这就是"买涨不买跌"的心理。造成对彩色宝石价格波动反应不同的原因，包括消费者的经济状况、生活经验、知觉程度、心理特征等。

消费者心理对高价值彩色宝石的反应具有习惯性、敏感性、感受性和倾向性特征。

（1）习惯性特征。习惯性特征指消费者购买彩色宝石频率较高时，形成了大致的价格概念。这类消费者对高价值的判断是以习惯价格为标准，在习惯价格的范围内就认为物有所值，价格超过上限则认为太贵，价格低于下限则会对品质产生怀疑。

（2）敏感性特征。敏感性特征指消费者心理反应与价格波动的幅度和方向相同。但是也有很多相反的情况，有些彩色宝石消费者对价格的波动没有强烈的心理反应，主要原因是这部分消费者对这类商品的价格敏感性不高。一般来说，消费者对经常购买的日用品价格敏感性较高，而对购买次数较少的商品价格变动反应较为迟钝。

（3）感受性特征。感受性特征指消费者对商品的价格高低判断不完全以绝对价格为基准，还受到其他因素的影响，包括商品的大小、重量、包装、色彩、商标、社会价值、功能价值、服务、产品陈列、购物环境等。在不同的条件下，有的商品价格高，但是消费者觉得物有所值；有的商品尽管价格很低，但是消费者还是会觉得很贵。

（4）倾向性特征。倾向性特征指消费者对商品选择存在选择高价值或者低价值产品的倾向。追求高价值产品的消费者，消费动机以炫耀、社会声誉等为主导；选择低价值商品的消费者，主要是基于经济状况考虑，追求物美价廉、价格实惠的动机。

消费者在购买彩色宝石时候，价格对消费者购买心理产生作用。价格反映了消费者的价值判断、自我意识的比拟和调节需求。

（1）价值判断功能。价格是衡量彩色宝石商品的货币尺度，围绕着商品的价值波动。但是，消费者缺乏专业知识，没有办法全面地了解商品真正的价值，所以只能以价格来衡量商品。

（2）自我意识的比拟功能。价格不仅反映了产品的价值，还可以反映个人的愿望、情感、个性等特征，价格反映了自我意识的比拟功能。

（3）调节需求功能。价格调节消费者的需求：价格升高，消费者的需求减少；价格降低，消费者的需求增加。

价格对消费者心理的影响是动态变化的，需求、消费预期、心理价格、商家信誉、消费者参与程度的高低都对消费心理产生影响。如果消费者认为现在对彩色宝石需求较高，超过了供给水平，就会接受较高的价格；若认为产品供大于求，或者某种产品会被淘汰，则会采取低价时购买或者延迟消费的策略；当消费者认为彩色宝石价格超过其心理价位时，可能不会接受；当消费者对商家信誉形成依赖时，即使价格较高，也可能不与其他品牌进行比较而直接接受；当消费者对某类彩色宝石的参与程度较低时，此类彩色宝石价格对消费者的购买行为影响很小。

3. 彩色宝石高价值营销策略

彩色宝石高价值营销策略要结合彩色宝石稀有价值、品牌价值、情感价值和竞争优势。

（1）彩色宝石稀有价值。高端彩色宝石材质本身具有贵重和稀有的特征，在颜色、重量、净度等方面都表现出色。颜色对彩色宝石的高价值十分重要，鸽血红颜色是红宝石中最好的色彩，价格也在同级别红宝石中最高。彩色宝石优化处理问题是业界重要的话题，经过优化处理的红宝石价格要比未经优化处理的宝石低很多。消费者往往难以判断宝石是否经过优化处理，而以较高的价格买到加热处理的宝石，蒙受损失。颜色靓丽的、未经过优化处理的天然宝石，更能体现宝石颜色的稀有，价格也会更高。因此，珠宝企业都会把未经优化处理作为宝石高价值的卖点。宝石颜色有差异是十分常见的现象，同一种宝石在不同环境下生长，颜色很可能会存在很大差异。有一种情况，当宝石颜色呈现均匀阶梯状变化时，也会产生很高的美感。例如，一颗颜色、亮度、深浅适度的宝石，在成套系的宝石中可能颜色刚刚好，这时它的价值就比单颗宝石价值高很多。佳士得拍卖会上，一串由祖母绿和钻石做成的项链，拍卖出的价格高达 7033285 美元。

切工工艺也会影响彩色宝石的价值，它要求按照一定比例将宝石切割出形状，符合宝石的审美要求，因而必须切掉一部分彩色宝石原料，于是宝石成品的重量降低了，导致价格降低。这要求企业必须在美观和重量两个方面做取舍。市场上彩色宝石的种类和数量繁多，切工好的宝石只是其中一小部分。当一个彩色宝石切工好的时候，企业要把切工这一个高价值卖点优势充分发挥出来。

（2）彩色宝石品牌价值。彩色宝石品牌对价格有很大的影响。在其他条件相同时，知名珠宝商制造的产品价格要高很多。佳士得、苏富比在全球寻找拍品，其中不乏卡地亚、蒂芙尼、梵克雅宝、迪奥、宝格丽等珠宝商的作品。其中，宝格丽设计了 Trombino（意大利语意指"小喇叭"）系列，一枚 14.38 克拉缅甸红宝石的 Trombino 戒指成交价高达 823500 瑞士法郎；宝格丽设计的另一款由碧玺、祖母绿、钻石制作而成的项链，成交价也高达 37500 美元。

建立高端珠宝品牌，能够为彩色宝石赋能，打开市场并获得很好的收益。珠宝品牌就是提升珠宝价值的重要因素，受到大亨、富商、政要关注的珠宝品牌，其价值也随之提高。

（3）彩色宝石情感价值。彩色宝石表达丰富情感和寓意，烘托出人类情感的珍贵和深厚。卡地亚的豹形胸针记载的温莎公爵和夫人的爱情故事，为了真爱不惜放弃王位。温莎公爵为心爱的人购买了大量卡地亚珠宝及其他奢侈品珠宝企业的作品。梵克雅宝的 Zip 项链最初就是温莎公爵夫人提出，并由梵克雅宝艺术总监云妮·普伊索（Renée Puissant）亲自设计，经过多年的研究才将拉链技艺完美地运用到贵金属宝石中。1951 年首条 Zip 项链问世，很快就成为珠宝收藏爱好者的抢手货。由于制作工艺非常复杂，耗费大量时间和人力，Zip 项链数量一直比较少，主要采用祖母绿、红宝石、黄金、钻石、铂金等材料制作。梵克雅宝品牌本身也是阿尔弗莱德·梵克（Alfred Van Cleef）与艾斯特尔·雅宝（Estelle Arpels）爱情的见证，为彩色宝石产品增加了浪漫的色彩。

（4）彩色宝石竞争优势。彩色宝石的产品竞争激烈，在市场中取得竞争优势的产品能获得消费者认可。竞争是多维度的，品牌历史、品牌故事、工艺、产品设计、明星代言，这些都能够为企业带来竞争优势。

高端彩色宝石产品之所以能够产生高价值，是因为消费者在头脑中把它们与同类别的竞争产品做了比较。企业推出新产品的时候，消费者把新产品与其他品牌同等价位的产品进行比较，或者与品牌现有的产品比较。奢侈品珠宝企业推出产品后，消费者通过比较，产生产品认知，新产品在消费者心中被定位为奢侈品。奢侈品珠宝企业要通过沟通，让消费者在与其他奢侈品品牌的比较中，迅速理解并清晰新产品的定位。

彩色宝石参与市场竞争，是确立高价值的重要手段。企业必须在产品的材质、设计、故事、沟通、渠道等方面，参与市场竞争获得竞争优势，显现彩色宝石的高价值属性。

14.2.3 彩色宝石基于历史属性的营销

1. 彩色宝石的历史特征

（1）材质历史。彩色宝石材料的使用历史相当久远，人们在审美的驱使下从自然界中找到美丽的石头装饰身体。古人把兽骨、贝壳、玉石、玛瑙等材料做成珠子、环、坠子，颜色丰富多彩，是最早的彩色宝石艺术品。我国河南新郑裴李岗文化、浙江河姆渡文化都有彩色宝石制品，彩色宝石制品的材质包括绿松石、象牙、玉石等，器型包括玉璞、玉管、珠子等，这些色彩丰富的宝石属于新石器时代。商代、周朝、战国、秦、汉时期已经有了彩色宝石工坊，造型越来越丰富，题材越发广泛。古代人认为宝石能够保护人的灵魂，让主人能够升天，宝石便具有了神奇的力量。

唐代佛教兴起，彩色宝石多用于宗教仪式，造型更加新颖别致。唐代墓葬玉器减少，金银镶嵌的宝石越来越多，说明唐代开始对外交流、开展国际贸易，受到了多种少数民族文化的影响。宋元时期的彩色宝石雕刻技术逐渐走向巅峰，彩色宝石开始运用俏色技法。明朝时期彩色宝石全面发展，彩色宝石的器皿、人物、动物、花鸟、金银镶嵌让人目不暇接。湖北钟祥市出土了梁庄王墓葬，其中出土红宝石 173 颗、蓝宝石 148 颗、祖母绿 50 颗，其中一颗蓝宝石重达 200 克拉，是中国目前发现最大的透明蓝宝石。

清朝宝石资源丰富、用途广泛，设计精美、工艺精湛，一些传世之作精美绝伦，即便是到了今天也是工艺水平相当高的彩色宝石作品。清朝官员用不同的宝石作为顶子，显示不同官员的品级高低、权力大小。例如，一品官员的顶子是红宝石，二品是红珊瑚，三品是蓝宝石，四品是青金石等。

青金石在古代就是一种名贵的宝石，深蓝色调带有闪金光的黄铁矿星点，从阿富汗发现以来距今有6000 多年的历史。新石器时代考古发现很多青金石，巴基斯丹、高加索、伊朗高原、非洲斯瓦绿洲、玛利塔尼亚等地都有青金石出土物品，古埃及也广泛使用青金石（图 14-13）。

图 14-13　古埃及青金石圣甲虫首饰

（2）品牌的历史。高端珠宝产品的历史是品牌的重要元素，品牌的风格、品牌高端性、产品设计、艺术造诣经由历史的沉淀才焕发出强大的生命力。早在20 世纪初，卡地亚家族就为英国王室制作彩色宝石作品。一条优雅的印欧风格的项链，由 94 颗弧面型祖母绿、20 颗红宝石和 71 颗珍珠组成，这件作品开启了卡地亚家族与印度的合作。印度大君让卡地亚对其庞大的珠宝藏品进行翻新改良，将印度切工的宝石重新镶嵌在铂金中，体现了时代的高标准和现代性。卡地亚设计风格受到印度启发，利用印度的蓝宝石、祖母绿、红宝石、紫水晶设计作品，将被称为"孔雀图案"的蓝绿宝石组合，成为突破传统的设计风格的组合。1925 年，帕蒂亚拉统治者要求卡地亚对其庞大的珠宝收藏重新设计，此项工作耗时数年，1928 年这些作品被卡地亚收集成册，并在巴黎和平街卡地亚办公室展出，吸引了社会名流，在欧美引起轰动。越来越多的印度统治者将古董珠宝交给卡地亚重新设计，卡地亚在伦敦、巴黎和纽约总部的工匠将芒果叶、棕榈叶元素及雕刻祖母绿融入作品中，培养出一批能工巧匠和创造力非凡的设计师，品牌风格进一步丰富起来。

20 世纪 30 年代，印度风格的珠宝成为《Vogue》《芭莎珠宝》杂志刊登的最高级珠宝，社会名流的青睐让印度时尚进一步广泛传播，温莎公爵夫人也成为印度时尚的追逐者。1931 年巴黎博览会上卡地亚一条祖母绿项链获得大奖，作品采用大尺寸祖母绿和尖晶石制成，模仿原始部落的甜瓜雕刻宝石，将红宝石、祖母绿、蓝宝石镶嵌在雕刻树叶中，形成了水果锦囊珠宝。卡地亚的这些彩色宝石作品，充满创新，带着浓郁的印度传统文化，历经岁月变迁仍然不改变经典之作的风范。

彩色宝石无论从材质、工艺、品牌都有历史经典，宝石珍贵稀有，制作工艺堪称时代顶峰，承载的历史、文化同样厚重，让人心驰神往。艺术为彩色宝石插上梦想的翅膀，给人以无限遐想和美的享受。

2. 消费者对彩色宝石历史的认知

彩色宝石是时间的艺术，这就意味着制作过程要消耗大量的时间以实现精湛的工艺，再经由历史的沉淀获得价值的永恒。投资和消费一件价值不菲的彩色宝石，消费者应该获得时间和历史赋予的价值。随着时间的流逝，彩色宝石作品应该站在时代的巅峰，展现孤芳自赏的风采与王者的风范。彩色宝石代表着一个时代的梦想，用当时顶尖的设计和工艺征服一代所有的创造事物。有历史价值的彩色宝石作品，能够艳压群芳，若干年后在拍卖市场上仍然能拔得头筹。

消费者对彩色宝石历史感知体现在材质上，品质上乘的彩色宝石是亿万年前地球深部地质作用产生结果，而后人们需要花费大量的时间去寻找这些彩色宝石。彩色宝石的加工过程耗时费力，精湛的工艺必不可少，能工巧匠和大师们要亲自动手，用敏锐的观察和见解才能发现并呈现宝石的魅力。在这一过程中不仅要有科学的工艺控制方法，还要有艺术的创造力，是多种技能综合运用的过程。每个细节都是时间沉淀下来的结果，是历史赋予彩色宝石神奇的力量。

消费者对彩色宝石的认知也需要投入大量时间，了解彩色宝石、制作工艺、美学价值，一段时间后很可能成为行家。消费者对彩色宝石的认知大都来自企业传达的信息，他们从宣传材料和营销人员的口中获得有关彩色宝石的一切，再通过观察和亲身体验，形成对彩色宝石的理解对其价值的感知。

消费者通过创作感知历史。迪奥对彩色宝石色彩的把握和运用水平十分高超，新产品开发时都会回看历史上的设计元素。每个品牌都有自己独特的、历史沉淀下来的品牌基因要素，设计题材、颜色、图案，设计师则在此之上进行创新。新产品的创作无论多么大胆，但是风格是永恒的，它会忠于品牌历史沉淀。无论是从设计样式还是设计语言表达上，都会传达品牌的灵魂。

消费者还可以通过交易的过程感知历史。时间是宝贵的资源，消费者为了获得一件彩色宝石作品，愿意等待半年或者更久，这是高端彩色宝石销售的一部分。人们为了得到一件心目中完美的作品，愿意花费自己的时间，付出金钱代价，衬托出品牌的厚重感和艺术家才华积淀的展现。彩色宝石首饰创作者和消费者共同花费时间，细细品味和欣赏一件作品，这本身也是历史的一部分。值得消费者花费时间沉浸其中的珠宝首饰，才是高端的珠宝。彩色宝石给消费者带来的喜悦有的持续很久，有的转瞬即逝，而这一切都和时间有关。

消费者通过彩色宝石历史的学习获得价值认知。卡地亚购买拥有历史背景故事的彩色宝石作品，放到博物馆和展览馆展出。企业回顾历史办展，就是对品牌历史上能工巧匠的尊重和歌颂，让品牌的精神世代被人歌颂。彩色宝石的历史价值被彰显和放大，在现代消费者的心中塑造出品牌的历史价值定位。一件精美的历史作品，在消费者心中激起阵阵涟漪；设计师的奇思妙想在消费者内心激荡回响，产生持久的共鸣。时间和历史赋予品牌价值，从而带动当代产品的销售。

彩色宝石历史赋予消费者身份的认同。人类由许多的种族组成，不同地域造就了不同的文化。满族人入关建立的清朝，实现了两百多年的统治。统治阶层学习汉语和文化，就是为了国家长治久安和百姓对他们统治者身份的认同。他们开始使用玉器和彩色宝石，并为彩色宝石赋予等级，来匹配官员的等级。身份不同的官员要佩戴不同的彩色宝石顶子，可以说见到彩色宝石颜色就知道拥有者的社会地位。如今，人们依然用彩色宝石消费获得身份象征和认同，因为彩色宝石代表着过去的历史和文化。西藏受到历史文化和宗教的影响，绿松石一直是他们的圣物，许多虔诚的信徒都会佩戴绿松石。普通大众依然能够感受到彩色宝石的象征意义，希望通过佩戴绿松石获得与信徒们一样的庇佑。彩色宝石的消费是出于人们对身份和理念的考虑，借此获得此种身份所具有的精神文化优势。

3. 彩色宝石历史营销策略

历史要素是彩色宝石营销的重要内容，把历史要素与消费者的需求结合起来实现企业的成功营销。

（1）宝石历史营销。现代社会生活节奏加快，人们享受着来自高速发展带来的物质文明和精神文明，同时也承受着不确定性带来的压力。人们迫切需要寻找到拥有永恒价值的产品，安抚内心的焦躁和不安。彩色宝石的历史因素是价值构成中的稳定因素，经过历史的洗礼沉淀，彩色宝石拥有了投资和消费属性。彩色宝石的历史赋予宝石永恒的特征，一方面，引发人们对过去美好、宁静情绪的感受；另一方面，从价值层面上看，有历史的彩色宝石是价值储藏的稳固载体。

人们从古代开始使用彩色宝石，一直沿用至今。这就意味着在未来，除非发生矿产枯竭以及重大人们变故，人们还将继续沿用使用彩色宝石的习惯。彩色宝石的历史要素能够为当代的产品背书，在营销上是重要的产品要素。

（2）品牌历史营销。国际知名的高端珠宝品牌，大多具有悠久的历史。尚美巴黎成立于1780年，曾经是拿破仑御用珠宝制造商。经过12代薪火传承，已经拥有了沉淀两个多世纪的品牌底蕴。纵观品牌历史，尚美巴黎曾经创造出许多珠宝作品。例如，拿破仑登基典礼上的佩剑，镶有140克拉的"摄政王"钻石，该作品收藏在法国枫丹白露博物馆。1810年，拿破仑为第二任皇后玛丽·路易斯定制了豪华的钻石、祖母绿珠宝首饰。在过去的两百多年历史中，尚美巴黎为众多皇室和贵族打造了名贵的珠宝首饰，也奠定了它贵族血统的地位（图14-14）。

图 14-14　尚美巴黎为德国杜内斯马克伯爵第二任妻子卡特莉娜特别订制的首饰

品牌的历史赋予品牌深刻的内涵，是品牌创新的历史基础。随着时代的变迁，人们审美发生了变化，社会经济和阶层划分也出现了新的形式，品牌的历史不仅要延续历史的荣耀，而且要更好地注重创新。营销成功的关键是利用好品牌历史的杠杆，加以今天的工艺、技术和材质，重新诠释历史的精髓。将品牌历史融入当代的彩色宝石创作中，让品牌历久弥新。

（3）工艺历史营销。经典珠宝作品都是高超工艺制作的结果，彩色宝石的工艺历史在营销中占有重要的地位。消费者认识和理解工艺历史，能够获得对彩色宝石价值的感知和认可。梵克雅宝的密镶工艺是企业的独创，拥有多年历史，经历了几代人的传承。这项工艺的特征是整个首饰看不到金属镶嵌的痕迹，整个首饰被宝石覆盖。传统工艺的镶嵌是把宝石用贵金属固定住，能够看到金属爪、槽等金属部件。蒂芙尼的经典六爪镶嵌就属于传统工艺，所以采用密镶工艺制作的时尚新颖的宝石作品获得市场认可，直到今天仍然被看作经典之作。

店面营销中让工艺师傅现场制作，是工艺历史营销一种形式。珠宝工匠为消费者表演如何制作一枚戒指，采用各种传统工艺和工具，展现高超的制作技术和创造热情。珠宝的制作工艺世代传承，有的是子承父业，有的是工匠天赋异禀自学成才。通过参加有关工艺历史的展览，消费者能了解到一件产品诞生的文化环境和历史环境，受到工匠高超工艺的感染，产生对彩色宝石作品稀有性、价值性的认知。

14.2.4　彩色宝石基于传承属性的营销

人类经过亿万年繁衍至今，在物质文明和精神文明方面都取得了长足的进步。这都得益于人类不但能够传承祖先的基因，还能够传承物质财富和精神财富，并在后世不断发扬光大。彩色宝石作为财富象征、情感寄托、群体认同等复杂社会功能的载体，同样具备了传承的特征。

1. 彩色宝石传承的特征

彩色宝石的传承源于其具有的多种性质，人们选择用瑰丽、稀有、珍贵的材质制作产品，借此传承彩色宝石。

第一，彩色宝石具有较高的价值。彩色宝石产品的生产过程凝聚了人们的智慧，本身具有较高的价值，从而产生价格。通过彩色宝石传承财富，将历史积累的财富在代际间传递。例如，在日内瓦举行的一次拍卖会上，一枚 12.03 克拉的蓝色钻石价值 3.7 亿港币，另一枚 16.08 克拉的粉钻价值 2.2 亿港币，被香港商人竞拍获得，他将这两颗钻石送给了当时年仅 7 岁的女儿，实现了财富的代际传承。

第二，彩色宝石具有明显的情感特征。彩色宝石是情感传承的载体，历史上很多美好动人的故事都和彩色宝石结下缘分。温莎公爵为了表达对夫人的真挚爱情，从卡地亚购买了多件彩色宝石作品，如卡地亚豹形胸针（图 14-15），堪称历史佳话。

图 14-15　卡地亚豹形胸针

第三，彩色宝石是权力的传承。政治文明史是人类文明史的重要内容，彩色宝石和政治、权力的关系极为密切。在生产力低下的时期，获得一颗彩色宝石要消耗巨大的人力、物力和财力，通常只有统治阶层才能够享受这些珠宝，因而彩色宝石的拥有者都是社会的精英阶层。代代流传的名贵的彩色宝石代表着权力的传承，权力随着彩色宝石从长辈的手中传递给家族的后裔。

第四，彩色宝石是荣耀的传承。历史上有许多以彩色宝石作为奖励，嘉奖那些为国家和民族做出重大贡献的人的记录，这些彩色宝石被拥有者传给后人，不仅是美丽的石头，更是家族的荣耀象征，拥有社会象征意义。

2. 消费者对彩色宝石传承属性的认知

传承是人类的特有行为，这一点在消费者购买决策中占有重要地位。远古时代，人类为了繁衍生息就要努力与大自然抗争，积累足够物质和财富养育下一代。在文明社会中，祖辈的赢得的财富、权力、地位以及创造的文化，都是保证后代生存的条件。传承是人类生存繁衍进程中不可或缺的环节，也是高价值产品重要的功能。

首先，消费者对彩色宝石的传承的认知，源于彩色宝石珍贵稀有的特征，它们价值较高，作为家族资产代代相传。19 世纪中期前的美国，人们很少用彩色宝石做首饰。1876年乔治·孔茨（George Kunz）把碧玺卖给了蒂芙尼公司的老板查尔斯·路易斯·蒂凡尼（Charles Lewis Tiffany），公司开始设计彩色宝石产品。孔茨博士加入蒂芙尼后，为公司带来了丰富彩色宝石首饰的创意，黄色绿柱石、绿色翠榴石和明亮璀璨的海蓝宝石、蒙大拿蓝宝石、缅因碧玺以及产自犹他州的石榴石和托帕石（图 14-16、图 14-17），拓展了蒂芙尼公司彩色宝石产品线。

图 14-16　蒂芙尼公司的紫锂辉石戒指　　　　图 14-17　蒂芙尼公司的坦桑石吊坠

　　其次，彩色宝石能够传承人类的情感。彩色宝石是表达人类情感的载体，它颜色丰富、造型多变，人类情感通过宝石得以传递。卡地亚猎豹胸针、火烈鸟胸针，都是表达爱情的信物，首饰的主人通过色彩斑斓的宝石表达出真挚的情感。友情、亲情，都可以通过彩色宝石得以表达，人们通过彩色宝石表达各种情愫。"葡萄美酒夜光杯，欲饮琵琶马上催"，千古绝唱《凉州词》用彩色宝石做的"夜光杯"表达了热血男儿的强烈情感，让人读罢为之动容。彩色宝石能够贯穿人类最强烈的情感到最细微的情愫整个情感谱线，从古至今都发挥着情感传承的作用。

　　再次，彩色宝石设计和工艺的传承。彩色宝石的光彩是优秀设计和工艺的结果，彩色宝石的品类和性质的差异决定了制作工艺的差别。彩色宝石有单晶、多晶、多晶集合体等不同种类，每种宝石的优点各不相同，完美工艺则赋予宝石新的生命。单晶宝石切割一般选用类似钻石切割的方法，要有冠部、腰棱、亭部和底尖等部分，以展现彩色宝石颜色、亮度、火彩等。此外，祖母绿琢型、垫形琢型、弧面琢型、心形的多种切割方法在彩色宝石上都有广泛应用，展现不同特征。工匠们围绕宝石切割和制作工艺进行大量探索，积累了丰富的切割工艺知识。这些工艺通过彩色宝石世代传承，让消费者叹为观止。消费者认知到彩色宝石的工艺价值，就会理解为何同样的宝石不同的工艺会存在巨大的价值差异（图 14-18）。

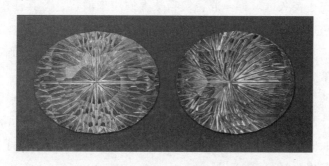

图 14-18　重量 63 克拉帕拉伊巴碧玺切割工艺

资料来源：https://www.johndyergems.com/art/best-gem-cut-page/large-paraiba-tourmaline-
oval-tilt-brilliance-demonstration.jpg

又次，彩色宝石传承时代精神。消费者对彩色宝石的认知，通常会与时代重大事件和精神财富联系起来。第二次世界大战期间法国被纳粹德国占领，时任卡地亚设计总监让·图桑（Jeanne Toussaint）不满侵略者的行径，设计了一款"笼中鸟"的胸针，镶嵌了钻石的彩色宝石雀鸟关在黄金鸟笼中，象征着人们失去自由的残酷现实。法国解放后，让·图桑再次设计了一枚雀鸟胸针，一只彩色宝石的小鸟从鸟笼中展翅飞出，象征着法国重获自由。

最后，彩色宝石文化传承。彩色宝石历史悠久，在不同民族中都占有重要的文化地位，是文化传承的重要载体。彩色宝石具有美好祝福的文化，代表幸运和平安。生辰石也叫诞生石：一月是石榴石，二月是紫水晶，三月是海蓝宝石，四月是钻石，五月是祖母绿，六月是珍珠或月光石，七月是红宝石，八月是橄榄石，九月是蓝宝石，十月是碧玺或欧泊，十一月是蓝黄玉（托帕石），十二月是绿松石或锆石，它们代表着不同的意义。结婚的年头用不同的宝石代表：结婚一周年黄金，二周年石榴石，三周年珍珠，四周年托帕石，五周年蓝宝石，六周年紫水晶，七周年条纹玛瑙，八周年碧玺，九周年青金石，十周年钻石。

随着信息社会的到来，消费者获取知识的途径扩大，能够轻易获得彩色宝石传承文化的知识。发达的信息获取通道，让消费者能够轻易地验证信息来源的准确性。企业越来越注重文化建设，在品牌传承文化上别出心裁。但是，彩色宝石传承的文化不能够凭空虚构，要有历史依据和现实生长的土壤。消费者的文化认知是一个动态变化的过程，会随着时间推移和时尚的更迭发生变化。父辈的文化成为经典，下一代的文化又有了新的内容和特征，两者既有联系又有显著区别。彩色宝石在文化传承中承担物化载体的作用，让抽象的文化概念得以实体式延续。

3. 彩色宝石传承营销策略

基于消费者对彩色宝石传承的认知，围绕独特的需求和卖点开展宝石与传承相结合的营销。彩色宝石与普通商品不同，在亿万年前生长于独特的地质环境，漫长的历史形成时间比人类历史还要久远。如今彩色宝石被人们用来消费，就其存在时间而言，彩色宝石的寿命会远超过普通人的一生。这些宝石在拥有者身后将会继续流传，传承就成了自然而然的事情。除了宝石材料本身，彩色宝石还将作为人类文明的载体，传承情感、文化、品牌等要素，因此传承的价值是彩色宝石营销的重点。

（1）财富传承。名贵的彩色宝石价格较高，是家族传承财产的重要组成部分。这类彩色宝石价格高，品质上乘，制作工艺精湛，其价值不会随着时间而降低；一些彩色宝石价格反而随着时间的推移，市场价格不断升高。因此，这类宝石可以作为财富传承的一部分，得到消费者的认可。

（2）情感传承。彩色宝石可以作为人类情感传承的载体，把美好的情感、难忘的经历融入珠宝设计之中。彩色宝石可以作为爱情的见证，表达一段刻骨铭心的爱情故事；

长辈将彩色宝石传递给后代，表达了对下一代的关爱；彩色宝石可以作为友情的见证，相互赠送表达出对对方的情谊。英国皇室拥有无数珠宝，每件胸针、项链、戒指和每一顶皇冠，都见证着皇室的传承，象征着国家的延续。英国哈里王子与梅根王妃结婚时，身着美丽婚纱的王妃戴着伊丽莎白二世女王的王冠华丽登场。查尔斯王子用一枚蓝宝石戒指向戴安娜求婚，成就英国王室的一段浪漫的故事。这枚戒指后来传到威廉王子手上，威廉王子用这枚戒指向凯特王妃求婚，将凯特王妃娶进家门。戴安娜王妃在一封信中说，她希望把所有拥有的珠宝都分配给儿子们，这样他们的妻子就可以在适当的时候拥有或使用它们。

彩色宝石在设计和制作之外，还拥有一些动人的故事。这些故事会随着彩色宝石一起传承下来，寄托着人们良好的愿望。英国珠宝商加拉德（Gil-galad）为伊丽莎白女王制作了名为 Roses 的冠状头饰，用了来自缅甸的 96 颗红宝石。96 颗红宝石的故事来自缅甸传统，据说，能够抵挡 96 种袭击人体的疾病，红宝石的主人免受疾病和他人的诅咒，象征着对拥有者的爱与保护。

（3）设计的传承。经典设计的款式能流传久远，在消费者心中成为品牌的基因，也是业界学习的典范。卡地亚经典的动物设计款式，一直流传至今且仍在不断推陈出新。梵克雅宝的密镶技法是品牌特色的设计和工艺，密镶彩色宝石首饰被认为是该家族品牌的传统工艺，至今在高端珠宝领域仍有大量运用。

有民族特色的设计是珠宝产品的灵魂，在国潮风的影响下，我国特色设计逐渐受到年轻人的青睐。我国传统设计风格绳结艺术可追溯到 1600 多年前，结绳记事指把绳结当作记录的工具。此后，绳结逐渐演变成一种装饰品，一直流传到现代。如今越来越多的人热爱上了绳结艺术，绳结艺术与珠宝相结合是传统与现代的碰撞，创造出艺术融合的典范。

（4）品牌传承。高端彩色宝石首饰企业大多是国际企业，品牌传承是彩色宝石营销的关键。当人们想起卡地亚的品牌时，就会联想到其品牌定位"皇帝的珠宝商，珠宝商的皇帝"。顾客对卡地亚的认知得益于品牌的历史传承，强化了卡地亚如今的高端产品定位。上百年的历史赋予品牌独特的价值，品牌获得了独特的竞争优势，这也是阻止新品牌侵蚀传承品牌利益的保障。时间是品牌传承的重要因素，品牌文化、基因随着时间的沉淀逐渐被顾客认知。此外，企业还要做大量具体细致的工作，以不断强化品牌的定位。

品牌传承是创新的基础，创新是传承的延续。彩色宝石的品牌商始终维护品牌形象，尊重品牌元素的传承，同时不断融入新的元素丰富品牌内涵。卡地亚的品牌增设仙人掌系列作品时，一方面要考虑已有的传承品牌元素，另一方面要设计出符合现代时尚风格的珠宝品牌，这方面他们做得很成功。仙人掌是生长在沙漠中的一种植物，人们为了获得自由热爱旅行，沙漠是个好的去处。而生长在这里的仙人掌，就是这一旅程目的地的代表。仙人掌头上的花朵，如实地反映了植物自然生长周期现象，同时也满足了卡地亚品牌创新的要求。自然与花朵是当下的流行趋势，卡地亚凭借这一款产品成功地进入了时尚前沿。人们并没有感到产品创新所带来的意外，而是惊叹于品牌强大的创造力，卡地亚实现了品牌传承与创新的平衡。

（5）文化传承。彩色宝石作为文化传承的载体，无论是彰显宝石文化还是企业和品牌文化，都具有独特的内涵和魅力。彩色宝石在历史长河中被人类使用，深刻融入各个时代的政治文化和日常生活，优秀的文化历经风雨代代传承下来。彩色宝石作为装饰品和象征物，被灌入各种意义。最初彩色宝石作为装饰物品，让佩戴者增添个人魅力。由于质量上乘的宝石非常难得，彩色宝石就有了金钱、财富和社会地位的含义。人们要面对生老病死，在对抗自然力量薄弱的时代，彩色宝石被认为是具有魔力的宝石，红色富有激情，蓝色如大海般深沉，质地温润被用来形容性格和个人品德，以至于死后都要有彩色宝石相伴。彩色宝石被认为对于活人的价值很大，同样它们也可以帮助死去的人升天或受到神灵庇护，这对于死者和他的后代都具有重要的意义。人类赋予彩色宝石的内容日益丰富，在象征财富或者神秘力量的各种综合因素影响下，在彩色宝石中形成的文化都能够长久传承下来。

作为经营彩色宝石的企业要建立企业文化，符合人们对彩色宝石产品消费的预期。专营祖母绿的企业和专营红宝石的企业应该具有不同的文化，因为祖母绿和红宝石代表的文化不一样。消费者对彩色宝石的期待，会转嫁到对企业文化的审视。那些将多种彩色宝石混合在一起经营的企业，在市场充分竞争的情况下很难形成独特的文化竞争优势。企业的文化和彩色宝石文化要有契合度，企业的文化建设深化了彩色宝石的文化。消费者对彩色宝石传承意义的认知，很大一部分来自企业的宣传；消费者对企业文化的认知，会有利于彩色宝石文化的传承，形成独特的消费文化。

彩色宝石的文化传承要依托品牌，所以企业要树立品牌文化打造独特的市场定位和形象。彩色宝石的品牌是企业的重要资产，是获取顾客能力测度标准，品牌形象要和彩色宝石文化一致，才能获得消费者的认同。企业打造彩色宝石品牌，就要充分研究和深入了解彩色宝石本身的文化，建立与之相适应的企业品牌文化。品牌文化实质上是继承了彩色宝石的文化，文化传承通过品牌得以广泛传播，形成了彩色宝石和品牌文化合力的局面。高端珠宝品牌梵克雅宝的特点是大胆运用彩色宝石的颜色，创造出美轮美奂的自然、花园、动物和神话故事的品牌世界。起初佩戴彩色宝石在欧洲并不流行，由于企业创新开发出一系列的新产品，抓住了时尚潮流，才让彩色宝石得以风靡。彩色宝石文化的历史和传承，也因为企业的努力得以实现。在消费者追溯传统、历史、纯粹的文化过程中，倡导文化传承的彩色宝石品牌更能够脱颖而出。

14.3　基于 4H 理论的彩色宝石营销战略

基于 4H 理论做彩色宝石营销，要系统地进行分析，洞察顾客需求、制定战略并开展营销活动。彩色宝石的市场趋势发生了很大变化，年轻一代消费者经济逐渐独立，成为彩色宝石的主要消费群体。信息化技术让消费渠道实现升级，衍生出不同的消费场景。彩色宝石饰品年轻化、时尚化、个性化的趋势越来越明显。全球社会经济发生变革的情境下，人类走进乌卡时代（VUCA）。VUCA 四个字母分别代表易变不稳定（volatile）、不确定（uncertain）、复杂（complex）和模糊性（ambiguous），对市场营销的影响是确定性减弱，消费者需求多样化、个性化引起的不确定性增加。与传统珠宝市场的短缺经济不同，现代珠宝市场对珠宝产品的时尚性和创新性的要求越来越高。大规模生产制造方式越来越难以满足市场要求，因而成功的彩色宝石营销策略应在洞察顾客需求基础上，融入 4H 理论不断创新，满足顾客日益变化的需求。

14.3.1　彩色宝石消费者画像

在大数据时代，人们的日常行为和消费行为都会留下记录，这些数据会反映出个人的消费偏好、消费模式，成为企业开展精准营销的基础。彩色宝石的消费者画像正是利用各类信息，刻画消费者形象和消费行为，发掘出更重要潜在信息的有用工具。彩色宝石在珠宝消费中占比不多，消费者群体相对较小。彩色宝石饰品价格带很宽，从百元人民币到百万元人民币的产品都有，消费者可选择的空间很大。彩色宝石企业不同品牌、产品满足不同消费者需求，凭借独特的经营模式和方法都可以获得盈利。企业通过用户画像找到消费群体，有针对性地提供产品或服务。在"5.2　珠宝消费者的用户画像"中，从购买渠道偏好、购买时关注的主要因素、消费需求性别差异等角度刻画了珠宝消费者画像，为后续彩色宝石营销战略分析提供更全面的信息依据，本小节补充彩色宝石消费者的年龄、区域分布及场景消费等方面特征。

1. 年龄结构

年轻彩色宝石消费群体看重设计的时尚性，彩色宝石产品要能够表达个性，与自己的时尚理念相符合，这类群体主要是年轻的女性，包括学生、公司白领等；年纪稍大的女性对彩色宝石的质量要求较高，看重宝石的大小、重量、颜色、种类等因素，价格较高的彩色宝石是她们的主要选择。

"Z 世代"是出生于 1996—2021 年的人群，他们有着"重体验""悦己主义""颜值至上"的消费标签。2019 年，这一人群在全球奢侈品市场的贡献率达到 8%，预计到 2025 年，这一人群的比例将达到 25%。彩色宝石消费上，这类群体将会成为消费的主要力量。这一人群处在互联网时尚潮流最前沿，是未来时尚审美的主导者，对民族文化高度自信，同时对外来文化又表现出极强的包容。

"Y 世代"指出生于 1980—1995 年的消费群体，这部分群体普遍已步入职场，或处于职业的上升期。他们注重时尚感和材质品质，愿意为品牌溢价买单，也同时兼顾时尚和工艺，关注消费意义和情感表达。作为新中产阶级，他们人口占比较大，收入基础雄厚，是珠宝首饰消费的中坚力量，代表着当下主流的时尚态度。

银发族指中老年或者年纪稍长的消费群体。他们的主要特征是个人财富达到较高水平，且有大量的休闲时间。这一群体逐渐对时尚产生兴趣，虽然不太热衷追随潮流前沿，但消费偏好越来越倾向于年轻化、时尚化、审美化。互联网和信息社会发展使他们越来越多接触到彩色宝石时尚前沿，促使他们成为彩色宝石消费的新高端客户。

2. 区域分布

彩色宝石的消费者地理分布较广，我国南北方消费者都会购买彩色宝石。北方消费者主要是选择颗粒较大的品种，特别是在秋冬季节有搭配毛衣等服饰的需求，宝石显而易见是一个重要的指标。受到地域文化的影响，北方消费者愿意选择外观瑰丽、大气的彩色宝石，南方消费者更多注重时尚性，偏爱设计精巧的产品。

3. 场景消费

消费者购买宝石是为了庆祝，或者是为了情感慰藉。年轻的白领在工作和事业上取得成绩，选择买一件漂亮的彩色宝石首饰犒赏自己。在日常工作中，配上一件时尚的彩色宝石首饰能够增加个人魅力。珠宝是人类情感传承的载体，人们也会在重要的节庆、纪念日购买彩色宝石满足情感诉求。彩色宝石价格不高，会成为旅游纪念的产品，消费者旅游中购买一件彩色宝石，送给朋友和家人是很好的选择。当彩色宝石与旅游地有关系时，可以作为纪念品被购买，赠与朋友用来联络情感。

14.3.2 彩色宝石需求特征

不同消费群体对彩宝有着不同的需求特征。

1. 青年群体

青年群体对彩色宝石的需求呈现出多样化，表现出购买不同种类和款式的消费行为。日常佩戴中，讲究与服饰搭配，看重设计的时尚性。近些年随着国潮风的兴起，含中国元素设计的彩色宝石更能吸引这类消费者，时尚设计和价格不高是吸引青年群体购买的因素。一些有成就的青年人，会购买价格昂贵的彩色宝石，彰显成功和经济地位，他们会对国际高端品牌的彩色宝石有需求，对品牌赋予的价值也很认可。此外，青年群体受教育程度越来越高，对国际流行趋势和品牌知识了解较多，促进了高端彩色宝石珠宝的消费。

2. 收藏群体

这类消费群体了解彩色宝石专业知识，是行家和玩家类型的消费者。他们对宝石的稀有性、高价值认识比较清楚，表现出很强的购买理性。购买彩色宝石时候，他们会充分了解宝石的各种特征，通过历史的纵向和市场横向比较获得丰富的信息，往往能够深入挖掘彩色宝石的信息，深刻了解彩色宝石的价值。通常他们消费的彩色宝石具有一定的特征，以品质较好的宝石为主要购买对象。

3. 时尚群体

时尚是吸引人们购买彩色宝石的重要因素，产品的设计、工艺吸引消费者产生购买行为。时尚群体对当下流行的趋势比较敏感，紧跟潮流，但又有一定的个人风格和品位。这类消费者关注穿搭，注重细节，认为珠宝首饰和服饰一样能够反映个性。经济波动对他们的影响很大，社会经济状况比较好的时候，他们的收入较好，愿意花费大量的金钱在时尚方面；经济下滑时期，受收入因素影响，他们选择价格相对较低的彩色宝石首饰，但依然要求设计上要有时尚元素。

4. 情感群体

人们对彩色宝石的观念逐渐改变，开始用彩色宝石首饰表达爱情。年轻的群体对婚恋用彩色宝石的态度较为开放，认为可以用彩色宝石替代钻石表达情感。婚恋是彩色宝石的重要市场，目前还处于初始阶段；庆祝婴儿出生时，用彩色宝石表达祝福和祈求平安成为时尚，彩色宝石代表生辰石，适合用于为对应月份出生的婴儿和母亲表达庆祝。

14.3.3　基于 4H 理论的彩色宝石细分市场和目标市场选择

1. 基于 4H 理论的彩色宝石市场细分

彩色宝石市场细分是按照一定的原则和标准，把顾客群体划分为需求各异的若干个子市场。根据 4H 理论基于彩色宝石的享乐、高价值、历史和传承四个属性，结合地理因素、人口因素、心理因素和行为因素对消费者进行细分，能够更深入地揭示彩色宝石细分市场的特征。

（1）基于享乐属性的市场细分。彩色宝石享乐功能来自宝石自身特征，宝石的色彩有很好的装饰功能，能够满足身份象征、投资保值、品牌享受、个性表达等需求。经济发达地区更偏重享乐、时尚、品牌带来的乐趣；经济欠发达地区的消费者更加偏爱黄金，而对价值没有统一标准的彩色宝石没有强烈的消费意愿。看重装饰功能的群体，对设计的款式看重；有身份象征需求的群体，要求彩色宝石重量、大小、颜色、品质要求都很高；享受投资乐趣的群体，看重彩色宝石的品质、设计师知名度、品牌价值。品牌消费者注重品牌的价值，珠宝首饰与品牌同类产品相比的档次，以及是否为限量款等因素。追求个性的消费者看重设计的核心理念，以及品牌主张是否符合自己的价值理念。

（2）基于高价值属性的市场细分。彩色宝石的价值与宝石的品质关系紧密，高质量和高端品牌彩色宝石保值能力较强。高价值细分市场需求者包括收藏类、投资类、情感表达类、社会价值表达类和关注工艺价值等细分消费群体。收藏类消费者了解宝石专业知识，具有发掘宝石特征的专业眼光，对彩色宝石行情把握也较好。这个群体通常会收集稀有品种、有特殊包裹体的宝石，或者是品质上乘的彩色宝石，他们收藏的类型受到自身条件和环境的影响，教育背景、社会阅历、所属社会群体、个人偏好等因素都会影响收藏者消费行为。投资类消费者主要考虑彩色宝石的升值功能，希望通过购买彩色宝石实现资产保值增值的功能。这类群体具有一定的经济实力，对彩色宝石有很好的认知，高价值彩色宝石往往成为他们投资理财产品。情感表达类的消费群体主要把彩色宝石当作载体，传达自我情感。这类消费者对彩色宝石所代表的意义很看重，选择那些具有特定含义的品种来表达情感。情感表达类消费者会利用彩色宝石的品牌传达心意，他们看重品牌所代表的意义。蒂芙尼蓝色的包装盒被认为是爱情的象征，彩色宝石配上品牌的理念就成为情感的载体。经济发达地区人们接触国外品牌的机会较多，对品牌内涵的认可度较高，因此高端品牌的彩色宝石在这些地区消费情况较好。社会价值表达类的消费群体，看重彩色宝石产品的社会价值功能，通过消费高端彩色宝石，显示经济实力和社会地位。关注工艺价值的消费者群体看重宝石工艺、切工、比例等要素。高端的彩色宝石通常具有较好的切工，好的工艺也会增加彩色宝石的品质，两者关系很密切。复杂切工能够表现出彩色宝石不同的美感，同样的宝石切工不同，其中包含的智慧和工作量不一样。懂得欣赏切工的群体，会从工艺的角度选购彩色宝石。

（3）基于历史属性的市场细分。选择具有历史感宝石的消费者，是对品质、工艺、文化有较高要求的消费群体。这类消费者对材质的品质和历史很重视，对新出现的彩色宝石品种大都会采取审慎的态度。红宝石、蓝宝石、祖母绿、珍珠等宝石品种，都有很长的使用历史，在各个国家和地区的文化中都占有一定的地位。这种历史感是这类消费群体的需求，消费彩色宝石成为文化认同的一部分。制作工艺好、品牌影响力大的彩色宝石产品，在每个时代都会出现并能够传承下来。消费者挑选具有历史价值的产品，就是在消费有可能成为经典或者能够代表一个时代工艺水平的产品，他们是彩色宝石消费群体中的高端顾客。

（4）基于传承属性的市场细分。传承的价值来自产品材质、工艺、品牌、情感意义等多个维度，是彩色宝石的享乐价值、高价值、历史价值的综合体现，甚至还具有更高级的特征。这些独特、高级的特征在彩色宝石的品质之上，又增加了更深厚的人文气息。国王权杖的宝石，绝不仅仅是克拉单价乘以重量这么简单的定价，传承的价值还包括权力、地位、情感、社会意义等多种因素的附加值。此外，品牌因素也是一个非常重要的因素，打造品牌的过程需要彩色宝石传承品牌的基因。尚美巴黎是一家为历代公主做冠状头饰的品牌，该品牌除了拥有精美的宝石、工艺精良的头饰，还拥有与其一脉相承的产品包含的历史荣誉感。选择传承价值的彩色宝石消费者，十分重视品牌的一脉相承，他们相信品牌所代表的品质，历史上能够做出精美作品的企业，未来依然是行业的标杆和典范，这些品牌创造彩色宝石作品，可以传承时代的精神和荣耀。看重彩色宝石传承价值的消费者，具有良好的教育背景，看重社会价值和荣誉。他们笃信品牌的创造力，对企业和顾客的关系有很强的信心。

高价值的彩色宝石具有独特、稀有的特征，能够作为家族资产世代传承。我们可以从财富传承的角度理解彩色宝石消费，购买高端宝石带来财富储藏、保值和增值的目的。传承内涵非常广泛，一个时代发明创造的独特技艺，也是彩色宝石传承的对象。消费者对这些传承因素非常重视，愿意以较高的价格购买这些产品。

消费者看重彩色宝石的传承的象征意义，通过高端品牌珠宝满足对传承价值的渴望。消费者会分析产品的材质、设计、工艺等要素，联系品牌的内涵给出综合的判断。当他们认为一件作品具有传承价值的时候，就会产生购买行为。

2. 彩色宝石目标市场选择

"3.2.2　目标市场选择"中，阐述了目标市场的三种覆盖战略：差异性战略、无差异战略和集中性战略。企业必须根据自身的条件和能力，遵循目标市场选择原则确定目标市场。这里主要从4H理论角度简要探讨彩色宝石目标市场选择。由于享乐性、高价值、历史、传承四个属性具有阶梯层次感，因而各个层次的市场对企业能力要求各不相同。

享乐性是彩色宝石产品普遍拥有的特征，受众范围广泛。精美时尚的首饰，就能够抓住年轻人的心。在地域上，无论是经济发达地区，还是普通的小县城，都可以利用人们的享乐性开展营销。高价值属性对经济实力要求较高，除了款式新颖以外，还要考虑产品材质和价格因素。随着产品的升级，生产成本占彩色宝石价格的比重越来越大，对企业的资金压力也越来越大，高价值必定会将一大部分消费者拒之门外，导致销售数量会大幅度降低，此时专业化市场进入方式比较合适。具有历史和传承属性的产品属于高端产品，价值较高，且数量较少。这层次的消费者大都具有较好的受教育背景，收入水平较高，因此这类消费人群需要企业认真筛选。在地域、年龄层次、受教育背景等方面，运用消费者画像仔细分析他们是谁、在哪里、要什么。企业要根据自身实力和目标，选择适当的专业化或集中化目标市场覆盖模式。

14.3.4　基于 4H 理论彩色宝石市场定位

在彩色宝石目标消费群体中塑造与众不同的形象，形成独特的个性和识别，通过市场定位实现差异化经营。日本经济评论家大前研一认为企业定位需要考虑三种因素：企业自身实力、竞争对手和消费者偏好。从 4H 理论视角出发，深入考察消费者偏好是定位的基础工作。再看市场上，能够满足消费者类似需求的竞争企业，其产品特征是什么，强项和不足分别是什么。接下来企业需要调动企业内容资源，创造出市场上目前没有或做得更好的产品，从而和竞争对手拉开距离，打造经营的差异性。

高端珠宝领域中，梵克雅宝、卡地亚都属于历峰集团，服务于高端顾客。但是两者的经营各有特色，分别对应不同的消费市场，经营差异化十分明显。从 4H 理论角度看两个高端珠宝品牌，都具有满足消费者享乐、高价值、历史和传承的产品，但是市场定位中传承的内涵却不一样。梵克雅宝传承的是时尚、是自然元素，这一定位受到许多女士的认可。卡地亚传承了"皇帝的珠宝商，珠宝商的皇帝"及其历史和当代为社会名流、精英创造的隆重和庄严氛围，其产品表达出至高无上的尊贵和权威。这种定位的不同使得消费者群体不同，英国王室婚礼中凯特王妃佩戴了卡地亚的首饰作为结婚的重要见证，这样的消费选择更加符合卡地亚的 4H 定位。

14.3.5　基于 4H 理论彩色宝石营销组合战略

彩色宝石企业营销人员应基于 4 H 理论，系统地围绕产品、价格、渠道、促销四个传统组合要素精心策划。

1. 产品策略

基于享乐属性的产品策略。彩色宝石首饰基础功能是装饰消费者，能够满足消费者对美的追求，带来感官的享乐体验。彩色宝石首饰设计的时尚性，彰显的品位、经济实力、社会地位同样具有享乐性。企业必须设计出具有时尚、美感、个性化产品，才能让消费者产生美好的体验。产品的包装能给产品带来额外的附加值，作为礼物的彩色宝石首饰放在设计精美的盒子中，更能体现礼物的珍贵性和独特性。优美的购物环境和周到的服务，能给顾客提供好的体验，产品陈列方式和营业员对产品介绍熟练程度，都会让顾客购买的过程充满喜悦。我国的节假日比较多，每逢重要的节日要推出与节日题材相关的设计产品。农历七月初七是我国的情人节，利用好这个时机推出有中国文化特色的、神话故事题材的、反映爱情的产品，能够让顾客感受到我国文化的精髓。产品的创新以及围绕产品的服务、包装、环境、陈列的创新，都能够提升产品的享乐价值。

基于高价值属性的产品策略。对于想要投资、收藏的消费者而言，高价值能够带来更大的乐趣。品质好、做工好、稀有性高的彩色宝石产品，能够给企业带来寻求高价值的顾客。同样为 1 克拉的蓝宝石，矢车菊蓝宝石的稀有程度和价格水平要远高于颜色不理想的蓝宝石。顾客进入店面后，整体产品的档次通过观察就能够直接感受到，能够抓住看重高价值彩色宝石的顾客，要通过企业提升产品质量和服务来实现。

基于历史属性的产品策略。彩色宝石应有文化作为指导，而且拥有历史的先例作为消费的榜样。打造彩色宝石的历史价值，就要充分挖掘与之相关的历史典故。古代的诗词歌赋是很好的历史典故来源，"葡萄美酒夜光杯，欲饮琵琶马上催"，这句诗我国民众耳熟能详。这里的夜光杯是什么，有商家提出，经过考证得知，"夜光杯"是琥珀，并把这个故事告诉顾客。通过历史故事被顾客认识到琥珀，就能够激发顾客对这类宝石的需求。

基于传承属性的产品策略。文化传承是彩色宝石一项功能，通过将文化内化在产品中达到塑造产品价值的目的。欧洲的高端珠宝品牌，都会用产品讲历史上的传奇故事。故事的内容不仅包括产品工艺、制造技术、设计想法，还会包括爱国情怀等不同的思想内涵。卡地亚自始至终都在诉说历史，"皇帝的珠宝商，珠宝商的皇帝"已经变为路人皆知的卡地亚的品牌定位。有一部分消费者购买高端宝石的原因是想要成为这个传统的一部分。梵克雅宝的密镶技术是工艺的传承，这项工艺最初诞生在工坊里，精湛的工艺令世人叹为观止，因而用密镶工艺制造的彩色宝石首饰，变成了品牌的基因延续至今。

2. 价格策略

基于享乐价值的价格策略。彩色宝石首饰给消费者带来的享乐价值是定价依据，外观、品质、设计、品牌等因素带来的享乐价值越高，珠宝价格就会越高。现代社会满足人们享乐的方式越来越多，彩色宝石带来的享受要与其他方式产生竞争。消费观念能够主导消费心理，影响人们享乐方式的选择。企业要强化彩色宝石文化建设、消费观念引导，让更多的客户在消费彩色宝石中获得享乐，提高享乐价值带来的价格。通过灯光布置、观察宝石仪器、店面布局、服务水平的提升，让顾客拥有更多的享乐体验，获得更好的价格水平，提高产品竞争力。

基于高价值的价格策略。品质高的彩色宝石价格越高，营销高质量彩色宝石首饰能带来高售价。违反这一条原则，就会出现以次充好欺骗消费者的现象。品牌能够让产品产生溢价，高端彩色宝石产品在质量、工艺和设计上投入大量的人力、物力、财力，产生积极正面的社会声誉。品牌建设能够给消费者带来利益，消费者认为有品牌的产品应该比无品牌的产品价格高。高端珠宝品牌为了品牌形象，需要坚持维护品牌形象。应从原材料选择的标准着手，制定彩色宝石采购的品质要求、道德要求、环保要求等各项指标。然而，在市场不规范的时期，一些违规商家通过偷税漏税，采购来路不明的彩色宝石等方式节约成本，给消费者带来消费的道德风险。随着国际上越来越多的人对产品的道德呼声越来越高，高端珠宝品牌强化了产品的道德和社会责任（珠宝企业社会责任与营销道德详见第 17 章），树立积极正面的品牌形象。强大的彩色珠宝品牌、上乘的设计水平、丰富多彩的购物环境和服务体验，给高价值策略创造了空间。

基于历史价值的价格策略。彩色宝石的历史价值包括材质历史、品牌历史、设计历史、工艺历史等内容，注重传统价值的消费者认为历史要素具有更高价值。在社会快速发展的时期，人们内心有追求宁静的愿望，历史价值给了消费者一个心理安慰，帮助消费者实现这一愿望。历史价值需要时间的沉淀，要经过去粗取精、去伪存真的过程，可以预见，有历史价值的彩色宝石能够在未来依然保持高价值水平。工艺历史、材质历史、品牌历史，它们本质上给消费者提供很强的纵深感，通过消费获得心灵的疏导和价值感的慰藉。有历史价值的产品相比较其他产品，更具有竞争优势，企业在定价上也能够获得主导权。

基于传承价值的价格策略。高端品牌彩色宝石首饰都强调传承的重要性，设计元素、品牌内涵、文化渊源、客户关系甚至包装和外观都强调品牌的传承。在成熟的市场环境下，打造一个高端品牌需要历史的沉淀和坚持创新的精神。创新是在传承的基础上进行，要保持品牌固有的风格和精神内涵，让顾客在千变万化的产品中依然能辨识出其所属的品牌。传承造就了价值，而价值的认定是消费者的认可。有传承的产品，在定价上要体现出沉淀下来的精神所产生的竞争力，体现出价格排他性和顾客的认可度。

3. 渠道策略

基于享乐价值的渠道策略。门店风格影响顾客的购物体验，彩色宝石首饰的店面要在环境布置和产品陈列上下功夫。顾客光顾门店期待着好的服务，享受购物带来的沉浸式快乐。企业要围绕顾客的需求点营销，营造出轻松愉悦的购物氛围。营业人员的服务水平、行为举止都会影响顾客的享乐体验，提高服务人员的素质有利于吸引顾客到店消费。直播带货是一种新的购物方式，直播人员通过视频方式与消费者互动，本质上这也是一种深度的购物陪伴。直播带货能够让彩色宝石的消费者随时随地享受服务，不受地理空间的限制和时间的约束，通过直播人员详细讲解和演示感受彩色宝石的美。直播人员丰富的宝石知识储备也能够为消费者带来享乐体验，消费者在观看直播和参与互动等活动中增加知识。随着渠道类型越来越丰富，顾客获取享乐体验的渠道也在增加。抓住顾客的享乐需求设计渠道，才能让顾客参与营销过程。

基于高价值的渠道策略。门店是向顾客传达彩色宝石高价值特征的重要渠道，产品的档次、布局、设计、环境都能够传递高价值特征。国际高端珠宝品牌在主要的城市都设立了门店，向消费者证明产品的价值。抖音、微信、小程序也可以作为向顾客传递高价值的渠道，通过信息发布、短视频方式营造出高价值的氛围。

基于历史价值的渠道策略。顾客感知历史价值需要门店渠道的布置，把产品、工艺、品牌的历史展现给观众。线上、线下渠道配合的方式比较常见，新媒体渠道传递信息，通过微信、App、抖音把品牌历史的图文、视频传达给消费者，顾客会根据线上信息到店体验。

基于传承价值的渠道策略。彩色宝石的传承价值来自材质、设计、品牌、文化和财富等特征，在渠道选择上偏重可靠性。实体门店的服务水平能够影响消费者的认知，是评判产品是否具有传承价值的影响因素。私人关系是一个重要的营销渠道，具有传承价值的彩色宝石需要销售者具有很高的知识水平、强烈的道德感和可靠的人际关系。面对面服务能够产生信任，这一点是其他渠道无法相比的。珠宝的传承价值传递需要信任作为基础，认真负责的服务人员对营销的成功起到至关重要的作用。

4. 促销策略

依据 4H 理论，对促销活动，广告、人员推销、公共关系和营业推广都需要融入享乐、高价值、历史和传承四个属性。

基于享乐价值的促销策略。传达彩色宝石享乐价值的广告语，都注重通过图文和视频调动人的感官。通过隐喻、移情等表现手法，传达享乐给人们带来的好处。推销人员要把消费宝石的体验，用面对面沟通的方式传递给消费者。营销人员的情商、服务意愿、知识水平是传递信息的基础，适当运用沟通艺术让产品设计、工艺、品牌等价值发挥到极致。名人效应能够带来很好的效果，可以用广告代言人、身边的例子提升顾客享乐价值。通过开展公共关系和营业推广，建立与公众良好的关系，关心社区的发展和环境安全，通过为顾客让利等方式为顾客带来享乐体验。

基于高价值的促销策略。高端珠宝品牌会花费巨额资金拍摄产品平面广告和视频，高品质的视频和照片能够让顾客感知到彩色宝石的价值。广告设计的艺术水平和传达内容是体现高价值的关键。研究表明，颜色的明度、饱和度、色相会影响消费者对珠宝产品价值的感知，彩色宝石品牌很注重广告画面颜色的运用。通过广告、营销人员展示产品的质地、工艺，是塑造高价值的重要手段。爱马仕企业把工匠安排在店铺中现场工作，就是对品牌工艺、历史、价值理念的很好宣传。高价值彩色宝石注重格调和道德，关心社区发展和环境问题，在道德层面绝不允许出现瑕疵。蒂芙尼公司最早发现和推广了坦桑石，由于发现坦桑石矿工中有童工，公司决定放弃该品种宝石业务。高价值彩色宝石产品促销很少用打折手段，这种方式容易影响品牌形象。为了体现高价值，企业大多会选择采取价格因素以外的推广方式。例如，增加店面的艺术性把店面橱窗更新，或者开展一项社会性活动，都是高端珠宝品牌常见的推广手段。

基于历史价值的促销策略。高端珠宝品牌大多会强调历史要素，传达产品的创新型和价值。卡地亚曾经拍摄一部广告，通过主人公（一只豹子）的旅行，把卡地亚的历史呈现给观众：场景从巴黎变换到印度异国他乡，再到中国、俄罗斯等国家，反映出卡地亚产品曾经去过的地方、服务的社会精英阶层。历史必须是真实的才能让观众信服，特别是在互联网时代，如果选择欺骗顾客的故事，则很容易被揭穿。营销人员要具备一定的品牌知识，做品牌历史故事的讲解员，结合品牌的历史开展公共关系和营业推广，能够强化顾客对产品的认知。

基于传承价值的促销策略。彩色宝石传承价值要有历史的纵深感，广告的故事主要体现出宝石的稀有、珍贵、世代传承的特征。人类生生不息，文化绵延不绝在彩色宝石的运用中得以体现，皇室的奇珍异宝可以用来教育消费者传承的价值。现代的情感、文化中有很多元素和历史发生的过去一脉相承，极富同情心、共情的广告能够创造出文化、情感传承的强烈感受。营销人员促销过程中表现出的品牌认同感，历史纵深感、传承使命感，能够成为消费者产生传承动机的诱因。公共关系是产生大众认知的重要手段，与大众对品牌传承认知相符合的活动能够强化大众的品牌传承价值意识。卡地亚在故宫办了一场"修复时间的艺术"大型活动，参观的人络绎不绝。活动的主题是把卡地亚历史上维修的钟表在故宫博物院展出。当人们看到曾经是国外贡品的宫中钟表，数百年后再次走动时，感受到了很强的历史纵深感，卡地亚品牌的传承特征深入人心。同一时间，在钟表展的旁边卡地亚办了一场珠宝展，把历代皇室和贵族的珠宝中的精品展示给大众。这场艺术展让卡地亚的品牌形象更深入人心，参观群体中不少是儿童，他们长大成人后将会成为品牌的拥护者。在营业推广环节，邀请顾客参加活动给予美好的体验，是突破传统打折销售的新的促销方法。以传承为目的的营业促销是让公众认识彩色宝石的传承价值，而不是简单增加一时的营业收入。

本章小结

彩色宝石品种多，价格跨度大，但是在我国，相关市场对彩色宝石的认知还有待提高。产地特征是彩色宝石价值体系的重要因素，不同产地的宝石往往价格差异很大，因此国际市场上高档彩色宝石大多有产地鉴定证书。彩色宝石市场可以分为消费市场、投资与收藏市场两大类，市场充满机遇和挑战。通过教育和推广的方式让市场对彩色宝石产生认知，决定了彩色宝石的进一步发展。

彩色宝石的享乐要素包括颜色、内含物、色彩、净度、亮度、花纹、光学现象和文化内涵，这些要素能给顾客带来感官和心理体验。彩色宝石高价值是市场的表征，材质的质量、品牌和设计等因素都会让彩色宝石价格高昂。彩色宝石丰富的历史、品牌、文化、工艺等因素，让彩色宝石具有无与伦比的内涵。彩色宝石世代传承体现在价值传承、文化传承、情感传承等方面。基于4H理论制定彩色营销策略，才能有效指导企业的营销活动。

即测即练

自学自测　　扫描此码

思考题

1. 彩色宝石的价值由什么决定？
2. 彩色宝石消费者有哪些特征？
3. 如何选择彩色宝石细分市场？
4. 彩色宝石营销如何创新？

案例讨论

精美的碧玺宝石眼镜

2012年，在图桑国际珠宝展上，曾经的宝石和矿物展策划人——退休的约翰·怀特（John White）先生兴高采烈地拿出一个盒子，带上了设计师娜奥米·海因兹（Naomi

Hinds）为他制作的精美红碧玺眼镜。这是一副非常特别的玫瑰色眼镜，受到了约翰·怀特高度赞赏。那一年越来越多的社会名流佩戴这种眼镜，互联网上也相继出现了其他佩戴者，很快引发了一种潮流。这些眼镜最终卖给宝石爱好者成为私人藏品，这副首创性的红碧玺眼镜之后在宝石矿物博物馆大厅展出。第一副珠宝眼镜之后，设计师娜奥米还制作了各种各样的眼镜。她所有的作品都有共同的基因，能够成为有实用性的艺术品，在不失艺术价值的同时，还要佩戴舒适。娜奥米希望人们能够佩戴艺术眼镜，表现恒久的时尚态度，或是享受珠宝带来的愉悦和灵感。

越来越多的碧玺镜片激发她的灵感，由于镜片各具特色，必须改变工艺和工作方法才能做出产品。眼镜还要有耐久性，铰链、镜腿和鼻梁都要精心设计。由于碧玺重量相对较高，必须切片才能适合佩戴，但不能因此变得易碎。切割后的镜片要非常透亮，保持眼镜的正常功能，透过镜片能看清东西。这些苛刻的条件让每一副镜片的设计都非常复杂，需要不断创新。镜框采取金属丝编织工艺，完美匹配镜片。每一副眼镜仅制作就要花费 150 小时，并且彼此绝不重复，碧玺非常珍贵价格较高，项目的财务风险较大。创业之初，娜奥米不仅要对自己的艺术作品充满自信，还要有勇气。有人认为这个计划遥不可及，但她不以为然。这一设计被大肆报道引起了轰动，娜奥米随后受邀参展展示自己的作品，因此声名鹊起。自展览以后，娜奥米经常在不同款式的碧玺眼镜中融入各种宝石元素，探索采用其他一些令人兴奋的宝石材料制作镜片。2015 年年末，她采用墨西哥一种特殊的彩色宝石，这种宝石在阳光的照射下能发出罕见的光泽，这是由于镜片表面的紫外线激发出宝石蓝绿色的荧光。现在她已经与一个矿区合作，根据自己的规则定制切割镜片。她设计的琥珀眼镜也引起了强烈的反响，这些眼镜轻巧可爱且价格略低于碧玺眼镜。琥珀眼镜非常实用，佩戴起来极为舒适，清晰度高，失真度小，并且造型美观。娜奥米尝试采用碧玺和石英融入一副眼镜，石英晶片价格相对便宜且光学和物理特性更好，方便、实用且坚韧通透，双折率低，并且能够提供的色泽较多。娜奥米又将目光转移到黄玉宝石制作眼镜上，但是挑战很大。娜奥米与一些收藏家和粉丝建立了合作伙伴关系，娜奥米尝试各种材料，并表示对红宝石切割情有独钟。

讨论题：

1. 从碧玺眼镜案例中总结，如何增加消费者对彩色宝石产品的认知？
2. 从 4H 理论分析彩色宝石眼镜营销战略有哪些要点？

案例分析思路

第 15 章

翡 翠 营 销

本章学习目标：

1. 了解并掌握翡翠质量评价的基本方法。
2. 了解翡翠零售国内外市场分布情况。
3. 探讨如何结合 4H 理论与 4P 理论进行翡翠营销。

关键术语：

质量评估（quality assessment）；文化价值（cultural values）；市场规模（market size）；
营销策略（marketing strategy）

引导案例：

中国赌石第一案

在 2020 年年底，一宗涉案金额高达 8000 万元的赌石案件在网络媒体上曝光后引起了珠宝玉石行业内的震动。该案件起因于 2019 年 4 月，一位河北钢企的董事长花费 8000 万元购买了一块翡翠原石，但切割后发现其价值不超过 436 万元。买卖双方协商未果后，买家以诈骗罪名报警并起诉卖家，卖家最终被刑事拘捕。这起被称为中国赌石第一案的案件持续引发了业内人士的激烈探讨。

翡翠赌石是一种进行翡翠原石交易的独特方式，其吸引力在于蕴含的一夜暴富的刺激魅力，但是这种方式也伴随着高风险，因此行业内常说"一刀穷，一刀富，一刀穿麻布"。尽管赌石带来了巨大的投机机会，但更多的情况是倾家荡产的风险，因此需要高度谨慎。

资料来源：北京商报 https://baijiahao.baidu.com/s?id=1697622796442482791&wfr=spider&for=pc.

翡翠是人们熟知的玉石品种之一，在国内外均有其较为成熟的市场。相对于其他珠宝品种，人们对翡翠有着独特的需求特征。例如，文化元素和独特设计在翡翠营销中占据重要地位，成为翡翠营销的重要切入点。4H 理论从珠宝自身所具有的特征属性出发，因此，运用 4H 理论能够更深入地揭示翡翠的特性，从而使翡翠营销更好地满足人们对翡翠特征方面的需求，拓展翡翠营销新思路。

15.1 翡 翠 市 场

翡翠市场可以分为国内和国外两个主要部分。国外市场以缅甸为主要来源地，而国内市场则集中在云南、广东和河南等地。这些地区都是著名的翡翠交易中心，吸引了大量的买家和卖家前来交易。

15.1.1 国外市场

缅甸是全球翡翠的最大原产国，超过 90%的翡翠来自该国，因此也是翡翠交易的重要市场。在缅甸，开采的翡翠原石都必须接受缅甸政府和军方矿业的统一编号，并在拍卖前进行集中。每年定期会邀请世界各地的珠宝商前往缅甸首都（自 2010 年起为内比都，之前为仰光）参加估价竞标，其他途径的销售则被视为走私。

缅甸公盘是一种特殊的翡翠毛料交易方式。在公盘上，准备交易的物品会在市场上公示，并由业内人士或市场公议得出一个底价，然后在这个底价上进行竞拍。参加缅甸公盘的客商主要是从事翡翠生意的业内人士，其中近 80%来自中国，其余大多为缅甸人和泰国人。中国客商大多数来自广东、云南等地。公盘采取暗标和明标两种方式。暗标即不公开各竞价者的竞价，竞买商将竞买信息投入箱子中，竞买商彼此之间不知道各自的竞买物和竞买价。明标则是直接在起拍底价上公开出价竞争，价高者得。公盘的明标一般较少，公盘暗标竞买占 80%以上，甚至有的场次只有暗标，不设明标。缅甸政府从 1964 年开始，每年都会举办 3~4 次珠宝交易会。缅甸公盘的动向，如举办次数、原石交易金额、成交情况等都会对我国内翡翠市场产生影响和冲击。缅甸公盘是世界各大珠宝企业和珠宝商购买翡翠原石的主要途径之一。

国内从缅甸购买的翡翠原石和成品均需要缴纳关税。对于翡翠原石的进口，我国征收的关税非常高，高达 33.9%。其中包括 3%的毛料税、10%的消费税、3.9%的地方税以及 17%的增值综合税。由于高额的进口关税，许多商家选择将翡翠原料或半成品先流入菲律宾、泰国、印度等低关税甚至没有原材料进口税的国家，然后再通过简单的加工后变为成品，最终以高价进入中国市场。

到 1994 年左右，缅甸政府逐步放宽了对翡翠原料的管制。只要在矿区向政府缴纳商品贸易税，翡翠就可以自由交易并出口。因此，除公盘外，缅甸还有四种主要的翡翠交易形式：第一种是在翡翠矿区进行现场交易；第二种是通过几家大的翡翠珠宝公司进行贸易往来；第三种是在瓦城翡翠玉石交易市场进行交易；第四种是个人之间进行交易。

瓦城是缅甸第二大城市，由于距离翡翠矿区较近且交通便利，近年来已成为新的翡翠原料交易中心。整个交易中心分为翡翠毛料区、片料区、加工区、雕件区及成品区。翡翠戒面的货量较大，但加工质量一般，主要以中档货为主，且深色较多，高级货较少。此外，瓦城的翡翠珠宝交易中心货量较大，但加工粗糙，市场上真假难辨，存在一些不良商家，需要谨慎购买。

15.1.2　国内市场

国内较大的翡翠交易市场主要分布在云南瑞丽、云南腾冲、广州揭阳以及河南南阳等地。这些地方的翡翠交易市场规模庞大，吸引了大量的商家和消费者前来交易。

1. 云南瑞丽翡翠市场

云南毗邻缅甸，因此在翡翠市场方面也有着相对发达的优势。其中，瑞丽作为西南地区最大的内陆口岸和珠宝集散中心，地理位置优越，因此翡翠市场发展十分迅速。自20世纪80年代起，瑞丽珠宝交易市场便开始崛起，1992年全国第一条珠宝街就在这里建成。目前，瑞丽市内聚集了来自全国各地以及缅甸、巴基斯坦等国的珠宝商人，建成了珠宝步行街、姐告玉城、新东方珠宝城、国门中缅街水上娱乐园五大珠宝加工销售园区，拥有数千家珠宝企业和商铺。由于瑞丽的地理位置和珠宝市场的规模，许多翡翠毛料、半成品和成品都从这里源源不断地运往全国各地。

瑞丽市场的翡翠档次从低到高应有尽有，但也存在大量处理过的翡翠和仿制品。瑞丽的翡翠没有明确的标价，通常是通过自由议价的方式进行交易。不同的卖家对同一块翡翠的叫价可能相差很大，因此游客在购买时需要具备一定的翡翠知识，以免被坑骗。卖家通常会根据买家对翡翠的专业水平来决定开价。

珠宝步行街是一个主要以翡翠成品交易为中心的综合珠宝交易市场，由临街铺面、河南滩、手镯区和台丽卖场组成。姐告玉城是翡翠毛料进入中国的首站，也是中国西南地区通往东南亚和南亚的窗口和门户之一，是瑞丽最繁华的综合性交易市场之一，包括玉城、九彩翡翠城和顺玉珠宝城等。国门中缅珠宝街的对面就是缅甸，该市场的购货者大多是游客，许多缅甸商贩在铁栅栏的另一侧摆放摊位，通过栅栏进行简单的交易。华丰珠宝加工区规模较大，是瑞丽的一个大型翡翠加工市场，有数百家加工厂。

自清代以来，云南腾冲一直是贵族寻求贡品和翡翠的圣地，也是中国历史最悠久的翡翠加工和交易市场之一。然而，随着瑞丽等边境贸易市场的兴起，腾冲的地理位置相对瑞丽等地来说逊色一些，市场规模也比不上瑞丽珠宝市场。腾冲的翡翠市场规模不大，主要以旅游业为主，专业市场氛围相对较弱。主要的专业翡翠批发市场位于建设路商贸城，商贸城的批发市场主要以雕刻成品为主，同时也有一些手镯和戒面加工。除了固定的商铺交易，腾冲还有特色的赶集进行翡翠交易。每周一次的大型集会吸引了许多商家前来参加。翡翠交易早市在腾冲商贸城举行，除本地的玉器商人外，还有来自昆明、瑞丽、保山、大理等地的商家。

2. 广东翡翠市场

虽然广东不与缅甸接壤，但其在珠三角地区的地理位置和经济发展优势使其成为中国最大的翡翠集散地之一。广东的商家有远见卓识，将大部分资金、人力和物力用于深加工。经过多年的发展，他们逐渐形成了相对完整的产销链条。广东的四大翡翠批发市场在国内翡翠行业占据着重要的地位，它们分别位于广州、肇庆四会、佛山平洲和揭阳。

广东的翡翠交易市场以成品、半成品以及镶嵌饰品为主，种类繁多，四大批发市场各有分工，拥有各自特色的品类，为商家提供了方便的选择和往来。翡翠货品的交易以一手走为主，价格并不明确标出，买家会根据自己的预估价格在卖家准备的计算机上输入报价，根据卖家的回答判断交易是否达成。需注意，当卖家要求买家自行报价时，如果卖家接受了买家的报价，买家就必须以这个价格购买货品。批发市场主要以柜台形式进行租赁，与大商场不同，注重的是商品的展示和销售，环境装饰相对简单。

广东的翡翠市场在全国范围内有着广泛的影响力和知名度。虽然交易节奏快，议价空间小，但广东翡翠市场的规模和产销链条的完整性仍然是吸引众多买家和业内人士的重要原因。此外，广东的商家还注重深加工，通过提高产品附加值来增加利润，这也为广东翡翠行业的长期稳定发展提供了有力支撑。

广州的长寿玉器街是一条拥有上百年历史的古街，聚集了几十万户珠宝商，以经营各式各样的翡翠成品、半成品和原石为主，是广东四大翡翠批发市场中最大的销售集散地之一。在长寿玉器街，可以找到各种价位和风格的翡翠饰品，从低端到高端均有涵盖，价格和品质也相对较为透明，因此备受广大消费者和买家的青睐。

佛山平洲交易市场因其独特的加工翡翠手镯技术而声名远扬，主要包括玉器街、玉器大楼和翠宝园等部分。这里主要以批发手镯成品和半成品为主，其次则是成品挂件，品质从低到高都有。平洲交易市场规模较大，汇集了各地商家，包括从事翡翠买卖的人们，他们可能在此设立分销点。平洲以其精湛的手镯和玉扣加工技术而著名，其品种也相对较多。平洲原石主要通过玉石投标交易会进行交易，这类似于缅甸的公盘交易，主要以暗标和明标的方式进行交易。然而，也经常会发生一些不符合市场规则的事情，如拦标。拦标指的是料主为了让原料高价卖出，在得知投标价的情况下仍参与投标，这违反了公平交易的原则，主动权完全掌握在卖家手中。

肇庆四会是全国最大的翡翠加工基地，也是半成品产量最大的市场之一。该市场包括玉器街、天光墟、万兴隆翡翠珠宝城和四会国际玉器城。主要销售雕刻类半成品和成品挂件、珠子及部分摆件。四会天光墟的翡翠市场分为早市和夜市，其中早市以成品为主，夜市以半成品为主。该市场分为 A、B、C 三个区域，其中 A 区整体质量高于 B 区和 C 区。玉器街是四会最早的翡翠市场之一，也是唯一一个以店面为主的成品挂件批发区。万兴隆翡翠珠宝城是中国翡翠玉器专业市场首家公开承诺"全场 A 货，假一赔十"

的翡翠集散基地,以早市而闻名,整体质量高于天光墟。四会国际玉器城建立时间较晚,规模较大,主要销售中、低档翡翠挂件,议价空间较大,但交易量远不如几个老市场。

揭阳阳美翡翠以其工艺精美而在业内声名鹊起,虽然市场规模不大,但主要销售高档货,吸引了不少实力雄厚的商家在此成立珠宝公司,并在北上广深等地开设分店。除了高档翡翠,揭阳工艺也享有盛名。在翡翠界,揭阳工艺被誉为"精"的代表,精致、精细、精严。阳美因此得到了"中国玉都""亚洲玉都"的美称,这也与阳美独创的"公开股份制"和加工工艺的创新有重要的关系。"公开股份制"是指在一块翡翠原石切割开之前,许多商家都可以自由参股,在没有合同和协约的前提条件下,参股的商家共享盈利或共同分担损失。正是在这样的创新下,阳美商户能够融合充足的资金到缅甸购买第一手的原料,减少了中间商的成本,使得阳美商家在翡翠产业链中占据了更为有利的地位。

3. 河南南阳翡翠市场

河南南阳是中国独山玉的主产区之一,因此玉器市场也在这里发展得相对较好。其中,南阳市镇平县的石佛寺逐渐成为国内最大的玉器加工和交易市场之一。除翡翠外,石佛寺批发的玉器种类还包括其他各种玉石,如和田玉等。翡翠主要以手镯、挂件为主,但仅占整个玉石市场的一小部分。石佛寺玉石交易中心以早市为主,但也有白天进行交易的市场。南阳的玉雕工艺也很出名,自古就有"玉雕之乡"的美誉。

15.1.3 翡翠产品评价

众所周知,钻石的质量分级和价格评价都有一套固定的 4C 分级标准。然而,翡翠的质量评价标准并不像钻石那样固定。一般来说,翡翠的质量评价通常从以下七个方面进行。

1. 颜色

翡翠商贸中最重要的方面是翡翠的颜色,同时也是进行质量评价的关键因素。翡翠是以硬玉为主,由多种细小矿物组成的矿物集合体,因此翡翠的颜色变化多端。商贸中常见的翡翠颜色有各种不同色调的绿色、紫色、红色、黑色、白色和无色等。

商业上常用"正、浓、阳、匀、和"五个方面对翡翠的颜色进行评价。"正"是指翡翠颜色的色调,即翡翠的主色调一定要纯正,如正绿色、翠绿色或紫罗兰色。如果翡翠掺杂了其他色调,则称为"偏色",一般是偏蓝色、偏黄色或偏灰色。"浓"是指翡翠颜色的饱和度。通俗地讲,同一色调的翡翠,饱和度越高,颜色看起来越深。最优质的绿色翡翠应该是浓淡适宜的翠绿色。"阳"是指翡翠颜色的亮度,在饱和度相差不多的情况下,亮度越高,颜色越鲜艳。"匀"是指翡翠颜色分布的均匀程度。翡翠的颜色呈点状、丝状、团块状分布,颜色分布越均匀,其价值越高。"和"是指翡翠不同颜色分布的和谐程度。例如，绿色、红色、紫色分布和谐时，可称作"福禄寿"。

翡翠中最普遍的颜色是绿色，但由于其组成矿物和含量的不同，形成的绿色也各有差异。根据实际色调，绿色翡翠通常被分为翠绿、黄绿、蓝绿、油青四种类型。翠绿指正绿色到略带蓝色调的绿色，没有黄色调，是翡翠中比较珍贵的品种，如帝王绿、祖母绿、艳绿色等。黄绿指带有不同程度黄色调的绿色，颜色比较鲜艳，如黄阳绿、葱心绿、鹦哥毛绿等。蓝绿色指通常带有一定灰色调的绿色，颜色明度较低，是翡翠中比较常见的绿色。油青指带有深灰褐色调的绿色，颜色明度较低，比较沉闷。根据颜色形态的分布，绿色翡翠还可以分为点子绿、疙瘩绿、丝片绿、靠皮绿等。

随着翡翠市场的扩大，近年来，紫色和红色翡翠也受到了一批人的喜爱和追捧，但在价格评价上还没有一个公认的标准。一般来说，翡翠的价格评估仍以颜色的纯正程度为主要判断因素。

2. 结构

翡翠的结构是指它所包含的矿物成分的颗粒大小、形状和它们之间的结合方式。通常翡翠的结构呈纤维交织状，矿物组成颗粒越小，它们之间结合得越紧密，那么翡翠的结构就会越细腻，价值也越高；相反，如果颗粒越粗大，结合越松散，翡翠的结构就会越松散和粗糙，质量会越低。

根据矿物颗粒的大小，翡翠的结构可以分为四个级别：粗粒、中粒、细粒和微粒。当矿物颗粒的大小小于 0.2 毫米时，翡翠呈现微粒结构，肉眼无法看到颗粒的组成；当结晶颗粒大小为 0.2～1 毫米时，翡翠呈现细粒结构，肉眼不易看见；当结晶颗粒大小为 1～2 毫米时，翡翠呈现中粒结构，肉眼可见矿物颗粒的组成；当结晶颗粒大小大于 2 毫米时，翡翠呈现粗粒结构，肉眼易见豆形颗粒的结构。

3. 透明度

翡翠的透明度被称为"水头"，是指光线在翡翠中传播的距离。行业中用"分"来表示透明度，其中光线渗入翡翠达 9 毫米为三分水，达 3 毫米为一分水。透明度还可以用水长、水短来描述，但由于光线强弱的影响，水头的长短只能提供参考价值。透明度的不同直接影响翡翠的外观，透明度好的翡翠看起来柔和温润，价格更高；透明度差的翡翠则显得呆板，没有灵气，质量也差。根据透光程度，翡翠透明度分为五个级别：透明、亚透明、半透明、微透明、不透明。

透明度对于翡翠来说，可以起到衬托颜色的作用，使翡翠看起来结构质地更加细腻。行业中也将透明度称为"映照"，"映照"一词在翡翠行业中一般是指翡翠表面的反光效果。翡翠映照最为有利的是半透明的翡翠，在半透明的翡翠中，通过色斑的光线经选择性吸收后显示为绿光，不直接射出翡翠，而是被翡翠的矿物颗粒反射后，将色斑中的绿色带到无色或浅色的区域，使呈色范围变大，颜色变得更明亮。

4. 净度

翡翠的净度特征是指影响其外观完美性的各种现象，包括内部特征和外部特征。内部特征，如石花含量，会影响净度。石花是指翡翠中团块状的白色絮状物，大量石花会直接影响翡翠的透明度，对透明翡翠的品质影响更为明显。外部特征，如石纹、裂纹等，直接影响翡翠的外观，对品质的影响很大。

翡翠的净度等级可以根据肉眼下能否观察到净度特征以及净度特征的明显程度分为五个等级。极完美等级是指质地透明，肉眼下看不出或很难看出净度特征。完美等级翡翠透明—亚透明，仔细观察不易看出净度特征，不存在裂纹。较完美等级是指半透明及以上，可见较小的净度特征，包括小裂纹。一般等级指透明度不限，净度特征明显易见，包括裂纹。差等级是翡翠透明度不限，但净度特征非常明显，包括存在较多的裂纹。

5. 质地

翡翠的质地是指翡翠的透明度和结构的组合，影响翡翠的外观和品质。根据透明度和矿物颗粒大小及其相关关系，可将质地分为多种不同类型：玻璃地、藕粉地、水粉地、粉地、瓷地、冰地、冰豆地、水豆地、豆地、石地、化地等。玻璃地翡翠具有透明度很高的特点，矿物颗粒结构细小，质地均匀无杂质，价格较高。冰地翡翠透明度也很高，有云雾感，结构中粗粒，质地均匀但可见不明显的杂质。水粉地翡翠为半透明，矿物颗粒结构细小，质地细腻，透明度介于藕粉地和粉地之间。瓷地翡翠呈现微透明到不透明状态，矿物颗粒结构细小，质地较细腻，透明度较差，外观像瓷器。豆地翡翠为半透明到不透明状态，矿物颗粒结构粗大，肉眼可见明显的矿物颗粒。石地翡翠不透明，矿物颗粒结构粗大松散，品质最差。不同质地的翡翠在外观和价格上也存在明显的差别。

6. 重量及工艺

翡翠的质量评价是一个综合性的过程，重量虽然是其中一个因素，但并不是唯一的决定因素。优质的翡翠在稀有性方面表现突出，因此重量大的块体未必就是优质的。实际上，对于所有的玉石饰品而言，重量并不是计价的主要依据，品质才是最重要的评价因素。唐太宗曾经强调过玉石的工艺和技艺对于玉石的价值影响很大，这表明了工艺对于翡翠的重要性。评价翡翠的工艺主要考虑雕琢的精细程度和抛光工艺。翡翠的雕刻工艺在不同的集散地有所不同，因为不同的翡翠品质也各不相同。一些著名的集散地工艺雕刻包括揭阳工、扬州工、广州工、福建工以及次一点的河南工。现在，随着技术的发展，一些机械工具也可以用于翡翠雕刻，但是机械雕刻并不能像人工雕刻一样细致，因此好的玉料需要有优秀的工艺大师进行精细加工才能发挥出其最大的价值。

7. 翡翠的种

翡翠的品种通常被称为"种"，是按照翡翠特定外观和质量的差异进行的分类。品种实际上是翡翠特定的品质要素的组合，即颜色、结构、透明度、质地和净度。颜色是最重要的品质要素之一，而结构和透明度则是评价翡翠质量的重要指标，质地和净度也会影响翡翠的整体品质。

老坑种翡翠是一种高质量的翠绿色翡翠，呈现正浓阳匀和，质地细腻，透明—半透明。透明品种被称为老坑玻璃种，是最高档的翡翠品种之一。冰种翡翠是一种白色或近白色、透明—亚透明的高档翡翠。花青种翡翠呈现浓艳的花布状，颜色分布不均匀，质地可以粗糙或细腻，底色可以是不同程度的绿色。花青种又可以分为豆底花青、油底花青和马牙花青等。芙蓉种翡翠颜色为淡绿色或浅绿色，半透明—亚透明，中粗粒结构，质地比豆种细腻，可以分为鲜阳芙蓉种和花青芙蓉种。金丝种翡翠的颜色为绿色或阳绿色，呈丝状分布，亚透明—半透明。豆青种翡翠颜色为带蓝色调的绿色，颜色分布较均匀，中粗粒结构，透明度差，品质较低。飘兰花种翡翠是一种亚透明—半透明的无色翡翠，具有灰蓝色或灰绿色的绿辉石色带。瓜青种翡翠呈现瓜皮颜色的蓝绿色，分布均匀，多为中细粒结构。紫罗兰种翡翠中，浅紫色的翡翠称为紫罗兰，分为粉紫、茄紫、蓝紫三种色调。红翡是一种颜色为褐黄—褐红色、透明度较好具有较高价值的翡翠。墨翠是墨绿色，肉眼看趋近于黑色，不透明，在透射光下呈蓝绿色，半透明—微透明，质地细腻均匀的翡翠。双彩翡翠同时只出现翠绿、紫罗兰、红翡中任意两种颜色的翡翠。福禄寿翡翠是同时出现翠绿、紫罗兰和红翡的三种颜色的翡翠。

翡翠的质量评价是一项相当复杂的工作，需要一定的基础理论知识和实践经验。评估时不能单看某个要素，而应该综合以上七个要素的实际情况进行判断。在购买和销售翡翠时，决定价格的最重要因素是翡翠本身的品质和质量，即上述七个要素的综合考量。因此，对这七个方面要素的介绍，有助于翡翠商贸者进行最基本、最重要的判断，也为广大翡翠爱好者提供翡翠基本知识，为翡翠交易提供基础保障。

15.2 翡翠营销中的玉文化与设计

作为一种代表性的玉石品种，翡翠承载了丰富的玉文化内涵，因此在翡翠的营销过程中，玉文化是不可忽视的重要元素。在前文中提到，工艺是翡翠评价的七大要素之一，好的玉料需要经过优秀工艺大师的精心雕琢，才能成为一件完美的翡翠作品。在七大要素中，只有工艺是后天人为雕琢的，因此具有极大的营销空间。本节将从翡翠的玉文化和设计两个层面来探讨翡翠营销。通过对翡翠文化内涵的挖掘和提炼，可以将其融入翡翠的营销中，营造出更具吸引力和感染力的翡翠品牌形象。翡翠的设计也是翡翠营销中不可或缺的一环，好的设计可以将翡翠的魅力最大化地呈现出来，吸引更多消费者的目光。通过玉文化和设计的融合，可以为翡翠营销提供更加全面和深入的思路和方向。

15.2.1 翡翠的文化营销

翡翠作为一种具有商业价值的商品，不仅具备商品属性，还具有独特的玉文化价值。

在中国，玉文化历经 8000 载，而如今翡翠已是国人最钟爱的绿色宝石之一。除了重视翡翠自身的品质，将玉文化融入翡翠营销中不仅能够提炼独特的卖点，还能宣扬和传承民族文化。由于翡翠原石没有一模一样的两块，经过工匠的精雕细琢后，成品翡翠具有多种多样的款式和形态。这些翡翠成品赋予了新的内涵，即人文价值，不同款式的翡翠所表达的内涵各不相同，但都传承了中国特有的玉文化，成为国人一种精神的寄托。因此，从玉文化和设计两个层面探讨翡翠营销能够更全面地展现翡翠的价值和意义。

中国的玉石文化贯穿了几千年的历史，是中华文明中重要的组成部分。考古学家发现，最早出土的玉器来自中国内蒙古的兴隆洼文化，可以追溯到公元前 5000 年左右。中国是全球最早使用玉石的国家之一，也是玉石文化持续时间最长的国家之一。从古至今，中国人民一直欣赏和推崇玉石的美丽，赋予了它们丰富的象征意义和精神内涵。

中国的玉文化与中国人自古以来追寻的儒家文化有密切的关联。儒家文化以"仁"为中心思想之一，崇尚君子端方，常把君子德比作玉，有君子温润如玉一说。虽然此处的玉多指和田白玉而非翡翠，但翡翠作为"他乡之石"从发现到流行至今不过数百年时光，这一过程仍然和玉文化相呼应。在翡翠从缅甸传入古代中国前，和田玉一直在玉石界中占据主导地位。有史料表明，翡翠是在明朝以后传入中国，到清代时达到繁荣阶段。清朝乾隆时期，乾隆皇帝对于翡翠十分喜爱，因此翡翠的价值得到了极大的提高，在市场上甚至可以和和田玉相媲美。清代末期，慈禧太后偏爱翡翠，在她的殉葬品中可见许多翡翠饰品。因此，翡翠在宫廷内形成一种潮流趋势，并且逐渐流向民间大众，人们不再竞相追逐白玉，绿色的翡翠成为一种新潮流，其价值也不断提升。

虽然翡翠并非古代中国的传统玉石，但它在中国的发展历史与玉文化密不可分。从宫廷贵族到民间大众，翡翠在中国得到了广泛的认可和喜爱。翡翠独特的绿色和纹理，加上工匠的精雕细琢，让翡翠具有极高的艺术价值和文化内涵。在中国的文化传统中，翡翠代表了美好、吉祥和幸福，成为许多人心目中的瑰宝。因此，将玉文化和设计元素融入翡翠营销中，不仅能够提炼独特的卖点，更能宣扬和传承民族文化。从玉文化和设计两个层面探讨翡翠营销，能够更全面地展现翡翠的价值和意义。在玉文化方面，翡翠作为中国古代文化的代表之一，拥有丰富的历史文化内涵，代表着中华民族的传统审美和价值观念。在设计方面，翡翠的多样性和独特性为营销带来了无限的可能性，通过不同的设计风格和工艺，翡翠可以呈现出各种不同的形态和风貌，以迎合消费者的不同需求和口味。同时，将翡翠和中国文化相融合，能够让消费者更加深刻地感受到翡翠的文化内涵和情感价值，从而更加珍视和喜爱翡翠这一中国特有的文化宝藏。

在翡翠营销实践中，结合 4H 理论突出翡翠的历史背景、传承和文化内涵来增加产品的附加值。例如，讲述翡翠的产地和采掘历史、翡翠在古代宫廷中的地位和用途、翡翠在不同历史时期的流行趋势等等，都能够让消费者更好地理解和认识翡翠，并对其产生更深层次的认同感和情感认知。将历史文化因素融入翡翠设计中，通过翡翠配件的造型、雕刻、镶嵌等细节来展现翡翠的文化内涵和历史底蕴，从而增强产品的文化价值。

15.2.2　翡翠的设计营销

在市场上，我们可以看到翡翠的款式设计大致为手镯、挂件、吊坠、戒指、耳环等。然而，对于翡翠的雕刻样式来说，并不是随意而为的。每种翡翠挂件雕刻样式都具有其独特的内容和含义，与一些传统文化或民间习俗息息相关。因此，无论是商家售卖翡翠还是顾客购买翡翠，都需要了解一些基础图案的内涵。

俗话说"人养玉三年，玉养人一生"，这说明了人们佩戴玉饰除了美观好看，还抱着玉饰能寓意吉祥的美好愿望。对于消费者来说，翡翠的矿物组成、致色原因等方面对他们并没有较大的吸引力，而雕刻样式中所包含的意义往往能引起他们的兴趣，提高交易率。

在翡翠的雕刻样式中，各种图案都蕴含着深刻的文化内涵。例如："福"字代表着幸福和吉祥；"寿"字则寓意长命百岁；龙凤图案象征着吉祥、荣华富贵；而蝴蝶则是美好爱情和幸福生活的象征。此外，还有如菊花、梅花、石榴等寓意吉祥的图案，这些图案不仅在翡翠中常见，而且在传统文化中也有广泛的应用。

梅兰竹菊：被称为"花中四君子"，自古以来就是中国人感物喻志的象征。梅花有五瓣，可比作五福临门；兰花象征高洁、美好的品质；竹常用来比作节节高升；菊花有吉祥长寿的意思，可与松柏搭配，寓意松菊延年。

树叶：常见的各式各样的叶子状翡翠可寓意成家立业（叶）、事业（叶）有成。

花朵：各种不同品类的花不仅体现了外观上的美丽，还可代表花开富贵之意。

生肖：根据中国十二生肖设计，每个人都可以找到自己对应的生肖动物样式。

貔貅：貔貅是中国古书记载和民间神话传说中一种辟邪的凶猛瑞兽，寓意辟邪、镇宅等。

喜鹊：喜鹊在民间认知中是传播喜事的一种鸟，代表了吉祥如意，通常雕刻为两只喜鹊，代表好事成双。

葫芦：最常见的雕刻之一，寓意吉祥、福气满满。

白菜：一般为翠玉白菜，寓意子孙满堂和吉祥如意。最著名的就是中国台北故宫博物院的镇院之宝——翠玉白菜，其上还雕刻有两只螽斯和蝗虫，寓意多子多孙。

人物：最常见的有各式各样的观音与佛，如观世音、千手观音、南海观音、释迦牟尼佛、弥勒佛等；还有其他各类神话人物，如八仙过海、关公、南极仙翁、童子等。此类人物雕刻一般寓意为保平安、吉祥如意、事事顺心、逢凶化吉等。

以上不同雕刻样式代表着不同寓意，涵盖平安、寿禄、富贵、吉祥、品德、事业及家庭美满等，是人们普遍的期盼和向往。因此，为了更好地营销翡翠，商家需要了解和挖掘这些图案背后的文化含义，并将其融入产品设计中。这样可以为翡翠产品增加附加值，吸引更多的消费者。同时，对于消费者来说，了解这些图案的内涵也可以使他们更愿意购买并佩戴具有文化内涵的翡翠。翡翠营销中充分挖掘、彰显这些美好寓意的设计，贴合大众需求心理，强化大众购买行为，提升翡翠营销效果。

15.2.3　基于 4H 的翡翠营销策略

在翡翠的营销中，4P 理论仍然具有重要的作用。同时，结合 4H 理论可以更全面地探讨翡翠的营销策略，以下分别从产品、价格、渠道、促销四个方面进行讨论。

1. 产品策略

自翡翠引入我国以来，它以颜色丰富、质地多样的特点获得人们的喜爱。翡翠作为传统的宝石材料，蕴含着玉文化的底蕴，代表了历史和传承。因此，在翡翠的营销策略中，4H 理论仍然具有重要作用。基于 4H 理论的翡翠产品策略需要从翡翠的材质特征和玉文化内涵入手，挖掘出高价值、享乐性、历史和传承等特点，并制造出符合消费者需求和品位的产品。

翡翠的高价值不仅体现在材质本身，还体现在社会价值、精神价值、资源稀缺等方面。由于矿区关闭和资源不可再生性，翡翠产品的价值也逐渐上升。翡翠的颜色、质地、等级等因素会影响其价值，因此，具有高收藏价值的翡翠通常会出现在拍卖场上（图15-1）。佩戴高档翡翠首饰不仅能够为消费者带来社会地位上的价值，还能彰显尊贵地位。在中国消费者中提到玉，第一想到的一定是绿色的翡翠，翡翠所代表的平安如意的精神价值早已深入人心。因此，在翡翠的营销中，需要充分发掘其社会价值和精神价值，并将这些价值融入产品的设计中，以创造更高的价值。

图 15-1　翡翠珠、红宝石及钻石项链
资料来源：佳士得拍卖网站
https://www.christies.com/features/
top-10-jadeites-sold-at-christies-10129-
1.aspx?sc_lang=zh-cn

尽管翡翠饰品并非必需品，但消费者仍主要出于享乐心理购买。购买翡翠不仅能带来个人满足和愉悦，还能获得社会认同和羡慕，满足炫耀和优越感。作为社交动物的人，消费者更容易受到从众、独特等心理影响，因此营销者应该利用这些心理特征来推销翡翠产品。在产品设计方面，选择特殊的材料和工艺，生产出惊艳的作品，如图 15-2 和图 15-3 所示。除了传统的翡翠珠宝题材，如佛像、树叶、动物造型和花卉图案，现代珠宝设计可以融合更多元素，以使设计更加多彩。翡翠做成卡通形象、电话机、鞋子等非常奇特的形象，如果使用得当，会产生很好的效果。有个有趣的例子，年轻的设计师把翡翠和其他材质结合起来，使用翡翠和玛瑙制成一套桶，再在圆桶上撒上珍珠，取名为"饭桶"，非常有趣。此外，许多企业也大胆使用更多的黄金等金属材质。翡翠的温润、多彩和金属相结合，能够产生出极具表现力的时尚感。在清代，翡翠、黄金和珐琅制作的首饰就受到人们的喜爱。这些传统技艺可以为现代翡翠首饰创意带来启示，融入更多的元素来创造出美轮美奂的作品。

图 15-2　昭仪之星

资料来源：腾讯网 https://new.qq.com/omn/
20220123/20220123A0271G00.html

图 15-3　翡翠小海龟

资料来源：https://www.zcool.com.
cn/u/280102

　　历史和传承是翡翠作为玉石的重要特点，商家可以结合自己的品牌理念开发新产品。将翡翠代表的历史文化价值与品牌理念相结合，为产品赋予独特的神秘和情感色彩，提高产品的品牌价值。在宣传翡翠产品时，可以通过产品的雕刻形象向顾客展示其中蕴含的历史故事和文化意义。针对吉祥如意的饰品雕件意义，抓住消费者渴望幸福和好运的心理，以此提高他们的购买欲望。另外，在翡翠产品的传承方面，还可以利用技艺传承宣传，结合雕刻工艺的历史进行营销。在婚嫁、生日等特殊场合，国人会选择具有传承意义的珠宝首饰。对于消费者来说，产品本身的使用价值并不是最重要的部分，更重要的是这件珠宝首饰所象征的意义。因此，营销者应该宣扬翡翠的文化价值、吉祥象征和传承意义等，让消费者对产品产生更深刻的认同感。

　　企业努力传承文化并创新翡翠产品，结合历史技艺研发产品，能够创造出独特的竞争优势。例如，昭仪翠屋应用传统的花丝镶嵌技艺，推出了多款主题鲜明的产品（见图 15-4）。另外，与国际设计师合作开发花丝镶嵌产品，是推动传统文化和技艺创新发展的新方式。这种方式能够使企业生产出符合当代文化的新产品（见图 15-5）。

图 15-4　花丝镶嵌翡翠

资料来源：昭仪翠屋 https://
weibo.com/u/1895509021

图 15-5　K 金镶钻、彩宝无色玻璃种翡翠

资料来源：昭仪翠屋 https://weibo.
com/u/1895509021

2. 价格策略

　　翡翠的价格策略主要体现在其历史传承和文化背景方面，翡翠产品曾为名人所拥有或所属的高级品牌都能为其带来溢价效应。名人效应通常主要体现在拍卖市场上，吸引一些收藏家购买。翡翠消费市场主要集中于亚洲中国地区，知名翡翠品牌虽有，但相对于钻石和黄金等品类，其知名度较低。翡翠的价格主要受到其自身品质等级的影响，消费者在购买时更加注重翡翠的质量等级。因此，企业可以通过加强翡翠产品的品质控制和产品创新，提高其竞争力和市场占有率。

翡翠雕件的价格不仅与翡翠本身质量有关，工艺也是价格的决定因素。例如，将翡翠雕琢成吉祥图案，不仅提高了其寓意价值，还可以去除或遮盖瑕疵部分，从而提高产品价格。出自知名雕刻师的翡翠因提高了艺术价值，价格也会得到提升。艺术设计对于翡翠价格的提高也有重要影响。例如，观音、玉佛脸上的表情，雕刻越精细、表情越生动吉祥，价格越高。此外，还要注意是手工品还是机器制作品：手工雕件比较精细，人物比较生动，脸上表情都有所体现，通常会见到牙齿；机器制作往往很死板，表情很不自然，而且机器是批量制作，模具相同，遇到完全一样的雕件就要注意是否为机器制作，且通常见不到牙齿。此外，手玩件的体积相对较大，主题也较多，如貔貅、蝉、金蟾、关公等。营销者可以抓住"世上没有两块一模一样的玉"的特点，提高翡翠产品的独特性，从而提高价格。

翡翠产品的价格在享乐方面主要体现在满足消费者的心理需求上。对于寻求吉祥意义的消费者来说，价格可以设置为带有吉祥意义的数字，如 6、8 等，在满足消费者心理需求的同时，也能提高产品的独特性。对于想要彰显社会地位、满足炫耀性心理的消费者，高价位的翡翠产品更能适应此类群体，因而采取高价策略更为适合。而对于只是想满足个人佩戴需求的消费者，其享乐程度只局限于满足个人的欢愉心理，此类翡翠产品的价格不宜过高，以满足消费者的需求并保持合理的价格水平。

3. 渠道策略

随着科技的发展，现在可以通过多种渠道购买翡翠。对于具有历史和传承属性的翡翠来说，它们的销售渠道通常是各大拍卖行，可以通过公开拍卖或私人订制购买。这些翡翠产品销售渠道比较固定，价格较高，流通范围较小。而适合日常佩戴、价格较低的翡翠产品通常在各大商场、门店或网络平台上出售。电子商务的普及，为消费者带来了便利，越来越多的消费者选择在网上购买翡翠。

为了满足消费者的享乐属性需求，销售渠道应该注重便利性和购物体验。针对这类产品，销售渠道应该强调产品的美观性，让消费者能够感受到产品的质感和触感。销售过程中要考虑消费者的购买便利性和购物体验，如提供退换货服务、免费试戴等。此外，营销者还可以开设体验店，提供更加互动和个性化的服务。针对价格较低的翡翠产品，电商零售和直播销售已经成为越来越流行的销售渠道，可以满足个人消费者的需求。因此，综合来看，销售渠道应该结合产品属性和目标消费者的需求来进行选择，门店、线上销售、电商零售和直播销售都可以是销售翡翠产品的合适渠道。

高价值的翡翠产品通常不适合在线上进行交易，而是更适合线下面对面进行交易。销售渠道的设计应该突出其高价值的来源，如有名的设计师、著名的产地、产品本身的高品质等，营造高端的氛围和购买体验。线下销售渠道可以考虑在高端商场、珠宝展览会、艺术品展览会等场合进行销售。同时，销售过程中应该注重客户的个性化需求，提供专业的咨询和服务，帮助客户做出明智的购买决策。

4. 促销策略

基于4H理论的促销策略，主要包括围绕体现翡翠高价值、享乐性、历史传承意义的广告、公关、促销等行为。

翡翠产品与一般珠宝产品不同，常用的满减、折扣等促销方法并不适用于大多数翡翠产品。赠送礼品、会员积分等促销方法只适用于少数低价格的翡翠产品，因为消费者主要购买翡翠是为了其享乐属性。高价值的翡翠通常以"一口价"成交，品质是购买的关键，品牌属性不如产品本身的品质重要。因此，对于翡翠的促销方式较为有限。最近兴起的翡翠直播售卖中，先报高价再往下降价的促销行为只适用于不懂翡翠鉴定的买家，这种行为可能存在营销伦理问题。

对于翡翠的广告宣传，应该注重展示其历史文化价值。重点宣传翡翠作为中国玉文化的代表，所蕴含的吉祥平安寓意以及佩戴翡翠所彰显的个人优雅气质。视频广告可以加入名人故事，突出翡翠的高价值、历史和传承等属性。图文宣传可以从享乐属性出发，展示翡翠给个人带来的满足感、愉悦感以及在社交场合中获得的独特感、尊重感等。目前市场上缺少像周大福、周大生等著名翡翠品牌，因此，对品牌和产品系列自身的宣传还比较缺乏。要想做好翡翠营销，就必须聚焦于品牌建设，树立翡翠品牌形象，对翡翠品牌的塑造和宣传是至关重要的。

公关是企业营销的另一种方式，良好的品牌企业形象能够提高公众对于企业的认知与印象，进而提高翡翠产品的销售。营销者可以结合翡翠的历史传承属性，开展文化活动，如翡翠展览、翡翠知识科普讲解等，既宣传了翡翠文化，也提高了企业知名度和品牌形象。此外，企业可以结合公益活动对品牌进行宣传，让消费者感受到购买品牌产品的社会价值，进而实现自我价值，同时也能提高品牌影响力和社会形象。

本章小结

我国市场流通的翡翠大多来自缅甸，这使得这个玉种具有国际市场的特征。国内翡翠市场分布主要在云南、广东、河南等地。翡翠质量是产品价值的基础，本章首先介绍了翡翠分级评价的标准，以帮助营销者和消费者基本判断翡翠的质量。接着从4H的高价值、享乐、历史、传承四个维度，结合翡翠营销的4P分析了产品、价格、渠道、促销策略。翡翠具有瑰丽的色彩和丰富的文化内涵，翡翠产品的设计是依托翡翠的材质和历史文化不断创新和发展。继承传统历史和文化，融入当代风格和要素是翡翠创新的重要途径和方法。营销者可以通过开展文化活动，如翡翠展览和翡翠知识科普讲解等，宣传翡翠文化，提高品牌知名度和形象。

即测即练

思考题

1. 文化价值及设计在翡翠价值中有什么意义?
2. 国内翡翠零售市场经历了哪些重要变化?
3. 4H 理论在翡翠营销中是如何应用的?

案例讨论

新兴翡翠电商平台——对庄翡翠

随着网络零售的兴起和发展,传统的单一线下经营模式已经无法满足珠宝商贸的需求。因此,许多商家已经开始采用线上、线下相结合的经营模式。翡翠电商平台也如雨后春笋般纷纷涌现。其中,对庄翡翠电商平台是一个供翡翠买卖家交易的平台,商家可以在上面注册开店售卖翡翠,类似于淘宝的经营模式。无论是个人还是商家都可以直接在手机上,利用对庄翡翠 App 进行翡翠购买、转售、代理等交易活动。除此之外,对庄还提供证书查询、翡翠鉴定、翡翠估值等功能。

对庄翡翠官网介绍称其公司已经形成了完整的翡翠产业链,包括在缅甸、云南、平洲等五大源头市场设立翡翠中心货仓,从原始采购到设计生产,从线上云仓到线下实物品控,从销售服务到鉴定分级的完整供应体系。对庄翡翠还拥有上百名主播进行线上直播讲解售卖,为消费者提供更加直观的购买体验。对庄翡翠的广告包括图文和短视频,投放于各大网页和短视频平台,为消费者提供了全方位的信息和购买渠道。

问题:

1. 对庄翡翠的翡翠零售业务需要注意哪些方面?
2. 从 4H 理论角度分析,对庄翡翠如何提升营销绩效?

案例分析思路

第 16 章

和田玉营销

本章学习目标：

1. 对和田玉的种类有基础的认识和了解。
2. 能够区分来自不同产地的和田玉以及了解和田玉的市场分布。
3. 理解基于 4H 理论的和田玉摆件、首饰的内涵。
4. 探讨如何将 4H 理论与 4P 理论结合进行对和田玉的市场定位和营销策略制定。

关键术语：

分类（classification）；产地（producing area）；市场分布（market distribution）；营销策略

引导案例：

北京奥运会奖牌——金镶玉

2008 年北京奥运会受到了全中国乃至全世界的瞩目，北京奥运会使用的奖牌也被人们津津乐道，因为不同于传统的金银铜牌，北京奥运会奖牌采取了金镶玉的样式。金镶玉的奖牌样式代表了我国传统文化中的"金玉良缘"的美好寓意，向全世界展现出来我国对于奥林匹克精神的礼赞和对运动员的褒奖。金镶玉中的玉即是流传了千年的和田玉，分别有来自新疆的白玉和青海地区的昆仑玉。

中国人自古以玉比德，将和田玉看作美好品德的象征，对和田玉的追求持续了千年。2018 年 6 月，美国联邦国际艺术品拍卖有限公司举行的一场拍卖会上，一块来自新疆的紫罗兰沁色的和田玉籽料以 1.35 亿元人民币天价成交。可见和田玉的受欢迎程度不亚于翡翠，那么和田玉高价背后是由哪些因素造成的呢？和田玉主要产自哪些区域？有何特征？和田玉营销又该注意些什么问题？

16.1　和田玉特征、产地及市场

产自不同区域的和田玉，特征上存在一定的差异，因而这些特征成为不同产地和田玉鉴别的重要依据。和田玉的交易市场还没有特别大规模、特别专业的集散地，在全国分布范围较广，主要与其原产地和雕刻工艺流行地有关。和田玉的购买渠道大致有原料的产地、大型玉器交易市场、城市中的玉器商城、玉器店、古玩店、大型玉器交流会、交易会及拍卖会等。对于不同地区的和田玉交易市场来说，每个市场都有其风格特色，价格也不尽相同。

16.1.1　和田玉产品特征

在最初，和田玉特指产自新疆和田地区的软玉，随着更多优质和田玉产地的发现，人们对于软玉的认识进一步加深，时至今日，和田玉这一名字已经成了软玉的商业用名，而不再具有产地意义。和田玉温润细腻，在中国人的心中占据着重要的地位，深受消费者的喜爱。和田玉的分类方法有许多种，但经常使用的有按成因产状分类、按颜色分类等方法。

1. 按成因产状分类

（1）山料。山料又称为山玉、宝盖玉、碴子玉，指直接产于原生矿床的和田玉。山料大小不一，棱角分明，一般呈块状体产出，没有皮壳，通常为低档和田玉，价格较低。

（2）山流水料。山流水料也叫半山半水料，根据名字可知，山流水料指从原生矿床剥离，被搬运了一定距离的和田玉，但离原生矿床并不远。山流水料经过河流一定距离的搬运后，棱角稍有磨圆，表面比山料光滑。

（3）戈壁料。戈壁料指从原生矿床剥离后，经过一段距离的搬运，最终被河流冲刷到戈壁滩上的和田玉。经过了长距离河流冲刷搬运和风沙作用的戈壁料棱角圆滑，润泽程度远优于山料，表面常有大小不一的砂孔和砂石冲击后留下的波纹面。

（4）籽料。籽料也称子料，指从原生矿床剥落，经过流水搬运、风化作用等，最终沉积留在河流中的和田玉。籽玉是最优质的和田玉品类，块度较小，带有各种颜色的皮壳，磨圆度很好，常为卵形，市场价格较高。

2. 按颜色分类

和田玉的颜色多种多样，市场上常见的大致为白玉、青白玉、青玉、黄玉、墨玉、糖玉、碧玉和花玉。

（1）白玉。白玉指基调为白色，由白色到灰白色或带青白色调的和田玉。白玉是和田玉中的优质品类，也是和田玉市场中最受欢迎的品类之一。白玉中最高档、最优质的和田玉被称作"羊脂白玉"，仅新疆和田地区有产出，质地细腻滋润，仿佛羊的脂肪，因此得名。羊脂白玉是白玉中的极品，也是和田玉中的极品。和田玉行业中将质地特别好的纯白色和田玉叫作"光白子"。有的白玉籽料经氧化后表面带有一层薄薄颜色，根据皮壳颜色的不同又分为"秋梨子""虎皮子""枣皮子"，这些都是和田玉中的名贵品种。

（2）青白玉。青白玉以白色为基调，在白色中隐隐带有灰青色、灰绿色，是和田玉中的常见品种，属于白玉和青玉之间的过渡品种，颜色和质量都介于白玉和青玉之间。

（3）青玉。青玉指从淡青色到深青色的和田玉，是和田玉中的常见品种，常见大块者。青玉根据颜色的深浅又分为淡青色、深青色、灰青色、碧青色、深灰青色、翠青色等。其中翠青色较为少见，该品种呈淡绿色，色调鲜嫩，质地较为细腻，属于上等品种。

（4）黄玉。黄玉指颜色从淡黄到深黄色的和田玉，多为淡色，颜色深浅不一，黄色由氧化铁渗透，浸染而形成。黄玉有栗黄色、秋葵黄、蜜蜡黄、鸡蛋黄、黄花黄等颜色，其中栗黄色和蜜蜡黄是上等佳品。黄玉十分稀少，优质黄玉的价值不比羊脂玉价值低，目前青黄玉产出最多的产地是辽宁的岫岩县。

（5）墨玉。墨玉指颜色从浅黑色到灰黑色的和田玉，颜色由鳞片状石墨所致，呈点状、条带状分布。墨玉颜色深浅不一，其中上等墨玉为纯黑色，称为全墨，十分少见。墨玉的块度大都较小，和白玉共生时可以作为俏色进行雕刻设计，而呈点状分布于白玉中则会影响白玉的使用，成为脏色。

（6）糖玉。糖玉指颜色为红糖色的和田玉，也叫作"赤玉"，这种和田玉的颜色是由褐铁矿沿矿物边界浸染所致。血红色是糖玉中的佳品，外糖内白的和田玉行业中叫作"糖包白"。

（7）碧玉。碧玉指颜色为暗绿色、深绿色、墨绿色的和田玉，大多数带有灰色调或墨色斑点，因此品质比较低，价格通常不高。

（8）花玉。花玉指由多种颜色构成一定形态的和田玉。

和田玉注重质地的细腻润泽程度，讲究一个"油"字。不管是白玉还是其他颜色的和田玉，其质量评价大都是从颜色、质地、净度、块度四个方面进行评价，分为特级、一级、二级、三级共四个等级。颜色要纯正，无杂色、质地细腻、油润感强、不干涩、无杂质、无裂纹、无绺裂且块度大的和田玉为优质佳品。市场上羊脂白玉、白玉最为畅销，而青白玉、青玉市场则较为萎靡。每块石料的具体价格还要根据颜色、质地、温润度等综合考虑。

16.1.2　和田玉产地及产地鉴别

和田玉产地较多，由于不同产地的和田玉成因不同，质量存在明显差别，因此不同产地的和田玉价格也会相差很多。市场上的和田玉产地大多数为我国新疆、青海以及俄罗斯、韩国，经常被称为新疆料、青海料、俄料、韩料。

1. 和田玉产地

（1）我国新疆。新疆和田玉矿区主要分为昆仑山、天山、阿尔金山三个部分，和田玉成矿带连续长 1100 多公里。

昆仑山矿区分布广泛，有许多著名的产地。于田、和田、叶尔羌是历史上新疆和田玉三大产地。于田县被称为"白玉之乡"，是国内和田白玉山料的主要供应地，位于于田县的阿拉玛斯矿山，是世界上罕有的白玉矿山，也是我国目前唯一产出白玉的矿山。于田县产出的和田玉主要以白玉、青白玉为主。和田县既产出山料，又产出籽料，也就是著名的新疆和田玉。和田县也是历史上著名的和田玉产地，"和田玉"一词也是由该地地名得来的，由此可见和田县产出的籽料品质上等。叶尔羌也叫叶城县，所产和田玉以青玉、青白玉、糖白玉为主。2008 年北京奥运会用来雕刻"中国印"的和田玉就是来自叶城县。此外，还有盛产白玉、青白玉、青玉的且末县、若羌县矿区，其产出的和田玉质量相比于田、和田地区的和田玉并无太大差别。且末县多产出青白玉，少量产出白玉和青玉，产量大，质量优，市场中著名的糖玉也是来自且末县。且末县产出的和田玉产状丰富，有山料、山流水料、戈壁料、籽料。若羌县则主要产出青白玉、黄玉，带黄色的和田玉矿产资源丰富，市场中优质黄口料部分来自若羌县。若羌的和田黄口料可以说是极品玉料之一，也许是大自然对若羌的厚爱，该地区铁元素极其丰富，所以若羌的黄口料在铁的熏陶下会带有黄色调。若是绝佳的若羌黄口料，密度、油性以及玉质都能赶上籽料的标准；如果差一点的若羌黄口料，那就是戈壁料，它的质地跟黄玉有点像，但稍显粗糙。

天山矿区主要产出碧玉，俗称"玛纳斯碧玉"，黑点多、斑点多、颜色偏暗。阿尔金山矿区也主要产出碧玉，称为"金山玉"，其特征和天山矿区的碧玉十分相像，但部分质量优于天山矿区的碧玉。

（2）我国青海。青海省产和田玉的地区主要位于格尔木地区，属于昆仑山东段，市场上也叫青海昆仑玉，产量较大。青海格尔木地区和田玉产量主要来自三岔河矿点和小灶火矿点，除此之外还有少量来自野牛沟、万宝沟和拖拉海矿点。青海料以山料为主，没有籽料，原料多呈板状，表面带有很厚的白色礓皮。

三岔河矿点位于青藏公路旁，产出以白玉为主，也有青玉、青白玉，该矿点产出的玉块体很大、透明度好，因此水线发育明显。2008 年北京奥运会金银牌所用的和田玉就是来自青海格尔木三岔河矿点。三岔河矿点是目前我国最大的和田玉矿山，每年玉石产量在数百吨以上，是国内和田玉市场的主要供应矿山。

小灶火矿点分干沟、东沟和西沟三个采矿点，所产和田玉颜色丰富，以青玉为主，少量产出白玉、黄玉、糖白玉、青白玉等。干沟主产青玉，块体较大，油性好，细粒的青玉粒度可小于 5 毫米，质地细腻，是难得的玉雕原料，被扬州玉雕师称为"碧青玉"。东沟主产糖包青玉，糖色皮红，色正明快。西沟主要产出带黄色的和田玉，质地细腻干净，部分黄玉中有翠绿色飘带，其产出的黄口料以栗黄色为主，在市场上比较受欢迎。2008 年北京奥运会铜牌所用青玉就是来自小灶火矿点。

野牛沟矿点主要产出糖包白玉，玉石通常被铁质淡褐色的外皮包裹，玉质细腻油润，优质者可比新疆好料。糖包白玉中糖色呈芝麻点状分布，质量优，是青海昆仑玉的著名品种之一。

（3）俄罗斯。俄罗斯和田玉矿区主要分布于贝加尔湖、乌拉尔山脉等地，也称贝加尔玉。俄罗斯和田玉颜色丰富，多产出山料、山流水料、戈壁料，少量籽料。俄罗斯产出的籽料大多皮壳厚，颜色深，但内部玉质较为优秀。

（4）韩国。韩料市场上又称韩国玉，2007年左右进入和田玉市场，2008年下半年为广大消费者所接受。韩料主要产自韩国江原道的春川地区，市场上常见的韩料多为白色，颜色单一均匀，无杂色，常带浅的灰黄绿色调。韩料在裂隙间发育，质地较差，油润性差，因此在市场上属于低档和田玉。

（5）其他产地。除以上四个市场上玉料流通较多，较为著名的和田玉产地外，国内还有贵州罗甸、广西大化产少量的和田玉，这些地区矿点的料子质地非常细，透明度也因此降低，多为不透明，此类和田玉为低档和田玉，价格便宜。另外，我国台湾花莲以及俄罗斯、加拿大是市场上碧玉的主要产地。我国台湾花莲产出一定量的碧玉，质量中等；俄罗斯碧玉黑色斑点较多，分散分布，质量较好；加拿大碧玉也称北极玉，优质碧玉比例低。

2. 和田玉产地鉴别

和田玉的产地对于市场价格具有重要的意义，一般来说：新疆料品质较高，价格较高，多产出高档籽料；其次是青海料和俄料；最低档的为韩国料、贵州料等。不同产地和田玉成矿条件不同，因此也各有其特点。营销者应利用不同产地的特征进行宣传和定价。

新疆料结晶颗粒细小，颜色正且分布均匀，油润性极强，云絮纹理短而致密，质地温润细腻，矿物杂质少。新疆料和田玉韧性好，加工性能好，易上光，是优质的玉雕材料。青海料颜色丰富，产出白玉、青白玉、青玉、烟青玉、翠青玉和糖玉。其中翠绿色、烟灰—灰紫色品种在其他产地的和田玉中都是罕见或没有的，翠青玉、烟青玉属于青海的特产。青海料透明度较高，油润性差，含有比较有特征的石花、絮状绵缕，形成"水线""石筋"等特征现象。白玉常泛灰、泛黄，一般颜色不正，青玉颜色偏深，有些外观看似呈黑色。俄料颜色丰富，且多种颜色分布在同一和田玉中，矿物颗粒从边部到中心由粗变细。由于受地理条件影响，铁的氧化物沿裂隙浸染玉料，常形成带有特征的棕色、褐色玉料等。韩料油脂光泽弱，光泽不柔和，略有蜡感，显得干涩，颗粒感强，质地差。

四个产地的和田玉在矿物成分、结构构造、物化性质上十分接近，因此有时候在外观上较难区分，但总的来说有以下区分特点：俄料透明度不如新疆料，细腻程度也稍逊于新疆料，温润感不足，油性较差，比新疆料略显干涩，因此价格也不及新疆料；青海料比新疆料更透，油润感、细腻程度比新疆料差，因而显得凝重感明显不足，价格也不及新疆料；与俄料和青海料相比，新疆料显得恰到好处，细腻润泽，有油性，透明度适中；韩料玉质不如新疆白玉温润，透明度比青海白玉差。

16.1.3　和田玉市场

1. 新疆和田玉市场

作为产量最大、历史最悠久的和田玉起源地，新疆一定是和田玉交易最重要的市场。新疆是如今国内最大的和田玉玉石产地和玉器市场之一，目前新疆的和田玉市场主要集中于乌鲁木齐和和田地区。

乌鲁木齐是全国最大的和田玉集散地，和田玉商家达到上千家，大致可分为民街商圈、南门商圈、二道桥商圈、华凌商圈、白玉城等商户较为集中的商圈。由于乌鲁木齐作为新疆的政治经济文化中心，旅游业发展迅猛，除面向专业人士或各个市场的和田玉专营店铺外，一些面向游客的店铺、专柜也应运而生。

和田市是全国和田玉籽料的主要产地和交易市场，主要以和田玉籽料售卖为主，集中于和田市各大清真寺门口以及玉石原产地的河道附近。和田市的交易市场主要有加买路交易市场、总闸口交易市场、玉河渠首交易市场以及一些小型交易点，如墨玉县玉石巴扎、洛浦县玉石巴扎、玛丽艳开发区、加木大玉石巴扎等。加买路交易市场是和田地区最早的玉石市场，也是目前和田乃至国内最大的、人气最旺的和田玉籽料交易市场，每周五和周日开放。总闸口交易市场靠近玉龙喀什河东岸，由于距离玉石原产地近，所以价格较便宜，玉料等级较齐全。玉河渠首交易市场的人流量没有加买路和总闸口大，但出货量很大，主要成交的是块度大、质量好的和田玉，但成交价格不及加买路和总闸口交易市场。

新疆除两个大的城市交易地区外，还有一些小的交易点，一般以地摊的形式存在进行售卖，常见于各清真寺门口，主要在和田玉各原产地。例如：且末县是新疆最大的和田玉山料集散地，地摊以山料和戈壁料为主；叶城县以青白玉、糖白玉为主；喀什市以旅游玉石为主；玛纳斯县则是新疆最大的玛纳斯碧玉产地和集散地。在新疆，特别是在原产地买和田玉，省去了中间各个流程的费用，挑选范围也较宽泛，但市场鱼龙混杂，适合有一定经验的买家。如今新疆的许多规模较大的交易中心已经形成了生产、加工、销售的完整产业链。

2. 江苏和田玉市场

江苏的和田玉玉器交易市场主要分布在苏州和扬州两地，这与两地的玉雕历史有关。

苏州玉石市场交易活跃，是比较成熟的市场。苏州的和田玉交易中心主要包括光福镇、相王路、园林路、文庙原料市场、各大古玩城。光福镇主要加工的是来自青海的低档山料；相王路是比较成熟的交易中心，有完整的和田玉产业链，包括生产、加工、雕刻、鉴定等，苏州的大多数玉雕工作室也是从相王路走出去的，相王玉器城是目前华东地区规模较大的专业玉器经营中心，是一个产销一体化的经营平台；园林路集中了许多顶尖的玉雕师，兼具着精品店与工作室的经营模式；文庙原料市场每周末开放，以地摊的形式售卖，但售卖玉石品质差、档次低，还有仿品、染色的混杂其中，适合想了解行情的新手。

扬州湾头镇不仅当地人以玉器加工销售为生，还汇聚了来自全国各地的玉器工匠和学徒。扬州的玉石市场不及苏州规模大，十分分散，不过扬州保留有如今唯一一个国营玉器厂，还有中国玉器博物馆。

3. 广东和田玉市场

提到广东玉石市场，大家首先想到的一定是翡翠，广东一直以来作为翡翠的加工交易集散地，有著名的四大交易中心，不过随着和田玉的兴起，广东的交易市场也渐渐有了和田玉的身影。广东主要的玉器市场位于揭阳，揭阳的和田玉市场以俄料、灰皮料为主，档次中等偏下，市场规模偏小，经营模式多以半店铺加半作坊的形式为主。

4. 河南和田玉市场

河南的玉石市场主要集中在南阳市镇平县，这里的玉器交易市场不仅交易翡翠，还交易和田玉。1995 年镇平县被国家命名为"中国玉雕之乡"，如今已成为中国最大的玉雕产品交易集散地。镇平县的交易中心主要有石佛寺玉石市场、河西河东市场、创意玉雕园等，以摊位的形式进行交易。石佛寺有成品市场和原料市场：成品市场中玉石种类多样，和田玉仅占一小部分，多为中低档玉料，大多数和田玉表面会抹蜡增加光泽感；石佛寺原料市场属于早市，这个市场上卖的基本都是和田玉原石，大小不等，可以看到新疆料、俄料、青海料、韩国料还有一些小产地的玉石原料，整个市场规模较小。

16.2 基于 4H 理论的和田玉营销

4H 理论为和田玉营销策略设计提供了新的思路。对于和田玉来说，4H 理论中的高价值、享乐属性、历史、传承属性明显，是营销策略设计中可充分挖掘的重要属性。

1. 基于和田玉高价值属性的营销

随着市场对和田玉的青睐，玉石蕴含的美丽、文化、设计都成为了产品的卖点，和田玉价格逐渐走高。从 4H 理论视角分析，和田玉的高价值主要体现在经济价值、艺术价值、投资收藏价值上。

（1）经济价值。和田玉中价值最高的是籽料，其中带皮的籽料价格更是高出许多。物以稀为贵，高昂的价格也正是因为籽料的形成需要经过数百年甚至数万年的风吹日晒。

1980 年，一级和田白玉山料价格每千克 80 元人民币，一级和田白玉籽料价格每千克 100 元人民币。（数据来源：计划经济国家指定价）

1990 年，一级和田白玉山料价格每千克 300～350 元人民币，一级和田白玉籽料价格每千克 1500～2000 元人民币。（数据来源：《中国文化报》）

2000 年，一级和田白玉山料价格每千克 2000 元人民币，一级和田白玉籽料价格每千克 10000～12000 元人民币。（数据来源：《楚天都市报》）

2007 年，一级和田白玉籽料价格每千克 30 万元人民币～50 万元人民币，极品籽料以块论价。（数据来源：《成都商报》）

2017 年，一级和田白玉籽料价格每千克 100 万元人民币以上，极品籽料以块论价。（数据来源：《新疆卫视》栏目报道）

根据上述资料显示，和田玉籽料在近 40 年中，价格增长超过 10000 倍，可见当下市场中，和田玉尤其和田玉籽料具有非常高的经济价值。

（2）艺术价值。和田玉的艺术价值是指其作为一件高价值的艺术品，所能体现雕刻大师的艺术个性、风格，产品本身所能反映的民族性和地域性。和田玉以其优秀的品质占据了中国玉文化史的重要篇章，并且随着中国玉文化的发展，和田玉从新石器时代到现代的玉器类别、外形、工艺和设计都展现出不一样的时代风格和民族特性。

随着我国经济的飞速发展，人们的物质生活水平日益提高，审美也不断产生变化。和田玉的艺术雕刻往往选用籽料，籽料经历了数万年的孕育，以其温润的品质赢得了人们的追捧，越来越多的籽料饰品出现在人们的视野里。和田玉籽料本身材质精美，加之玉雕大师们的精雕、巧雕，不仅在原石的基础上进一步提高了它的经济价值，也丰富了和田玉的艺术价值。

（3）投资收藏价值。近年来，随着艺术品收藏的不断升温，和田玉渐渐成为投资收藏的热点，尤其是和田玉籽料艺术品，价格持续上涨。和田玉籽料的投资收藏价值主要体现在材料稀缺、市场需求量大、具有较高的艺术价值、良好的保存性以及增值空间大。随着近几年地毯式的开采，和田玉籽料的资源几乎枯竭，这使得和田玉籽料的货源紧张，加之市场需求持续旺盛，致使其价格不断上涨。数据调查显示，籽料的价格涨幅高达300%～500%，具有很高的投资价值，这让许多人竞相购买和田玉用来保值升值。另外，和田玉具有稳定的化学性质，易于保存，这也是它被用来投资收藏的原因之一。还有人认为，长期把玩或佩戴优质的和田玉对人体健康大有益处。总之，这些都为和田玉籽料成为投资收藏品奠定了基础，和田玉的高投资收藏价值日渐显现。

在和田玉营销中，要将上述和田玉的高价值充分体现并加以展示和说明，逐渐让消费者认同和接受高价，继而产生购买行为。

2. 基于和田玉享乐属性的营销

一件好的和田玉作品，体现了制作者的文化学识、艺术修养、雕琢功力，使拥有者在品味、鉴赏、把玩中得到享受。

（1）功能体现。首饰最直观的功能就是装饰性，和田玉首饰也是如此，首饰的审美往往与典雅或时尚相关。当今社会，时尚潮流的发展都具备一定的周期性，尤其是乐意购买和田玉的消费人群，往往是女性或是具有一定经济实力的男性消费者，他们对于首饰功能的心态通常是建立在 "求新"和"求异"两种心理上的。这些消费者喜欢通过各种时尚或精致的行为来表现他们和周围大多数人的不同，以此来满足"自我实现"的炫耀性质、享乐主义性质的心理。这是人们看重和乐意佩戴和田玉首饰的原因之一，也是和田玉首饰得以发展的一大因素。

另外，和田玉首饰在演化的过程中一直都存在护佑性质的功能体现，在许多玉雕题材中都有这一点的体现。例如：观音题材是心性柔和、仪态端庄、世事洞明、永保平安、消灾解难、远离祸害、大慈大悲普渡众生的化身；释迦牟尼等佛像题材代表法力无边，能够普度众生，保佑平安；钟馗是中国民间传说中打鬼逐邪之神，钟馗题材的玉器首饰能够起到护佑辟邪的功效。

和田玉首饰中的题材雕刻大多数都表达出所对应的美好寓意，人们认为和田玉首饰所带来的护佑性功效，能达成自身护佑以寻求精神上和心理上的满足，这也是佩戴和田玉首饰心理功能方面的享乐性体现。

（2）地位、好运象征寓意。在古代，和田玉作为权贵财富的象征，只有帝王和权贵才配享有。和田玉玉器被历代的王公贵族用于生前佩戴和死后随葬，因而又被称为"帝王之玉"。由当时和田玉文化衍生出来的思想观念一直被沿用至今。商周时期的社会强调"玉德"，将玉作为伦理道德的标准和规范；到了春秋时期，儒家思想开始大力推崇和田玉，将儒家思想仁、义、礼、智、信、乐、忠、天、地、德的思想观念与和田玉的基本属性相对应，把和田玉彻底道德化，由此产生了"君子比德于玉"的思想，影响后世。

我国几千年的和田玉文化基础，已经奠定了和田玉在人们心目中的地位。和田玉作为我国传统玉石文化的主体部分，展现了玉文化中的精髓，更将人的品格与和田玉相融合，是民族精神的重要展现，同时奠定了和田玉在玉石首饰中的地位。这样的思想文化发展至今，和田玉也被人们默认是君子、地位的象征，人们通过购买和佩戴和田玉首饰彰显或炫耀其较高的社会身份，以此带来享受感和愉悦感。

目前市场上和田玉首饰如珠串项链、玉牌、吊坠、手镯、把玩件等，设计中充分应用传统意义上吉祥寓意的图案、纹饰和造型，刻画出中国传统文化的精髓，如象征避邪护佑的貔貅、象征着吉祥祝福的葫芦、象征着高风亮节的梅花等。和田玉的玉文化在中国影响深远，人们的传统观念根深蒂固，诸如此类美好的寓意更是人们购买和田玉首饰时重要的考量因素，这也使得和田玉不再是传统意义上礼器和装饰品，它具有超越实际佩戴功能外的另一用途——心理宽慰和心理满足。

因此，商家可以把握和田玉带给人们在装饰功能和地位、美好愿望等方面的享乐体验，营造一种和田玉能提升人们生活品质、提高幸福指数的消费氛围，推进和田玉营销。

3. 基于和田玉的历史属性的营销

和田玉最早出现的时期是新石器时期，这一时期的主要的饰品类型有玉串饰、玉手镯、玉项饰、三叉形冠饰、玉龟、兽形玉、勾云形玉佩等（图 16-1）。良渚文化时期是新石器时代玉文化发展高峰时期，良渚的玉器充分体现了先民的智慧与创造能力，更加注重装饰性。

图 16-1　新石器时代玉镂雕勾云形佩（高 6.4 厘米，长 13.7 厘米，厚 0.75 厘米）

商周春秋战国是中国历史上工艺水平、创造水平极高的时期，这个时期的玉器在其制作水平上表现出极高的工艺特点，其中河南安阳殷墟妇好墓就出土了大量的玉器。商代以后玉佩饰开始大量出现，玉龙、玉凤、玉鸟、玉鱼、玉人等均有穿孔，可用于佩戴。

汉代时期玉器发展鼎盛，此时期的玉器可分为礼器、用器、明器和印章。同时该时期的丧葬之风浓厚，出现了大量的丧葬用器，包括玉琀、玉豚、玉握、玉衣（图 16-2）等。玉佩是汉代玉业发展中的重要玉器，在传统玉佩造型的基础上变化出了丰富的外形，其轮廓和形式也更加协调。该时期的玉饰无论从造型还是纹样上，都兼具玉质美与造型美，更加适宜人们佩戴，和田玉也成为此时期的主要玉料。

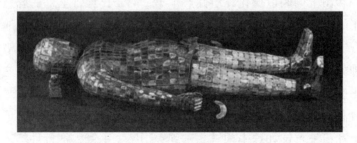

图 16-2　汉代金缕玉衣

明代开始，玉发饰流行起来，多有发冠、发簪等形式的和田玉饰出现。从坠饰、串饰到各种玉佩，应有尽有，种类繁多，组合复杂，其中组玉佩饰最为发达。如图 16-3 中的描金云龙纹组玉佩，由复杂的金钩、五排玉饰与玉珠纵向串联而成，现收藏于中国国家博物馆。另外，明代镂雕技术相当发达，工艺上开创出"花上压花"的技法，且明代金与和田玉及彩宝的结合，在发饰上的体现尤为突出，金镶玉首饰在此时期出现，使得和田玉首饰化达到一个相对成熟的阶段。

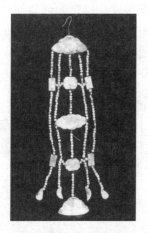

图 16-3 明代描金云龙纹组玉佩

清代是我国玉器发展史上的另一高峰，在玉材的选择、用玉的数量、生产的规模、产品的种类、加工技术等方面的水平超过了任何时期。清代崇尚精致，和田玉首饰玉器纹样繁复精巧，造型上既有对传统风格的继承，也有仿古纹饰的应用、继承与创新。

历史和文化紧密相关，历史催生了文化，同时文化丰富了历史。和田玉从使用至今已有几千年历史，玉文化在这段历史长河中慢慢形成与发展，为和田玉现代首饰化发展提供了充足的文化基础。玉文化又与我国传统文化息息相关，是我国传统文化中不可或缺的重要组成部分。玉器和玉文化是中华文明区别于其他文明起源的一个重要标志。我国不仅是世界上最早制玉和用玉的国家，而且也是在人类社会发展过程中唯一将玉与人性结合起来的国度。我国的玉器实际上就是"物化的士大夫文化"，也是我国传统文化的核心内涵。玉器不仅仅是简单的装饰物，它还反映了社会生产力和生产关系，显示了身份地位、权力、品德风度、情感表达等。玉器与古代国家的政治制度、艺术文化以及社会各阶层的生活伦理、道德等密切相关。和田玉最初在春秋战国时期只为皇室所用，代表了皇家尊贵的地位及身份，平民百姓不能使用，因此和田玉也是帝王的象征。例如，皇帝用的玉玺就是由和田玉所制。和田玉是上流阶层才能享用的玉，并且有严格的形制对应不同的阶层，官服配饰中高品级者就有玉。从古代各朝各代帝王妃嫔用和田玉做枕头、利用和田玉养生可看出和田玉的流行及其地位。但除了身份地位的象征，和田玉对于古人乃至现代社会更重要的意义是儒家赋予它的"德"的内涵，这使和田玉仅仅从只有使用价值变得具有文化内涵，精神价值得到了提高。中国人崇尚君子之风，做事低调不张扬，而和田玉的温润细腻恰好承载了君子的洁白高尚品性，符合中国人的审美价值观，因此才能做到流行千年，至今仍具有高地位。从汉唐时期开始，由于经济的发展、社会的繁荣昌盛，和田玉逐渐从皇宫流向大众民间，百姓开始流行佩玉、戴玉、玩玉。和田玉在民间被认为是避邪除祟、保佑平安的象征，这一精神寓意传承了千年，直到今日仍然被人们认为是纳福迎祥的载体。

因而，和田玉营销中，应善于运用不同方式去呈现和田玉神秘历史和美好灿烂文化，使消费者的购买动机从和田玉基础的装饰美化叠加上精神和心灵上的慰藉和满足，从而强化其购买行为。

4. 基于和田玉传承属性的营销

中国和田玉文化源远流长，正因为玉文化作为中国传统文化的重要组成部分，使得精品和田玉玉器和首饰无论是从材质上还是文化传承上都具有较高的收藏价值。

清宫旧藏青玉覆斗钮"荆王之玺"（图 16-4、图 16-5），印面有阴线边栏，印文字体为篆书，白文，右上起顺读"荆王之玺"四字；印顶平面，琢兽纹，印台四侧斜面，每面阴琢双桃纹。此印印体较大，材质极佳，通体一色，如冰糖冻般光润透亮。此印为明代托名汉初封王玺印之作，印面2.6厘米×2.7厘米，通高2.3厘米。印文中的"荆王"名刘贾，本是刘邦同族，楚汉之际为汉将，随汉王刘邦辗转征战，屡立战功。汉并天下后，为保有天下，汉高祖六年（公元前201年）开始去异姓王，以异姓功臣为侯，封同姓王，其中刘贾被立为荆王，镇淮东52城。汉高祖十一年（公元前196年）秋，淮南王黥布反叛，进攻荆王之地，荆王刘贾败走富陵，为布军所杀。于是高祖亲征，击破黥布。汉高祖十二年（公元前195年），立沛侯刘濞为吴王，镇荆王故地。《秦汉印统》中有一方"刘贾"玉印和另一方"荆王之玺"玉印与此印类似，皆应是托名之作，均被收入清宫内府，现藏于故宫博物院供世人观赏学习。

图 16-4　青玉覆斗钮"荆王之玺"　　图 16-5　青玉覆斗钮"荆王之玺"印面

图 16-6 为樊军民大师于 2010 年第九届"天工奖"获得金奖的作品《曲水流觞》，这件作品"收千里之景于尺幅之中，正可谓尺山寸水"，体现了很高的艺术造诣和艺术价值。诸如这样著名的玉雕大师所设计或雕刻的玉器具有名家效应，其作品表现出无限创意、构思巧妙、线条流畅、做工精美，同样具有极高的收藏价值，被世代传承。

图 16-6　樊军民"天工奖"金奖作品《曲水流觞》

16.3　基于 4H 理论的和田玉的市场营销战略

16.3.1　和田玉市场细分

无论是在和田玉的材质挑选还是首饰创意设计中，都应该把消费偏好、消费习惯放在一个合适的位置，做到既不过分强调也不要完全忽视其作用。本小节依据 4H 理论中的高价值属性和享乐属性，对和田玉消费市场进行分类。

1. 基于和田玉高价值属性的市场细分

基于和田玉的高价值属性进行市场细分，可分为大众消费人群和高端消费人群。

第一类是大众消费人群，这类人群在购买和田玉首饰时更加趋向于日常佩戴。尽管这类消费群体经济实力有限，但是对于和田玉首饰购买的基数还是非常大的。大众消费人群是整个和田玉市场中不可或缺的消费群体，而这一类消费群体的关注点大致可以分为选材和设计两部分。在和田玉选材方面，受大众消费价位和生产方式的影响，这个档次的和田玉往往选取没有特定形制、可塑性强的和田玉山料进行设计加工。这种产出形式下不仅可以合理地控制产品价位，还可以最大限度地自由设计山料的形制，相对于其他产出形式的和田玉首饰而言，可塑性和批量产出率更高。在设计角度方面，因为大众消费人群所购买的价格档次不同于高端和田玉首饰，这个档次的和田玉首饰产品销售量大、周转周期较短，所以在具备一定时尚审美的基础上，往往具有批量化生产的首饰造型特点。

第二类是喜爱定制和田玉的高端消费人群，这类消费者追求和田玉的高价值内涵，对材质和工艺有更严格的要求。对高端消费人群而言，在选料方面，所选择的和田玉材质产量稀少，要具备一定保值性和增值性，因此，在这个方面考虑，兼具价值和品质的和田玉籽料与和田玉戈壁料往往成为高端和田玉首饰的首选。在设计方面，由于每一块籽料在造型上、皮色上都有所不同，所以在设计上也会更加具有特点。而和田玉戈壁料往往造型独特，可充分发挥设计创作，如此设计产出的和田玉摆件或首饰具有少、独、巧的特点，保值性与增值性明显提高。

2. 基于和田玉享乐属性的市场细分

基于和田玉享乐属性进行市场细分，可分为传统型消费人群、时尚型消费人群和个性型消费人群。

传统型消费人群在我国和田玉市场占了大多数，这主要因为受我国传统思想的影响，他们的思想观念相对保守，审美习惯还是局限于传统雕件和传统首饰上。这类消费者的年纪一般比较大，在购买首饰时更注重精神层面的愉悦和地位象征。因此在和田玉的题材上，传统型男性消费者倾向于吉祥寓意的雕刻图案，如代表成功的"马到成功""旭日东升"等题材；传统型女性消费者倾向于观音像、平安扣、手链等这类传统题材的首饰。

时尚型消费人群中消费者的平均年龄低于传统型消费群体，而且女性占比更高。这类消费人群多数思想文化观念开放，审美水平较高，且具备一点经济能力，他们看重和田玉首饰所带来的功能上的满足，更加注重通过首饰配饰来美化自己，对首饰的装饰性和佩戴性要求较高，以此彰显自己的品位。

个性型消费人群的年龄更具年轻化的特征，他们往往受到中西方文化的双重影响，主观自我意识强、思想文化观念前卫，对自身的形象搭配有独到见解，强调个性，追求独特但普遍经济收入不高。这类消费人群对首饰材质并不敏感，但要求首饰具有独特性，能体现他们的个性。

无论什么档次的和田玉首饰，在面对不同喜好和消费水平的消费者时，都要综合考虑消费者审美需求、和田玉首饰材质选择以及工艺制作要求等，以此充分发挥和田玉珠宝首饰的优势，在竞争激烈的珠宝行业，闯出和田玉市场发展的天地。

16.3.2　和田玉的差异化路径

在多元化的今天，单一的表现形式已经不能满足现代人的消费需求。各种对外连接的平台让人们的眼界更加开阔，不断提高的物质生活水平也让人们对珠宝的享乐感和珠宝背后的历史文化更加渴望。和田玉材质丰富、类型众多，商家在进行市场定位时应综合考虑和田玉的产品品质、产品特色、设计题材、消费者的偏好、市场环境、渠道宣传等方面。

1. 产品差异化

一般来说，企业控制市场的程度取决于其产品差异化的程度。随着人们的需求日趋复杂化和多样化，消费者不仅要依据产品的价值、质量，还要依据产品特点采取购买行动。企业对那些与其他产品存在差异的产品拥有绝对的垄断权，具有较大的吸引力，从而提升消费者的偏好和忠诚，形成竞争优势。因此，产品差异化策略对于企业的市场营销活动具有重要意义。就目前和田玉市场来说，绝大多数商家经营的货品在款式、包装、寓意上几乎无明显差异。因此，要提高和田玉市场的精细化运作，打造和田玉产品的差异化无疑是重中之重。

（1）产品性质差异化。目前的和田玉市场有以下三个产品层次。

第一层次：商品类和田玉。这一类型的和田玉产品与玉文化、玉知识无关，对和田玉产地、品质、雕工也没用标准和要求，而且市场买卖自由。目前，这一粗犷型的和田玉交易已然超过和田玉市场一半份额。

第二层次：玩品类和田玉。这一类型的和田玉产品基本上在真正喜欢、懂得鉴赏和田玉的消费者之间流动交易，对和田玉的品质、雕工、题材有明确要求，要能基本满足人们的享乐心理。目前这一类型的和田玉大约占据和田玉市场交易的30%。

第三层次：藏品类和田玉。这类作品在和田玉市场上的流动性有限，且交易记录也是有迹可循的。比如，国内知名工艺大师的作品、"天工奖"作品、"百花奖"作品以及一些稀缺独特的玉石原料等都属于藏品类和田玉。这类作品不轻易示人、收藏者不轻易出手、不容易得且数量很少，具备珠宝传世性的特点，目前交易份额占不到和田玉市场总量的10%。

（2）产品工艺差异化。市面上和田玉主要工艺类型为裸石、雕件和金镶玉首饰三种。①裸石。在和田玉市场上，常见的一种现象就是在珠宝柜台里摆一堆籽料，没有任何雕工和设计。由于和田玉籽料资源日益紧张，商家本着爱材的心理，不愿意去破坏籽料原生的形态；另外，雕刻籽料所花费的成本较高，籽料原石的利润更高。这是目前和田玉市场籽料首饰化进程缓慢的最主要原因。②和田玉雕件。目前市场上的和田玉雕件比较多见，主要有挂件、手镯、戒指、手把件、雕件等。和田玉雕件饰品的发展很大一部分原因为我国玉文化博大精深以及和田玉在整个历史发展中的呈现形式。玉雕也在历史的进程中一直受到认可与喜爱。无论是商周时期的玉璧、玉璜，还是秦汉时期的玉佩，又或者是清代的子冈牌，这些玉雕形制在历史的发展中一直都存在，并且到现代仍然是人们热衷的选择。"雕刻"这一工艺形式在和田玉首饰表现里占了最重要的位置，同时，品质不是较差的和田玉材料通过雕刻可以隐藏其有裂隙或者其他大大小小的缺陷的原始模样。③以金镶玉为主的其他镶嵌件。镶嵌款式大多是原石设计或对一些规则的蛋面进行设计创作的作品，款式单一，尚未形成一定规模的市场。这类和田玉镶嵌工艺在市场上常见的设计有平安扣的金镶玉款式，另外还有一些私人工作室开始进行比较有创新意义的镶嵌设计。但也存在生硬地将和田玉与贵金属或其他宝石镶嵌在一起的设计，减弱了和田玉本身的价值，缺少美感。

图 16-7　时厚珠宝，葫芦
金镶玉项链

和田玉首饰"葫芦"项链，其设计灵感源于葫芦。葫芦代表着福禄，更有"多子多福"的美好寓意。如图 16-7 所示，整件葫芦作品造型非常精巧，选用葫芦的外形，葫芦饱满精致，采用和田玉白玉珠和 18K 金搭配，葫芦的鼓肚采用花丝的金属工艺，线条流转自然，它区别于传统的花丝样式，繁而不乱。该金镶玉的葫芦项链线条流畅，形式新颖，造型突出，保留了我国传统设计的风格，诠释出和田玉的寓意美，又体现了和田玉首饰的造型美。该产品考虑到了现代人的审美，吸收和采纳更多现代元素，让和田玉葫芦在保留传统文化寓意的同时也能够融入现代设计理念和现代工艺，增强首饰的表现力，让和田玉首饰集传统与现代于一身，将和田玉的历史感和现代人对追求个性的愉悦感一同展现了出来，颇具独特性。

和田玉作为我国独有的玉种，其设计要灵动地把工艺和玉石本身的特点进行融合，推动工艺差异化进程，展现我国自己的珠宝首饰工艺特色。

（3）产品题材差异化。和田玉首饰发展至现代，在题材上绝大多数还是延续了玉石的历史，选择具有美好寓意的雕件。第一，人物题材。人物雕刻可以说是五大雕刻题材中的首位，因为在传统玉雕题材中，大家对人物题材及其典故的认知广泛明了。在人物雕刻中，高品质的雕件对人物表情细节处理、肢体造型构成的要求非常的严格，玉雕师在雕刻人物时要把握人物的种种特点。比如，传统的观音、佛吊坠仍是人们所喜爱的题材。观音、佛等神话人物题材在雕刻时较为复杂，其中最有难度的就是"开脸儿"，也就是对于五官的雕刻。如图 16-8 中雕刻师在玉牌之上以高浮雕技法雕琢一尊站观音，观音面部饱满，祥和恬静，双目微启，目光低垂，双耳贴额下垂，嘴角内敛，沉稳端庄，配饰飘逸。人像的五官最能展现人物自身散发的特质。另外，人物题材能够最直观地表明佩戴者的精神需求，表达着人们内心最深刻的祈福平安的诉求。第二，花鸟鱼虫类题材。动植物类的玉雕作品不仅是事物本体，还寓意着文化的内涵，更代表着中华民族高贵的气节。在自然界中，众多事物都可以成为吟咏和雕刻的题材。每一种都有自身特定的含义。比如，牡丹花象征着富贵吉祥，鱼象征着年年有余，竹子象征着高风亮节，等等。人们能从中悟到一些美好的寓意或做人的品格。如图16-9所示，这件玉牌即是以鹤入题，立体浮雕一只仙鹤，鹤作振翅欲飞状，昂首振翅，左侧则浮雕为松树，具遒劲之姿。因鹤被视为出世之物，所以鹤也就成了高洁、清雅的象征。整体画面构图饱满，仙鹤与松树，弯曲线条交相辉映，融合得恰到好处，又将一种恬淡脱俗的心境寄于其中，颇富文人意趣，毫无匠气之感。第三，神兽类雕刻题材。这也是应用最为广泛的题材之一，从历史工艺发展进程中可以发现，我国最早出现众多兽形纹饰的时代是青铜器时代。兽形纹饰可以说是最具代表性的神兽类题材的运用，古人将兽形纹饰作为驱恶避邪的工具，有的也将其视为权利、尊贵的象征。随着时代的发展，人们开始将这些兽形纹饰用在玉石雕刻上，成为仿古玉器中最常用的一种玉雕纹饰。兽形纹饰种类多样，有貔貅、麒麟等纹饰。变化多端的神兽类雕刻题材具有极高的可塑性，在玉雕题材中应用非常广泛。第四，田园山水类题材。仁者乐山，智者乐水，将情感寄情于山水之间，表达的是一种寄情山水、不问世事的豁达态度。此外，山与水还有另外一层含义，其中山代表靠山，水代表财，有山有水，将有靠山、有财运的寓意暗藏其中。图16-10中的山水牌造型别致，为椭圆形，上部浮雕弥勒造型，中下部浅浮雕山水画意，但见远山霭霭，长天一色，具烟波浩渺之清幽意境，文雅精致，可赏可佩。

图 16-8　和田玉观音牌　　图 16-9　玛瑙松鹤延年牌　图 16-10　鸭蛋青碧玉弥勒山水牌
（7.3 厘米×3.0 厘米×1.3 厘米，　（7.7 厘米×2.7 厘米×1.1 厘米，
高俊华）　　　　　　　　高俊华）

　　每一种题材背后，都蕴含着人们的美好期望，中国人也喜爱将这些美好愿望应用在和田玉作品中激发自己的心境，抒发不同的情感。为此，不同和田玉作品应展现各自的核心题材，贴合不同心境的消费者，给消费者带来更佳的消费体验。

2. 品牌差异化

　　珠宝首饰行业知名的企业都有自己的品牌文化，如周生生、七彩云南、菜百等。而和田玉作为一种特殊的消费品，它的实体价值没有差异，几乎没有折旧，甚至还有增值的可能，因此，和田玉的材质问题更为消费者所看重；加上各和田玉品牌的特色并不明显，很难为消费者所识别，导致目前市场上和田玉的品牌替代性极强，品牌附加值不能为利润增长做更大贡献，使行业内很少有做得很大的和田玉企业，和田玉知名品牌寥寥无几。

目前，和田玉领域，仅有像和合玉器、国玉是和田玉行业在新疆乃至全国都略有名气的品牌，同样，和田玉成品在这些品牌的店里比一般玉饰店的价格就要高出许多倍，但购买者依然络绎不绝。玉掌门是狮皇珠宝旗下珠宝首饰品牌，该品牌提出了"成为顾客喜爱的国潮品牌"的愿景，并认为每个人的心内身外都有一个侠客世界，而玉掌门的珠宝首饰是侠客的标志。根据侠客的品牌文化，玉掌门相继研发推出了武侠系列、king系列、光系列、男士源色系列、东方魅力扇系列等高辨识度的设计产品。

品牌文化是一个企业立足于行业的根本，没有品牌文化这一核心作为精神支柱，很难有发展的强大动力和长久的生命力。对有实力的和田玉企业，应通过造型设计和各种营销手段打造自己的特色品牌，而这一品牌特色不仅要易于形成独特性、差异性并易于识别，还要体现企业产品的品位和某种特有的审美理念。

目前珠宝首饰行业中，以和田玉首饰为主要经营的公司不多，形成规模的极少，更谈不上品牌文化。和田玉首饰的发展需要品牌的培养，尽管品牌的形成往往需要一个比较漫长的过程，但一旦形成，对和田玉品类发展将是非常大的助力。品牌的形成可以提升企业的形象，提高产品的价值，增进消费信任，目前和田玉十分需要一些有实力的品牌来带动和田玉珠宝首饰的发展。如此，和田玉在珠宝市场才能有立足之地。

3. 渠道差异化

（1）旅游购物。旅游商品销售的特点主要表现为总量大、类型多、容量大、功能全。在旅游消费中，和田玉常常成为游客留作纪念或赠送亲友的第一选择。早年巨大的市场需求，刺激了旅游区和田玉商家数量的迅猛发展，但同时欺诈销售、时节性等问题也极大限制了和田玉商家的发展。目前旅游市场体量仍然乐观，但和田玉商家也要提高自身的经营能力，在诚信交易的基础上尝试产品创新和外部市场开发，扩大旅游销售渠道中和田玉的发展空间。

（2）网络渠道。目前，珠宝首饰电商最新且有效的营销方式是通过直播进行销售，可量产的货品（如黄金、钻石首饰）和具有差异性的和田玉不同。有差异性的产品非常容易营造紧张感，很适合直播模式营销。淘宝、京东、拼多多等电商平台开通的垂直直播渠道，自带商业属性，进入这些电商平台直播间的观众本身就带有较强的购买意愿，往往具备一定的玉石鉴赏能力，主播不需要进行过多的人设建设，甚至带货主播不需要出镜，以货品本身作为切入口即可，渠道成本较低。

像直播这种销售渠道，比传统电商更直观、更快速，表现形式更好、交互性更强。现场直播完成后，还可以随时为观看者继续提供重播、点播的功能，有效延长了直播的时间和空间，发挥了渠道内容的最大价值。对和田玉这种鉴赏性极强的珠宝品类，直播相比以往淘宝店静态渠道来说有了质的飞跃。具体来说，网络直播渠道主要有以下三大优势：首先，在玉石直播间可以对产品进行展示，潜在消费者能够全方位观察到和田玉产品的质地、工艺甚至瑕疵等细节。同时也能够详细了解产品的详细信息，如尺寸、佩戴效果等。其次，直播能增强主播与客户之间的互动，通过在线良好的沟通，让消费者能产生在实体店购买的感觉。及时的交流也可以快速寻找消费者想要的产品。最后，消费者可以了解完整的交易过程，他们可以在直播间观看并了解其他人的成交价格，对自己期望购买产品的质量和价格进行预估，避免在实体店多方询价后不消费造成的心理尴尬。

（3）线下专柜观赏体验。和田玉的商场专柜在销售渠道中所占比例很小，在新互联网时代，越来越多有消费实力的人们开始注重线下体验，尤其是像和田玉这类高价值、高客单的珠宝产品，更无法单纯依靠线上渠道发展。因此，有保障的商场开设专柜能够帮助消费者打消疑虑、提升消费信任。同时，商圈设有大量的品牌，入驻线下对于提升和田玉企业的知名度、影响力以及打造知名品牌标签具有十分重要的意义。

（4）战略联盟。与国内知名珠宝企业合作，利用大企业已有的品牌效应、品牌优势和渠道优势，增强和田玉企业自身的曝光度。从产品合作到渠道，不断延伸合作层次，实现资源互补、互利共赢。

16.3.3　基于 4H 理论的和田玉 4P 营销策略

1. 产品策略

和田玉本身就是历史的象征，代表着我国近千年的玉文化历史，它凝聚着历史，体现了中国人追求的君子气质与精神，透过温润的和田玉仿佛看见了我国玉器文化发展的千年时光。相信没有一个营销者在售卖和田玉时不会提到和田玉悠久的历史，和田玉的经济价值很大一部分就是取决于它的历史价值、文化价值、精神价值。在国人心目中，和田玉不仅是高尚品德的承载，还是祥瑞的代表，是一种适合各个年龄段的佩戴饰品，因此也是家族一代一代进行传承的物品。现代矿物医学研究表明，和田玉中含有的一些矿物元素具有一定的养生功能，营销者应抓住国人对于健康幸福的追求向往，强调"以玉养人"的概念对和田玉进行营销。

和田玉的高价值体现在社会价值、精神价值、文化价值等多个方面。在古代，和田玉是帝王贵族的身份象征，本身就代表了高价值。和田玉蕴含的端庄典雅、温润细腻的气质为其增添了文化精神价值。和田玉的养生功能又为其赋予了实用价值、健康价值。优质和田玉的价值远超金银，因为其不仅具有实际的使用价值，背后蕴藏的抽象价值更被人们喜爱关注，因此也吸引了许多人进行投资收藏。

从和田玉具有享乐性的角度来看，除把玩玉石、以玉养生外，佩戴和田玉也会带给人心理满足。喜爱和田玉的细腻温润的人，一定也在向君子气质靠拢，佩戴和田玉可以使他们得到满足的欢愉情绪，向外界透露出自己拥有良好品德的形象，获得社会群体的尊重。独特的优质和田玉雕件不仅满足了消费者基本的观赏愉悦感，还可以给消费者带来优越感、独特感、炫耀感，毕竟每块和田玉都是独特的，经过著名雕刻大师雕刻的和田玉更是稀少。

2. 价格策略

和田玉的价格策略主要来自和田玉的品质和雕刻设计艺术，基本不存在品牌溢价。目前市场上也没有全国闻名的专门做和田玉的品牌和企业，和田玉的交易方式大多数还是以零售和私人交易为主，消费者更倾向于熟人买卖。虽然周大福、周大生等主售金银的大品牌也有如翡翠、和田玉等玉石售卖，但绝大部分懂行的人还是会选择进行个人交易而不是去商场购买和田玉。

和田玉的品质决定了其基础价格，另外产地对和田玉的价格也有一定的影响，因为产地往往与品质有关。决定和田玉首饰价格的另一重要因素就是其雕刻工艺。出名的四大流派雕工都有自己的特色风格，手工雕刻的和田玉制品价格肯定是比纯机器雕刻的流水线产品高得多。如果是设计精巧、风格独特的和田玉首饰，更会因其独一无二的设计风格对价格造成影响。

和田玉的价格还和历史属性、传承属性有关，历史文化及其象征意义也是和田玉价格高于一般普通玉石的原因。历史上关于和田玉的故事有许多，如著名的和氏璧的故事，但对于和氏璧到底是何种玉石一直都有争议，随着它的消失，这个结果也不得而知了。营销者制定价格策略时，应结合中国千年的玉文化和田玉背后蕴藏的文化价值。

3. 渠道策略

和田玉目前的销售渠道并没有消费者普遍熟知和接受的渠道，大多数人购买和田玉都是通过私人交易的方式或通过熟人之间进行推荐来扩大交易范围。和田玉线下售卖渠道大多为个人店铺、古玩城摊位等，因此和田玉的交易市场远不及金银饰品交易市场发展成熟，规模也比不上翡翠交易市场，线上直播售卖大多数也是以翡翠为主。从和田玉的历史属性和传承属性出发，营销者可以选择带有历史意义的地点进行销售。例如，和博物馆合作售卖，或是利用和田玉产地的旅游业结合当地玉文化历史销售。对于具有高价值和享乐属性的和田玉，一般是在典当行或收藏界之间互相流通。因为国内拍卖业还处于发展阶段，对于玉石也是以翡翠拍卖为主。现代社会，和田玉企业也应该学习其他品类的宝石营销渠道策略，采用新零售方式，线下、线上同步进行。

4. 促销策略

和田玉的促销策略主要包括和其他珠宝组合策略、广告策略、公关策略几个方面。

现在越来越多的和田玉设计师将和田玉与其他珠宝品类相结合来设计饰品，如金镶玉、金银丝镶嵌。充分利用和田玉和其他珠宝不同的享乐属性进行组合，可以迎合吸引不同细分市场消费者的不同需求和爱好，满足更多消费者的需求。

对于和田玉的广告宣传，目前能看到的基本上都是网上寥寥无几的文字图片宣传，当然这也与和田玉的销售渠道模式有关。和田玉的广告基本上都是卖家性质的广告，还缺少企业广告、产品广告、观念广告。不过在和田玉流通的小圈子里，或许现在还不是做企业广告和观念广告的时候。除这些经济型广告以外，和田玉由于其特殊的历史地位，还可以利用非经济型广告。比如，2008年北京奥运会的奖牌用和田玉制作而成，和田玉产地的营销者应该抓住这样的"事件"机会，为和田玉建立一个响亮的名声。除了利用和田玉的历史属性，还可以从和田玉的传承属性进行营销，将和田玉打造成承载家庭精神的产品，在每一代成员中传承家族的文化精神。

从公关方面来讲，企业可以利用和田玉背后的玉文化与精神价值，提高在公众心目中的好感度。营销者可以与博物馆、文创馆等合作，举办玉文化交流科普大会，传播和田玉的美名。营销者可以学习钻石的经典营销，商家将钻石与爱情捆绑在一起，和田玉营销者也可以将和田玉与中华传统文化或是某一种良好品质紧紧结合在一起，然后利用广告、公益活动等展开宣传，在消费者心目中留下深刻印象。

本章小结

和田玉颜色种类丰富，掌握市场上常见的和田玉分类方法是从事和田玉销售行业的基础。按成因产状分类，和田玉有山料、山流水料、戈壁料、籽料；按颜色分类，有白玉、青玉、青白玉、黄玉、墨玉、糖玉、碧玉和花玉。来自我国新疆、青海以及俄罗斯、韩国的和田玉，市场上将之称为新疆料、青海料、俄料和韩料。不同产地和田玉的质地、价格差异很大，成矿条件不同是造成和田玉差异的主要原因。从产地出发，本章介绍了如今国内市场上最常见的几个和田玉原产地，并且阐述了不同产地和田玉的特点与区别以及如何鉴别。新疆、江苏、广东和河南有较大的和田玉市场，每个市场产品都有各自的特点。

本章还用 4H 理论视角分析了和田玉的市场营销，和田玉的享乐、高价值、历史和传承属性契合了消费者的追求。越来越多的消费者将和田玉作为投资、消费的目标，通过突出和田玉的高价值能吸引消费者的投资偏好和消费行为；享乐属性体现出和田玉的玉质、颜色、题材寓意对消费者吸引力，提升生活的文化性和品位；文化价值和传承属性是和田玉营销的关键。制定营销战略要从高价值、享乐、历史和传承方面入手，融入营销活动创造差异化和竞争优势。

即测即练

思考题

1. 简述和田玉产地和颜色对于价格的影响。
2. 和田玉市场分布与哪些因素有关?
3. 和田玉营销中 4H 理论中的哪些属性更加重要?

案例讨论

翠 佛 堂

翠佛堂创立于 1998 年,位于江苏南京,除翡翠产品以外,和田玉也是翠佛堂的主卖产品。翠佛堂不仅传承百年雕琢工艺、同时结合了艺术灵感设计,提供个性化的和田玉饰品。翠佛堂在和田玉原产地新疆和翡翠的核心产区缅甸雾露河流区域与大型矿产开采机构进行合作,在广州、苏州、扬州等地建立了翡翠、和田玉生产基地,目前已成为国内产量最大的玉石生产商之一。

多年来,翠佛堂完整保存琢玉巅峰技艺"明清工"的精髓,恪守切、磋、琢、磨等雕刻工艺,并与现代设计相碰撞、相结合。在翠佛堂,据说每件原料的筛选均要经过内部近 30 道评鉴工序,然后由业界专家亲自评核原料的色泽、等级等,确保成品的最佳色泽和质地。翠佛堂从原产地的开采到雕刻设计再到最终的成品售卖,拥有和田玉的全产业链。翠佛堂定义的好玉标准为好料、好工、好服务和好价格。

到目前为止,翠佛堂已经在北京、上海、杭州、南京等 50 多个城市开设了门店,已成为国内号召力较强的专业玉石连锁品牌。

讨论题:

1. 试从渠道策略方面解释翠佛堂的全产业链销售模式的优缺点。
2. 试从 4H 理论的角度解释翠佛堂保留"明清工"精髓的意义。

案例分析思路

第 5 篇

珠宝企业可持续发展

第 17 章

珠宝企业社会责任与营销道德

◆ **本章学习目标：**

1. 理解企业社会责任的定义。
2. 了解珠宝企业社会责任实践相关内容。
3. 理解营销道德的定义。
4. 明白珠宝企业营销道德的问题及防范措施。

◆ **关键术语：**

企业社会责任（corporate social responsibility，CSR）；营销道德（marketing ethic）

◆ **引导案例：**

可持续的风刮到珠宝行业了吗？

"钻石恒久远，一颗永流传"——这是中国消费者最熟悉的一句珠宝行业广告语，但是对于该行业而言，现在做环保才能让它们永流传。

无数行业报告和事实都在强调，当代年轻消费者非常在乎可持续发展。他们在环保和道德上对珠宝的要求，丝毫不比时装低。在电商平台 Lyst 发布的《虚拟橱窗购物：2020年珠宝》报告中，该平台表示，诸如"回收"（recycled）、"可持续"（sustainable）和"合乎道德"（ethical）等字眼的搜索量在 2020 年增加了 15%。

Alighieri、Wake、Laura Lombardi 等新兴环保珠宝品牌崇尚使用回收金属和矿石制作产品，如图 17-1 所示。其中，Alighieri 以出色的可持续发展理念和独特的设计感，成为第一位获得伊丽莎白女王二世英国设计大奖（Queen Elizabeth II award for British Design）的珠宝设计师。

由于受到艾玛·沃特森（Emma Watson）、特雷西·埃利斯·罗斯（Tracee Ellis Ross）、蕾哈娜（Rihanna）和凯特·布兰切特（Cate Blanchett）等名人的认可和推荐，这些品牌

图 17-1　The Wasteland Ring

也得到消费者的一致关注，这使得"回收黄金"（recycled gold）这个词语在 Lyst 的一年内的搜索量增长了 29%。此外，自今年年初以来，"合乎道德的珠宝"（Ethical Jewellery）的搜索量也增加了 20%。

资料来源：http://sczkzz.com/cai/1754352.html.

可持续发展营销理论认为企业营销活动要采取既能获取适度的利润，又要维护或增进环境与人类良好的福祉的方式来进行。由此，珠宝企业为实现长期成功，需要承担企业社会责任，践行营销道德。

17.1　珠宝企业社会责任

17.1.1　企业社会责任的定义

在 21 世纪，人类面临着一个巨大的生存挑战：如何可持续地生存下去。与此相适应，商业活动的一大重要命题就是可持续性发展，使经济、环境和社会在发展中实现协调，即遵循三重底线的原则。在这一原则指导下，珠宝企业需要在创造经济利益的同时，也要关注环境和社会问题，承担相应的环境和社会责任。

企业社会责任的概念产生于 20 世纪 50 年代，20 世纪 70 年代开始丰富，20 世纪 90 年代以及 21 世纪初开始广泛传播。

英国学者奥利佛·谢尔顿（Oliver Sheldon）被认为是企业社会责任最早的提出者。1924 年，他把公司社会责任与公司经营者满足产业内外人类需要的各种利益和责任联系起来，认为企业社会责任包括道德因素。

霍华德·鲍恩（Howard R. Bowen）被认为是现代企业社会责任研究领域的开拓者。1953 年，他在著作《商人的社会责任》一书中提出了商人为社会承担什么责任的问题，并给出了商人社会责任的初始定义：商人有义务按照社会所期望的目标和价值来制定政策、进行决策或采取行动。

阿奇·卡罗尔（Arche B. Karroll）对企业社会责任的定义最受认可。1979 年，他提出企业社会责任指某一特定时期社会对企业所寄托的经济、法律、伦理和自由决定（慈善）的期望。它包括经济责任、法律责任、伦理责任和慈善责任。

此外，一些个人和组织也对企业社会责任进行了定义。例如：菲利普·科特勒认为，企业社会责任是企业通过自由决定的商业实践以及企业资源的捐献来改善社区福利的一种承诺，该定义聚焦于企业经济活动对社会的影响；欧洲联盟认为，企业的社会责任指企业在自愿的基础上，将对社会和环境的关系融入其商业运作、企业及企业利益相关方的相互关系中；国际标准化组织（International Organization for Standardization，ISO）则将企业社会责任定义为企业对运营的社会和环境采取负责任的行为；中国可持续发展工商理事会认为，企业不仅应对股东负责，还应该向其他对企业做出贡献或受企业经营活动影响的利益相关方负责，这些责任包括经济的、法律的、伦理的和其他方面的酌情而定的要求。

从上述内容可知，阿奇·卡罗尔这一界定维度清晰，具有较强的研究可操作性，受到企业社会责任研究者的广泛推崇；而实践中，不同学者或者组织则是从各自角度，对企业社会责任的定义做出了阐释。

企业应承担起为社会提供产品或服务、获得利润的基本责任以及有利于消费者和社会可持续发展的高层次责任，即保护消费者和社会的利益、保护生态环境、减少污染，促进生态、经济和社会的可持续发展，从而保证企业长期发展。

17.1.2　珠宝企业社会责任实践

珠宝企业社会责任实践中，全球多个珠宝公司联合成立的国际性非营利组织责任珠宝委员会及国际珠宝首饰联合会（Confédération International de la Bijouterie，Joaillerie，Orfèvrerie des Diamants，Perles et Pierres，CIBJO）等行业机构发挥了重要作用。以下主要对责任珠宝委员会以及 RJC 认证相关内容进行阐述。

1. 责任珠宝委员会简介

为了在世界范围内实现负责任的珠宝供应链，从而推进对全球高档珠宝和手表行业的信任，2005 年，责任珠宝委员会（Responsible Jewellery Council，RJC）成立，RJC 是全球多个珠宝公司联合成立的一个国际性非营利组织，是国际可持续性标准联盟的正式会员，旨在通过在钻石和黄金的全球供应链中，建立标准化的商业责任行为规范，以增强消费者和投资人对珠宝行业的信心。从矿石的开采至珠宝的零售，RJC 成员致力于在珠宝行业的整个产业链中，以透明公开和负责任的态度，推动道德、人权和环境领域的责任行为。委员会建立了 RJC 的评估和认证体系，该体系适用于珠宝产业链中的所有商业活动和会员，要求所有商业会员必须经过 RJC 授权第三方认证机构的审核并通过其认证，以证明该会员的商业行为与 RJC 体系要求的行为规范是一致的。

2. RJC 认证实践准则的认证过程

RJC 认证过程主要由五个步骤组成。

①自我评估：过程开始时，RJC 根据认证范围，按照适用标准（《实践准则》或《产销监管链标准》）开展自我评估。

②认证审计：会员聘用 RJC 认可审计方，开展独立的认证审计。审计验证会员拥有各种制度，符合适用的 RJC 标准中提出的要求。记录不符合项，引导会员通过实施合理的整改措施计划，整改不符合项。

③报告：审计方向 RJC 提供审计报告，记录审计结果、有关整改措施的详细信息和符合性声明。会员也将收到一份审计报告，包括与审计结果相关的具体内部议题的补充详细信息以及在适当情况下提出的业务改进建议。

④认证决定：RJC 审核审计方提交的报告和符合性声明的完整性和明确性，必要时，与审计方进一步跟进。一切就绪的，RJC 可进而授予会员适用标准的 RJC 认证。认证周期取决于审计期间发现的不符合项的性质以及应对这些不符合项采取的相关整改措施。认证会员分配得到一个独一无二的 RJC 认证编号，并可推广其认证状态，公开的认证会员名单和每项认证的详细信息在 RJC 网站上发布。

⑤定期审核：在认证周期内，必要时开展定期审核，认证周期结束时，也需开展定期审核。在认证周期内，可由 RJC 认可审计方开展中期审核（《实践准则》）或监督审计（《产销监管链标准》），以验证认证会员的制度继续有效运作。认证周期结束时，需要进行重新认证审计，延续会员认证。

3. RJC 认证实践准则内容

RJC 认证类型有两种：RJC 实践准则认证（code of practice，COP）及 RJC 产销监管链（chain of custody，COC）认证。前者是对会员的强制要求，后者是由会员自愿选择。

RJC 认证实践准则：RJC 认证《实践准则》是 RJC 认证的标准，由 40 项规定组成。《实践准则》涵盖多种企业责任议题，是为珠宝供应链特别设计的，适用于从矿山到零售的整个珠宝供应链，其论证标准的制定原则体现在四个方面：商业伦理、人权与社会绩效、环境绩效和管理实践。

（1）商业伦理方面：贿赂与疏通费、洗钱与恐怖主义融资、金伯利进程、产品安全、产品诚信、采掘业透明倡议。

（2）人权与社会绩效方面：人权、童工与未成年人、强迫劳动、自由结社与集体谈判、歧视、健康与安全、处罚与申诉程序、工时、报酬、一般雇佣条款、社区参与和发展、安全人员的使用、土著居民、手工与小规模采矿。

（3）环境绩效方面：环境保护、危险物质、废物与排放、能源与自然资源的使用、生物多样性。

（4）管理实践方面：遵守法律、政策、商业伙伴与承包商、客户、供应商与合作伙伴、影响评估、矿山关闭规划、可持续性报告。

珠宝行业对环保和可持续发展的兴趣源于消费者需要对产品有更大的信任和信心。RJC 行政总裁艾里斯·范德·韦肯（Iris Vander Veken）认为，新冠肺炎疫情期间面对商店的关闭、收入的减少和失业，珠宝行业可持续发展显得至关重要。消费者关注企业如何应对危机以保护人民和社区，他强调公司将需要重新考虑如何简化供应链，并提高透明度、社会意识和环境友好性。把可持续发展和透明度列入复苏策略的公司，在长期发展中更具韧性。"千禧一代"和"Z 世代"消费者都青睐于保护人类和社区的可持续产业，使可持续发展趋势在数字领域更受推崇。艾里斯认为年轻消费者与珠宝商之间的不懈对话和回应，将持续此趋势。业界内的可持续发展目标主要按照 RJC 的《实践准则》，该准则简述了一系列目标，并说明负责任地开矿，以至零售业务须符合哪些标准和要求。这些准则适用黄金、白银、铂族金属、钻石、彩宝的供应链。

RJC 产销监管链标准是对实践准则的补充。COC 认证为贵金属供应链中的公司及其客户、消费者和其他利益相关者寻求差异化提供了一个强大的系统，有助于增加珠宝产品的价值，提高珠宝品牌影响力。认识到珠宝供应链上的公司对负责任的采购和出处的第三方保证方法有不同的需求，也可以选择将出处声明包括在实践准则认证的范围内，经认证的出处声明可以适应特定的供应链需求。这种选择适用于经营产销监管链标准范围以外的材料的实体，包括钻石、彩色宝石和金银。

扩展阅读 17.1：钻石行业积极探索可持续发展

除 RJC 及其认证外，CIBJO 在世界范围内制定珠宝国际标准化、实现公平贸易和珠宝企业可持续发展方面也起到了重要作用。

17.1.3　中国珠宝企业传承文化自信的责任

"文化自信"是一个国家、一个民族、一个政党对自身文化价值的充分肯定和对自身文化生命力的坚定信念，既是对已有文化优良传统的肯定与坚持，也是民族自信心和自豪感的源泉。珠宝产品的传承性属性表明，珠宝在传承传统文化、弘扬民族文化精髓方面有着重要的作用。文化自信应成为我国珠宝企业除 RJC 所规定的社会责任实践内容之外的重要社会责任内容。

一方面，玉作为我国传统文化的一个重要组成部分，以玉为中心载体的玉文化，是中国文化有别于世界其他文明的显著特点。自玉器在我国出现至今，已有 7000 年的辉煌历史。玉石和文化之间已经形成了密不可分的关系，深深影响了人们的思想观念。其中包含的"宁为玉碎"的爱国民族气节、"化为玉帛"的团结友爱风尚、"润泽以温"的无私奉献品德、"瑕不掩瑜"的清正廉洁气魄，在当今大量的玉雕作品中，这些寓意均得到较好的体现。这些文化意蕴既是古老玉文化发展的产物，又是支撑玉文化升华的理念基石和精神支柱，更是让我们能够坚定文化自信的强力保障。

另一方面，近年来珠宝作为消费者喜爱的产品，国内一些珠宝企业纷纷响应市场的消费需求，掀起了"国潮"之风，将我国传统文化中的各种元素融入产品之中。如图 17-2

所示，周大福在 2017 年推出了"传承"系列产品，将千年前的符号、图案等元素结合当代审美及工艺条件进行创作，并利用新媒体传播"古法金"技艺，通过营销活动的开展，改变了黄金产品在年轻群体心中的古板印象，使得带有中华传统文化元素的产品在年轻人市场受到追捧，展现了企业以及国人对我国经济、文化、科技力量的全面自信。

图 17-2　周大福传承系列吊坠

资料来源：周大福. 传承系列[EB/OL]. https://www.ctf.com.cn/zh-hans/jewelry/pendant/index.html#0.12041406952891154

在当今强调企业文化自信的背景下，我国珠宝企业在履行企业社会责任时，理应担负起传承我国优良文化和特色文化的责任，将传承作为企业社会责任的重要内容，在品牌的建设与产品的研发和设计中传递中华文化的价值观，展示中华文化要素，弘扬中华民族的优秀文化。

17.2　珠宝企业营销道德

企业如何承担好社会责任，妥善解决企业经济利益、环境利益与社会利益的关系是当今企业实现可持续发展的重任。道德原本就是作为调节个人与社会之间、个人与个人之间及个人与自然界之间的行为关系的规范，根据企业公民理论，企业作为公民之一，自然应像人一样，恪守道德规范，因此，珠宝企业营销活动过程中的道德日益受到重视。

17.2.1　营销道德的定义

美国市场营销协会在 2016 年给出的营销道德的定义是：以社会正面的价值观和标准为依据，对营销活动对错与否进行判断。

营销道德是企业营销活动中的善恶标准和是非观念，存在于企业整个营销活动中。企业作为经济社会中具有法人特征的独立个体，营销价值创造、传播和传递活动中需要处理与价值链上各利益体的关系，在企业社会责任方面采取一种更为积极的策略，树立正确的伦理观、价值观和社会责任感，自觉地接受商业道德规范的约束，符合社会道德标准。

实践中，消费者通常会对企业的营销道德行为做出"应该、不应该""对、错"和"善、恶"的价值评判。我国传统儒家文化的义利观，西方学者提出的诚实、感恩、公正、行善、自我完善和不作恶的显要义务以及"自由原则"和"差异原则"这两条公正原则均可成为评判企业营销道德的准则。

17.2.2 珠宝企业营销道德问题

当代年轻消费者对可持续发展的问题非常重视，他们对珠宝行业的企业营销道德要求也日益增强。珠宝企业营销道德问题体现在企业顾客价值创造、传播和传递活动的各个方面，从营销组合的 4P 策略的角度出发来分析，体现在产品、定价、渠道和促销策略四个方面。

1. 产品策略的营销道德

（1）产品原材料选择方面

珠宝产品种类繁多，大量的天然宝石玉石来自矿石的开采，1990 年的"血钻事件"已经是近 30 年来与该行业最直接相关的负面报道，这也导致大众对于珠宝行业在可持续发展议题上的记忆与要求，更多停留在道德层面。鉴于此，众多珠宝公司在选择原材料时都会极大地考虑到合乎道德这一要求，在开放矿石开采的国家中，一部分是较为落后贫困的地区，这意味着对矿石开采商提出了极高的要求，行业对于人文道德的要求极高，对开采的安全性和各种人道主义福利的关注和投入也很高。同时，珠宝的环境足迹实际上也不容小觑。矿石开采过程中出现的水土流失、粉尘污染、工业废水和重金属污染的现象，饰品加工过程中用水量、碳排放等现象，也是珠宝行业对于原材料来源方面亟须寻找改变或中和方案的问题。

扩展阅读 17.2：血钻疑案

目前，为保证供应链的合乎道德与环保，一些公司正在尝试采用回收材料和人造材料作为原材料，以此来抵消开采过程中造成的污染。潘多拉（Pandora）珠宝不久前宣布，到 2025 年将逐步停止开采金银矿，转向使用再生金银来制作产品。

（2）行业标准方面

面对着消费者对企业营销道德的诸多质疑，很多珠宝企业都怀着一颗"可持续"的心，期盼实施行业统一标准。一些行业协会已经开始行动。例如：CIBJO 在其发布的《蓝皮书》中，针对各种矿石、珊瑚贝母、贵重金属明确了合乎道德的采购标准和定义；天然钻石协会则在 2019 年出具了全球首份钻石行业透明度报告；RJC 也推出了 RJC 实践认证流程和规则。

珠宝开采源于自然，涉及生物、植物、人类、河流、土壤等众多方面，每一个环节的数据标准认证都需要权威机构一同核实推进，这将是一个非常严密、严谨且漫长的过程，行业统一标准的实施对珠宝产品营销道德的建设意义重大。

图 17-3　四叶幸运珠宝系列
（图源：Van Cleef & Arpels 官网）

（3）品牌的知识产权方面

现实市场中，珠宝行业盗版侵权问题在行业发展几十年间屡禁不止，知识产权维权案件数见不鲜。法国著名奢侈品牌梵克雅宝遭到侵权，其"四叶草"珠宝设计被两家国内品牌仿冒。如图 17-3 所示，最终法院判决梵克雅宝维权成功，两家被告公司赔偿梵克雅宝经济损失共计 150 万元人民币。深圳同泰富珠宝公司的蛇年生肖首饰设计作品"胜利之 V"为 2013 蛇年生肖首饰设计大赛的获奖作品，在 2012 年 11 月 4 日便通过其官方网站、微博等途径向社会公布。然而，2012 年 12 月 8 日，同泰富却发现广州西黛尔首饰有限公司（简称西黛尔）新推出的"俏灵蛇"首饰产品与"胜利之 V"具有极高的相似度。同泰富认为西黛尔侵犯其珠宝设计"胜利之 V"的著作权，2013 年 1 月 18 日同泰富将西黛尔诉至广州市越秀区人民法院。该案被称为"中国珠宝原创设计维权第一案"。无论是技术、工艺，还是设计受到专利和版权的侵犯，都会打击企业和品牌原创的积极性。技术创新在任何行业都是进步的第一动力，原创设计是企业发展的根本，珠宝品牌的知识产权的窃取和剽窃问题对品牌在市场中的健康发展、良性竞争尤为不利，这种现象在行业内持续蔓延，会导致"劣币驱逐良币"。

（4）产品质量方面

目前珠宝产品的质量问题主要表现为以假充真、以次充好，这在旅游珠宝市场尤为突出，严重损害了消费者的权益。

①以假乱真。用一种珠宝玉石冒充另外一种与其外观相似的、更为高档的珠宝玉石，或用合成珠宝玉石冒充同类天然珠宝玉石。此类现象多表现为石榴石冒充天然红宝石，合成立方氧化锆冒充钻石，合成祖母绿冒充天然祖母绿，合成水晶冒充天然水晶等，甚至有用玻璃冒充天然珠宝玉石的现象出现。将合成祖母绿当作天然祖母绿购进的现象，由于涉及地域广、涉及金额巨大、商品的来源集中而引起了广泛的关注。

②以次充好。经过人工处理的珠宝玉石在标注中没有标明"处理"二字或处理方法。此类现象很常见，主要集中表现为经漂白、充填处理（商业上称为 B 货）或经染色、漂白、充填处理（商业上称为 B + C 货）的翡翠未标明处理方式，而当作天然 A 货翡翠出售。

2. 定价策略的营销道德

珠宝种类繁多，相应的定价策略有所不同，多样的定价方式使一些珠宝消费者难以摸清门道，此时商家的定价诚信显得尤为重要。珠宝业价格欺诈现象比较常见，有的珠宝品牌加盟店抓住品牌商的管理漏洞和消费者常识的不足，利用令人误解的价格手段，实施价格欺诈。

企业定价营销道德中，一方面，因以假乱真、以次充好，使珠宝价格和实际价值严重偏离，损害消费者利益；另一方面，珠宝是生活中比较特别的耐用品，特别是玉石，因其蕴含文化等因素，价值难判，国家目前无定价标准，目前的玉器市场存在定价标准模糊、真假玉器混杂的问题，一些动辄上万元人民币乃至上千万元人民币的玉石标价给消费者带来很大的困惑，玉石珠宝一般都是市场调节价，国家不作规定，由生产者、经营者自行制定的商品价格和收费标准。这种价格一般会随行就市，自由涨落。从古至今，中国人几乎赋予了玉石所有美好的想象，市场成交中买卖双方对价格心理上的接受非常重要。因此，在价格的制定中，珠宝经营者的营销道德是影响成交价格的重要因素。

除此之外，珠宝的定价方面，商场的打折活动也使消费者对珠宝玉石首饰的真伪产生怀疑，会打击消费者的购买信心。

3. 渠道策略的营销道德

珠宝销售渠道非常多，连锁经营是最常见的模式，渠道成员各方是一个利益共同体，许多加盟商会通过证件造假、数据造假等多种方式取得经销商资格，公司对加盟商的信用管理是其渠道管理的重要内容。除此之外，恶性竞争、窜货、拖欠货款、违规代销其他品牌产品，这些违反信用的事件都会对公司品牌形象带来负面的影响。

4. 促销策略的营销道德

珠宝行业竞争激烈，为吸引顾客，个别珠宝经营者在促销过程中使用虚假宣传手段进行促销。在山西省消费者协会发布的"2019年度山西省贵金属及珠宝玉石首饰商品和服务专项调查报告"中，有经营者在店内公然悬挂"国家珠宝总局""中国产品质量技术监督中心""中国3·15消费者认证中心""国家质量检测中心"等虚构的单位授予该店的各种牌匾，还虚拟国家单位私制印章；有的钻石定制专卖店印制促销宣传页，宣传内容是促销价与市场参考价对比的广告，而其市场参考价无真实依据，属于经营者虚构；还有经营者在店内宣称"9999黄金超低价"，无真实依据；经营者使用合成宝石制作的珠宝，却在标签上故意隐瞒"合成"二字。在调查中共计31家存在问题的珠宝店中，经营者其中有7成珠宝店销售的商品涉及标识标注不符合国家标准的问题。

除上述虚假信息促销外，珠宝商家违规促销活动，运用较多的是在商场发放优惠买珠宝玉石的"中奖卡"，一些珠宝商将珠宝专柜变为"赠品领取"专柜，顾客在商场购物均可"领赠品卡"并参与抽奖，中奖后可以优惠购买珠宝玉石首饰。而这些所谓"中奖"才能优惠购买的珠宝玉石首饰一般都存在问题。例如：利用鉴定证书抬高品质和价格，或者标高价再以中奖名义打折；"金镶玉"首饰大多是价值很低的工艺品，玉的部分多是下脚料，金的部分多是金箔纸。

有的商家利用鉴定证书抬高珠宝品质卖高价，事实上，珠宝玉石鉴定证书只是证明珠宝天然的矿物成分。售价一百元人民币和数千万元人民币的翡翠手镯，按《珠宝玉石鉴定》出证都是"翡翠"，但因品质不同，而价差巨大。在电视购物、商场抽奖方式卖珠宝、旅游商场、网络购物、展销会上，往往有商家利用鉴定证书忽悠消费者，卖质次价高的珠宝玉石。

17.2.3 珠宝企业营销道德问题的防范

珠宝营销活动中可能产生诸多的营销道德问题，使消费者相关权益受到侵害。想要防范此类问题的发生，就需要企业内外部都做出努力。一方面，企业自身要具备正确的经营观、自律意识，规范营销行为；另一方面，企业外部要营造适宜的营商环境，对企业的营销行为进行规范、约束和监督。

1. 企业内部的防范

成功的企业都需要有强烈的伦理观、价值观和社会责任感相匹配，要求企业从经营理念到经营行为上均高标准地践行伦理道德观念，成为对社会负责任的企业。

（1）端正经营思想，树立社会责任营销观念。追求利润是企业的基本职责，但要把消费者利益和社会长远利益考虑其中。珠宝企业在开展经营活动过程中，要有正确的经营指导思想，用正当合法的手段获利，不能唯利是图，更不能见利忘义，要以社会市场营销观念为导向，其营销活动不仅要满足广大消费者的需求和欲望，而且要符合消费者的利益和社会的长远利益。企业要承担相应的社会责任，关心社会福利的增进，为实现社会可持续发展做出贡献。

（2）加强诚信建设，强化企业和员工的自律意识。企业营销活动中要加强诚信建设，约束员工的行为，建立起一套切实可行的道德规则，作为员工行动的指南。在开展营销活动时，至少应制定或遵循诚信经营、老少无欺，买卖公平、货真价实，平等对待、公正竞争等道德规则。同时强化企业和员工的自律意识，凡是不按企业规则行事，因违背道德、法律规范而破坏企业形象，损害企业利益的当事人，必须承担相应责任，受到企业的处罚。

2. 企业外部的防范

在激烈的市场竞争条件中，违背道德、法律的市场营销不道德行为时有发生，必须通过国家权力的干预、行业协会的引领、社会舆论的监督等加以控制，具体措施如下。

（1）加强有关立法工作，规范企业营销行为。法律是市场经济活动有序进行的保障，对于珠宝行业市场营销活动的开展，国家相关部门需要加强立法，规范企业的营销行为。目前，许多国家都制定了消费者权益保护法，对消费者的知悉权、自主选择权、人身财产安全权、公平交易权、依法求偿权、获得知识权、监督批评权和受尊重权等都做出了阐释，珠宝厂商、经销商乃至珠宝销售人员在营销活动中需要了解和遵守。另外，在市场竞争行为方面，反不正当竞争法、价格立法、促销立法等对规范企业的营销行为也起到了重要作用。随着珠宝行业的发展以及新问题的出现，相关立法还有待不断完善和加强。

（2）强化国家行政执法和司法执法，建立严厉处罚机制。国家对市场营销活动的干预和监管主要通过行政执法机关和司法执法机关两套系统进行。前者主要由工商、技术监督、物价等市场监管机构来履行职能；后者则由人民法院、检察院等司法机关来履行职能。这些机关都代表了国家或政府，具有很高的权威性和强制性，其职责是保护合法的营销活动，打击非法、病态的营销行为，维护公平交易、公正竞争的市场秩序，保障广大消费者的正当权益，促进经济健康发展。因此，要加强国家对市场的监管力度，对违法行为要严厉处罚，加重刑罚的制裁。这样就能对其他经营者起到警示作用，使之不敢效尤。

（3）发挥珠宝行业协会作用，引领行业健康发展。对国内市场而言，在企业市场经营活动中，各级行业协会作为介于政府、企业之间，商品生产者与经营者之间，并为其服务、咨询、沟通、监督、公正、自律、协调的社会中介组织，是政府与企业的桥梁和纽带，对市场经营活动的有序进行发挥着重要的作用。国际市场上，由全球多个珠宝公司联合成立的国际性非营利机构 RJC 实施的 RJC 认证以及 CIBJO 对中小企业可持续发展的关注，这些对规范会员的商业行为、实现负责任的珠宝供应链、引领行业的健康发展都发挥了较大的作用。

（4）完善社会监督机制，发挥社会监督作用。珠宝销售过程中，来自社会的监督作用十分重要。其一，要提高消费者的自我保护意识，当消费者的正当利益受到侵害时，敢于自我维权；其二，各级消费者权益组织等对企业的营销道德行为应履行监督职能，要代表消费者利益，从保护消费者权益角度出发，对营销者的违反营销道德行为展开调查、调解纠纷，直至代表消费者向法院起诉，促使营销者遵守道德、尊重消费者主权；其三，发挥社会新闻媒介作用，进行舆论监督，要敢于对从事违法营销活动的当事人，尤其是对制售假冒伪劣产品、乱涨价、乱收费、骗买骗卖以及其他损害消费者利益、危害市场秩序的行为要进行大胆揭露，用舆论督促营销者遵守营销道德。

本章小结

珠宝企业的可持续发展要求企业必须承担相应的社会责任，履行企业营销道德。

阿奇·卡罗尔将企业社会责任定义为某一特定时期社会对公司所寄托的经济、法律、伦理和自由决定(慈善)的期望，它包括经济责任、法律责任、伦理责任和慈善责任，这一定义得到广泛的认可和使用。实践中，RJC 及 CIBJO 等行业机构实施的相关认证机制，对珠宝企业社会责任的承担发挥了重要作用。在我国大力提倡文化自信的国家发展战略实施中，珠宝产品在传承中华传统文化、弘扬民族文化精髓的过程中起着重要的作用，企业应将之作为企业社会责任的重要内容，承担起相应的责任。

营销道德指以社会正面的价值观和标准为依据，对营销活动对错与否进行判断。珠宝企业营销道德问题体现在企业顾客价值创造、传播和传递活动的各个方面，从营销组合的 4P 策略的角度出发来分析，体现在产品、定价、渠道和促销策略四个方面。对于珠宝营销活动中的营销道德问题，企业内外部都需要做出努力进行规范、约束和防范。

即测即练

自学自测　扫描此码

思考题

1. 企业社会责任是什么？
2. 如何开展珠宝企业社会责任实践？
3. 营销道德是什么？
4. 珠宝营销道德问题有哪些表现？
5. 如何防范珠宝营销道德问题？

案例讨论

珠宝行业的可持续发展问题

相较之下，人们似乎难以关注到珠宝的可持续发展进程，但其实，珠宝行业也同样在波澜不惊地践行着一些计划。天然钻石协会（Natural Diamond Council）由全球七大钻石开采商组成，该协会大中华区董事总经理王敬慈（Mabel Wong McCormick）表示，该行业也在致力于创造各种人道主义福利，包括为当地居民提供就业机会、投资保障当地的教育事业等。能够考虑到企业责任的公司，几乎都会从事这些公益事业。

珠宝的环境足迹实际上也不容小觑。矿石开采过程中造成水土流失、粉尘污染、工业废水和重金属污染的现象；饰品加工过程中用水量、碳排放等，也是珠宝行业亟须寻找改变或中和方案的问题。梅丽莎·乔伊·曼宁（Melissa Joy Manning）是其同名高级珠宝品牌的创始人兼设计师。她在 20 年中到访了各种矿山、观察了很多供应链，最后在美国加利福尼亚州建立了一家得到碳中和认证的工作室。其品牌只使用回收金属作为材料，以此来抵消开采过程中的污染。但在此前接受《福布斯》杂志采访时，乔伊·曼宁曾表示："珠宝行业涉及的问题是多方面的，包括地缘政治、环境和社会。我们需要拥抱这三个方面，并设定透明的指标来对材料进行评级。我指的不是切割工艺或是质量什么的评级，而是为了责任、为了环保所设立的行业指标。"

基于此，我们可以想象，保证供应链的合乎道德与环保，采用回收和人造材料，会是目前最热门的珠宝可持续发展途径。潘多拉不久前宣布，到 2025 年将逐步停止开采金银矿，转向使用再生金银来制作产品。据该品牌介绍，使用再生银的碳排放量是开采银的 1/3，而再生金的排放量比新开采的黄金低 600 倍。在消费者眼中，合成钻石和回收金属似乎是一种理所应当比开采更环保的材料，但其实珠宝行业对于这类二次回收材料究竟是否环保，也存在着颇多争议。根据《天然钻石行业透明度报告》显示，开采每克拉天然钻石所制造的二氧化碳排放量比合成钻石反倒要低 69%。

Reflective Jewelry 是一家坚持采用手工制作所有产品的珠宝品牌。该品牌总裁马克·乔伊特（Marc Choyt）在此前撰写的《可持续发展陷阱》（*Sustainability Trap*）一文中表示，无论是再生金属、回收钻石还是人造钻石，它们更多是吸引到更多消费者的目光，并在他们的消费动机中注入了可持续性珠宝的模糊概念。

"再试想，你买了一件用回收钻石重塑的珠宝首饰，你觉得自己很环保也很有道德感。但是不幸地，如果我告诉你这几颗钻石恰好诞生在殃及数百万人的战争之中，为了它们甚至有很多人丧命，那你会是什么感觉？"乔伊特说道。如今，回收金属的问题又出在了道德上，很多品牌饰品上的再生黄金材料并没有认证标志，因此也就无法追溯材料来源是否合法。人权运动家兼珠宝商雷格雷·瓦莱里奥（Greg Valerio）发现，很多再生黄金并不是从旧饰品中回收，而是从冲突地区使用所谓"公平贸易"的手段走私而来。2014年，英国广播公司（British Broadcasting Corporation，BBC）揭露了一起有关回收黄金的丑闻，迪拜一家精炼厂从冲突地区的黄金供应商处购买了大约 4 吨的涂银黄金，违反了阻止冲突地区黄金进入全球供应链的贸易条款。一旦这些黄金经过了精炼厂的重新冶炼，就再也无法追溯其来源，"但这些黄金很有可能是以不公平的交易手段从贫困地区骗来的，而那些地区的黄金则是通过剥削人民、非法雇用童工等方式制造出的。"瓦莱里奥表示。

乔伊特认为："不停地强调回收材料有多么环保、多么可持续，是一种'洗绿'行为，在这之下，一些企业仍在打着'公平贸易'的幌子，对贫困地区的社会进行剥削，但这些恰恰被回收黄金的可持续性陷阱掩盖。"面对社会对珠宝原产地的追问，尽管很多珠宝企业都怀着一颗"可持续"的心，但却着实无法找出"可持续"的标准，他们只能一边拿着碳中和的认证，一边对照着行业中的其他企业丈量自己，继续面对着消费者的赞同与质疑。

资料来源：http://sczkzz.com/cai/1754352.html.

讨论题：

1. 珠宝行业的可持续发展对其产品的原材料来源提出了怎样的思考？

2. 依据文中阐述的内容，如何理解有道德的珠宝的含义？

3. 搜集珠宝企业社会责任活动实践信息，阐述珠宝企业可以用什么办法履行企业社会责任。

案例分析思路

参考文献

[1] 王昶，申柯娅. 珠宝首饰营销[M]. 武汉：中国地质大学出版社，2002.

[2] 新浪收藏. 决定珠宝收藏价值的因素[EB/OL]. (2017-11-29) [2022-11-07]. http://collection.sina.com. cn/yszb/yhxw/2017-11-29/doc-ifyphtze2338787.shtml.

[3] 新文化报. 【营销案例】卡地亚：情感营销珠宝品牌的创意经[EB/OL]. (2014-03-27) [2022-11-07]. www.hi138.com/jisuanji/wangluoyingxiao/201403/452010.asp.

[4] 薛岩. 珠宝直播营销模式研究[D]. 北京：中国地质大学（北京），2020.

[5] 姜丹，雷威，张昌龙，等. 合成刚玉宝石技术的发展及展望[J]. 中国科技信息，2009(2)：122+125.

[6] Guild 宝石实验室. 合成红宝石的历史与现状[EB/OL]. (2020-04-20) [2022-11-07]. https://zhuanlan. zhihu.com/p/133725870.

[7] 时尚界博导. 2021. 深度 | "啃老"的奢侈品：经典系列如何传承？[EB/OL]. (2021-04-20) [2022-11-07]. https:// baijiahao.baidu.com/s?id=1697536200821714018&wfr=spider&for=pc.

[8] 月是故乡明 548. 珠宝历史文化浅析与名贵珠宝鉴赏[EB/OL]. (2013-10-23) [2022-11-07]. http:// www.360doc.com/content/13/1023/10/11329422_323468663.shtml.

[9] 巴斯蒂安，卡普费雷. 奢侈品战略：揭秘世界顶级奢侈品的品牌战略[M]. 谢绮红，译. 北京：机械工业出版社，2014.

[10] 李飞. 奢侈品营销[M]. 北京：经济科学出版社，2010.

[11] 胡静怡. 市场营销[M]. 北京：清华大学出版社，2017.

[12] 前瞻经济学人. 2020 年中国珠宝行业市场现状与发展前景分析 结婚率降低将造成一定冲击[EB/OL]. (2020-12-11) [2022-11-17]. https://baijiahao.baidu.com/s?id=1685746351899407338&wfr=spider&for=pc.

[13] 包德清，钟靖云，姚梦莹.瑞士手表品牌的目标营销策略对中国珠宝品牌的启示[J]. 宝石和宝石学杂志，2015，17(4)：36-41.

[14] 刘志超，白静. 消费者购买动机类型及其在市场营销中的应用[J]. 华南理工大学学报（自然科学版），1999，(9)：53-58.

[15] KELLER K L. Conceptualizing, measuring, and managing customer-based brand equity[J]. Journal of Marketing, 1993, 57(1): 1-22.

[16] KOTLER P. Marketing management[M]. 北京：清华大学出版社，1997.

[17] 吴长顺，朱玲. 营销组合 4P 范式的不可替代性[J]. 科技管理研究，2007(6)：215-217, 227.

[18] KOTLER P, KELLER K L. 营销管理[M]. 何佳讯，译. 上海：格致出版社，2016.

[19] 徐映梅，张海波，孙玉环. 市场调查理论与方法[M]. 北京：高等教育出版社，2018.

[20] 景奉杰，曾伏娥.市场营销调研[M]. 北京：高等教育出版社，2010.

[21] 黎小林，徐苏，王海忠. 在线平台用户画像对品牌依恋的影响[J]. 广东财经大学学报，2019，34(5)：38-49.

[22] 赵宏田. 用户画像：方法论与工程化解决方案[M]. 北京：机械工业出版社，2019.

[23] 中国黄金协会. 中国金饰市场：悄然进步，向阳而生[EB/OL]. [2022-04-28]. http://www.cngold. org.cn/newsinfo.aspx?ID=1879.

[24] 世界黄金协会. 区域市场聚焦 | 中国黄金零售洞察[EB/OL]. [2022-04-28]. https://retailinsights.gold/ cn/regional-spotlights/china/jewellery.html.

[25] 中国黄金网.《2021 中国黄金珠宝消费调查白皮书》发布[EB/OL]. (2021-09-11) [2022-04-28]. https://page.om.qq.com/ page/OsT6GIQzKJ8m3nvoAOgMX3hw0.

[26] 言九. 2020 年钻石产业前景分析，未来钻石消费场景更加多元化[EB/OL]. (2021-04-13) [2022-04-

28]. https://www.huaon.com/channel/trend/704913.html.

[27] Natural Diamond Council. 2020 Diamond Insight Report：exploring trends in the new Normal[EB/OL]. [2022-04-28]. http://www.naturaldiamonds.com/industry-news/2020-diamond-insight-report-exploring-trends-in-the-new-normal/.

[28] 玖心缘珠宝. 钻石消费的所有数据，你想知道的都在这里了[EB/OL]. (2017-05-27) [2022-04-28]. https://www.sohu.com/a/143731749_480333.

[29] 彩色宝石网. 中国彩色宝石收藏趋势报告[EB/OL]. [2022-04-28]. http://www.colored-stone.com.cn/hangye/hangye_content/452/1573.html.

[30] 灼识CIC. 珠宝首饰的未来C位：彩色宝石[EB/OL]. (2019-03-20) [2022-04-28]. https://mp.weixin.qq.com/s/hvK_eKJ61IWT0zxUBf5lMA.

[31] IGI 国际宝石学院. 2018 年中国珠宝市场信心及趋势报告[EB/OL]. (2018-02-13) [2022-04-28]. https://mp.weixin.qq.com/s?__biz=MzIzNDk2NDcwNw==&mid=2247505029&idx=1&sn=f6a8bb0464 0188942f5b7585ea07c0fa&source=41#wechat_redirect.

[32] 蒋奇. 当下苏州玉石首饰研究[D]. 苏州：苏州大学，2009.

[33] 对庄翡翠. 最新翡翠消费白皮书发布！线上市场2300亿，近两成顾客竟是"95后"[EB/OL]. (2020-12-22) [2022-04-28]. https://baijiahao.baidu.com/s?id=1686751623497916647&wfr=spider&for=pc.

[34] 马海英. 汽车市场营销[M]. 北京：北京理工大学出版社，2018.

[35] 包德清. 珠宝市场营销学[M]. 武汉：中国地质大学出版社，2013.

[36] 赵占波. 金融营销学：Financial marketing[M]. 北京：北京大学出版社，2018.

[37] KOTLER P，BURTON S，DEANS K，et al. Marketing[M]. New York: Pearson Higher Education AU，2015.

[38] 崔德乾. 珠宝黄金新营销：利润倍增的实战兵法[M]. 北京：中国青年出版社，2019.

[39] 郭士军，蒋子清，贺轶群. 品牌+营销：开启黄金珠宝新消费时代[N]. 中国黄金报，2020-01-07(7).

[40] 世界黄金协会. 8月黄金ETF持续流入上游实物黄金需求回升[N]. 中国黄金报，2021-09-21(5).

[41] 史佳卿. 当代珠宝品牌的营销传播模式探究[D]. 北京：中国地质大学（北京），2015.

[42] HeMengQin. 周大生、中国珠宝等品牌抽检不合格 消费者购买首饰时如何区分真假和质量呢？[EB/OL]. (2019-08-14) [2022-11-07]. https://www.chinairn.com/hyzx/20190814/114114452.shtml.

[43] 姜立利. 期望价值理论的研究进展[J]. 上海教育科研，2003(2)：33-35.

[44] 张宁. 顾客价值需求、社群融入感对品牌忠诚的影响研究[D]. 杭州：浙江财经大学，2014.

[45] 曹国舅. 消费者购买决策过程分析:购买决策、购后行为[EB/OL]. (2017-08-18) [2022-11-07]. https://zhuanlan.zhihu.com/p/28611730.

[46] 斑点狗工作室. 钻石恒久远 一颗永流传，其背后不可不说的传说[EB/OL]. (2020-04-29) [2022-11-07]. https://zhuanlan.zhihu.com/p/137278302.

[47] 翡翠多多—唐勇. "钻石恒久远，一颗永流传"：戴比尔斯营销那件事[EB/OL]. (2014-08-25) [2022-11-07]. https://zhuanlan.zhihu.com/p/19832621.

[48] IT茶座. SICAS：数字时代的用户行为消费模式[EB/OL]. (2015-04-14) [2022-11-07]. https://www.360doc.com/content/15/0414/17/11419658_463174742.shtml.

[49] 郑子艺. 基于SICAS模式的美妆品牌营销传播策略研究[D]. 济南：山东大学，2021.

[50] 潘建林，汪彬，董晓晨. 基于SICAS消费者行为模式的社交电商模式及比较研究[J]. 企业经济，2020，39(10)：37-43.

[51] 淦纯. AIDMA视角下中国文化元素对国产品牌广告效果影响研究[D]. 南昌：江西财经大学，2020.

[52] 刘德寰，陈斯洛. 广告传播新法则：从AIDMA、AISAS到ISMAS[J]. 广告大观（综合版），2013(4)：96-98.

[53] 施芬. 基于 AISAS 模型的用户大数据时代商家精准营销效果评价指标体系的构建[J]. 黑龙江工业学院学报（综合版），2017，17(8)：76-82.

[54] 不详. 2010—2017 年钻石珠宝品牌 I Do 在中国的营销传播报告[EB/OL]. (2021-07-08) [2022-11-07]. https://max.book118.com/html/2021/0708/7122044116003142.shtm.

[55] 科特勒. 营销管理（第 15 版）[M]. 15 版. 上海：格致出版社，2016.

[56] 吕欣怡，刘嘉钧，何静瑶，等. 浅谈我国珠宝行业建设[J]. 艺术科技，2019，32(11)：209.

[57] 张栋. 严重内卷化的中国珠宝行业，将走向何方？（上）[N]. 中国黄金报，2021-05-25(7).

[58] 吴健安，聂元昆. 市场营销学[M]. 北京：高等教育出版社，2017.

[59] 王昶，申柯娅，王根元. 珠宝营销策略[M]. 武汉：中国地质大学出版社，1996.

[60] KAPFERER, J N, BASTIEN, V. 奢侈品战略：揭秘世界顶级奢侈品的品牌战略[M]. 谢绮红，译. 北京：机械工业出版社，2013.

[61] 凯勒. 战略品牌管理[M]. 吴水龙，何云，译. 4 版. 北京：中国人民大学出版社，2014.

[62] 科特勒，凯勒. 营销管理（第 15 版）[M]. 何佳讯，译. 上海：格致出版社，2017.

[63] 黄静宁，徐立国，吕林素. 明艳如斯战国红：宣化战国红玛瑙产地之探寻[J]. 地球，2020，(8)：58-64.

[64] 何雪梅，苟智楠. 热情似火的战国红玛瑙[J]. 宝藏，2017(3)：144-146.

[65] 李国忠，王昶，申柯娅，等. 略论文化、珠宝与珠宝文化[J]. 珠宝科技，1997(1)：27-30.

[66] 周欣悦. 消费者行为学[M]. 北京：机械工业出版社，2019.

[67] 马愚. 关于中国珠宝文化研究的几点思考[J]. 宝石与宝石学杂志，2000，2(3)：52-56.

[68] 王海忠. 品牌管理[M]. 北京：清华大学出版社，2014.

[69] 钟诚. 文化营销研究[D]. 武汉：武汉理工大学，2007.

[70] 曾之明. 颠覆未来的黑科技：区块链的世界你懂不懂[J]. 金融经济，2017(7)：36-37. DOI:10.14057/j.cnki.cn43-1156/f.2017.07.016.

[71] 栗建. 区块链的营销黑科技[J]. IT 经理世界，2017(5)：41-43.

[72] 袁勇，王飞跃. 区块链技术发展现状与展望[J]. 自动化学报，2016，42(4)：481-494. DOI:10.16383/j.aas.2016.c160158.

[73] 黎志伟，欧阳勇军，王先庆. 珠宝新零售[M]. 北京：人民邮电出版社，2019.

[74] 支恩在，王乾丰. 珠宝新营销：门店活动操盘[M]. 北京：经济科学出版社，2020.

[75] 邹云锋. 实体店这样运营能爆卖[M]. 北京：中华工商联合出版社，2019.

[76] 王海涛. 浅谈中国现代首饰特征[J]. 文艺生活·文艺理论，2010(1)：18.

[77] 郭毅. 市场营销学原理[M]. 北京：电子工业出版社，2008.

[78] 郭李君. 提升品牌竞争力：基于品牌文化的视角[J]. 北方经济，2010(20)：24-25.

[79] 李世化. 新零售运营手册：实体店逆袭指南[M]. 北京：中国商业出版社，2017.

[80] 黄德晶，周燕，胡楚雁，等. 翡翠鉴定与营销[M]. 北京：中国地质大学出版社，2017.

[81] 刘爱军. 商业伦理学[M]. 北京：机械工业出版社，2016.

[82] 贝拉斯克斯. 商业伦理：概念与案例[M]. 刘刚，译. 北京：中国人民大学出版社，2013.

[83] 产业报告. 珠宝行业之周大福研究报告：引领民族品牌文化，加速内地下沉[EB/OL]. (2022-02-10) [2022-11-07]. https://baijiahao.baidu.com/s?id=1724360291709838366&wfr=spider&for=pc.

[84] 王吉方. 连锁经营管理：理论、实务、案例[M]. 5 版. 北京：首都经济贸易大学出版社，2021.

教师服务

感谢您选用清华大学出版社的教材！为了更好地服务教学，我们为授课教师提供本书的教学辅助资源，以及本学科重点教材信息。请您扫码获取。

≫ 教辅获取

本书教辅资源，授课教师扫码获取

≫ 样书赠送

市场营销类重点教材，教师扫码获取样书

 清华大学出版社

E-mail: tupfuwu@163.com
电话：010-83470332 / 83470142
地址：北京市海淀区双清路学研大厦 B 座 509

网址：https://www.tup.com.cn/
传真：8610-83470107
邮编：100084